中国社会科学院　学者文选

李 凌 集

中国社会科学院科研局组织编选

中国社会科学出版社

图书在版编目（CIP）数据

李凌集／中国社会科学院科研局组织编选. —北京：中国社会
科学出版社，2002.4（2018.8 重印）
（中国社会科学院学者文选）
ISBN 978 - 7 - 5004 - 3321 - 7

Ⅰ.①李…　Ⅱ.①中…　Ⅲ.①李凌—文集②社会科学—文集
Ⅳ.①C53

中国版本图书馆 CIP 数据核字（2002）第 015956 号

出 版 人　赵剑英
责任编辑　李树琦
责任校对　石春梅
责任印制　王　超

出　　　版　中国社会科学出版社
社　　　址　北京鼓楼西大街甲 158 号
邮　　　编　100720
网　　　址　http：//www.csspw.cn
发 行 部　010 - 84083685
门 市 部　010 - 84029450
经　　　销　新华书店及其他书店

印刷装订　北京市十月印刷有限公司
版　　　次　2002 年 4 月第 1 版
印　　　次　2018 年 8 月第 2 次印刷

开　　　本　880×1230　1/32
印　　　张　14.625
字　　　数　345 千字
定　　　价　79.00 元

出 版 说 明

一、《中国社会科学院学者文选》是根据李铁映院长的倡议和院务会议的决定，由科研局组织编选的大型学术性丛书。它的出版，旨在积累本院学者的重要学术成果，展示他们具有代表性的学术成就。

二、《文选》的作者都是中国社会科学院具有正高级专业技术职称的资深专家、学者。他们在长期的学术生涯中，对于人文社会科学的发展作出了贡献。

三、《文选》中所收学术论文，以作者在社科院工作期间的作品为主，同时也兼顾了作者在院外工作期间的代表作；对少数在建国前成名的学者，文章选收的时间范围更宽。

中国社会科学院

科研局

1999 年 11 月 14 日

目　录

编者的话………………………………………………………（1）

经　济　篇

伟大的大会　光辉的文献
　　——重读中共八大的主要文献………………………（3）
社会化大生产和小企业…………………………………（18）
从包产到户的发展看实践标准的威力…………………（40）
充分发挥社员养猪的潜力,促进养猪事业发展…………（49）
群众创造了加快发展养猪事业的经验…………………（56）
按劳分配原则及其实现…………………………………（60）
关于第二个五年计划工资增长速度问题………………（69）
让体育精神在社会各领域放射光芒……………………（72）

哲学和政法篇

真理是由争论确立的……………………………………（83）
"把辩证法应用于认识的过程和发展"
　　——试论百家争鸣和民主制度的认识论基础…………（87）

发扬民主才能实事求是

　　——学习《邓小平文选(1975—1982)》的一点体会……（101）

不惟上、不惟书，要惟实

　　——学习《陈云同志文稿选编》的一点体会……（110）

司法执法腐败是贪污犯罪愈演愈烈的一个重要因素……（122）

香港的肃贪与廉政公署…………………………………（130）

请先从质询权开始

　　——在保持安定团结的前提下发扬民主的一个措施

　　……………………………………………………………（136）

从被告辩护权谈起………………………………………（141）

国际问题篇

为什么日本军国主义阴魂不散？………………………（147）

德国日本二战史观比较…………………………………（153）

《拉贝日记》和拉贝

　　——日军南京大屠杀的又一铁证……………………（164）

印度尼西亚的经济形势和民族团结和解………………（172）

文　史　篇

试论《诗经》和孔子思想中的"民主"因素………………（183）

三危揽胜…………………………………………………（212）

长城·玉关·天马

　　——丝路古迹三考……………………………………（215）

评《红楼梦》后四十回……………………………………（234）

中国的教育(远古—1949)………………………………（252）

廖仲恺被刺始末…………………………………………（264）

"两弹一星"元勋和叶企孙教授…………………………（283）

如此篡改，意欲何为

  ——评电视连续剧《雷雨》……………………（294）

历史的再现 人格的升华

  ——赞电视连续剧《司马迁》…………………（302）

韩愈和他的《子产不毁乡校颂》…………………………（310）

少数民族地区调查

西双版纳考察………………………………………………（317）

保护西双版纳森林资源要把经济搞活……………………（349）

大力发展木本水果是绿化荒山脱贫致富的捷径

  ——兼论西双版纳的粮食自给问题………………（353）

西双版纳在开放中的几个问题及政策建议………………（365）

草坝寨刀耕火种型经济剖析

  ——云南省景颇族一个村寨的经济情况调查………（371）

学习、纪念闻一多老师

爱国主义——闻一多思想发展的主旋律…………………（385）

闻一多的爱国心和他的爱国诗……………………………（397）

闻一多的婚姻和爱情………………………………………（408）

闻一多和戏剧………………………………………………（425）

闻一多眼中的美国…………………………………………（444）

作者主要著述目录………………………………………（450）

作者年表…………………………………………………（453）

编者的话

这是李凌同志多年来所写文章的选集。读者从目录就可以看到，其内容涉及很广：从世界政治经济研究到中国丝绸之路考古，从哲学认识论探讨到少数民族地区调查，从中国教育史概要到影视戏剧评论等等。这种宽广笔耕的历程恰恰反映出了作者曲折的人生之路。

1925年作者出生于广州，17岁时到昆明入西南联大，师从闻一多、吴晗等名家学习文史，同时参加秘密读书会，辅导工人学习马克思主义著作，投入各种进步活动。1945年加入中国共产党，任西南联大第二党支部书记，"一二·一"运动中负责宣传工作。日本投降后，作者回北京大学就读史学系，任南系第二党支部书记，参加抗暴运动的发动和领导工作。1947年前往解放区，先在太行区的武安师范教书，后调中共中央青委，向领导汇报白区地下党的工作后，参加平山地区土改运动。

新中国成立后，作者被调入军委空军系统，任航校政治教员，编辑《人民空军》杂志。1957年遭受不公正待遇，先后去北大荒和北京通县劳动和工作二十多年，历尽磨难，但对中国农村情况却有了较深的了解，《充分发挥社员养猪的潜力，促进养猪事业发展》等论文就是写于这一时期。当时他已被开除党籍，身心受到严重摧残，但他仍以共产党员的标准严格要求自己，决不消极颓废，努力发挥自己研究和写作的特长，曾撰写农业科技论文三十余篇。1959年摘掉"右派"帽子，1978年调入中国社会科学院工作，先是主持编辑综合刊物《未定稿》，后任中国社会科学出版社副总编辑，分管文、史、经、政等学科，负责编辑英文版中国百科全书 *INFORMATIDN CHINA* 和中文版《简明中国百科全书》。出于工作的需要，更出于始终一贯的科研热忱，这时他着力研究中外文史和关注社会科学各个领域的学术动态，利用工余时间，经常挑灯夜战撰写论文。

从总体上看，作者的成果大致有如下特点：

（一）大都不是从抽象的概念出发，而是从大量的事实出发，得出自己的结论。例如《社会化大生产和小企业》一文，就是研究了美、日、德、英、法等发达国家的有关产业结构、企业规模等上百个数据，发现在这些已经实现了生产高度社会化的国家中，大量小企业与大、中企业长期并存，其根本原因是：1. 分工协作零部件生产的需要；2. 安排劳动力就业的需要；3. 小商品、服务行业分散的需要；4. 一些手工业、工艺品的生产经营的需要，等等。随着生产的社会化程度越来越高，分工也越来越细，而合理的分工本身就意味着生产力的提高，这就是小企业得以长期存在的客观基础。这个规律对社会主义社会也同样适用。在社会主义社会，这些小企业一般只能是小集体或个体所有制。本文在《中国社会科学》发表后，被《人民日报》等报刊转载。

（二）既有普遍性的理论分析，又有从调查研究中发现问题、提出解决问题的意见。例如，1983年作者曾赴云南西双版纳考察，发现该地区森林覆盖率由解放初期的63％下降到当时的28％，分析其原因在于人口骤增，提炼橡胶和榨糖等工业迅速发展，而当地缺煤，能源主要靠砍伐木材，因此森林破坏虽屡禁而不止。作者考察了当地水能资源相当丰富，但大部分未被利用，因此建议大力发展水电，企业和家庭都要充分利用电力，同时广种薪炭林木以减少对森林的砍伐。于是作者写成《西双版纳考察》一文发表，受到中共中央领导重视，批示云南省委要把此文当作云南重要问题研究。西双版纳的森林被破坏的另一重要原因是山区半山区少数民族的刀耕火种，而制止刀耕火种又不能靠强迫命令的方法，必须根据各地特点开展多种经营，发展商品经济，把经济搞活。作者又发表了《保护西双版纳森林资源要把经济搞活》等论文，荣获全国林业好新闻奖。

（三）在文章的立论上有一定的前瞻性。早在 1957 年他曾写过有关社会主义分配的几篇论文，认为社会主义社会应坚持按劳分配的原则，才能促进生产的发展，提高人民的生活水平，但在考虑全社会分配时，要注意各阶层人民平等、团结、互助精神，领导干部不搞特殊化，以免脱离群众；城市职工工资增长的速度要考虑到农民的收入，工农之间、城乡之间经济差距应逐步缩小，否则会造成很多社会问题，等等。我国近几十年的历史和当前现实都证明，作者早年提出的这些观点都是正确的，然而在当时却受到了错误的批判。1979 年 3 月，作者曾与朋友合作写成《伟大的大会　光辉的文献》一文，为中共八大提出的"大规模的阶级斗争已基本结束，今后的主要任务是发展生产"的正确路线鼓与呼。当年的八大政治报告是由刘少奇代表中央所作，"文化大革命"中被批为"毒草"。作者的上述文章等于呼吁早日为作八大政治报告的刘少奇平反，而当时"两个凡是"派还在台上，他们仍认为刘少奇案是毛主席定的，不能翻。因此可以说，当时发表上述文章是有一定风险的，但是第二年即 1980 年，中共中央便为刘少奇彻底平反。

1978 年安徽大旱，肥西县山南区的大多数农民在种秋麦时自

发地搞起包产到户,第二年获得特大丰收,而县委因受"左"的思想
影响和各方面压力,认为包产到户是资本主义复辟,派工作组到山
南区纠偏,要他们"重新组织起来,走社会主义道路",但却遇到农
民的抵制。中国社会科学院的科研人员到安徽调查时发现此问
题,于是写出了《包产到户要重新研究》的评论,并且带着地方同志
所写的三篇调查报告返回北京。李凌所主持的《未定稿》毅然发表
了这些调查报告和评论。评论认为,不管什么生产方式,只要实践
证明能增产,能提高人民的生活水平,就是好的。然而这期《未定
稿》却受到当时上级领导的严厉批评,经李凌努力争取后,只准作
为"增刊"印200份送给有关专家和领导参阅,不准发给广大订户。
21年后的今天,在纪念"实践是检验真理的唯一标准"20周年时,
李凌写了《从包产到户的发展看实践标准的威力》一文,介绍了此
事的经过,阐明了在社会科学的研究中,只有以马克思主义的基本
观点和方法为准绳,才能站得高看得远,不怕冒风险,不怕担责任,
为真理而不断追求,勇于探索。

(四)作者的涉猎面虽然很广,但所写文章很有深度,受到学术
界和社会的普遍注意,转载率很高。比如上世纪的80年代初,他
曾到敦煌实地考察,写成《长城·玉关·天马》一文,从史的角度探讨
了甘肃境内汉长城的兴衰、玉门关的沧桑和天马的来历,并对包括
王国维在内的国内外学者对玉门关的某些论断提出质疑。此文先
后在《未定稿》和《中国史研究》发表,香港《大公报》和澳大利亚中
文学术刊物《汉声》也转载了,影响极广。他的论文大都在国内重
要报刊上发表,并被多家海外学刊转载。目前,作者虽已离休十多
年,年迈体衰,但他老而弥坚,仍时刻关心社会和国家大事。比如
针对有人把我国贪污腐败愈演愈烈的现象归咎于市场经济,他搜
集和研究了大量案例,认为这种看法不符合事实,并写成论文《司
法执法腐败是贪污犯罪愈演愈烈的一个重要因素》。另一篇文章

根据香港肃贪的过程指出：在 1974 年以前，香港腐败现象很严重，但 1974 年成立廉政公署以后腐败现象大大减少，被国际社会公认为世界上最廉洁的城市之一。据国际调查，世界上最廉洁的国家和地区首推北欧诸国，新西兰紧追其后，香港也名列前茅，而这些国家或地区都实行的是市场经济。这说明廉政与否，关键在机制而不在是否实行市场经济。此文影响很广。

总之，读者通过本书不仅可以看到作者在诸多学术领域的研究成果，而且还可以体会到一位老知识分子时刻关心国家和社会的一片炽烈的赤子之心！

李树琦

2001 年 8 月 28 日

经济篇

伟大的大会　光辉的文献[*]

——重读中共八大的主要文献

　　1956 年 9 月举行的中国共产党第八次全国代表大会（以下简称：八大），在我党历史上具有划时代的重大意义。在毛泽东同志亲自主持下，这次大会总结了我党七大以来的工作成绩和经验教训，根据马列主义原理，分析了我国当时的形势，提出了今后的任务。在这次大会上，经过全体代表的一致努力，产生了一系列具有很高马列主义水平的重要文献。这些文献对我国社会主义时期的经济建设和阶级斗争、扩大人民民主和加强法制建设、反对官僚主义和健全党内生活等许多带根本性的理论问题和政治问题，都作了科学的分析，为顺利完成建设社会主义的伟大事业，制定了一条马克思列宁主义的政治路线和一整套方针、政策和措施，不只在当时，而且对现在都具有重大的指导意义。

---

　　[*] 在"文化大革命"中，刘少奇于 1956 年在中共八大所作的政治报告被批为"毒草"。我和王小强在 1979 年 3 月 13 日在《未定稿》上发表此文，目的在重申中共八大决定的正确，驳斥"四人帮"的谬论，并呼吁早日为刘少奇冤案平反（按：中共中央于 1980 年 2 月作出正式决定，为刘少奇平反）。——作者注

一

毛泽东同志在八大"开幕词"中指出："在七次大会以来的十一年中，我们在一个地广人多、情况复杂的大国内，彻底地完成了资产阶级民主革命，又取得了社会主义革命的决定性的胜利。"当时面临的任务，就是"要把一个落后的农业的中国改变成为一个先进的工业化的中国"。毛泽东同志的这一论断，正确地反映了当时的实际情况和历史要求，得到了全党的确认和拥护，成为整个八大的指导思想，像一根红线，贯串在八大所有主要文献的始终。

八大的"政治报告"指出，新民主主义革命和社会主义革命的胜利，给我们国家的阶级状况带来了一系列的根本变化：

"外国帝国主义的工具——官僚买办资产阶级已经在中国大陆上消灭了。

封建地主阶级，除个别地区以外，也已经消灭了。富农阶级也正在消灭中。原来剥削农民的地主和富农，正在被改造成为自食其力的新人。

民族资产阶级分子正处在由剥削者变为劳动者的转变过程中。

广大的农民和其他个体劳动者，已经变为社会主义的集体劳动者。

工人阶级已经成为国家的领导阶级。它的队伍扩大了，它的觉悟程度和文化技术水平大大提高了。

知识界已经改变了原来的面貌，组成了一支为社会主义服务的队伍。

国内各民族已经组成为一个团结友好的民族大家庭。

以共产党为领导的人民民主统一战线，更加扩大和巩固了。"

根据这一系列的变化，毛泽东同志亲自主持制定、全体代表一致通过的"关于政治报告的决议"认为："我们党领导中国人民，已经完成了资产阶级民主革命，并且基本上取得了社会主义革命的胜利。这就使我国出现了一种完全新的社会面貌。在旧中国社会中的主要矛盾，即中国人民同帝国主义、封建主义、官僚资本主义的统治的矛盾，由于资产阶级民主革命的胜利而解决了。在解决了这种矛盾以后，我国除了对外还有同帝国主义的矛盾以外，在国内的主要矛盾是无产阶级同资产阶级之间的矛盾，这是社会主义革命所要解决的矛盾。我们对农业、手工业和资本主义工商业的社会主义改造，就是要变革资产阶级所有制，变革产生资本主义的根源的小私有制。现在这种社会主义改造已经取得决定性的胜利，这就表明，我国的无产阶级同资产阶级之间的矛盾已经基本上解决，几千年来的阶级剥削制度的历史已经基本上结束，社会主义的社会制度在我国已经基本上建立起来了。"

在这个历史的转折关头，我国社会的主要矛盾是什么呢？我们的主要任务又是什么呢？马克思主义认为：革命的目的是为了解放生产力。这是我们考虑一切问题的根本出发点。当然，要根据实际情况、根据革命发展不同阶段的不同的主要矛盾，来确定我们的不同的中心任务，但是归根结底，我们搞社会主义革命、抓阶级斗争，最终目的都是为了替生产力的发展扫除障碍、创造有利条件。正是"由于资产阶级民主革命和社会主义革命的胜利，生产力发展的障碍基本上已经扫除了"，所以，"我们国内的主要矛盾，已经是人民对于建立先进的工业国的要求同落后的农业国的现实之间的矛盾，已经是人民对于经济文化迅速发展的需要同当前经济文化不能满足人民需要的状况之间的矛盾。这一矛盾的实质，在我国社会主义制度已经建立的情况下，也就是先进的社会主义制度同落后的社会生产力之间的矛盾。党和全国人民的当前的主要任务，就是要集中力量来解决这个矛盾，把我国尽快地从落后的农业国变为先进的工业国。这个任务是很艰巨的，我们必须在经济、政治、文化等方面采取正确的政策，团结国内外一切可能团结的力量，利用一切有利的条件，来完成这个伟大的任务。"

无产阶级夺取政权以后，必须利用自己的政治统治，夺取资产阶级的资本，"并且尽可能快地增加生产力的总量"。[①] 这是马克思主义的一条重要原理。列宁曾反复强调："无产阶级取得政权以后，它的最主要最根本的利益就是增加产品数量，大大提高社会生产力。"[②] 这个问题，对于像俄国、中国这样经济落后、革命政权的物质基础薄弱的国家，就更突出、更尖锐。早在1918 年俄国十月革命刚刚取得胜利以后，列宁就曾深刻地指出："现在我们俄国无产阶级，无论在政治制度方面或在工人政权的力量方面，比任何英国和任何德国都要**先进**，但在组织像样的国家资本主义方面，在文化程度方面，在'施行'社会主义的物质上生产上的准备程度方面，却比西欧最落后的国家还要**落后**。"[③] 因此，"现在的任务是要把无产阶级所能集中的一切力量，把无产阶级的绝对统一的力量都投到经济建设的和平任务上去"。[④] 遵循列宁的这些教导，斯大林也曾不止一次地强调："一方面，我国有最先进的苏维埃制度和全世界最先进的政权即苏维埃政

　　① 《马克思恩格斯选集》第1 卷，人民出版社1974 年版（本书同引此版，不另注），第272 页。

　　② 《列宁全集》第33 卷，人民出版社1959 年版（本书同引此版，不另注），第159 页。

　　③ 《列宁选集》第3 卷，第568—569 页。

　　④ 《列宁选集》第4 卷，第177—178 页。

权；另一方面，应当作为社会主义和苏维埃政权的基础的我国工业技术却过分落后。"要克服这种矛盾必须作些什么呢？为此必须赶上并超过发达的资本主义国家的先进技术。"① 由此可见，八大"政治报告"和"关于政治报告的决议"对我国社会主义时期的主要矛盾和主要任务的分析与结论，是忠实于马克思列宁主义学说的，是符合我国革命实际情况的。

八大号召全党和全国人民集中力量来搞经济建设，是否就是"阶级斗争熄灭论"呢？完全不是。八大认为："在社会主义改造完成以后，社会主义和资本主义的立场、观点和方法之间的斗争，还会继续一个很长的时间"，② "必须继续加强我国的人民民主专政"，"对于封建主义和资本主义的思想，必须继续进行批判"。"毫无疑问，我国人民还必须为解放台湾而斗争，还必须为彻底完成社会主义改造、最后消灭剥削制度而斗争，还必须为继续肃清反革命残余势力而斗争。不坚决进行这些斗争，是决不许可的。"③ 但是，也必须看到："现在，革命的暴风雨时期已经过去了，新的生产关系已经建立起来，斗争的任务已经变为保护社会生产力的顺利发展"。随着社会主义革命和建设事业的胜利，对抗性的阶级斗争的趋势也就日渐减弱，"一方面，反革命分子确是存在着，认为可以放松警惕性的想法是完全错误的；另一方面，只要我们的政策正确，反革命分子是可以肃清的，认为反革命活动会愈来愈严重的想法也是没有根据的"。④

五个月以后，毛泽东同志在《关于正确处理人民内部矛盾的问题》的著名讲演中，再次阐述了八大对阶级斗争形势的正确估

---

① 《斯大林全集》第 11 卷，第 214 页。
② 见八大"政治报告"。
③ 见八大"关于政治报告的决议"。
④ 见八大"政治报告"。

计。他说："现在的情况是：革命时期的大规模的急风暴雨式的群众阶级斗争基本结束，但是阶级斗争还没有完全结束。"① 基于对当时我国三大改造完成之后阶级斗争形势的科学分析，毛泽东同志进一步明确指出："就全国说来，反革命分子的主要力量已经肃清。我们的根本任务已经由解放生产力变为在新的生产关系下面保护和发展生产力。"②"团结全国各族人民进行一场新的战争——向自然界开战"。③ 由此可以清楚地看出，毛泽东同志的思想是与八大的基本精神完全一致的。

二

扩大党的和国家的民主生活，健全法制，是顺利建设社会主义的保证。对这个问题，八大作了认真的讨论和明确的规定。"政治报告"指出："为了适应社会主义改造和社会主义建设的新形势，目前在国家工作中的一个重要任务，是进一步扩大民主生活，开展反对官僚主义的斗争。"邓小平同志受党中央委员会委托向大会作的"关于修改党的章程的报告"对这个问题作了详尽的说明。他说："必须健全党的和国家的民主生活，使党的和政府的下级组织，有充分的便利和保证，可以及时地无所顾忌地批评上级机关工作中的错误和缺点，使党和国家的各种会议，特别是各级党的代表大会和人民代表大会，成为充分反映群众意见、开展批评和争论的讲坛。"八大修改的党章规定，党员有义务进行批评与自我批评，揭露工作中的缺点错误，并且努力加以克服

---

① 《毛泽东选集》第5卷，第375页。
② 同上书，第377页。
③ 同上书，第375页。

和纠正；有义务向党的领导机关直到党的中央委员会报告工作中的缺点和错误。党员必须对党忠诚老实，不隐瞒和歪曲事实真相。这些规定对提高党员的政治积极性，发扬党的实事求是的优良传统，克服工作中的缺点错误有重大的原则意义。八大修改的党章还着重对党员的民主权利作出了许多重要规定：党员在党的会议上或党的报刊上有参加党的政策的理论和实际问题的自由的、切实的讨论的权利，有批评任何组织和工作人员的权利；对于党的决议如有不同意的地方，除了无条件执行以外，有权保留自己的意见。邓小平同志在"关于修改党的章程的报告"中对这个问题作了说明："这对于党不但没有害处，而且可以有某种益处。只要党的决议是正确的，这些持有不同意见的党员又是愿意服从真理的，他们终于会心悦诚服地认识党的正确和自己的错误。如果真理最后被证明是在少数方面，那末，保护少数的这种权利，也可以使党更容易地认识真理。"

八大党章还规定，在党组织对党员作出处分或鉴定性的决议时，党员有权要求参加，提出申诉，这就可以避免根据不确实的或不全面的反映来作出决定。

八大党章还特别规定，侵害党员的这些权利，就是违反党的纪律，应当受到批评、教育以至纪律处分，这是对于党员权利的有力的保障。

民主和法制是不可分割的，人民群众的民主权利必须有完备的法制来保护。八大"关于政治报告的决议"指出："由于社会主义革命已经基本上完成，国家的主要任务已经由解放生产力变为保护和发展生产力，我们必须进一步加强人民民主的法制，巩固社会主义建设的秩序。国家必须根据需要，逐步地系统地制定完备的法律。一切国家机关和国家工作人员必须严格遵守国家的法律，使人民的民主权利充分地受到国家的保护。"

在科学艺术领域，八大"政治报告"提出了著名的"双百"方针："为了繁荣我国的科学和艺术，使它们为社会主义建设服务，党中央提出了'百花齐放，百家争鸣'的方针。科学上的真理是愈辩愈明的，艺术上的风格是必须兼容并包的。党对于学术性质和艺术性质的问题，不应当依靠行政命令来实现自己的领导，而要提倡自由讨论和自由竞赛来推动科学和艺术的发展。"八大"关于政治报告的决议"又强调了这个问题，指出："用行政的方法对于科学和艺术实行强制和专断，是错误的。"

毛泽东同志说："我们的国家是一个小生产的家长制占优势的国家。"① 我们从半封建半殖民地社会继承下来的是一份很不理想的"遗产"：封建的生产方式使人民的物质、精神文明处于极为落后的状况，使人们既没有民主生活的习惯，也没有依据法律、按照法律办事的传统。相反，封建专制、家长制的传统意识和习惯势力根深蒂固，行政权力往往高于一切，"长官意志"有时就成了"法律"。"封建时代独裁专断的恶习惯深中于群众乃至一般党员的头脑中，一时扫除不净，遇事贪图便利，不喜欢麻烦的民主制度"。② 另外，长期以来，我们党进行工作大都是依靠群众运动。但是，"革命的群众运动是不完全依靠法律的，这可能带来一种副产物，助长人们轻视一切法制的心理"。③ 总之，在我们国家要想真正开展健康的民主生活，真正健全完备的民主法制，是有很多困难、有很多艰巨的工作要做的。八大把这项工作提上了议事日程，提出了"双百"方针，并且作出了一系列具体规定，把扩大民主生活和健全法制作为我党今后工作中的一项

① 《毛泽东选集》第 2 卷，第 495 页。
② 《毛泽东选集》第 1 卷，第 71 页。
③ 董必武同志在八大的发言。

重要内容，这些在我们党的历史上都是具有重大意义的。

三

在八大会议上，邓小平同志在他所作的"关于修改党的章程的报告"中，还对反对官僚主义、加强集体领导、反对个人崇拜等问题作了极为精辟的论述。

邓小平同志报告中指出："执政党的地位，使我们党面临着新的考验。"因为"执政党的地位，很容易使我们同志沾染上官僚主义的习气。脱离实际和脱离群众的危险，对于党的组织和党员来说，不是比过去减少而是比过去增加了。"联系实际、联系群众和自我批评的作风是我们党的事业取得胜利的保证。可是建国以后，确实有一部分党员逐渐丢掉了党的优良传统和作风。我国是一个小资产阶级成分广大的国家，就是在无产阶级的先锋队组织里，当时也有69.1%的农民成分①。不能不承认，我们党内少数担任领导工作的同志，由于没有在革命斗争中认真改造自己，农民意识浓厚，"打天下，坐天下"的旧思想根深蒂固地存在于他们的头脑里。执政党的地位、手中的权力、一些人的捧场，冲昏了他们的头脑。他们整天陶醉于赞美声中，以人民的"恩人"自居。他们"骄傲，专横，鲁莽，自作聪明，不同群众商量，把自己的意见强加于人，为了自己的威信而坚持错误"。"他们夸大个人的作用，强调个人的威信，只能听人奉承赞扬，不能受人批评监督，甚至有些品质恶劣的人，还对批评者实行压制和报复。""他们把党和人民的关系颠倒过来，完全不是为人民

---

① 八大"关于修改党的章程的报告"。

服务，而是在人民中间滥用权力，做种种违法乱纪的坏事。"①

　　针对这种情况，八大向全党发出了"反对官僚主义"的战斗号召，并把扩大民主生活、反对官僚主义的斗争作为我党今后工作中的一项重要内容。邓小平同志在"关于修改党的章程的报告"中，对种种官僚主义及违反党纪国法，违反党的组织原则的现象进行了尖锐的批评，并且剖析了产生这种现象的历史根源和社会基础，阐明了官僚主义对我党事业的严重危害，论述了坚持党的工作的群众路线、发扬民主、开展党内外由下而上的批评与监督、坚持党的民主集中制和集体领导的组织原则的重要意义。邓小平同志在他的报告中提出的一系列具体措施，八大党章中的一系列明确的规定，都为健全我党的政治生活，为我党反对官僚主义的斗争提供了有力武器。

　　邓小平同志在他的报告中，还根据新的历史条件和国际共产主义运动的经验教训，精辟阐明了反对个人崇拜的重要意义。他从马克思主义的历史唯物主义基本观点出发，在充分肯定领袖对历史的积极作用的同时，鲜明地指出："工人阶级政党的领袖，必须是密切联系群众的模范，必须是服从党的组织、遵守党的纪律的模范。对于领袖的爱护——本质上是表现对于党的利益、阶级的利益、人民的利益的爱护，而不是对于个人的神化。""我们党从来认为，任何政党和任何个人在自己的活动中，都不会没有缺点和错误"，"因为这样，我们党也厌弃对于个人的神化。当人民革命在全国胜利的前夕，在 1949 年 3 月的七届二中全会上，党中央根据毛泽东同志的提议，决定禁止给党的领袖祝寿，禁止用党的领导者的名字作地名、街名、企业的名字，这对于制止歌功颂德，起了很有益的作用。党中央历来也反对向领导者发致敬

————————

　　①　八大"关于修改党的章程的报告"。

电和报捷电，反对在文学艺术作品中夸大领导者的作用"。

在旧社会，剥削阶级为了维护和巩固其反动统治，往往把统治者个人神化，极力夸大个人的作用，搞个人崇拜。在俄国、中国这样封建统治源远流长、小生产占主要地位、人民文化水平相对较低的国家，搞个人崇拜，要比在资本主义民主国家会有更大的市场、更广泛的社会基础，因而其对革命事业的危害也就更加严重。邓小平同志在他的报告中指出：既然"个人崇拜是一种有长远历史的社会现象，这种现象，也不会不在我们党的生活和社会生活中，有它的某些反映。我们的任务是，继续坚决地执行中央反对把个人突出、反对对个人歌功颂德的方针，真正巩固领导者同群众的联系，使党的民主原则和群众路线，在一切方面都得到贯彻执行。"这是完全符合马克思主义的历史唯物主义观点的。

四

解放七年以来，我国经济建设有什么重要的经验教训？今后要遵循什么方针？周恩来同志在八大作的"关于发展国民经济的第二个五年计划的建议的报告"中对这个问题作了科学的回答。在报告中，周恩来同志列举大量事实，说明我们执行第一个五年计划已经取得很大成绩，计划一定能够胜利完成。同时，也取得了不少的经验教训："第一，应该根据需要和可能，合理地规定国民经济的发展速度，把计划放在既积极又稳妥可靠的基础上，以保证国民经济比较均衡地发展。""第二，应该使重点建设和全面安排相结合，以便国民经济各部门能够按比例地发展。""第三，应该增加后备力量，健全物资储备制度。""第四，应该正确地处理经济和财政的关系。"周恩来同志指出："应该按照我们实现社会主义工业化的根本要求和国家物力、财力、人力的可能条件，实事求是地规定各项指标，同时，还应该保留一定的后备力量，使计划比较可靠。"这就是说，既要反对右倾保守，又要反对急躁冒进。周恩来同志批评了有些部门和有些地方"没有很好地对于基本建设规模和物资供应能力进行适当的平衡，因而把基本建设的规模定得大了一些。同时，国民经济的某些部门也出现了齐头并进和急于求成的倾向。结果，不但财政上比较紧张，而且引起了钢材、水泥、木材等各种建筑材料严重不足的现象，从而过多地动用了国家的物资储备，并且造成国民经济各方面相当紧张的局面。"这种现象，1953 年就发生过："在建设工作中曾经发生过到处铺开、百废俱兴、不顾条件、盲目冒进的偏向，结果，影响到国家的重点建设，并且造成了财政上的困难和人力、物力的浪费。"到了 1956 年初，还没有接受教训，"有些部门和有些地方，急于求成，企图把在七年或者十二年内才能够做完的事情，在三年、五年甚至一年、二年内做完。"周恩来同志的批评是多么中肯啊！如果按照周恩来同志根据大量事实总结出来的经验办事，既根据需要，又考虑到可能；既积极，又稳妥可靠，实事求是，反对主观主义，按照客观经济规律办事，那么，我国的经济发展本来可以少走很多弯路，可以避免 1958 年以来许多左倾冒进、比例失调的错误，造成三年困难的许多问题也可能不会发生。

为了建设一个强大的社会主义工业国，必须加强科学研究工作。八大召开前不久，中央集合了全国几百名优秀的科学家，草拟了十二年的科学技术发展规划和哲学社会科学发展规划，要求在以后十二年内能够接近世界先进水平。周恩来同志在他的报告中，提出了一系列切实可行的具体措施，以确保这两个规划所提出的任务胜利完成。但是，后来由于种种原因，特别是由于林彪、"四人帮"的破坏，使得这两个规划不能实现，使我国在科学技术方面和世界先进水平相比，本来已经缩小了的差距又被拉大了，这是十分令人痛心的。

革命是为了解放生产力，而解放生产力又是为了改善人民的生活。遵照这一马克思主义的基本原则，八大的党章总纲中明确规定："党的一切工作的根本目的，是最大限度地满足人民的物质生活和文化生活的需要"。周恩来同志在报告中说："从根本上说，我们国家所进行的一切建设，都是为了人民群众的福利。"为此，周恩来同志提出了一系列的具体措施，要求"妥善地安排国民收入中积累和消费的比例关系"，以保证在发展生产的基础上，使人民群众的生活得到逐步改善。按照计划要求，在第二个五年计划期间（1958—1962），职工的平均工资和农民的收入都能增长25％—30％。"在调整职工工资的时候，必须贯彻执行'按劳付酬'的原则"。

到1956年八大闭幕时，中华人民共和国已经建立七年。在这七年内，我国国民经济的恢复和发展都取得显著的成绩。当时预计，到1957年第一个五年计划完成后，工农业总产值将比1952年增加60％以上，这是一个很高的速度。第二个五年计划将以更高的速度发展。按照计划，到1962年，我国工农业总产值将比1957年增长75％左右，并为进一步发展打下良好的基础。

八大的召开，在全党全国人民中间引起了一片欢腾。因为，全国人民可以从这次大会看到我国光辉的未来，看到我国由落后的农业国变为先进的社会主义工业国的远景。

实践是检验真理的惟一标准。当我们经过二十二年的实践，回过头来重新学习八大的主要文献的时候，我们会更加深刻地认识到：八大的路线是正确的。如果我们当时能始终不渝地贯彻执行这条路线，那么，在二十二年前我们就已经把党的工作重点转移到经济建设上了；我国的社会生产力就会大大发展，我国人民的物质文化生活就会大大改善；在扩大民主和加强法制的条件下，我们就可以保持长期的安定团结局面，就可以避免成千上万的冤案、错案和假案出现；在彻底贯彻集体领导、反对个人崇拜的条件下，现代迷信就不会发生，林彪、"四人帮"一类的坏人篡党夺权的阴谋就不会得逞，整个党的事业今天就会取得更加辉煌的成就！

但是，由于种种原因，特别是林彪、"四人帮"的疯狂破坏，八大的路线没有得到贯彻执行。林彪、"四人帮"一伙出于反革命的需要，全盘否定八大。他们把八大提出的搞经济建设的任务说成是"唯生产力论"；把八大对阶级斗争形势的科学分析说成是"阶级斗争熄灭论"；把八大提出的按客观经济规律办事说成是"右倾保守"；把八大强调执行的按劳付酬原则说成是"复辟资本主义"；把八大关于加强集体领导、反对个人崇拜的马列主义观点诬蔑成是反对毛主席、反对毛泽东思想；把履行八大党章规定的党员义务，坚持实事求是原则，不隐瞒和歪曲事实真相的好同志打成"阶级敌人"，加以残酷斗争，无情打击……他们对八大的全盘否定，使得现代迷信泛滥成灾、民主法制荡然无存、阶级斗争人为地无限扩大、国民经济濒于崩溃，使得全国人民遭受了一场史无前例的浩劫。

这里值得一提的是，林彪、"四人帮"的那个"顾问"，当时身为八大主席团常委，对八大的主要文献都参加了讨论，并举手赞成。但事后却翻脸不认账，反过来倒打一耙，根本无视八大是在毛泽东同志亲自主持下进行的、八大的决议是经过党的最高权力机关（党的全国代表大会）庄严通过的这一基本事实，全盘否定八大，活现出一副两面派的无赖嘴脸。

　　我们今天重新学习八大的主要文献，是为了从历史中总结出经验教训，作为现在和将来工作的借鉴。事实上，八大已经提出了实现四个现代化的伟大任务。八大党章总纲中指出："社会主义革命的胜利给了社会生产力以巨大发展的无限前途。中国共产党的任务，就是有计划地发展国民经济，尽可能迅速地实现国家工业化，有系统、有步骤地进行国民经济的技术改造，使中国具有强大的现代化的工业、现代化的农业、现代化的交通运输业和现代化的国防。"这是1956年我党的任务，在1979年的今天，经过二十多年的曲折之后，返回来，我们还得重新提出这个任务。回顾是痛心的。但是，往前看，我们应该充满信心。实践证明，八大的路线不但没有过时，而且更加焕发出了客观真理的光芒，对我们今天，也有着极为深刻的现实指导意义。重读八大的主要文献，对我们全体干部、党员，特别是对于那些不了解我党历史的青年，都是一次深刻的教育。

　　　　　　　　（此文与王小强合作，曾在1979年3月13日出版的

　　　　　　　　《未定稿》发表）

社会化大生产和小企业

一

社会化的大生产是生产发展的必然趋势。但这并不意味着小企业^①将日益减少，以致最后被完全淘汰。随着生产社会化程度的提高，在许多经济部门中，小企业的数目可能越来越多，并和大中企业长期并存。

为了避免单纯从概念到概念的抽象推理，让我们先看一下已经实现了高度社会化大生产的、经济发达的国家的企业规模结构的情况，并结合我国实际作一些说明。

美国：1979 年有企业 1297 万个（包括工、农、商、服务、诊所、律师事务所等），内有小企业 1000 万个，其中雇佣一个或几个人的小企业 550 万个。如果只按工厂和商店计算，小企业占全部工厂和商店总数的 97%，其产值是国民生产总值的 30%。^②

---

① 各个国家在不同时期对企业规模的概念不尽相同。本文主要以企业从业人员数目作为标准。

② 《美国经济管理考察》，企业管理出版社 1980 年版，第 18 页。

日本：1969 年职工在 300 人以下的中小企业占企业总数的 99.4%，[①] 其中 1—4 人的小企业 336.3 万个，占企业总数的 72.3%。[②] 到 1981 年，日本中小企业数已达 581 万个，占全国企业总数的 99.6%，从业人员 3443 万人，占全国职工总数的 80%，其产值占全国工业总产值的 53%。[③]

法国：1975 年，法国工业企业共有 351544 家，其中雇佣 9 人以下的小企业 302739 家，占企业总数的 86%。1977 年，法国工资劳动者 1760 万人，约占在业人口总数 4/5，独立经营者近 400 万人，占在业人口总数将近 1/5。[④]

单就机械工业来看，不满 100 名职工的小企业数目在机械工业企业中所占比重：美国为 89%（1972 年）；法国为 87%（1973 年）；西德为 80%（1974 年）；英国为 77%（1973 年）。[⑤] 虽然各国"小企业"的概念不尽相同，但从上述数字中，已经可以看出，在这些最发达的资本主义国家中，小企业仍然是富有生命力的，尽管它们在全部物质生产领域中所占比重不大，但却是社会生产的一个不可缺少的有机组成部分。

当然，大企业由于资金技术力量雄厚，有许多优越性，资本主义社会资本集中的规律仍然在发生作用，[⑥] "大鱼吃小鱼，小

---

①　《世界经济》第 1 册，人民出版社 1980 年版，第 101 页。

②　《外国经济结构论文集》，第 265 页。

③　《经济学动态》1981 年第 10 期，第 13 页。

④　《主要资本主义国家的经济结构》，中国社会科学出版社 1981 年版，第 205、200 页。

⑤　同上书，第 270 页。

⑥　例如，在美国的工矿业中，资产在 10 亿美元以上的大公司，已由 1948 年的 12 家增加到 1978 年的 206 家；资产在 100 亿美元以上的特大公司由 1960 年的 1 家，增加到 1978 年的 15 家。目前，仅美国商用机器公司一家就控制了资本主义世界电子计算机生产的 80% 左右；1977 年，意大利一家汽车公司生产的汽车占全国产量的 84%，等等。

鱼吃虾米"的现象仍然存在，但大企业并没有能够把所有小企业统统并吞掉。相反，在一些国家中，小企业还有增长的趋势。美国近几十年来，小企业数量急剧增长，每年新出现四五十万家。以最近八年计，每年除了倒闭、被大公司并吞约 25 万家以外，净增约 20 万家。[①] 美国资产在 10 万美元的较小型的公司数目由 1950 年的 39 万家增加到 1974 年的 114 万家。[②] 日本的中小企业，1954 年为 328 万家，1975 年为 535 万家，1981 年增加到 581 万家。这类企业的就业人数，同一期间由 1477 万人，增加到 3153 万人，再增加到 3443 万人。[③]

为什么在普遍使用现代化机器进行生产、大企业力量强大的社会经济中，小企业还能存在并有一定的发展呢？

最根本的原因是专业化和协作的需要。

社会化大生产是自给自足的小生产的对立物。它的特点是：在机器生产的基础上，在全社会范围内实行专业化分工协作。所谓社会化程度越来越高，就是意味着分工越来越细，协作范围越来越广。

随着科学技术的发展，现代工业制成品的结构变得越来越复杂。每个制成品所需的零部件越来越多。例如，一般汽车只有一两万件，一台电动机车有近 25 万件，而一架波音 B－747 飞机竟多达 450 万件。[④] 这些零部件有许多要求精密度很高，还要不断更新改进，通通靠一家大企业去研究和制造，显然是不可能的，

---

① 《美国经济管理考察》，第 18 页。

② 〔美〕《美国统计摘要》，华盛顿 1977 年版，第 560 页。转引自《美国经济讨论会论文集》，商务印书馆版，第 233 页。

③ 分别见上海社会科学院《学术界动态》1980 年第 34 期，第 2 页；《经济学动态》1981 年第 10 期，第 13 页。

④ 《主要资本主义国家的经济结构》，第 263—264 页。

也是不经济的。因此，就有必要在全社会范围内实行专业化分工协作。美国最大的汽车公司只有四家，而仅为通用汽车公司提供零部件的中小企业就有 62000 家；上述波音 B－747 飞机的试制和生产，就有包括英国等六个国家在内的 1500 家大企业和 15000 家中小企业参加协作。①

小企业规模虽小，但由于专门生产某一两种零部件，产品单一，技术专门，熟能生巧，这就有利于在工艺上精益求精，有所突破。据美国商务部统计，20 世纪科学和技术的发展，有一大半是由小企业创造出来的。② 据美国 1978 年 4 月《国会纪录》战后美国工业生产中共有 61 项基本发明项目，其中有 45 项是中小企业的科研成果。③ 按花费在研究和发展上的每一美元计算，小企业作出的技术革新的贡献是大企业的 24 倍。这些事实充分显示出小企业在这方面的效率。另一方面，由于机械化自动化技术的发展，生产某些零件的劳动生产率已经达到很高的水平。例如一台自动冷墩机生产标准件螺钉、螺母，每小时可达 35000 件④。一个小企业采用高度自动化的设备，只用少数人操纵，就可进行大批量生产，并达到标准化、系列化、通用化。少数几个专业化小企业生产的某些零部件（或配套设备），几乎可以满足全社会的需要。例如美国两家总共只有二三百人的小企业，专门生产为内燃机配套的皮带轮，其产量能满足 1100—1200 万辆汽车的需要。⑤

---

① 《主要资本主义国家的经济结构》，第 265 页，某些中等企业从大企业中接受任务后，往往再转手分包给各有专长的小型企业，成为第二次、第三次承包。

② 《美国经济管理考察》，第 74 页。

③ 据美国《国会纪录》1978 年 4 月 10 日，第 S5205 页。转引自《美国经济讨论会论文集》，第 230 页。

④ 《工业经济管理丛刊》1980 年第 9 期，第 6 页。

⑤ 《经济研究资料》总第 32 期，第 21 页。

　　由于生产批量大，成本就低；由于产品单一，技术设备也比较单一，管理也简单，对工人的技术要求也比较简明。这就可以大量雇用半熟练劳动力，工资也比较低。1974 年统计，日本大中小企业工人工资之比是 100∶86∶71。小企业规模小，投资少，生产工艺简单，因此资金周转也快。例如 1971 年日本小企业的资金周转速度与大企业之比是 1.9∶1.1。因此，小企业生产的零部件的价格往往比较便宜。而小企业之间，又有激烈的竞争，大企业可以从中选择，订立对自己有利的往往是很苛刻的合同，不只规定数量、质量，而且要求绝对准时交货，这就可以使大企业的库存压缩到零或接近于零，因而加快了资金周转。

　　由于有了大量中小企业提供协作，大企业就可以集中资金和技术力量主攻关键部件、保密部件的生产和负责总的装配，以及从事新产品的科研、设计和试验，从而加速产品的更新换代，以适应市场的需要，增强竞争能力。

　　一方面，资本在集中；另一方面，零部件的生产却越来越分散。这两个并行的趋势，是随着社会生产力的发展而来的社会分工发展的必然结果。

　　现代大资本家发现，与其在竞争中把这些小企业通通并吞掉，不如让它们保留下来，利用它们的廉价劳动力和技术装备，为自己服务，并实际上为自己所控制，遇到经济不景气时又可把损失转嫁给它们。这样对大资本更为有利。因此，现在大企业向中小企业购买零部件的比率（指占总成本的比重）越来越高，美国洛克希德公司的这个比率已由一年前的 30％提高到 70％。[①]居日本电器工业首位的松下电器公司，这个比率十年前为 70％，

---

　　① 《美国经济管理考察》，第 19 页。

近年提高到80％。① 日本各汽车公司的这个比率十年前为60％，近年提高到75％。② 日野和日产柴油机两汽车工业公司甚至分别达到80％和90％。③ 日本的汽车价格比较低廉，竞争力强，这是重要原因之一。

除了零部件的生产专业化以外，还有工艺或工序的专业化，例如铸造、锻压、热处理、喷漆、电镀等，也大都分别由专业化的小企业来承包。此外，工具生产、技术设备的安装和维修、运输和保管等，也都按专业化方式分别组织成若干个独立企业，成为社会化大生产的一个组成部分。这些小企业都面向全社会，提供专业化的商品性生产服务，收到效率高、成本低、服务周到的效果。

这些就是在经济发达的资本主义国家中，大量小企业能够存在下去的一个重要原因。④

二

资本主义国家这样的企业规模结构对社会主义国家适用吗？回答应当是肯定的，因为这是社会化大生产本身所要求的，是社会分工发展的合乎规律的结果。企业规模结构没有阶级性，不依

---

① 《天津日本经济学会1980年年会论文选》，第61页。

② 同上书，第59页。

③ 〔日〕《汽车年鉴》1974年版，第295页。转引自《日本经济问题文集》，第257页。

④ 作为资产阶级总代表的资本主义国家的政府，现在也认识到大量小企业存在的必要性，认识到过分的资本集中和垄断会阻止竞争和技术的发展，对整个资本主义不利。因此，一些主要的资本主义国家都颁布了保护自由竞争的反托拉斯法，并成立了保护小企业的组织，如美国有谢尔曼法案和小企业管理局。日本、西德、法国等也有类似的法案和组织。当然这类法案在执行中往往被阻挠破坏。

社会经济制度为转移。

马克思说:"一个民族的生产力发展的水平,最明显地表现在该民族分工的发展程度上。任何新的生产力,只要它不仅仅是现有生产力的量的扩大(例如开垦新的土地),都会引起分工的进一步发展。"① 分工有利于劳动生产率的提高,这是适用于任何社会、任何民族的普遍规律。人类社会从远古时期的农业、畜牧业、手工业之间的分工发展到今天,经历了一个漫长的历史时期。资本主义初期的手工业工场已经有了较细的内部分工。随着生产的发展,生产过程不同工序的分工,不同零部件生产的分工,逐步变为行业的分工。马克思说:"一旦工场手工业的生产扩展到某种商品的一个特殊的生产阶段,该商品的各个生产阶段就变成各种独立的行业。前面已经指出,在制品是一个由局部产品纯粹机械地组合成的整体的地方,局部劳动又可以独立化为特殊的手工业。"② 在这里,马克思指的是工场手工业,但是这种趋势在进入机器生产时期又继续扩大和加强。以机械工业为例,它经历了几个分工专业化的发展阶段:1. 初期或部类专业化,即机械工业从一般加工工业中独立出来,成为一种专业化的生产部门;2. 种类专业化,即某一机械厂只生产一定种类的机器,如机床厂只生产各种机床;纺织机械厂只生产各种纺织机械;3. 产品专业化,即某一工厂只生产一定品种的产品,如机床厂逐渐分为若干个专业生产车床、铣床、钻床、刨床或磨床的不同工厂;4. 零部件专业化。③ 这

---

① 《马克思恩格斯选集》第 1 卷,人民出版社 1974 年版,第 25 页。

② 《资本论》第 1 卷,第 391—392 页。

③ 应当指出,零部件专业化的生产,并不是从 20 世纪才开始的。马克思和列宁在谈到专业化分工发展的趋势时,曾分别以美国南北战争时期和 1893 年的材料说明,那些时期美国的制伞工业、木材加工业、家具业、马车业等的零件生产已日趋专业化。(分别见《资本论》第 1 卷,第 394 页和《列宁全集》第 1 卷,第 84 页)尔后的发展不过是机械化的水平越来越高,分工越来越细,协作范围也越来越广罢了。

是社会化大生产的重要内容,它一经出现,就使劳动生产率成十倍、百倍地提高。由于实行了零部件专业化协作,使大中小企业能各自发挥自己的特长,互相依赖,互相配合,在生产中形成一个社会化的大体系。与之相适应的就是市场日益扩大,商品经济高度发展,各种交通运输、信息工具进一步现代化,把整个社会连成一个有机的整体。

分工本身就是一种生产力。马克思说:"由协作和分工产生的生产力,不费资本分文。这是社会劳动的自然力。"① 列宁也指出:"要把制造整个产品的某一部分的人类劳动的生产率提高,就必须使这部分的生产专业化,使它成为一种制造大量产品因而可以(而且需要)使用机器等等的特种生产。"② 马克思和列宁的这些话越来越被社会实践所证实。

我们对社会化大生产的认识也有一个过程。解放以来,我们先后建设了许多"大而全"、"小而全"的厂子:一个制成品的绝大部分零部件的生产和整个工艺过程,都由一个全能厂负责(据1979年统计,当时一机系统所属的6100多个县以上国营企业中,约有80%是这样的全能厂)。我们过去以为:只要有了大工厂,用机器生产,就是社会化大生产;社会化生产的扩大,就意味着企业规模不断扩大;小企业要逐渐被淘汰掉;工厂规模越大,职工人数越多,越包罗万象,社会化程度就越高。其实,这种全能厂只处在社会化分工的比较低级的阶段,还带有浓厚的自然经济的色彩。解放初期,我国工业基础十分薄弱,分工很不发达,为了迅速取得某些产品(如汽车、拖拉机等等),集中力量,首先建立一批全能厂是必需的。但是,实践证明,这种全能厂机

---

① 《资本论》第1卷,第423—424页。
② 《列宁全集》第1卷,第84页。

构臃肿庞大，领导力量分散，环节多、效率低、成本高。这是目前我国生产设备不能充分利用，技术进步受到阻碍，劳动生产率不能迅速提高的重要原因之一。

有人说，我们的全能厂内也有一定的专业分工，厂里有不同的车间，分别生产不同的零部件或担任工艺过程中的不同工作，这种分工和零部件专业化又有什么不同呢？

不同之处在于：从事零部件专业化生产的小企业（即使是个体经营的小企业）是以整个社会需要为市场的独立商品生产者，而全能厂的各个车间（不管是多么大的车间）则否。马克思曾经指出，工场手工业分工的特点就是"局部工人不生产商品。变成商品的只是局部工人的共同产品"。① 这个特点也适用于全能厂的各个车间的工人。这些车间的工人不直接生产商品，只是为完成本厂的计划服务。而从事专业化生产的小企业则不同，它们所生产的零部件本身就是商品。正如马克思所说："劳动过程中某一项特殊的操作，昨天还是同一商品生产者的许多职能之一，今天也许就脱离这个过程，成为独立的操作，正因为如此，而把自己的部分产品作为独立的商品送到市场上去。"② 随着现代科学技术的发展和市场的扩大，这种趋势将日益强化。如我们前面提到过的每小时可生产标准件螺钉螺母 35000 件这样的高效设备；一年生产的皮带轮可供应 1100—1200 万辆汽车配套需要的高效小企业，如果它们不是以整个社会需要为市场而进行大批量商品生产，如果它们只限于为某一个大工厂配套服务，那就必然会造成生产力的巨大浪费，阻碍技术的发展。

因此，为了充分提高先进设备的利用率，专业生产某种或某

---

① 《资本论》第 1 卷，第 393 页。
② 转引自《列宁全集》第 1 卷，第 83—84 页。

几种零部件的企业应该是一个独立的商品生产者。特别是那些零部件通用化程度较高，而本厂自用量不大先进设备的生产能力长期不能发挥的车间，只要生产、生活设施具备条件，就应独立出来建厂。

我国许多地区和工业部门已经认识到，零部件专业化是社会化大生产的必然趋势，因而几年以前就开始按零部件专业协作方式来组织社会生产。如江苏省常州市在统一规划下，组织二十六个单位按零部件和工艺分工，搞专业化协作，组织手扶拖拉机的一条龙生产，比一般的"全能厂"劳动生产率提高百分之五六十，成本降低百分之三四十。上海标准件行业，按规格品种进行分工，组织 27 个专业企业协作，大批量生产。结果职工人数较原来减少 30％，而产量增加十倍，劳动生产率提高 19 倍，钢材利用率提高 45％，成本降低 76％。上海标准件行业职工只占全国同行业职工总数 1/10 强，而生产能力却占全国 1/3 强，质量也是最好的。[①] 又如丹东电视机配件厂原来是一个有三百多人的"小而全"的工厂，要生产为电视机配套的 8 种配件和 14 吋电视机，产品数量少，质量低，成本高。自 1977 年起，经过 4 次大调整，把 7 种产品和电视机的生产连同部分有关的职工、技术人员一起扩散给外厂，本厂则集中精力专攻高频头一个产品。改组后，1979 年产量为 1976 年的 10.3 倍。但他们不满足，进一步分析高频头是由 227 个零件组成的，专业化程度仍不高，于是又把其中工艺比较简单的许多零件扩散给 9 个小厂专业生产，本厂则主攻关键零件，成为"小而专"的厂子，结果取得更大的成绩：1. 产量高，目前高频头的产量占全国产量的 1/3，可供 22 个省市的 44 个电视机厂配套，相当于本厂改组前的二十多倍；

---

① 见 1978 年 10 月 14 日《人民日报》第 1 版。

2. 质量好，连续两年被评为全国第一，不久前又研制成功三种新型的高频头，加速了产品的更新换代；3. 每只高频头成本降低到 15.34 元，只相当于原来的一半；4. 全厂 1980 年实现利润 330 万元，比改组前的 1976 年增加 60 倍。

上述材料说明，在社会主义国家也有必要实行零部件专业化，促进作为商品生产者的专业生产零部件的小企业存在和发展。

1893 年，列宁在《论所谓市场问题》一文中就曾正确地指出：社会劳动专业化，"按其实质来说，正像技术的发展一样没有止境"。[①] 正是如此，由于科学技术的发展，使现代化工业制成品的结构越来越复杂，所需零部件也越来越多。因此，专业化的分工也必然越来越细，这是没有止境的。一个部件往往是由若干个零件组成的。（如上述的高频头就由 227 个零件组成）。目前专业生产某一种部件的小企业，以后也可能分解为若干个只生产其中某一种或某几种零件的更小型的企业。总之，分工越细，业务就越精，经济效果也就越好，这是科学技术和生产发展的普遍规律。因此，社会化大生产发展的趋势不一定每个部门都是小企业数目越来越少，在有些部门中，可能是越来越多；每个企业平均的职工人数不一定是越来越多，而可能是越来越少。例如，美国的加工工业，1958 年至 1972 年，从 30.3 万家增加到 32.1 万家，其中 20 人以下的小企业所占比重则由 31％增加到 64％。

下面的国内外四个大工业城市的企业规模结构表[②] 很能说明问题。

---

① 《列宁全集》第 1 卷，第 84 页。
② 《天津社会科学》1981 年总 1 号，第 63 页。

	大　阪	香　港	上　海	天　津
	1979 年	1978 年	1980 年	1980 年
工业职工数	94 万人	84 万人	244 万人	122 万人
企业数	7.3 万个	3.87 万个	7149 个	4171 个
平均每个企业职工数	13 人	21 人	340 人	300 人

大阪是日本仅次于东京的最大工业城市，香港的工业水平也比较高，而大阪和香港平均每个企业职工人数却都很少，只相当于上海和天津的 1/14 到 1/26。这说明，现代化水平越高，平均每个企业的职工人数越少，小企业所占的比重越大。

三

有一种说法：小规模企业只能和手工操作的落后生产力水平相适应，一旦采用机器生产，小企业就要被淘汰。

在生产力水平低下，商品经济很不发达的情况下，这种说法是有道理的，但当代社会化大生产发展的现实并非完全如此。

让我们先看一下已经普遍使用机器生产的国家的情况。据美国《基督教科学箴言报》1981 年 12 月 8 日登载（作者署名库克）的一篇文章报道："智雄伊口是日本一个小玩具公司的总经理。他只有三名雇员，这三名雇员都是机器人。"举世闻名的瑞士手表工业系统就是包括了成千上万个装备着非常现代化的精密设备的家庭工场的。由于现代科学技术的发展，一些从事专业化生产的工业小企业的机械化、自动化水平都很高，这已是众所周知的了。在农业方面也是如此。

现代经济发达国家的农业的一个特点是：机械化、自动化水平很高，但小农场占的比重仍很大。

美国：据统计，美国 1978 年每个农业劳动者所生产的农牧

产品可供养 65 人。① 美国的农产品不但可满足国内需要，而且
每年还有大量出口，成为世界上最主要的粮食输出国之一。美国
农业发达的一个重要原因是实现了高度的机械化。1977 年美国
每个农业劳动者占用的农业资本投资已高达十万美元（制造业工
人只有两万美元）。② 美国农业资本的有机构成已经超过了工业
中资本有机构成最高的石油和煤炭工业，但农业劳动者却大部分
是个体经营的小农场主。据统计，美国 20 世纪多年以来，受雇
佣的农业工人，约占农业劳动者总数的 1/4，近年来上升到 30%
左右。1979 年美国全国共有 233 万个农场，农业劳动者 330 万
人，③ 平均每个农场还不到 1.5 个劳动力，就是说，大多数仍然
是韩丁式的家庭农场。④

日本：1977 年日本农业机械动力达到 5300 万马力，平均每
公顷耕地接近 10 马力，居世界首位。1976 年，日本的稻谷亩产
734 市斤，也居世界前列，但日本仍然是一家一户的个体农户占
绝对优势，使用雇佣劳力的资本主义大农场很少。1977 年共有
农户 480 万户，每户平均耕地 1.1 公顷（相当于我国 16.5 市
亩），其中小的农户不到半公顷，大的农户也不过 4—5 公顷，只
有北海道才有占耕地 20 公顷以上的大农户。⑤

法国：从 70 年代开始，农业拖拉机已达到饱和水平，平均
每 25 公顷土地拥有一台拖拉机。按农户平均已达到每户一台。

---

① 《1981 年世界经济年鉴》，第 611 页。
② 《主要资本主义国家的经济结构》，第 48 页。
③ 《1981 年世界经济年鉴》，第 611 页。
④ 应当注意的是，和工业（特别是其中的制造业）有所不同，美国农场有集中
的趋势，其表现为：全国农场总数日益减少而每个农场面积却日益扩大。但从每个
农场占用的劳动力的数目来看，大多数仍是小农场。这些小农场，有许多名义上虽
是独立的，实际在不同程度上受着大资本的控制。
⑤ 《世界经济》第 1 册，第 110、112、114 页。

通过农业现代化，法国农业生产指数居世界第三位。但在法国的农业中，约有80％是小土地经营者的农场。①

以上情况说明，小农场也能容纳一定的现代化生产能力。科学技术的发展，不但没有消灭小农场，反而为他们的存在创造了前提。例如，在畜牧业方面，正是由于出现了自控设备的电气化、自动化的养鸡场，一个人就可以管理三万多只产蛋鸡或四万只肉鸡。因此肉鸡生产的工艺过程就可以实行精细的专业分工，把整个过程分为若干个独立的阶段，分别由不同的小型农场、企业负责：有的专门养种鸡，生产种蛋；有的专门孵化雏鸡；有的专管肉鸡育肥；有的专门从事肉鸡屠宰加工；有的专门供应饲料，等等。这些单位规模一般都不大，有许多还是家庭农场。他们都是独立的商品生产者，参加市场竞争。由于任务单一，技术设备也单一，易于管理，提高业务，因此劳动生产率都很高。在种植业方面，目前美国农业机械正在向大马力、先进控制装置、使用精确灵活等方面发展，田间操作可由拖拉机手一人担任，无须再配备农机手。另一方面，农业这一大部门逐渐分化出许多新的专业部门，如耕种、土壤化验、种子、施肥、播种、植保、收割、储运、兽医等都有专业公司为农场提供服务。例如，农场中的水稻播种、喷撒农药和除草剂等作业，现在已经大部分由农业服务公司的飞机来担任；许多机械不足的中小农场的土地耕耘、播种、收割等作业，也都由专门的农业机械租赁公司包工完成。甚至对农场产品进行分类、加工、包装、储运、销售等也有专业部门提供协作，共同组成一个按专业分工的庞大的产、供、销有机结合的农工商联合经济体系。按照合同规定或临时通知，这些服务就会送上门来。农场中过去要由自身去完成的许多职能，现

---

① 《世界经济》第1册，第256、258页。

在越来越多地分散出去，由专业化的部门或企业来完成了。另外，由于其经营的好坏直接关系到农场主人即劳动者的利益和命运，其主动性和责任心特别强，可以在某种程度上弥补资金力量的不足，因而能在竞争中站得住脚。以上这几方面就是目前许多小农场还得以存在的一些理由。①

事实说明，在商品经济高度发达的基础上，实行了专业化分工协作，小企业也能容纳一定的现代化生产能力，并促进生产迅速发展。认为只有不断扩大企业规模才能和现代化的大生产能力相适应，才能发展生产的观点，并不是绝对正确的。当然，我们在这里并不是说，不论任何经济部门，企业的规模越小越好，而且必然越来越小；更不是说，小企业能容纳一切现代化的生产能力。这些都要根据不同情况进行具体的分析。一个国家的经济结构是国民经济各个组成部分长期发展的结果，是综合形成的。马克思说："现代工业从来不把某一生产过程的现存形式看成和当作最后的形式。……现代工业通过机器、化学过程和其他方法，使工人的职能和劳动过程的社会结合不断地随着生产的技术基础发生变革。"② 这段话对我们研究企业规模结构也有指导意义。现代科学技术的进步，对企业规模的变化发展起着巨大的作用。无论工业或农业，企业规模的大小，都应当根据各个部门不同时期技术发展的需要以及经济效果来决定，宜大则大，宜小则小。一般来说，在工业方面，凡是需要庞大厂房、巨型机器的；需要综合利用资源联合生产的；需要在一个企业内由许多劳动者共同操作、进行流水作业的；这些都应当是大型或中型企业。大企业

---

① 这类小农场所以能维持下去，另一个重要原因是依靠场外收入。据美国《农业形势》1979年11月号载：销售额在5000美元以下的小农场，其收入总额中非农业收入占89%（据《1981年世界经济年鉴》，第611页）。

② 《资本论》第1卷，第533—534页。

资金技术力量雄厚，一般拥有较大型的科学研究、试验、设计机构和设备，能够广泛采用最新的科学技术成就，能够担负各种大型的、复杂的产品的生产任务，在国民经济中起着骨干的作用。这些都是小企业无法代替的。

在国民经济各部门中，有一些部门是应该由大企业来经营的，例如原子能工业、航天工业等等。但是也不能绝对以部门来划分。例如，一般认为钢铁工业的经济效果以大型联合企业最好，但近年来，由于小型电炉冶炼废钢或金属化球团，可以使由钢水到钢材的生产过程更加合理。所以目前有一些国家的钢铁工业虽然仍以大型联合企业为主，但小型炼钢厂也正在开始增长。又比如，采掘工业，一般以大规模开采较为有利，但这只适用于矿藏储量大、品位高的矿区，而储量少、品位低、比较容易开采的矿藏地带则以中小型企业经营为宜。有的工业部门的加工过程比较复杂，对原材料进行初加工之后，还要进行各种类型的再加工，才能最后形成品种繁多的制成品。在原材料初加工阶段，适于进行大型化生产；而再加工的过程则需要采取各种类型的加工形式，企业规模一般就不宜过大。工业发达国家的塑料工业的生产过程就属于这一类。如目前美国塑料原料生产大都集中于联合碳化物公司这类拥有 10 万以上职工的大公司，而数量众多的塑料加工企业平均每家只有 50 个职工。[①] 这种分工实际上等于通过许多不同的工序，依次完成某一种制成品。大中小企业在这个过程中，根据各自不同的工艺特点，分工合作，以适应发展生产的需要。

下面是近几十年来日本印刷工业的企业规模结构表，[②] 从另

---

① 参看《美国经济讨论会论文集》，商务印书馆版，第 229—231 页。
② 资料来源：1954 年和 1957 年资料分别根据日本 1955 年和 1958 年《印刷年鉴》；1981 年资料根据日本刊物《印刷界》1982 年第 1 期《桑港见闻》一文。

一个侧面反映出科学技术的进步对企业规模结构的影响：

年份	企业总数	每个企业平均职工数	1—9 人		10—49 人		50—99 人		100—499 人		500 人以上	
			企业数	占总数%	企业数	占总数%	企业数	占总数%	企业数	占总数%	企业数	占总数%
1954	20280	13.8	13991	69	5537	27.3	475	2.3	238	1.2	39	0.2
1977	26921	10.6	20774	77.2	5335	19.8	548	2.0	251	0.9	13	0.05
1981	29743	10.1										

上表说明：

1. 近二三十年来印刷企业的总数增加了，但每个企业平均职工人数却减少了。到 1981 年只有 10.1 人。

2. 小企业数目及其所占比重都增加了。从 1954 年到 1977 年，1—9 人的小企业由 13991 户增加到 20774 户，即增加将近 50%；所占比重也由 69% 增加到 77.2%。

3. 500 人以上的大企业数目和比重越来越少。

其所以如此，主要是由于科学技术的发展，促使分工越来越细了。在整个印刷工艺过程中，排字、制版、印刷、装订等各道工序现在几乎全都分了出来：照相排字制版、电子分色制版、制铜锌版、精研打样、胶印印刷、装订、烫金等都成为独立的小企业。为了能在竞争中生存，这些小企业都尽量采用最先进的、现代化的设备，使劳动生产率得到几倍、几十倍的提高。例如排字已从原来的手拣活字排字发展到手提照相排字，再发展到激光照相排字，每班可排 15 万字。采用这样高效的技术设备，也只有成为独立的专业化企业，面向全社会，进行商品性生产，才能充分发挥它们的效率。一家公司承包出版一本书的任务后，立即按专业分包给各个小企业，能同步的同步进行，不能同步的也严格按照合同规定的数量、质量和时间交货，各道工序紧密衔接，所以效率很高。有的公司在接到软件后，一天就可以出书，几天就可出齐。

四

　　现代化的社会需要是多方面的。人们既需要生产资料的生产，又需要生活资料的生产。在生活资料中，既需要一些大件的、耐用的消费品，又需要许多日用小百货。这类小商品的特点是花色品种、规格型号繁多，但每一种的批量并不很多。生产这类商品，一般不需要巨型的复杂的机械，如果由大企业来承担，等于用牛刀割鸡，用大炮打苍蝇。而且市场上对这类商品的需求又是瞬息万变的，要求灵活经营。大企业设备复杂，建设周期长，定型以后，转产困难；而小型企业一般投资少，设备比较简单，资金周转快，可以随时根据市场的需要改变自己的经营方向。因此，这些日用小百货一般应由小企业来生产。在这方面，大中小企业也应有所分工，例如，在化工部门中，石油炼制、化肥或制碱等基础化工，要求大型的设备，应由大中企业负责；而医药，化妆品等所谓精细化工业，品种多、批量少、工艺要求高、市场需求变化大，这类商品则应分工由小企业生产。随着社会的发展，人民生活水平的提高，对百货商品的需求将越来越多、越复杂。因此，生产这些商品的小企业也将长期存在。

　　现代工业发展的基本倾向是大批量生产，质量比较均匀，花式比较单一，因为只有这样才能降低成本，取得最大利润。但是人们的需要千差万别，大工业生产无法完全满足多种人的不同嗜好和喜爱，而手工业正好能够提供大工业生产所不能提供的分散、个别的服务。随着社会的发展，消费者这种需求多样化的倾向必然会越来越强烈，越普遍。例如，由于人们的年龄、性别、身材和审美观点不同，购买力不同，对服装的要求将日益多样化。由大工厂大批量生产的样式比较单一的服装已经不能满足需要，而更多地要求量体制作、手工裁缝、个别生产。又如，随着人们收入的增加，必然要求购买更多的带有艺术欣赏价值的和具有民族传统、地方特色的工艺美术品、刺绣、编织等，而能提供这些商品的一般都是手工业。又如，随着电视机、电冰箱、空调设备等等耐用的大件家用消费品的日益普及，必然要求更多的修理人员上门安装、修理和检查；随着汽车的大量增加，必然要求更多的修理站，等等。由于以上原因，在经济发达的国家，手工业从业人员不是减少，而是日益增多。例如西德的手工业劳动者从 1949 年的 320 万人增加到 1979 年的 410 多万人，约占西德职工总数的 16.4％，30 年内增加了 90 万人，即增加了 28％。手工业营业额增长 13 倍，每一从业人员的平均营业额从 6000 马克提高到 78000 马克，充分表现了手工业对现代工业的巨大适应能力。这些企业的性质要求它们规模小，布点分散，以便就近为消费者服务。1979 年西德每个手工业企业平均职工为 8.2 人，但有的行业仍嫌过于集中，有增加布点、缩小规模的趋势。① 无论哪一个国家，无论哪一种社会经济制度，大工业生产即使发展到很高程度，也不能完全满足人们千差万别的特殊要求，因此必须由手工业来补充。

由于社会化大生产的发展，引起一系列社会变化。其中，所谓"第三产业"的兴起，就是最引人注意的变化之一。这个变化也是使小企业得以长期存在的一个客观根据。

二次世界大战以后二三十年以来，在美、英、法、日等发达国家，"第三产业"劳动者所占比例日益增加，目前已分别接近或超过了各该国的就业人口的一半。据统计，美国的这个人数比

---

① 　西德统计材料，把汽车加油站、擦洗站等也列入手工业。

例：1870 年 为 25.1%；1920 年 为 38.3%；1979 年 达 到
69.8%。[①] 而且还有继续增长的趋势。

"第三产业"包含非物质生产部门的各行业，其中除了如政
府行政、军队等等有阶级性，是专门为统治阶级效劳的以外，其
他则主要是为广大消费者服务的。零售商业、服务业人员增加得
最多最快说明了这一点。例如，1976 年美国商业部门就业人员
达到 3234 万人（其中零售商约占 75%），约占全国就业人口的
1/3，比 1952 年的 1569 万人增加了一倍以上。[②] 美国在 1965 年
至 1975 年的十年内，服务业的数量增加了 40%。

产生这种现象的原因十分复杂，最主要是由于生产力的发
展，使劳动生产率大大提高，从事物质部门生产所需的职工越来
越少，[③] 多余下来的劳动力就必然要向非物质生产部门转移。另
一方面随着生产力发展，人们收入的增加，消费构成也必然发生
变化，用于生活必需品的支出相对减少，而要求社会能提供更
多、更好、更周到的服务。因此，能够提供这种服务的商业服务
网点大量增加。工业越发展，这些网点越多，例如西柏林 200 万
人口，有四千六百多家饭店，平均四五百人一家；（我国上海
1000 万人口，连早点铺在内还不到 2000 家饭店，平均约 5000
人一家。[④]）日本大阪市 1979 年共有商业服务点 23.6 万个。平
均每个商店负担居民 22 人，真是星罗棋布；这方面数字，香港
为 6.7 万个，平均每个点负担 75 人（1978 年）；我国天津为 1.1

---

① 《主要资本主义国家的经济结构》，第 45 页。
② 同上书，第 295、296 页。
③ 例如，美国的钢产量从 1953 年达到 1.06 亿吨后，20 年来一直在 1 亿吨上
下徘徊，钢铁工人 1965 年是 46.8 万人，1975 年只有 35.8 万人，10 年内减少了 1/4
（见《主要资本主义国家的经济结构》，第 49 页）。
④ 《福建论坛》1981 年第 5 期，第 26 页。

万个，平均负担896人（1980年）。① 论工业水平，大阪比香港高，香港又比天津高。商业服务网点的数字与工业水平成正比，而平均每个商店所负担的人口与工业水平成反比。这说明，工业越发达，商业服务网点越多。应该说这个现象带有普遍的意义。我国城镇目前商业服务网点少，给人民生活带来一定困难，部分原因是由于过去工作的失误。我们相信，经过调整改革之后，随着生产的发展，我国的商业服务网点也必然会大量增加，而且不能过分集中，要合理地分布，因为只有这样，才能就近为消费者提供方便。

在众多的商业服务网点中，除了少数大中型的商店以外，绝大多数是小型的，其中包括许多个体户。他们经营小商店、小饮食店、小修理业、小服务业等，零星分布在各处，早开门，晚关门。有的走街串巷（如磨刀剪、修锅等），有的上门服务（如为老弱病残理发），有的拆旧翻新，有的有一技之长，能满足顾客的特殊需要。这一类行业都十分零碎细小，一般不宜于大中企业经营，但又是社会生活中所不可缺少的。即使在将来，小企业的这种拾遗补阙的作用也是大中企业取代不了的。

由于科学技术的发展，使许多大企业和一些从事专业化生产的小企业的技术设备越来越先进，资本的有机构成也越来越高。相对来说，某些生产日用小百货的小企业和手工业企业的有机构成就比较低，被称为劳动密集型企业。商业服务行业所需的投资更少。因此，同样的投资用于这类的小企业比用于大企业能提供更多的就业机会。这在各个发达国家都是如此。

我国经济发展的情况，同样说明这个问题。解放以来，我国工业有了很大发展，建设了许多大工厂。如按100万元固定资产

---

① 《天津社会科学》1981年总1号，第64页。

计算，1952 年可安排劳力 475 人，1957 年可安排 200 人，1965 年可安排 128 人，到 1978 年只能安排 100 人。突出的如云南省三聚磷酸钠厂，总投资 5 亿元，是一个设备十分现代化的大企业，但只能安排 2500 人，平均每百万元投资只能安排 5 人。和 1952 年全国的平均数相比，相差将近 100 倍！（这里虽然包含币值变动的因素，但有机构成越来越高的趋势还是十分明显的）同样的百万元投资，如果用在商业服务行业等小企业，可安排 800 人以上。[①] 因此，发展这一类小企业不但是社会分工和为消费者提供服务的需要，而且在一定阶段内，对安排劳动就业也有很大的作用。

以上情况说明，小企业包括范围很广，有专门生产零部件的，生产小商品的，从事手工业、修理业、商业服务（劳务）性质的，等等。它们在国民经济中都占有各自不同的地位，适应不同的需要，起着不同的作用，各有自己存在的必要性和优越性。它们都是国民经济中不可缺少的组成部分。它们和大中企业分工协作，互相依赖，密切配合。某些小企业可能被淘汰掉，但另外一些小企业又会产生出来。它们将和大中企业长期并存。这是社会化大生产发展的需要。我们在调整经济结构中，要认真研究企业规模结构的合理配置问题，使每一个企业的规模能正确地反映科学技术和发展生产、方便人民群众生活的需要，使大中小企业各自扬长避短，共同促进国民经济的发展。

（本文原载《中国社会科学》1983 年第 2 期，《人民日报》1983 年 9 月 2 日转载，中央电视大学出版社出版的《工业经济管理参考资料》和《新华文摘》1983 年第 6 期俱转载）

---

① 见 1981 年 11 月 16 日《人民日报》第 5 版。

从包产到户的发展看
实践标准的威力

三人一床破棉絮的西部农村

"文化大革命"把中国的经济推到崩溃的边缘，农村尤为重灾区。据统计，"文革"结束的 1976 年，全国粮食总产 5726 亿斤，人均 614 斤，与 1956 年相同；棉花总产 4112 万担，人均 4.4 斤，比 1956 年减少 2 两；农村人民公社社员人均分得口粮 406 斤，集体分配收入 62.8 元，扣除价格因素，低于 1956 年的水平。全国有 1/3 的生产队人平均分配收入不足 40 元，口粮不足 300 斤。全国有 2.5 亿多农民温饱问题还没有解决。其中，西北的农村地区更为困难。如甘肃省榆中县上庄公社 属于中上等水平的上庄四队，1979 年每劳动日工分值只有 0.19 元，全年人均口粮只有 40 斤。全队 32 户，179 人，没有一床褥子，只能睡在破烂的炕席甚至睡在土炕上。全村总共只有 62 床棉被（即平均 3 人才有一床），其中只有 3 床略新可以称为棉被，其他都是破旧不堪或烂得漆黑一团经纬不分的破棉絮。而城镇居民则因农产品的不足，多年来长期忍受短缺经济的痛苦。

毛泽东说，责任田如果搞好了，能增产 10 亿斤粮食，那就是一件大事。可以普遍推广

新中国建立已经近 30 年了，为什么广大农民还处在如此悲惨的贫困境地？一个重要原因就是长期推行"一大二公"的、极"左"的农村政策。包产到户则是解决问题的好办法。

本来，早在 50 年代农村合作化时期，即 1956 年春，类似包产到户的方式就已被浙江永嘉县等比较富裕的地区的群众创造出来了。永嘉县的经验多次受到地、省领导的表扬和推广，邻近的瑞安、平阳、文成等地也搞了起来，普遍增产。但在 1957 年反右的政治运动中，这种做法被批判为复辟资本主义。凡是支持和执行过的干部和农民都被打成右派、反革命。

"大跃进"期间，安徽省委书记曾希圣由于积极推行极"左"路线，大刮五风（共产风、浮夸风、强迫命令风、瞎指挥风和干部特殊化风），致使发生严重经济困难，1960 年大量出现饿、病、逃荒以及非正常死亡现象。

曾希圣为此焦虑不安。1960 年冬，毛泽东在一次中央局书记会议上说："可以把高级社时期实行田间管理农活包工到户的办法恢复起来。"受此启发，又经过大量调查研究，曾决定在安徽试行"责任田"（实质上和包产到户差不多，但因包产到户这词太敏感，所以只敢叫责任田）。1961 年 3 月，他把这个想法和具体办法向毛泽东作了汇报，毛答复说："你们试验嘛！搞坏了检讨就行了，如果搞好了，能增产 10 亿斤粮食，那就是一件大事。"曾当即通过长途电话向安徽省委传达，不久，华东局第一书记柯庆施又向曾转达毛泽东的意见：责任田"可以在小范围内试验"。语气虽有不同，但试验还是可以的。

1961年7月，毛泽东来安徽视察，曾希圣向他汇报。毛听后回答说："你们认为没有毛病就可以普遍推广。""如果责任田确有好处，可以多搞一点。"有了毛泽东的支持，责任田得到迅速推广，到1961年底，全省实行责任田的有261249个生产队，占生产队总数的90.1％，经过对比调查，凡是认真搞责任田的社、队和地区，普遍增产，如阜阳、宿县两个地区取得了空前大丰收，自己吃不完，还支援河南、山东和江苏的部分灾区。中南局第一书记陶铸、书记金明、河南省委书记刘建勋，都曾亲自来安徽表示感谢。农民交粮踊跃，得排长队久等，安徽的国家粮库1961年底比上年净增1.14亿斤，一举改变了前几年粮食库存直线下降的局面。因此，安徽农民把责任田叫做救命田。

可怜的曾希圣，既因刮"五风"严重减产，又因搞包产到户增产受到撤职、批斗

就在这种情况下，1962年1月，中央在北京举行的扩大会议（即7千人大会）上，可怜的曾希圣却因既刮"五风"严重减产，又因推行责任田增产，被撤职、批斗，1968年死去。

以李葆华为首的安徽新省委作出坚决"改正责任田"的决议，受到基层的强烈抵制。在强大压力下，有的队明改暗不改。太湖县委宣传部副部长钱让能和符离集区委于1962年5、7月先后写信给毛泽东，说明责任田并不违背社会主义原则，受到百分之八九十以上农民拥护，而且增产显著。中宣部派人来调查，认为情况属实。当时的副总理、中央农村工作部部长邓子恢经过大量调查，也肯定包产到户生产责任制很好，可以在农村普遍推广。

1962年9月，在八届十中全会上，毛泽东号召全党"千万

不要忘记阶级斗争"，阶级斗争要"年年讲、月月讲、天天讲"。并且把"单干风"（指包产到户）作为"复辟资本主义"的典型严厉批判。钱让能的信在会上印发作为"靶子"批判。毛泽东对邓子恢说："你这次搞包产到户，马克思主义又飞走了。"全会撤销了中央农村工作部和邓子恢的部长职务，邓后来被批斗，1972年死去。

安徽的包产到户（责任田）夭折了。在"文革"期间，钱让能被揪斗殴打数百次。仅安徽一省，因支持和参加过包产到户的干部和农民有数十万人被打成走资派、走资户，有的被整得家破人亡。

从此，"包产到户"成为一个令人谈虎色变的雷区。

农民问：我们增产粮食犯不犯法？

但是，1978年5月起开始的，"实践是检验真理的惟一标准"的全国大讨论，使这种情况有所改变。

农民最先想到包产到户。1978年秋，安徽肥西县大旱，该县山南区的农民自发地搞起包产到户，实行生产自救。全区1060个生产队，搞包产到户的占77％，农民积极性很高，有的在晚上点着煤油灯干，一连在地里奋战三四个昼夜，把小麦种下去。接着是兴修水利和增施肥料。1979年夏粮获得了大丰收，总产量2010万斤，比历史最高产的1978年增长265％。全区交售国家公粮1149万斤，比1978年增长5.7倍，一些穷队、穷户一下子翻了身，集体提留更多，也更有保证了。

但是，由于过去长期受到"左"的和"两个凡是"的思想影响，肥西县委怕又犯路线错误，挨批斗，派县干部下去，命令基层"纠正包产到户，要求农民重新组织起来，走社会主义道路"。

但是，农民这次和过去驯服地挨整不同了。他们质问："我们增产粮食犯不犯法？""实践是检验真理的惟一标准在农村兴不兴？""为什么实践证明了能够大增产的办法不让搞？"理直气壮，问得干部哑口无言。县干部也很苦闷，很矛盾："按过去的搞法，农业长期徘徊不前，甚至减产，农民挨饿，反而说是社会主义的路线。而现在搞包产到户增产了，大家吃饱了，却说是资本主义道路。到底什么是社会主义，什么是资本主义，真把我们搞糊涂了。"

《未定稿》：包产到户问题应该重新研究

正在这时，中国社会科学院的陆学艺等三位同志来安徽搞调查研究，感到这种情况和这些问题有普遍性和典型意义，于是写了一篇题为《包产到户问题应当重新研究》的评论文章，连同安徽同志们写的关于包产到户大增产的三篇调查报告一起，发表在1979年11月8日出版的社科院刊物《未定稿》上。评论指出，包产到户，土地仍是公有的，只是联产计酬的一种形式，类似工业上计件工资、定额到人的性质，也是按劳分配。包产到户能增产，对国家、对集体、对个人都有利，这说明包产到户姓社不姓资。至于在实行的过程中发生一些问题，如争牛、争水等，只要加强领导，是可以解决的。评论还指出，革命是为了解放生产力，实践是检验真理的惟一标准，哪一种生产关系适合当地的生产水平，能促进生产发展的，就应该坚持和提倡。

这一期的《未定稿》，因受到压力，只是作为"增刊"，只印200份发给有关的专家和高级领导，不发给一般订户。甘肃省委原准备要下面已自发搞起包产到户的队停止再搞，接此期《未定稿》后允许继续试验，由实践作出结论。

1980 年 8 月到 10 月，社科院的陆学艺和王小强两同志到甘肃进行了一个多月的追踪调查，发现包产到户克服了过去吃大锅饭，干活"大呼隆"的缺点，农民可以自己当家作主，积极性大大提高，又避免了过去干部一刀切、瞎指挥的毛病。因此凡是搞包产到户（或类似方式）的地区都大增产。他们在调查中还研究了发展趋势：即使今后生产力水平提高了，也不会走过去"生产队—大队—公社"的老路，而是在商品经济的条件下，向社会化、专业化和新的自愿结合的联合组织过渡（见 1980 年 11 月《未定稿》）。

万里说：应该允许他们试验，根据实践的结果再作结论

时任中共安徽省委书记的万里积极支持包产到户。他多次组织干部群众学习和讨论真理标准问题，并反复宣传：凡是经过实践证明能增产，能增加农民收入的，就是好办法。当肥西县委心有余悸，怕又犯路线错误，要山南区纠正包产到户时，万里同志说，山南区算是省委的试点，错了由省委负责，如果减了产，由省调拨粮食支援。

在省委机关内部思想也不统一，有人对包产到户议论纷纷，万里要他们不要坐在机关死抠过去的条条框框，指手划脚。要深入基层，尊重群众的实践。经过细致的工作，省委内部取得了共识，有力地推动了以包产到户为主体的各种形式的联产承包责任制的发展。

安徽省滁县地委书记王郁昭曾写过一篇文章，述说他们在推广大包干过程中遇到的各种责难，地委有的同志也心有余悸。就是因为有真理标准作为精神支柱，有省委书记万里的领导和支

持，才使他们的思想从僵化、半僵化的状态中解放出来，消除极左的流毒，把包产到户的试点和推广的工作坚持下去（见1980年1月《未定稿》）。

到1980年10月，安徽全省已有43%的生产队实行了包产到户。

通过各种传媒介绍，安徽省包产到户成功的经验受到广泛的注意，在各地不同程度地推广。1980年全国遇到特大的自然灾害，但实行包产到户地区仍获好收成，如甘肃省与1979年相比，1980年粮食增长7.1%，油料增长65%；贵州省粮食增长4.1%，油料增长52%，都超过全国平均增长水平。山东省西部、北部的菏泽、聊城、德州、惠民四个地区，是全国著名的贫穷落后地区，由于实行了包产到户，1980年一年翻了身，棉花总产800万担，比1979年增长了3倍，农民人均收入增长了84.3%。

但是改革的道路是曲折的，由于过去"左"的、"两个凡是"的思想，"宁要社会主义的草，不要资本主义的苗"等谬论仍然在某些人脑海中作祟。1979年3月15日，《人民日报》发表了一篇读者来信，并加上编者按语，说包产到户是拆散社会主义集体经济，云云。1981年，一些省、区的领导人仍然认为包产到户是复辟倒退，阻止基层搞。四川省一个市的领导人甚至说，不要怕减产，不要怕农民不满，甚至扬言要动用专政工具去制止农民搞包产到户。这个讲话受到中央领导的严肃批评。

中央文件：包产到户是社会主义集体经济的生产责任制

粉碎"四人帮"以后，党中央对农村问题十分关心。在

1978 年 12 月召开的十一届三中全会上，邓小平同志作了《解放思想，实事求是，团结一致向前看》的重要讲话，作出了把工作重点转移到经济建设上来等重要决定。对农村工作主要从社员自留地、家庭副业、集市贸易等方面放宽政策，以及提高农产品价格和增加农业投资以加快农业的发展。大会没有专门讨论包产到户的问题。一些同志对包产到户的性质还认识不清楚，所以在有关文件里，提出了"不许包产到户，不许分田单干"的说法。但是中央按照实事求是的精神，尊重群众的实践。在以后的几年里，中央有关部委多次派出大量人员到全国各地调查研究，然后进行集体汇报、讨论。实践证明，凡是搞了包产到户的地方，生产都搞得热气腾腾，农民心情舒畅，大幅度增产。有不少同志原来对包产到户是怀疑和反对的，通过实际调查，改变了态度，承认这是解决当前农业问题的好方法。

从 1980 年 5 月起，邓小平和胡耀邦等同志先后对安徽的经验和安徽在这个问题上起到的带头作用多次表示充分的肯定和赞扬。

中央发出的文件，对包产到户的态度也一次比一次宽松和肯定。从准许在边远山区搞，准许作为权宜之计搞、准许小规模试验搞，到 1982 年 4 月发出的中央文件《全国农村工作会议纪要》第一次明确：包产到户是社会主义集体经济的生产责任制。

1983 年全国农村基本上实行了包产到户，同 1978 年相比，全国农业总产值（按可比价格计算），增长了 46.25%，平均每年递增 7.9%，比历史上任何时期都好，而且为以后农业经济发展开辟了道路。

正如 1983 年中央文件《当前农村经济政策的若干问题》，所指出的那样："联产承包责任制和各项农村政策的推行，打破了我国农业生产长期停滞的局面，促进农业从自给半自给经济向着较大规模的商品生产转化，从传统农业向现代化农业转化。这种趋势，预示着我国农村经济的振兴将更快到来。"

现在对于任何一个中国人来说，包产到户能促进农业增产，已经是一个不证自明的道理，而耗用近 30 年的时间，付出惨痛的代价，才完成这一发展过程，却又不能不令人扼腕叹息。但最要紧是，当那场在中国掀起波澜的真理标准大讨论结束 20 年的时候，对历史多少有些陌生的、今天的人们，又应该感念些什么？

（本文曾在《21 世纪》1998 年第 5 期发表）

充分发挥社员养猪的潜力，
促进养猪事业发展*

　　目前（1978 年）我国农村养猪事业存在什么问题？怎样才能更快地发展起来？为了研究这个问题，我们去年到北京市通县进行了调查，结果说明，集体养猪亏损极为严重，但社员养猪却

---

　　* 下列两篇关于养猪的调查报告，最典型地说明"宁要社会主义的草，不要资本主义的苗"的极左思想的危害。

　　1957 年我在空军政治部工作时，被划成右派分子，由两名武装战士押赴北大荒劳动教养，1959 年摘去帽子，1962 年被调到北京市通县麦庄公社任秘书，劳动之外，还负责农业、畜牧业统计工作。我发现生产队、大队集体养猪亏损严重。而社员养猪又快又省，对社员、对集体、对国家都有利，但因极左思想影响，各方面对社员户养猪限制很多。我曾多次提出这个问题，建议放松对户养猪的限制，但每次都被批判为右倾，说："怪不得 57 年把你打成右派，到现在还是满脑袋瓜资本主义思想！""发展集体养猪是社会主义方向大问题，发展社员户养猪是资本主义方向，就是要加以限制！"等等。

　　我没有办法，只有暗中多方搜集资料，并相信，这些资料总会有用上的一天。

　　1976 年粉碎"四人帮"以后，时任《人民日报》记者的傅冬同志（傅作义将军的女儿，我在西南联大的同学）和我到通县农村调查，写成三份调查报告，其中一份就是这篇《充分发挥社会养猪的潜力，促进养猪事业发展》刊登在中国社科院的《经济管理》1979 年第 3 期上。另外一篇《群众创造了加快发展养猪事业的经验》，发表在《人民日报》1978 年 11 月 29 日第 3 版头条，当日中央电台予以广播。同时，我们还写了长篇的调查报告，作为《人民日报（内参）》上报中央，对调整养猪政策起到一定积极作用。——作者注

有很大潜力。

集体养猪亏损严重

近几年来，北京市通县的养猪事业有一定的发展，交售肥猪数从1975年的十二万多头，达到1976、1977年的每年十六万多头，78年还有所增加。但是也存在一些问题。主要是集体养猪长期严重亏损。据1975、1976、1977年三年全县统计，每年都亏损三百多万元。1977年全县1080个集体猪场，除21个外，绝大部分（占98％以上）亏损，共达384万元。全县农业户平均每户减少收入37元，每个社员减少8元8角。（据国家统计局资料，1977年农民人均从集体劳动中获得的年收入仅为65元）

集体养猪的饲料粮消耗量也很大。据1976年6月底到1977年6月底粮食的年度统计，全县集体猪场耗粮6789万斤，约相当于农村十六七万人一年的口粮，占1977年全县粮食总产量的16％，相当于1977年全县上交商品粮的86％。国家规定，生产队交超产粮，加价30％，因集体养猪，全县少卖超产粮6789万斤，以每斤减少收入三分计算，共减少收入二百多万元。

猪场这样普遍、长期、严重的亏损，说明不是一时一地的工作问题，而是由于存在着一些带根本性的矛盾难以解决。除猪价偏低以外，从猪场方面分析，主要是吃、住、管理三方面的问题。

1. 吃的方面，饲料单一，营养不足。

要保证猪的正常生长发育，必须有充足的饲料，要精、青、粗合理搭配。但实际上许多猪场办不到。如精料方面，一般只是大麦、高粱、玉米，即使这几样，也不能同时搭配，往往是随着生产季节地里收什么，给猪吃什么。有时单一吃高粱面，严重影响猪的发育。有许多生产队由于粮食少，而上级又不问条件，盲目要求多养，结果连单一的饲料也不能充分供应。青饲料对于猪的生长发育十分重要，但过去大多数猪场只能依靠生产队菜园子的少量下脚料，时断时续，一年只能吃上二三个月。有些生产队连粗饲料也不足，每年到青黄不接时，只能把霉烂的麦秸、甚至把经过长期风吹日晒的篱笆（高粱、玉米秸）和稻草帘拔下来粉碎喂猪。在这种情况下，猪吃不饱，营养严重不足，造成瘦弱多病、育肥慢、死亡率高。

2. 住的方面，猪多圈少，密度太大。

由于猪场养的猪越来越多，而建圈又受资金、砖、水泥、土地等限制，不能相应增加，因而造成很大矛盾。如扬坨三队猪场，三年前有猪一百多头，现在发展到二百多头，其中成年种猪44头，但住的还是那32间破圈。1977年冬因小猪拥挤，上垛压死52头。

3. 管理方面，许多生产队领导不重视，没有建立岗位责任制，饲养员责任心不强，没有实行科学养猪，等等。

为了搞好集体养猪，近两年来，县委作了大量工作，有的社队也加强了领导，猪场建立了岗位责任制，实行科学管理，办得很有起色，这是事实。但是，从全县看，这样的猪场并不很多，有些带根本性的矛盾目前还没有解决。

比如为了解决饲料单一问题，县成立了饲料公司，包括各公社在内，每年加工混合饲料能力是3000万斤，但因原料不足等许多原因，实际只能生产2000多万斤，远远不能满足需要，而且价格太高，质量也不稳定。又如缺青是猪瘦弱多病的重要原因。为了解决这个问题，自1977年起，县里规定各社队用于种青饲料的土地共约24700亩。如果能落实，种好、管好，是能够起一定作用的；但因此每年粮食减产近2000万斤，全县生产队减少收入二百五六十万元。

建立岗位责任制,实行定额管理和奖励制度,是办好猪场的一个重要措施。但是目前许多猪场搞不起来,或者有名无实。除了由于"四人帮"的流毒没有肃清外,还有以下原因:(1)生产队的大田劳动还没有实行定额管理(客观上困难也比猪场多一些),如果只有猪场实行,只有饲养员能得奖金,其他社员会有意见,所以还是兑现不了。(2)有的猪场由于必要的物质条件不具备,如饲料单一,缺青,圈舍不够等,饲养员就不愿意承担责任。因此责任制还是建立不起来,饲养员干多干少、干好干坏一个样。有的人来得快,走得快,不管猪长得好坏,母猪发情不配种,猪圈脏了没人打扫,有时甚至小猪被冻死都没人知道。

由于猪场存在上述许多难以解决的问题,结果是:母猪空怀多,产仔少,死亡多,断奶体重低,育肥慢,最后是猪场耗粮多,亏损多,成本高。

社员养猪和公有分养还有很大潜力

根据大量调查,社员养一头肥猪(体重一百三四十斤),需时七八个月,耗粮 300 斤左右,每增重 1 斤,耗粮 2 斤多到 3 斤,这在世界上也是比较先进的水平。养同样一头肥猪,先进猪场耗粮四百多斤;全县猪场按 1977 年平均计算,耗粮 945 斤,相当于社员养猪耗粮量的 1.5 倍到 3 倍。

1955 年,毛泽东同志曾向全国推荐浙江省上华合作社养猪的经验,其中主要的方式是社员户养和公有分养。(见《中国农村的社会主义高潮》一书第 695—698 页)实践证明,这确是多快好省的方法。如通县南刘四队老军属王贵富,一家 6 口,靠孩子打草,全年向国家交售肥猪 22 头,这说明社员养猪有很大潜力。公有分养也是一个好方法。通县目前主要有几种方式：（1）寄养小猪越冬。如堡辛大队 1976 年冬将 100 头小猪下放到社员户寄养，第二年春收回，每增毛重 1 斤，给报酬 5 角和粮食 2 斤。这一年很冷，大队猪场自己留下越冬的 50 头小猪冻死 45 头，而下放到户寄养的 100 头却全部成活。（2）公有母猪分散到社员户养。凌庄大队 1977 年底实行这种办法，每头母猪每年给 500 斤粮食指标，200 斤粗料，每成活 1 头小猪给 1 元 5 角饲料补助，小猪断奶后，按每斤 6 角价交回猪场。结果，到 1978 年 8 月中，50 头母猪全配满怀，已产仔成活 461 头，平均断奶体重 20 斤以上，比 1977 年猪场养的，时间少 100 多天，母猪少 3 头，而成活仔猪多 243 头（即增加一倍多）。这两种方式解决了北方农村土圈养猪冬天气温低，猪场母猪产仔少，死亡率高的老大难问题，为猪场和社员提供了充足的猪源，而且仔猪断奶后的体重较高，为以后育肥省饲料和成长迅速打下了良好的基础。（3）社员养猪到 100 来斤重时，如果粮食不足，还可交猪场催肥。大猪收回猪场后，快速育肥一个来月，就可出售。

社员养猪和公有分养育肥期短，省饲料，小猪成活率高，其主要原因是：（1）饲料多样化，青饲料多。社员养猪，主要靠家庭泔水、剩饭、麸皮、玉米皮、小孩打的青干草、猪菜等，不但养分比较全面，而且节省了大量粮食；（2）圈舍不拥挤，密度小；（3）饲养精心，社员养一头猪，全家老少都为它操心出力。

发展社员养猪，投资少，见效快，潜力很大。如台湖公社，过去是养猪落后单位，36 个猪场有 35 个赔钱。1976 年赔 16 万元，1977 年赔 21 万元，只交肥猪一千二百多头。1978 年他们总结了经验教训，认真落实对社员养猪的奖励政策，充分供应猪秧和粗饲料，调动了群众的积极性。1978 年社员交肥猪七千多头，比 1977 年增加二千多头，增加部分即相当于 1977 年集体交肥猪的两倍!

应当实事求是发展养猪事业

有些同志认为,社员养猪收入归自己,是小商品生产,是产生资本主义的土壤,它会削弱集体经济,会引起两极分化。有的社队对社员养猪设置种种障碍,不准多养,不准养母猪等等。有的人背后骂那些因养猪多增加了收入的社员是"财迷"、"资本主义脑袋瓜"。这种看法在理论上是错误的,也与事实不符。社员养猪,肥猪交给国家,肥料(猪圈粪)交给集体,这和集体猪场都是相同的,所不同的只是:集体养猪的盈亏由集体负责,社员养猪,其盈亏由自己负责。而现在的事实是:绝大多数猪场赔钱,也就是社员大家都因此减少了收入。而社员养猪,虽然收入各有不同,但几乎家家户户人人可养,凡是养猪的都增加了收入,不会造成两极分化问题。有的户,由于人口多或比较勤劳,比较有经验,交的肥猪多,收入多,这也是劳动的果实,有什么不好呢?难道要社员越来越穷,才算"革命",才算"社会主义"吗?实践是检验真理的惟一标准,土桥大队的几年实践对上述看法作出了明确的否定回答。

土桥大队是一个规模较小的生产大队。每人只有六七分地。他们顶住各种压力,鼓励社员养猪。社员交售肥猪从1970年的85头,增加到1977年的三百六十多头,平均每户2头(同年,集体猪场只交了107头,而且大量亏损)。过去社员中困难户很多,有的不安心农村,影响劳动。前几年,社员欠集体现金一万九千多元,粮食三万多斤,长期不能归还,这几年猪多肥多,促进了集体粮食增产,加上社员家家户户养猪,又有钱,又有粮。现在除两户"五保户"欠粮欠款外全部还清,困难户不困难了,原来不安心农业生产的现在安心了。大家积极参加集体生产劳动，集体生产越搞越好。事实证明，鼓励社员养猪不是削弱集体经济，而是巩固集体经济，把国家、集体、社员三者利益紧密结合的一项重要措施。

从长远看，实行机械化是大力发展养猪事业的根本出路。但是它需要国家和集体投入大量的资金和物资。目前我国农村机械化的养猪场还很少，只能根据条件逐步发展。

在目前情况下发展养猪事业，应该重视和发展社员养猪并大力介绍、推广公有分养等好经验。这样，可以用较少的财力物力，在短时间内取得较大的经济效果。国家规定的交售肥猪的任务，生产队要坚决完成并力争超额，但采取什么方式，队养、户养、公有分养都可以。以何种为主，各占多少比例，应由生产队干部和社员自己决定，县和公社不要作硬性规定。只要能多养肥猪，节省开支，又能增加生产队和社员收入，就可以采用。一切妨碍发展社员养猪的各种限制都应取消。

（本文与傅冬合作，曾在《经济管理》1979 年第 3 期发表）

群众创造了加快发展养猪事业的经验

现在，不少地方养猪事业发展缓慢，肉食供应紧张。这个人人关心的问题，有办法较快地解决吗？有！

请看广西壮族自治区的经验。1970年以前，广西规定，集体和社员养的肥猪，统一由国家收购屠宰，再按比例返还部分肉票，群众把这叫做"一把刀"办法。1971年，部分县开始试行"两把刀"的办法：凡向国家交售一头肥猪，可以自宰一头，允许上集市出售。试行的结果，证明"两把刀"的办法比"一把刀"更能调动社员的积极性。1974年，广西有关领导下决心在全区推广，肥猪很快就多起来了。过去，全区每年只收购生猪二百多万头，实行"两把刀"后，除个别年份外，每年都超过了300万头；过去，每年从外省调进二十多万头，近3年来每年平均调出四五十万头。原来有些人担心，"两把刀"的办法会助长资本主义倾向，但实践的结果恰恰相反：由于市场上肉多了，有助于肉价稳定，有助于防止哄抬物价或投机倒把的资本主义活动。

北京市通县三个大队采用"公有分养"办法，多快好省地发展养猪事业，也是一个好经验。很可惜，有些同志由于受林彪、

"四人帮"流毒影响，是非分不清，至今心有余悸，不敢为这些办法叫好，反而加以批评指责。如堡辛大队猪场把仔猪下放给社员寄养，全部成活，解决了过去仔猪越冬大量冻死的问题。但是，有的领导同志却认为，这是鼓励单干，不能提倡。凌庄大队母猪公有分养的办法，比原来猪场养时产仔多，成活率高，断奶重高。但有的同志却批评他们，要他们把母猪收回。有人问："收回以后，猪场又养不好，怎么办？"回答说："养不好就养不好吧，母猪下放违反'队繁户养'的方针，这是方向道路问题。"通县胡各庄公社南刘四队有一个老军属王贵富，六十多岁了，有病不能参加集体劳动，但他养猪特别有经验，又省粮食，育肥期又短，全家六口人，靠孩子打草，今年预计可出售肥猪 22 头（到 8 月中旬已出售 11 头）。他家养的肥猪交给国家，肥料投给集体，他的孩子积极参加集体生产劳动。公社要介绍他的经验，但是有的领导同志却认为不能提倡，原因就是他养猪太多了。

这些事实说明，"四人帮""宁要社会主义的草，不要资本主义的苗"的流毒还远远没有肃清。明明是有利于社会主义的多快好省发展养猪业的好办法，却被说成是资本主义的，得不到应有的提倡和推广。另一方面，却眼看着市场猪肉少，让广大群众吃苦头。这真是"抱着金碗讨饭吃"！不看实践效果，思想不解放，该破的不敢破，该立的不敢立，使生产力受到严重束缚。这就是目前许多地方养猪事业发展缓慢的一个重要原因。

有些人认为，社员养猪是小生产。而列宁说过，小生产每日每时都会产生资本主义，所以社员养猪也是产生资本主义的土壤，不能提倡，特别不能提倡多养，否则就会产生两极分化。有些地方不仅不提倡，甚至不准社员打草，不准社员养母猪，又不供应猪秧，没收或变相没收自留地，又不供应粗饲料，少给奖励粮等等，总之设置层层障碍，惟恐社员养猪多了，资本主义就会泛滥。这些人对列宁这句话不作具体分析。列宁当时指的是社会主义改造以前的个体小生产。而我国农村，已经进行社会主义改造许多年，社员养猪这一类家庭副业，只是社会主义经济的必要补充，不是产生资本主义的土壤。社员养猪，肥猪交给国家，肥料交给集体，对国家对集体有利，这两点和猪场养猪是一样的。所不同的只是：猪场的盈亏由集体负责，也就是由全体社员共同负责（现在的事实是许多猪场赔钱，社员因此减少收入）；而社员养猪，其盈亏则由各户分别负担。虽然有多有少，但凡是养猪的，都增加了收入。我国的农村，有养猪的传统和经验，又不需要特殊的设备和技术，几乎家家户户可养。因此，发展社员养猪，决不会发生两极分化，而是走向共同富裕的一个好方法。通县张湾公社土桥大队，过去养猪少，1970 年社员才交肥猪 85 头，有的社员生活有困难，欠大队现金一万九千多元、粮食三万多斤，长期不能归还。后来，大力发展社员养猪，1977 年，社员交肥猪三百六十多头，平均每户两头，家家户户增加了收入，积欠大队的钱粮，除两户五保户外，全部还清。这些事实说明，发展社员养猪，对国家、集体、个人都是很有利的。有些社员，家庭人口多，或者勤快些，比较有经验，交售肥猪多，收入多，这也是自己劳动的果实，这又有什么不好呢？早在 1955 年，毛主席就提出，除某些少数民族禁止养猪和某些个别家庭因为宗教习惯不愿养猪的以外，"每个农家都要劝他们养一口至几口猪，分作几年达到这个目的"。目前，离这个目标还很远。我国有上亿农户，假如实现了毛主席这个遗愿，全国收购到的肥猪就会比现在多好几倍。

目前，有的生产队社员分配水平不高，特别是人口多、劳力少的社员户，工分少，生活就更加困难。在这些社员户中，家庭妇女、老人、小孩占相当多数，他们不能参加集体生产劳动，但可以在家养猪。如果领导重视，积极支持，就可以把他们的积极性调动起来。

当然，要发展养猪事业，不能光靠社员户养，还要靠机械化，从长远看，这才是根本的出路。不过，这是需要一定条件的。有些地方，由于领导重视，经过广大干部、群众和饲养员共同努力，创造了比较好的物质条件，在这个基础上，实行责任制，大搞科学养猪，猪场办得很好，为国家提供了大量肥猪，为集体增加了收入。但是有的地方，不问条件，盲目要求队队办猪场，有的队青饲料缺乏，猪圈很少，饲料单一，这些带根本性的矛盾长期解决不了，还要多养。上级只要求存栏数字增多，不问经济效果，造成每年出肥猪很少，耗粮很多，亏损严重。这种正反两方面的经验，是应该认真总结的。

采取什么方式和方法发展养猪事业，也要尊重生产队的自主权。生产队应当完成并力争超额完成交售肥猪的任务，但生产队有权根据自己的力量和条件，因地制宜地发展养猪业。不要强求一律，不要追求形式，要重实效。

实践是检验真理的惟一标准。只要我们彻底肃清林彪、"四人帮"的流毒，尊重实践，实事求是，认真总结和推广群众创造的好经验，养猪事业是可以很快地发展起来的。

（本文与傅冬合作，曾在《人民日报》1978 年 11 月 29 日发表）

按劳分配原则及其实现

一

按劳分配是社会主义分配的基本原则。这个原则在生产部门内部（特别是那些可以实行计件工资的单位）的作用是十分显著的。不过，有些同志对按劳分配的原则产生了一个疑问：社会各部门之间的各种劳动是否可以互相比较？如果不能互相比较，那么所谓按劳分配就很难有一个准则了。

从理论上说，应该认为是可以比较的。假如我们承认，在社会主义社会，各种产品的生产和交换仍然要计算价值，而价值又无非是人们的劳动的凝结，而且价值又是可以计算的，那么，为什么人们的劳动反倒不可以计算和比较呢？如果人们的劳动不可以计算和比较，那么产品价值的计算和比较又以什么为依据呢？

但是，应该承认，从实践上来说，计算和比较人们的各种劳动的质和量确有很多困难。一般说，生产部门内部，直接从事生产的劳动者的劳动是较易计算的。而生产部门与非生产部门之间、体力劳动与脑力劳动之间、脑力劳动之间，却不容易比较。

不过，尽管有种种困难，大致地近似地比较应该还是可以做到的。

　　确定了简单劳动及其报酬后，主要问题在于复杂（熟练）劳动与简单劳动的还原折合的问题。复杂劳动在单位时间内比简单劳动能创造更多的价值。这是因为复杂劳动所创造的价值还包括了劳动者在学习时所耗费的劳动和训练费用在内。[①]学习时所耗费的劳动和训练费用应该是大致可以计算的。过去曾经有同志估算过，一个人从上小学到大学毕业，除去家庭供给的部分，国家支出相当于黄金百两。这是一方面，另一方面，家庭的供给和本人在学习中所花费的劳动应该也是大致可以计算出来的。这些训练费用和在学习中积累起来的劳动将要在这个劳动者今后数十年的劳动中得到补偿实现。当然不是一年就补偿和实现完毕，而是逐步补偿和实现。这个劳动者除了在学校学得知识技能外，他在工作中也继续学习，获得更多的经验，把他在学校中学到的理论知识和实际经验结合起来，变得更加熟练，因此，在分配的时候又要与这种情况相适应，使他的工资所得随着熟练程度的提高而有所增长。另一方面又要考虑到，在社会主义社会中，训练费用很大一部分是由国家支付的，所以社会主义社会培养起来的从事复杂劳动的人所创造的较高的价值应该以相当一部分归于国有。

　　考虑到这些以及可能还有的其他因素（例如进行某种特殊劳动所必需的某些物质条件等），把脑力劳动者和体力劳动者的劳动的复杂程度作一大致的比较就不是不可能的。当然，这里说的

---

　　① 马克思说："比重较高的复杂的劳动，和社会平均劳动一样是劳动力的运用，不过这种劳动力，比简单的劳动力，包含更多的教育费用，它的生产要费去更多的劳动时间，从而有较高的价值。如果这种力的价值是较高的，它表现出来，就是高级的劳动。因此也会在同一期间内体现为比例上较高的价值。"（《资本论》第 1 卷，第 194 页）

各种训练费用和学习所花的劳动会随着时间、地点和人的条件而有所不同，但是在一定时间、地点、条件下，按照大多数人平均来说，为取得某种知识和技能所必须花费的训练费用和学习时间应该是一个大致可以确定的量。

如果我们同意这点，那么，脑力劳动者之间的劳动的复杂程度也就是大致可以比较和衡量的。有的同志认为数学家和画家的劳动很难比较。我们承认，难，这确是事实。但是如果我们不去比较他们的具体劳动，而从抽象劳动、从劳动的复杂程度（即获得这种知识技能所必需花费的训练费用和学习时间的多少）来比较，那就不是完全没有可能的事情。比如，一般来说，一个老数学教授劳动的复杂程度应比一个大学刚毕业的画家高，反之亦然。而老数学教授和老画家（假定他们都是不断努力钻研的）相比，大学刚毕业的画家和数学系刚毕业的学生相比，他们之间的劳动的复杂程度就是大致相近的。同样，我们也可以说，一个大学教授比起一个小学教师来，劳动的复杂程度高，也就是说在质的方面更高。因为一般来说，担任一个大学教授所需的训练费用和学习时间比一个小学教员所需的多得多。

从这里我们可以明确，所谓比较各种不同的劳动的质，主要指的是比较劳动的复杂（熟练）程度，而不是比较他们的具体劳动所创造的使用价值，因为那是没法比较的。

有人会说，非生产部门的劳动者（如国家机关工作人员）不创造物质财富，不创造价值，他们和生产部门的劳动者的劳动怎样比较呢？回答是：非生产部门虽然不直接创造物质财富，因而也不创造价值，但是这些部门也是社会所必须的，非生产部门的各种劳动也需要付出劳动量，也需要不同的熟练程度，而且生产部门和非生产部门之间的工作人员的划分也不是绝对的，他们之间常常需要相向调动，所以非生产部门的劳动者的劳动的质和量也可以和生产部门的劳动者的劳动的质和量进行比较，也要按劳分配，同工同酬。因为如果不是这样，非生产部门的劳动者的工资就很难有个标准，不论过高或过低，都会影响劳动力的盲目流动或使劳动者不安心工作，影响劳动后备力量的计划培养，也就影响了生产。当然，由于国家机关工作人员应该是具有高度政治觉悟的，为了防止脱离群众，其薪金标准特别是领导干部的薪金标准不应当太高。

　　这里要说明，并不是只有专门花一大笔训练费用，经过专门学校的训练之后才能成为熟练的劳动者。事实上，许多经验要在劳动实践中学习才能取得。一个大学毕业生，如果他不在劳动实践中锻炼自己，把理论和实践结合起来，如果他在工作中不继续努力学习，那么，他的熟练程度也不可能是很高的。相反，一个劳动者，即便开始时从事简单的劳动，如果他能在劳动中努力学习，过若干时期后，他也可以成为熟练的甚至熟练程度很高的劳动者。一个有经验的老技术工人往往比一个大学刚毕业的青年具有更高的熟练程度，能创造更大的价值，可以取得更多的报酬，就是这个道理。社会主义社会承认、鼓励并帮助这种做法，而且应该创造条件，使各个部门中的劳动者都有这样的机会。当然，我们的理想还是要在社会生产力逐渐发展的基础上，使每个人都有受中等以至高等教育的机会，但那只有到将来才能做到。

　　还要指出，为达到一定的熟练程度所必须的学习时间，在一定时期内对全社会平均来说是一个固定的量。但对每个人来说，却因每个人的灵巧程度和努力程度的不同，有时是因为环境的不同（这里所说的"环境"包括例如锻炼提高的机会、工作的需要、劳动力供求的情况等。这些对每个人来说，有时有相当大的甚至是决定性的影响），而有很大的不同。假定由一级技术标准升到二级，一般需要三年的学习锻炼时间。但是也许劳动者甲只要一年半就达到了，乙、丙、丁都是三年，而戊则需要四年或五年才能达到。因此，他们虽然同时参加学习或参加劳动，但过若干时期后，他们的熟练程度、他们所能担负的工作任务就可能有所不同，创造的价值也不同，从而所取得的报酬也就不同了。

工龄对熟练程度有一定的意义。对于同一个人来说，从事某一种劳动的时间长些，自然应该更熟练些，所以有些部门提升劳动者担负更重要的职务时，往往考虑到工龄的因素（特别是有些行政部门，熟练程度不容易通过考试来测定），有些部门则发给一些工龄补助（工龄补助还有鼓励劳动者长期安心本职工作的意思）。但是提拔干部时考虑工龄的因素和工资中工龄补助金所占的比重应该是不大的，否则，不能很好贯彻按劳分配原则。

由于前述种种原因，错综复杂地纠缠在一起，所以我们一方面虽然承认各种不同劳动的比较和计算是一件可以做到的事情，但另一方面我们也得承认，要绝对精确的比较和计算是一件很困难的事情，最多只能做到大致近似。

为了要说明劳动是可以比较的，我认为还要着重弄清楚，所谓"按劳分配"的这个"劳"，指的是什么？

首先应该明确，这个"劳"指的是抽象劳动，所谓比较各种劳动的量和质，主要是指比较抽象劳动的量和劳动的复杂程度（即为获得某种知识和技能所必须花费的训练费用和学习时间），只有这才是可以比较的。而具体劳动和具体劳动所创造的使用价值则是千差万别的，不同质的，正如不同商品的使用价值一样，是不可以比较的。

其次，对于同一种具体劳动来说，可比的也仍然只是抽象劳动的量。比如从事同一种具体劳动但熟练程度不同的劳动者，在同样的劳动时间内所制造出来的产品数量上是不同的。较熟练的劳动者能够提供更多的产品，可以超过定额，他所制造的产品所包含的新的劳动可以低于社会必要劳动，而产品的交换是要按照社会必要劳动量进行的，这当中有一个差额。因此这个较熟练的劳动者就应该得到较多的报酬。而非熟练劳动者则相反。从质（使用价值）的方面来比较，情况也类似。熟练劳动者能够制造出合格的产品，而非熟练劳动者却出废品或出次品，这就是没有使用价值或使用价值很低，而使用价值却是价值的承担者，因此，他的劳动就会不为社会所需要或不完全为社会所需要，因此他的劳动就没有完全实现，他所取得的报酬就应减少。而要提高产品质量，关键在于更加专心努力（提高劳动强度），提高自己的熟练程度（付出更多的时间去学习）。所以归根到底还是所花的劳动量的比较的问题。在阶级社会中，生产落后，就会在竞争中破产。在社会主义社会有所不同，国家和周围的同志要帮助这个劳动者提高熟练程度和更好地劳动。但是为了刺激他，当他劳动还不好的时候，就要给予他较少的报酬，这样才能督促他更快地进步。

二

如上所述，劳动的质和量是大致可以比较的，按劳分配是社会主义的基本分配原则。但是，这个原则发生作用的程度和范围，往往受到许多因素的影响，以至于在某个时期某个地区，对于某些劳动者会有不完全符合按劳分配的情况。这些因素是什么呢？可以大致举出一些，例如：各种劳动力的供求情况、历史上形成的生活水平、团结社会各阶层的需要、经济工作中的缺点，等等。但是，即使有这些因素的影响，按劳分配仍然是社会主义的分配的基本原则，所有背离按劳分配的因素都应逐渐消失，或减弱作用。现在将影响按劳分配的几种因素，分别大致谈一下：

（1）首先是各种劳动力供求的情形。在社会主义社会，劳动者成了生产资料的主人，劳动力的调拨和培养基本上是有计划进行的。但是，在实行按劳分配的时候也应考虑到各种劳动力供求的因素，有意识地利用按劳分配的原则为社会主义建设服务。

其实，为什么要按劳分配呢？这也可以从劳动力的供求方面来解释。因为，在社会主义社会，生产水平还不够高，人们的觉悟程度还不够高，而劳动力的调拨和培养又不能在全社会所有的领域内完全按计划按行政命令进行。而且计划和行政命令也要照顾到自愿原则，要允许人才、劳动力适当流动。如果社会对繁重的或复杂的劳动不给予较多的报酬，那么就没有人或很少有人愿意从事较繁重复杂的劳动，也很少有人愿意花很多的时间去学习了。这样，从事这些劳动的人就会逐渐少起来，以致不足社会的需要，供不应求。所以，只有适当地提高这些劳动者的工资，才能提高人们学习并从事这些劳动的兴趣。当然，在社会主义社会，决定人们的劳动兴趣的绝不只是物质利益，但物质利益无疑有很大的作用。这个事实是不容否认的。

因此，社会主义国家经济机关在制定和调整工资（包括福利）等标准时，首先应尽可能准确地比较和计算各部门各种劳动的质和量，以此作为确定工资等级的依据。同时，也要考虑各种劳动力供求的因素，对于比较缺少而又为社会主义建设所迫切需要的劳动者可给予较高的待遇。比如，要根据国家有计划发展国民经济的要求，对国家迫切需要的科学技术人员，应予较高的工资待遇；对那些劳动条件比较艰苦的部门和在边远地区工作的劳动者也应给予优待（对于后者重要的是组织实物供应）。这些措施都是为了鼓励他们安心，鼓励劳动后备军愿意到这些部门工作。另外，还有一些人，提出了重大合理化建议或有发明创造，或有特殊才能、特殊贡献（如对某些有特殊造诣的科学家和艺术家），也应给予特殊奖励。对于这些就不能单纯从抽象劳动的量和复杂程度方面去比较了。（也许可以说，能够从事这种特殊的具体劳动的人很少，而他们创造的使用价值又的确为国家所特别需要，所以适当提高他们的报酬也是合理的）

所有这些，都是发展社会生产力、发展科学与艺术、推动社会迅速进步所必须的。

（2）历史上已经形成的生活水平对按劳分配的实现有很大影响。由于过去不同地区不同部门的自然条件、劳动生产率、物价水平、劳动力供求情况等原因，使各地区各部门的劳动者的工资待遇和生活水平有很大的不同。而社会主义社会确定工资标准一般又只能在旧有的基础上进行调整，不能把原有的工资待遇和生活水平完全抛开，另搞一套。因此，对这些必须具体分析，慎重对待，要承认历史上的既成事实。调整的原则是除了少数高得突出以致过分悬殊的应当降低以外，一般应保持原有的生活水平，在一个时期内，稳定下来。以后随着生产的发展，在调整工资待遇的时候，其他原待遇较低的劳动者的工资增长的速度要比较快些，以求逐渐取得平衡，逐渐接近按劳分配原则。这当然要在相当长的时期内才能做到。

（3）为了体现社会主义社会人与人之间互相团结的关系，社会消费基金的分配也不是完全按照劳动的质和量进行的。在某些领域，要按需要进行分配。比如对于一些丧失劳动力或遭受自然灾害或有某种特殊困难的，要另外给予补助和救济。社会公共福利事业，也是按需分配的。这种做法不但符合于团结、互助的精神，而且对发展生产也有好处。因为人们难保自己一定不遭受意外的灾害和困难，如果单靠自己力量往往是无法克服的。如果社会主义社会有了合理的福利救济事业，就可以使每个劳动者无后顾之忧，更加安心进行劳动。这也正是社会主义的优越性所在。

当然，这究竟只是按劳分配的原则的补充方法。社会福利救济事业基金绝对数量是应该随着生产力的发展而增长的，但它在社会消费基金中所占的比例不宜过大，否则，就会影响按劳分配原则的贯彻，而且在救济工作中，也应尽可能和组织生产自救结合起来。

影响按劳分配的还有其他一些因素，本文就不一一论列了。

按劳分配的原则是客观存在的，是必然要发生作用的。长期地过多地背离这个原则就会妨碍社会生产力的发展和影响各阶层人民的团结。但是，由于对社会各部门各种劳动进行比较是一件很复杂很困难的事情，受着前述种种因素的影响，这些因素又错综复杂地纠缠在一起，所以，我们不能要求在各地区各时期各部门中都绝对地精确地实现按劳分配，而且也没有此必要。比如说，如果不考虑到历史上形成的不同的生活水平，要求一下子拉平，过急地绝对地按劳分配，这有什么好处呢？这只会影响团结，也妨碍发展生产（这不是按劳分配的本来目的）。按劳分配只能是一个标准，一个原则，只能在比较长的时期内从整个趋势方面起支配的作用。就是说，社会主义国家要根据这个原则的要求，考虑到上述种种因素的影响，在发展生产的基础上，通过工资（这是主要的，这包括工资水平、标准、定额等）、物价、税收等经济杠杆，对各阶层人民生活水平逐渐地不断地予以调整，使之逐渐符合按劳分配的原则，达到团结全体劳动人民，推动生产力发展的目的。

（此文作于 1957 年春，1985 年收入《工资改革与结构
工资制》一书中）

关于第二个五年计划工资增长速度问题*

这篇文章要谈的是职工工资问题，但得从农民和职工生活对比问题谈起。

薄一波副总理在报告中举出的一些数字令人信服地说明了解放后工农生活都有了改善。其中职工提高得多些、工农生活相差二倍。但如考虑到工农创造价值大小的不同，职工高一些是必要的，而且职工在城市生活，都是商品性消费，消费品支出都必须付出货币，而农民在农村，有的消费品可以自给。因此职工和农民实际生活水平的差距并没有像数字显示的那样大。

但我们的分析不应到此为止，还应该看到，近几年职工和农民生活比较相差的绝对数字是越来越大了。并且这个差额扩大的

---

* 这是我于1957年春写的关于社会主义分配问题的四篇文章中的一篇。此文的中心思想是：根据马克思主义关于共产主义社会应该消灭工农之间、城乡之间的差别的原则，我认为，我们在取得政权后，就应该注意这个问题，在发展生产的基础上，采取措施逐步缩小这个差别。我研究了第二个五年计划（1958—1962）的有关数字，按计划规定，虽然五年内，工农收入增加的速度相同，但由于基数不同（即原来职工的收入就高于农民），如果按此趋势发展下去，工农收入之间的差距的绝对数字就会扩大，这不利于工农联盟，不利于发展农业生产，并会造成很多社会问题。——作者注

速度还相当快，这个趋势从 1952 年到 1955 年即可看到端倪，到 1956 年由于职工工资改革，全国职工工资平均上涨 13％；而 1956 年农村许多地方又闹灾荒，所以差额更大了。

因为从 1951 年到 1956 年职工的劳动生产率有了很大提高，而职工的工资却提高得较慢（例如 1954 年的劳动生产率提高了 10％，而工资只增长 0.06％），因此，1956 年提高工资是应该的。

一般认为，工资增长的速度应低于劳动生产率提高的速度，这是正确的，不如此就不足以保证国民经济扩大再生产的需要。但我认为，考虑工资增长的速度时，还应考虑另一因素，即农业增产、农民收入增长的速度。

工资增长、就意味着城市居民购买力的提高，这就需要市场上有相应的生活资料的供应。而照目前情况，粮食、蔬菜、水果、布匹等生活资料绝大部分来自农业、如果工资增长的速度超过农业所能提供的消费品，就会造成供应不足，市场紧张，物价上升以至影响国家财政平衡。去年（按指 1956 年）曾经发生这样情况，其中原因很多，但工资增长过多，也是其中重要原因之一。

因此工资增长的速度不能一下子增长过多，否则就会扩大工农生活的差距，扩大工农之间、城乡之间的矛盾。

由于历史造成的原因，工农生活水平本来就有差别，职工高于农民，即基数不同。所以如果以同样的速度（百分比）往前增长，工农的生活虽然都提高了，但过若干年后，工农收入的绝对差额就会扩大。我们且来进一步研究第二个五年计划关于工农生活提高的指标（根据中共八大通过的第二个五年计划的建议，下同），按照指标规定，五年内职工工资平均提高 25％—30％，农民的收入也提高 25％—30％。如以 1956 年工农年平均消费额为基数，即职工为 174.6 元，农民为 81 元。五年后各提高 25%，那么到 1961 年，职工人均为 218.25 元，农民为 101.25 元，工农生活都有了提高，但工农收入的绝对差额却由 1956 年的 93.6 元扩大到 1961 年的 117 元了。如果这个趋势继续下去，差距就会越来越大。如果以农民年收入较低者与城市年收入较高者比较，甚至会造成悬殊。这会使农民千方百计奔向城市，不利于农业的发展，也会造成很多社会问题。

从长远看，这个趋势和社会主义应逐步缩小工农之间、城乡之间、体脑力劳动者之间收入差别的原则是不符合的。

即使在城市中，原来收入较高的如高级干部和高级知识分子的工资增长速度也要稍低于原来收入较低的基层工人的工资增长速度，这样可以缩小领导与群众的矛盾，缩小体脑力之间的矛盾，有助于领导接近群众，对推动工作、鼓舞群众劳动情绪的提高只有好处。

当然，整个工资水平和工资增长速度太低也是不好的。但正如我们在前面所述，工资增长的速度要和农业增产和农民收入的增加相适应。所以千方百计发展农副业生产，增加农民的购买力，不只对农民而且对职工生活的改善、对工业的发展也有重大意义。

让体育精神在社会各领域
放射光芒*

　　我们祖国正在进行四化建设，在建设物质文明的同时，也强调精神文明的建设。精神文明的范围很广，内容很丰富。体育精神也是精神文明的重要内容，应把体育精神推广到社会各方面，促使社会前进。

　　（一）体育精神最根本的一条是什么？我认为就是竞赛精神，力争优胜的精神，如果没有竞赛，当然也会有各种体育活动，但不会成为如此广泛深入的群众性的运动，不会取得迅速的进步。在竞赛中，优胜者得到崇高的荣誉和各种奖励，受到社会的尊敬，不但优胜者本人，而且优胜者所在的体育队、单位、地区、以至国家都分享这种光荣。由于这种原因，促使运动员（包括未来的运动员，下同）人人都想争取优胜，正如电影"沙鸥"中一句名言："不想当世界冠军的不是好运动员！"这种力量促使运动员平时刻苦锻炼，钻研战略战术，到运动场上敢拼敢搏，这就使

---

　　* 1982年7月中旬，中国体育科学会在烟台召开体育学术理论研讨会，请我参加。本文是我向研讨会提交的学术论文，从体育联想到经济等各个领域都应发扬平等的竞争精神，才能取得进步。此观点获得与会者赞同。——作者注

各项运动项目的成绩不断提高，技术不断进步，纪录不断刷新，优秀的人才不断涌现。当然，开展竞赛的目的本身，不只是为了培养出几个运动明星，而是通过竞赛（竞技）带动群众性的运动广泛深入地开展，以增强人民体质，为建设四化作出贡献，竞赛和群众性体育运动的关系是互相促进的。

我认为，体育运动的这种通过竞赛，促使人人努力锻炼，力争优胜的精神，对于推动社会各条战线各个领域的进步都是适用的，比如，在教育方面，学生入学，要通过考试，择优录取，这就是一种竞赛。在"十年动乱"期间，"四人帮"把这种做法诬蔑为"分数挂帅"、"智育第一"，统统取消，结果弄得学生不爱学习，文化知识水平大大下降。人类天生都有一种竞赛的精神，青少年尤其如此，在"十年动乱"期间，取消了学习成绩的竞赛，学生们就进行武斗竞赛，用弹弓打路灯、打玻璃的竞赛（看谁打得多，打得准）；上大学，不考试，凭所谓推荐，结果就成为走后门竞赛，看谁送礼多，看谁后台硬，由此不正之风盛行。粉碎"四人帮"以后，恢复了考试制度，择优录取，促使广大学生努力学习，尊敬老师，遵守纪律，学生的文化知识水平大大提高，这都是我们大家有目共睹的。

又比如，我国现在是社会主义社会，仍然是商品经济社会。有商品就有竞争。任何一个消费者拿着货币到市场买东西，都想挑选自己需要的物美价廉的商品，就是说，都想通过交换实现最大的使用价值。哪一家工厂能根据市场的需要生产出价廉物美的商品来，销路就好，生产就能发展，利润就高，否则就要赔钱，就要倒闭。这就是市场竞争的规律，这个规律可以促使各个工厂企业精打细算，改善经营管理，生产出更多更好的商品来，这就能促使整个社会财富的增加，这个规律适用于一切商品社会，包括资本主义和社会主义社会。但是我们过去否认市场竞争，认为这是资本主义的东西，以为实现了生产资料公有制之后，各个企业之间就不存在利益上的差别，不承认生产的东西是商品，一切都由国家包起来，统购包销，统负盈亏。一家工厂生产的东西，不问质量好坏，一律由国家统购，国家卖不掉就积压在仓库里，工厂也算完成了任务。这样，企业就不问经济效果，造成产品质量差，花色品种少，成本高，服务质量低，要买点好东西就得排队，走后门。十一届三中全会以后，进行了经济改革，承认各个企业有不同的利益，承认生产出来的东西是商品，一句话，承认了竞争的原则，这才使近几年来市场活跃了起来，东西多了，排长队的现象少了，花色品种也多了。

又比如，我们现在社会主义社会，实行按劳分配的原则，每个劳动者都有通过劳动取得报酬的权利，同工同酬，这是平等的，但是劳动报酬的多少，都要根据每人情况有所不同，多劳多得，少劳少得。这可以说是一种不平等，这也是一种竞争。就像我们体育运动赛跑一样，每个人都站在同一起跑线上，这是平等的，但是根据各人的能力跑先跑后有所不同，跑得快的就是优胜者，得到金牌、银牌、铜牌，落后的就没有，这就是不平等，也就是竞争，如果没有这种竞争，运动成绩就不能提高，技术就不能进步。对于职工干部来说，如果没有这种竞争，干多干少干好干坏一个样，许多人就会因循守旧，不求上进，得过且过混日子，这种情况，我们在机关、工厂、学校中见得很多，都是深有体会的。

现在还有人把竞争看成是资本主义独有的东西，怀疑竞争在社会主义社会是否有存在的必要。那么，请看一下体育运动吧，问一下广大运动员和体育工作者吧！在我国各部门各条战线中，体育运动进步得比较快，取得较多的优秀成绩（这方面大家都熟知，不必赘述），取得这些进步，原因很多，其中很重要的一条，就是由于在体育运动中充分发挥了竞赛的作用，承认先进，奖励先进，提拔先进，这才激发了广大运动员和体育工作者的上进精神，刻苦锻炼，否则，取得这样多的优秀的成绩是不可能的。

（二）体育精神的一个重要内容就是集体主义、爱国主义精神。

我国的运动员艰苦锻炼，争当冠军，并不只是为自己，而首先是为集体、为祖国争光。当容国团首先获得乒乓球世界男子单打冠军时，难道只是他一个人的荣誉吗？不！同时也是我们祖国的光荣，当我国女排取得世界冠军的时候，当我国国旗在运动场上冉冉升起，高奏我国国歌的时候，我们每个人都感到骄傲和光荣。为国争光，这是运动员的根本动力。

为了夺取胜利，不只是需要运动员个人的刻苦锻炼，还需要全队人员以至各方面的团结协作，在运动场上互相配合，讲究战略战术，否则就不能取胜。登山队，当攀登珠穆朗玛峰最艰险的时候，运动员们互相帮助，有的人让别人踩着自己肩膀往上爬，有的人把氧气瓶让给别人。在训练时，也是如此，有的运动员，自己水平也很高，本来有希望争取优胜，但是为了集体的荣誉，自愿当陪练，这种甘当无名英雄的精神是值得敬佩的。

一切为国家，一切为集体，团结互助，自我牺牲，这就是爱国主义精神，集体主义精神，这种精神应该是社会主义精神文明的重要组成部分，不只适用于体育运动，而且也适用于社会各条战线。

（三）体育运动一个特点就是平等。

任何人，只要你参加某一项比赛，你就和别人处在平等的地位，在同等的条件下，按照同一的要求，服从同一的规则进行比赛。为了作到平等，体育运动的各个项目都采取了许多措施，作出许多具体规定，参加比赛的人都得服从。大家机会均等，任你是王孙公子，不管你资格有多老，曾经得过多少次冠军，在比赛场上大家都是平等的，赛跑时你只要差1/10秒，就算落后，任何一个无名小卒，也可以一举成名。老的运动员为了卫冕，为了保持光荣；新的运动员为了后来居上，都得靠真功夫靠过硬本领，这就促使运动员只能靠努力锻炼，不能有任何侥幸心理，正因为这样，才能保证整个体育运动人才辈出，像长江一样，后浪推前浪，一浪高于一浪，一代胜一代；纪录不断更新，所谓人类生理极限不断被打破。

这种平等的精神应该也适用于社会主义社会，我们的人与人之间的关系是平等的，在真理面前人人平等，在法律面前人人平等，这些，和我们体育运动的平等原则难道不正是一致的吗？

（四）体育运动有一条原则是人人必须遵守体育道德，要进行光明正大的比赛。在这里，我们应该为"Fair Play"翻案、"Fair Play"原来是光明正大的比赛的意思，是好的，但因鲁迅先生曾写过一篇文章叫做《论"费厄泼赖"应该缓行》，有的人便把Fair Play当作坏的，其实鲁迅先生是指对敌人不能"费厄泼赖"，这当然是对的。但这与体育运动无关，在体育比赛中，仍然要提倡Fair Play精神，要光明正大，不搞阴谋诡计，竞赛时是对手，竞赛后就是朋友，对于失败者，要鼓励他们继续努力，争取以后反败为胜。

体育运动的竞赛精神和社会达尔文主义是根本不同的。什么是社会达尔文主义？应先从达尔文主义说起，19世纪英国的科学家达尔文，经过长期的科学考察，得出结论，认为"物竞天择，适者生存"，是自然界的规律，就是说，生物界存在竞争，胜利的能适应环境的才能生存，否则就会被淘汰，这就是有名的达尔文进化论，但这个规律本来只适用于自然界，而有些资产阶级学者却把它搬来解释社会现象，认为"优胜劣败，弱肉强食"

是社会规律，而他们认为资产阶级、帝国主义是强者，而劳动人民、殖民地人民则是弱者，理应受他们压迫和剥削，这样，社会达尔文主义就成了为侵略者辩护的理论，是反动的，这和我们体育运动提倡的竞赛精神、和社会主义社会提倡的竞赛精神是完全不同的。

在体育运动中，某一个运动员即使在某一次竞赛中失败了，但只要他能认真总结经验教训，努力锻炼，他完全可以在以后的比赛中取得优胜；有的人不适宜于某一项目，也可能适于其他项目，改行竞赛也可能获得胜利。比赛项目中还有安慰赛，还有专为残疾人举行的比赛项目，都体现了这种精神，在我们社会主义社会，对于暂时的失败者落后者也不是采取打击排挤的态度，比如考大学的，一年考不取，可以下年再考，即使上不了大学，当工人、农民，也同样有光明的前途；企业在竞争中失败了，这在资本主义社会，企业主就要破产、上吊，但在社会主义社会则由国家给予帮助，下岗工人还有社会保障，并组织工人学习技术，帮助他们改行转产，为他们创造条件，使他们能继续上进，每个人都有发展前途。

（五）体育运动还有一个特点就是：在民主的基础上服从规则，服从裁判。

为了取得胜利，有些人在竞赛中可能采取不正当行为。因此，各项运动都制定了详尽严密的规则，作为运动员竞赛时的行为规范。违反这些规则，就要受处分，甚至被取消比赛资格。为了保证规则的严格执行，比赛场上有各种工作人员，还有裁判。运动员要无条件服从。

这就保证了运动竞赛能在紧张激烈而又有秩序、有纪律的气氛中进行，而不是无政府地乱打乱斗。

但是，各项运动的规则又都是在民主的基础上制定出来的，是多年竞赛经验的总结，而且要根据新发现的问题、新出现的情况和群众的反映来经常修改，使这些规则越来越科学、越来越严密。对于裁判也是如此。要成为一个正式裁判员，要经过资格的考核，要具有丰富的业务知识和经验，特别要求人品公正，如果在执行裁判时，被发现不积极、徇私偏袒，那就要受到舆论的谴责，甚至不能继续当裁判了。

由于竞赛都是公开进行的，而裁判执行规则也是在千百万群众监视之下进行的，现代又有高度精密的录像设备，任何裁判要偏袒徇私就更不容易了。

体育运动的这些做法对于我们治理国家和管理社会有借鉴的意义，我们要依法治国，国家有宪法以及各种法律法规，党有党章党纪，各地区各单位也都有自己的有关章程规定。就像运动场上需要有明确的规则一样，我们的国家也要有完备的法律，作为公民行为的规范；这些法律既经制定之后，就具有权威性，但也要根据不断变化发展的实际情况和群众的要求，及时加以修改，执行这些法律、规定的，有国家的公检法机关，有党的纪律检查委员会等，像运动场上的裁判一样，他们在执行法律时也具有权威性。但是这些执法人员应在民主的基础上产生，并应受到群众监督。要公开，要有足够的透明度。

以上我们从五个方面来分析比较，说明体育精神的许多方面，都适用于整个社会，对各个领域都有借鉴、启迪的作用，可以设想，如果我们整个社会各条战线都能在公正、平等的基础上进行友谊的竞赛，团结互助，遵守纪律，我们的社会就会取得更迅速的进步，当然，社会各个领域情况比较复杂，不像体育运动那样明确单一，比如，确定胜负的标准，只要有秒表、尺子、分数等等就解决问题了；而确定一篇文章、一出戏的好坏，往往经过长期的争论，还不易得出结论；一个干部，工作成绩很突出，很优秀，要加以提拔，但可能有人说这个干部家庭、历史有什么问题，加以反对。这说明，在评定标准方面有一定困难，特别是由于许多问题往往牵连到社会上某一集团的物质利益，使得这个问题更为复杂。比如，"白毛女"这出戏，我们认为很好，但黄世仁一类的地主就说不好，这就是因阶级利益不同造成的观点立场不同。这就为展开公正平等的竞赛制造许多障碍。排除了这个障碍之后，还会有其他障碍，需要我们继续努力，总之，我们要创造一个这样的社会条件：人人都可以在公正平等的基础上进行友谊的竞赛，团结互助，遵守纪律，每个人都可以充分发挥自己的聪明才智，都可以取得优秀的成绩，这样我们的社会就会取得迅速无比的进步，在这方面，体育运动已经为我们作出良好的榜样。让体育精神在社会各个领域放射光芒！

（本文在《体育科学》1982 年第 4 期发表，

《中国体育报》曾在头版摘要刊载）

哲学和政法篇

真理是由争论确立的

"真理是由争论确立的。"① 这是马克思的一句名言，也是辩证唯物主义认识论的一个重要原理。

辩证法，按这个字的希腊字源来说，就是通过辩论，分析对方的矛盾，求证真理的方法。对这个道理，中国古代的许多哲学家都曾经多次谈到过。例如《墨子·小取篇》说："夫辩者，将以明是非之分，审治乱之纪，明同异之处，察名实之理，处利害，决嫌疑。"东汉的王充在《论衡·案书》中说："两刃相割，利钝乃知，二论相订（争辩），是非乃见。"说的都是同一个意思。

唯物主义认为，存在决定思维，思维反映存在。人们对事物的各种不同观点，就认识方面来说，通常就是客观事物矛盾的各个方面的不同反映。由于事物有不同的侧面，各人观察同一事物也有不同的角度，所以就有各种不同的反映，形成各种不同的观点，其中有正确的，有不正确的，也有部分正确、部分不正确的。如果只准反映一种思想，一种观点，那么，最多也只能反映事物的某一个局部，一个侧面。因此，只有尽可能地让人们把各

① 《马克思恩格斯通讯集》第 1 卷，第 567 页。

种观点都反映出来，并且经过比较、辩论，把错误的、歪曲的东西排除掉，才能使人们全面或比较全面地认识事物，认识真理。

毛泽东同志在《矛盾论》中曾经举出很多例子，说明如果只了解矛盾的一方，不了解矛盾的另一方，不了解矛盾各方面的特点，就一定会犯主观、片面性的错误。在学术问题上也是如此。要促进学术的繁荣，就要认真贯彻百家争鸣的方针，其关键在于：各方面以平等的地位既允许批评，也要允许反批评和反反批评。一个作品，一种观点，不允许人家批评，人家一批评就说是打棍子，这是错误的。没有批评和自我批评，就不能克服缺点，就不能进步，我们的事业就不能发展。但也应该允许反批评，在相互批评中，共同提高。

过去，特别是在林彪、"四人帮"一伙横行时期进行的所谓"批评"和"辩论"，实际上是一种缺席裁判，往往是一拥而上，形成围攻，一派压制另一派，不但被批评者本人丝毫没有反批评的权利，甚至旁观者说几句公道话，也会被牵连进去，遭到残酷的打击。林彪、"四人帮"他们这样做，是因为他们手中没有真理，只有靠剥夺对方的申辩权，以便随心所欲地进行诬谄，来达到他们的罪恶目的。因此，允许不允许申辩，允许不允许反批评，是是否坚持社会主义民主和坚持百家争鸣的重要标志。

"有比较才能鉴别。有鉴别，有斗争，才能发展。"（《在中国共产党全国宣传工作会议上的讲话》）毛泽东同志的这句话，说明了比较不但是鉴别事物、认识真理的重要手段，也是发展真理的重要手段。所谓比较，在思维领域里，就是不同意见的争论，即百家争鸣的形式。

在百家争鸣中，不同的意见相互问难，一正一反，一来一往，就可以分别从不同的角度把矛盾一层层揭露出来，促进人们的认识逐步深化。当然，有些学术问题上的分歧，单靠争论是不能完全解决的，但是通过辩论，就可以把人们逐步引导到问题的核心，可以刺激、启发人们进一步去学习，去调查研究，去搞科学试验，去思考，这就大大有助于克服认识上的表面性，逐步做到去粗取精，去伪存真，由此及彼，由表及里，从而把握真理。

由于允许反批评，所以参加论战的每一方，都要时刻考虑到有一个平等的论敌站在自己的面前。为了使自己无懈可击，每一方都要力求加强自己，材料务求翔实，推理务求合乎逻辑，判断务求恰当，总之，要精益求精。这样，也就不敢随便断章取义，随意给人上纲上线。乱打棍子、乱戴帽子的现象也就可大大减少，实事求是的学风就可逐渐树立。另一方面，在论战中，从对方的批评中，往往可以找到自己不足之处，把这些不足之处克服了，就可以使自己的理由更加充足，论证更加严谨，更加全面。即使对方的观点是错误的，也可能有某些合理的因素，有某些论点可以启发自己的思路。甚至从对方的失败中，也可能取得某些借鉴，免得重蹈覆辙。正是从这种不同意见的互相纠正、互相切磋和取长补短中，人们使自己的认识逐步完善起来。黑格尔在说明双重否定即否定之否定的必要性时说："惟有双方各自扬弃其片面性，它们的统一才不致偏于一面。"[1] 这是对认识辩证法的一个很好的解释。

在 20 年代，鲁迅先生曾经和创造社就文艺理论问题进行论战，后来他在《三闲集》序言里提起这件事。他说："我有一件事要感谢创造社的，是他们'挤'我看了几种科学底文艺论，明白了先前的文学史家们说了一大堆，还是纠缠不清的疑问。并且因此译了一本蒲力汗诺夫的《艺术论》，以救正我——还因我而及于别人——的只信进化论的偏颇。"鲁迅先生承认，这种学习

---

[1]　《小逻辑》，第 426 页。

对于他自己终于能够从进化论转到阶级论起过很大的作用。鲁迅先生的实践说明，不同观点的论战，确是促使人们学习、进步的重要方法。

先秦时代诸子百家争鸣，我国学术空前繁荣，对后世有深远的影响，这是众所周知的事实。《汉书·艺文志》写道：先秦诸子"其言虽殊，辟犹水火，相灭亦相生也。仁之与义，敬之与和，相反而皆相成也……""舍短取长，则可以通万方之略矣。"正是在这种相灭相生、相反相成的互相斗争又互相影响、互相渗透的过程中，开创了我国历史上文化繁荣鼎盛的一个伟大时代。毛泽东同志说："各种不同意见辩论的结果，就能使真理发展。"（《在中国共产党全国宣传工作会议上的讲话》）就是这个道理。

彻底的唯物主义者是无所畏惧的，真理是愈辩愈明的。只有在理论上虚弱，才害怕辩论，才企图以权势压人。马克思曾经形象而深刻地指出："最好是把真理比做燧石，——它受到的敲打越厉害，发射出的光辉就越灿烂。"[1] 我们坚信马克思主义是真理，是指导我们思想的理论基础。我们要坚持马克思主义，而马克思主义正是在同形形色色的论敌论战中发展起来的。毛泽东同志说："马克思主义是一种科学真理，它是不怕批评的。如果马克思主义害怕批评，如果可以批评倒，那么马克思主义就没有用了。""实行百花齐放、百家争鸣的方针，并不会削弱马克思主义在思想界的领导地位，相反地正是会加强它的这种地位。"（《关于正确处理人民内部矛盾的问题》）对此，我们应该有充分的信心。

（载《光明日报》1981 年 12 月 19 日）

---

[1] 《马克思恩格斯全集》第 1 卷，第 69 页。

"把辩证法应用于认识的
过程和发展"

——试论百家争鸣和民主制度的认识论基础

一 辩证法就是马克思主义的认识论

马克思主义的认识论要求把客观事物及其规律正确全面地反映到人们的头脑中来，这叫做认识真理，这才能不犯错误。怎样做到这一点呢？这就要按照列宁说的那样，把辩证法应用于反映论，应用于认识的过程和发展。列宁说："辩证法也就是（黑格尔和）马克思主义的认识论。""形而上学的唯物主义的根本缺陷，就是不能把辩证法应用于反映论，应用于认识的过程和发展。"而"直线性和片面性，死板和僵化，主观主义和主观盲目性就是唯心主义的认识论根源。"（《谈谈辩证法问题》）怎样理解列宁的这两段话呢？

马克思主义认为，唯物辩证法和认识论是同一个东西。对于辩证法的实质，列宁是这样说的："统一物之分为两个部分以及对它的矛盾着的部分的认识，是辩证法的实质。"（《谈谈辩证法问题》）这说明，辩证法的实质包括两个部分：1. 统一物分为矛盾着的两个部分（这是客观辩证法，我们通常叫做"一分为二")；2. 对前者的正确认识（这是**主观**辩证法）。恩格斯说："所谓**客观**辩证法是支配着整个自然界的，而所谓主观辩证法，即辩证的思维，不过是自然界中到处盛行的对立中的运动的反映而已。"他又说："辩证法的规律无论对自然界和人类历史的运动，或者对思维的运动，都一定是同样适用的。"① 我们是唯物论者。唯物论认为，存在决定思维，思维反映存在。思维规律是存在规律的反映。只有主观同客观相符合，相一致，才算达到了真理的认识。既然客观事物都是一分为二的，既有正面，也有反面，那么，人们的主观世界也必须全面反映这个事实，既要反映正面，也要反映反面，还要反映正反两方面矛盾对立消长的过程，否则就是片面性，就没有全面反映客观事物的本来面貌，就不是唯物论，也违反了辩证法，也就不能从实际出发，不能实事求是。

马克思主义哲学认为，主观概念的矛盾和转化，无非是现实矛盾在思维运动中的反映。毛泽东同志说："人的概念的每一差异，都应把它看作是客观矛盾的反映。"（《矛盾论》）人们对事物的各种不同的观点往往就是客观事物各种矛盾斗争的反映。由于事物有不同的侧面，各人观察同一事物也有不同的角度，所以有各种不同的反映（尽管其中有正确的、有不正确的、有部分正确部分不正确的反映，有直接的也有间接的反映）。如果只准反映一种思想、一种观点，最多也只能反映一个侧面、一个局部。因此，只有尽可能地让人们把各种不同观点都反映出来，并且经过比较和辩论，把错误的、歪曲的反映分解出去，这样，才能比较全面地而不是片面地反映客观事物的矛盾斗争过程，才能帮助人们认识和发展真理。

---

①　以上引文分别见《马克思恩格斯选集》第 3 卷，第 534、565 页。

恩格斯说："人们远在知道什么是辩证法以前，就已经辩证地思考了，正像人们远在散文这一名词出现以前，就已经用散文讲话一样。"①辩证法规律普遍存在于自然界和历史之中，人们只要和客观事物接触，只要实践，就会自觉或不自觉地进行辩证思考。欧洲古代的哲学家早就知道，通过辩论揭露对方的矛盾并克服这些矛盾，是发现真理的最好方法。他们把这种方法叫作 dialetic，意思就是进行谈话，进行论战。

中国古代哲学家也有许多人认识到这个道理。《逸周书·常训》说："疑意以两，平两以参。"就是说的这一点。一个见解，一种办法，是否正确可行，需要以与它正相对立的观点来怀疑，这叫"疑意以两"。有了这样正反两方面的推敲比较，然后才可生长出更完整的意见和办法，把对立的见解统一起来，这叫"平两以参"。由"参"组成的许多词汇都含有这种哲理成分。参考、参验、参议、参观、参稽、参伍等等，都是说的考察对立的情况，以得出适当的意见和办法。《墨子·小取》说得更明确："夫辩者，将以明是非之分，审治乱之纪，明同异之处，察名实之理，处利害，决嫌疑。"东汉的王充在《论衡·案书》中说："两刃相割，利钝乃知，二论相订（争辩），是非乃见。"都是说的同一道理。现在我们的任务就是要认真地学习、研究辩证法规律，更加明确地、自觉地"把辩证法应用于认识的过程和发展"，并使之社会化，法律化，制度化。在决定有关人民群众和国家命运的大事时，整个社会要能够辩证地思考，并且要有制度作保证。这样，我们的社会才能沿着正确的道路前进。

① 《马克思恩格斯选集》第 3 卷，第 182 页。

二 坐井观天，兼听和正确对待不同意见

为什么必须通过对立面不同意见的辩论（或叫比较、讨论等），才能认识真理呢？这要从认识的规律说起。

认识来源于实践。无论任何人要认识什么事物，除了同那个事物接触，即生活于（实践于）那个事物的环境中，是没有法子解决的。但是客观世界的事物（认识的对象）又是无限地复杂多样，无限地千差万别，而且互相联系、互相影响。任何人都无法参加所有事物的实践；即以同一事物而言，矛盾斗争的双方各有许多不同的侧面，任何人都只能站在自己的角度去了解该事物的某一个或某几个侧面（局部）；同时，客观事物又在不断地发展变化着。某种认识，在一定条件下是正确的，当条件发生了变化，也就不一定正确了；另外，矛盾的暴露也有一个过程。比如，我们不能要求马克思在自由资本主义阶段就能认识帝国主义阶段的某些特异的规律，因为这些规律还没有暴露，还没有这样的实践。

从认识的主体即人的认识能力来说，也有种种的限制。人类往往自觉或不自觉地受某种主观的感情、偏见、先入为主的印象等支配，戴着有色眼镜去观察世界；或者把现象当作本质，甚至为假象所蒙蔽；或者局限于个人一得之功、一孔之见，把个人的局部经验绝对化，除此之外，人的认识还要受到时代的即当时社会生产力水平和科学技术水平的限制。比如，人所共知的哥白尼的日心说，无疑是一个伟大的贡献。但他在否认地球是整个宇宙不动的中心的时候，却认为太阳就是这样一个中心。这就是不正确的了。这说明，连哥白尼这样伟大的天才也要受到他当时科学技术条件的限制。恩格斯说："我们只能在我们时代的条件下进

行认识，而且条件达到什么程度，我们便认识到什么程度。"①
所以，就某种意义上说，每个人也都是"坐井观天"，只不过各
人的角度不同，井口大小不同罢了。我们反对不可知论，认为世
界是可知的，人类具有认识客观世界事物的无限能力。但这只是
就整个人类世世代代而言是如此。而就一个时代的人类来说，则
只能认识到这个时代条件所能允许的有限的相对真理。而对于每
个人来说，局限性就更大了。

要打破这种局限性（严格说来，只能在一定程度上打破），
一个最重要的方法是"兼听"。

认识来源于实践，而实践的主体是广大群众（包括广大干部
和知识分子，下同）。广大群众是改造自然和改造社会实践的主
体，他们的斗争对人类认识的发生和发展起着决定性的作用。实
践的社会性决定了认识的社会性。我们每个人不可能参加社会各
方面的实践，但是广大群众却分别从不同的方面参加了实践，所
以综合他们的认识，就可以在一定程度上打破个人认识上的局限
性，开扩我们的眼界。费尔巴哈说："自然科学的领域，从量的
范围来说，对于个人完全是一种无法全面认识的、莫测高深的领
域。谁能够同时数天上的星宿，又数昆虫身上的肌肉和神经呢？
里欧奈特就因为解剖柳树虫而失去了视觉。谁能同时观察月球上
高山和深谷之间的差别，又观察无数石螺和双壳螺之间的差别
呢？但是个别的人所不知所不能的事，人们集合起来就会知道
的，会做到的。"② 自然科学是如此，社会科学、政治、经济生
活各方面更是这样。魏征说："兼听则明，偏信则暗。"说的就是
通过兼听正反两方面的各种不同意见和了解多方面情况，并加以

---

① 《马克思恩格斯选集》第 3 卷，第 562 页。
② 《未来哲学原理》，第 17 页。

比较，才能明察事物，如果偏信一面之辞，"暗"就是不可避免的了。

社会实践是多方面的，人的认识也是复杂多样的，有正确的，有不正确的，有部分正确的、部分不正确的，怎样对待各种不同的意见，是在"兼听"中的一个重大问题。

每一个人都在实践着，因此每一个人都可能有正确的认识；但每一个人都只能在自己局部范围内实践着，所以每一个人的认识都可能有局限性，有片面性，有错误。各种思想又互相激荡，互相影响。因此，任何人的思想都不可能绝对的永远的百分之百的正确，也不可能绝对的永远的百分之百的错误。真理和谬误是矛盾的统一体，互相斗争，又在一定条件下互相转化。

恩格斯在《自然辩证法》一书中说过：辩证法不知道什么绝对分明的界限。它使固定的形而上学的差异互相过渡，除了"非此即彼"，又在适当的地方承认"亦此亦彼"！并使对立互为中介。①恩格斯又说："真理和谬误、善和恶、同一和差别、必然和偶然之间的对立……只有相对的意义；今天被认为是合乎真理的认识都有它隐蔽着的、以后会显露出来的错误的方面，同样，今天已经被认为是错误的认识也有它合乎真理的方面，因而它以前才能被认为是合乎真理的。"②恩格斯的这段话是综合了人类认识历史的结果。这说明，对待各种不同的思想，采取肯定一切或否定一切的态度都是错误的，是形而上学的，都会导致思想僵化。18世纪的机械唯物论，在当时被认为是合乎真理的，但其中隐蔽着错误的东西，即机械论。到19世纪科学进一步发展，这个错误才暴露出来；反过来，我们今天看机械唯物论是错误

---

① 《马克思恩格斯选集》第3卷，第535页。
② 《马克思恩格斯选集》第4卷，第240页。

的，但也有它的合乎真理的方面，即唯物论，因此，从前才能被
认为是真理。

人类对光的本质的认识过程，是很能说明问题的。在 17、
18 世纪，牛顿等人倡导光的微粒说，当时被认为是正确的。但
到了 19 世纪初，光的波动说又否定了微粒说。到了 20 世纪初，
爱因斯坦又根据新的科学研究材料提出光的量子说，指出光具有
波粒二象性，既否定了光的微粒说和光的波动说各自的片面性，
又吸取了这两种学说中的合理因素，因而使爱因斯坦的学说更加
接近真理。上述事例说明：人类的知识要受多种条件的限制，只
能是一步步地由浅入深、由片面到全面地发展，逐步掌握真理。
对真理的认识不可能一次完成。有的认识，虽然基本上是正确
的，但也可能包含错误的因素，反之亦然。要判断哪些是真理，
哪些是谬误，要经过不同观点的互相比较，经过实践，有的还要
经过较长期的多次的反复的实践的结果检验，有的还要等矛盾暴
露已比较充分，主客观条件已经比较成熟时，才能作出正确的评
价。马克思恩格斯对各种不同的以致错误的观点和学说，向来不
是采取一概骂倒全盘否定的态度，而是认真分析，弃其糟粕，取
其精华，使之变成自己的营养。例如，对黑格尔的辩证法不是全
盘否定，而是抛弃了它的神秘的"外壳"，汲取了它的"合理内
核"，加以唯物主义的改造；同时又采取了费尔巴哈的唯物主义
的"基本内核"，创立了唯物主义辩证法。又比如，以亚当·斯密
和李嘉图为代表的英国的古典政治经济学，在理论上是有混乱和
矛盾的。马克思正是在解决亚当·斯密等人的逻辑矛盾中，创立
了剩余价值学说。对于空想社会主义者，马克思在批判他们的错
误的同时，一再指出，他们之所以停留在空想阶段，并不是由于
他们的才能低下，根本的原因在于当时的历史条件。

马克思主义的三个组成部分正是在批判地继承了德国古典哲

学、英国古典政治经济学和空想社会主义的积极成果的基础上创立起来的。应该怎样正确对待各种不同的乃至错误的思想，马克思恩格斯的实践为我们树立了良好的榜样。

三 通过对比认识真理和发展真理

"衡然后知轻重，量然后知长短"，就是我们生活中的常识。我们通常说的"实践——认识——再实践"的认识过程也是一个对比的过程，即将客观的结果和我们主观上原来的认识进行对比，总结经验教训，解决主客观的矛盾，逐步掌握真理。对于同一个问题，往往需要根据两种以上不同实践的结果进行对照、比较、分析，才能得到较为全面的认识。如果只有一种实践，也可能在某些方面获得预期的结果。但是，如果没有对比，就不可能判断这一种实践的优劣程度，比如，某一制度、方案、方法是否优越，某一农作物品种是否宜于推广，某一商品是否适应市场的需要，某一学生、运动员是否优秀……都要通过和其他制度、方案……进行对比（包括竞争、竞赛）才能作出准确的评价。就是在这样不断的对比过程中，不但提高了人们的认识，而且还促进了社会的进步。

对比，就是对各种不同的矛盾（不同的客观事物和观点）、对矛盾的各个方面进行比较，也就是分析矛盾，这是辩证思维的一种重要方法。

我们认识客观事物，不但要认识其共性，更重要的是要认识其个性。个性也就是使自己与其他事物相区别的特点（特殊性），是决定事物的本质的东西。如果不认识这些特点，也就无从辨别事物。但是，个性（特点）是只有在和其他事物相比较时才能显示出来的；其次，任何事物矛盾的双方都是相比较而存在的。在思维领域,每一个概念的存在都是以它的对立面的存在为条件的。任何一个概念,如果不考虑和它的相对的概念,就不可能有明确的含义,就会由于它的含混模糊而丧失它的确定性。真理是同谬误相比较而存在的;没有恶,就无所谓善;其他如美与丑、大与小、长与短、正与反、利与弊、得与失、优点与缺点、光明与黑暗……莫不如此。"有比较才能鉴别。有鉴别,有斗争,才能发展。"① 毛泽东同志的这句话说明了对比不但是认识鉴别事物的重要手段,也是发展真理的重要手段。

对比,在不同的领域采取不同的形式,在思维领域里,一般采取的是不同意见的讨论,即百家争鸣的形式。

客观世界各种事物的现象和本质是一个矛盾的统一体。本质总是隐蔽在现象后面。要透过现象掌握本质,是一件艰难复杂的科学研究工作。通过不同意见的讨论,可以大大加速对本质的认识过程。因为在不同意见的讨论中,相互问难,一正一反,一来一往,就可以像剥葱一样,分别从不同的角度把矛盾一层层揭露出来,促进人们的认识逐步深化。当然,学术上的分歧,单靠争论是不能完全解决的,这往往是由于双方在占有材料上都不够充分,彼此都很难说服对方。但是,通过辩论,就可以把我们逐步引导到问题的核心,可以刺激、启发我们进一步去学习,去调查研究,去搞科学实验,去思考,这就大大有助于克服认识上的表面性,逐步做到去粗取精,去伪存真,由此及彼,由表及里,从而把握真理。

如同打仗要考虑到敌方的反击一样,参加论战的各方,也都要考虑到对方有平等的反批评权利,为了取得胜利,就要作好准

---

① 《毛泽东选集》第5卷,第416页。

备，使对方无隙可乘，这就要努力锻炼、加强自己：材料翔实吗？概念准确吗？判断恰当吗？推理合乎逻辑吗？证明有说服力吗？总之，要不断地推敲，精益求精，使对方无懈可击。这样，实事求是的学风就可逐步树立，乱扣帽子，无限上纲，强词夺理的现象就可逐步减少。另一方面，在论战中，每一方又都努力寻找对方的弱点，以求击中要害。因此，从对方的批评中，往往可以找到自己的不足之处，把这些不足之处克服了，就可以使自己理由更加充足，论证更加严密，更加全面。即使对方的观点是错误的，也可能有某些合理的因素，有某些论点可以启发自己的思路。甚至从对方的失败中，也可能取得某些借鉴，免得重蹈覆辙。正是从这种不同意见的互相纠正，互相切磋，互相补充中，人们使自己的认识逐步完善起来。

在 20 年代，鲁迅先生曾经和创造社、太阳社就文艺理论问题进行论战。后来他在《三闲集》序言里提起这件事。他说："我有一件事要感谢创造社的，是他们'挤'我看了几种科学底文艺论，明白了先前的文学史家们说了一大堆，还是纠缠不清的疑问。并且因此译了一本蒲力汗诺夫的'艺术论'以救正我——还因我而及于别人——的只信进化论的偏颇。"鲁迅先生承认，这种学习对于他自己终于能够从进化论转到阶级论起到很大的作用。鲁迅先生的实践说明，不同观点的论战，确是促使人们学习、进步的重要方法。

先秦时代诸子百家争鸣，我国学术空前繁荣，对后世有深远的影响，这是众所周知的事实。《汉书·艺文志》写道：先秦诸子"其言虽殊，辟犹水火，相灭亦相生也。仁之与义，敬之与和，相反而皆相成也……""舍短取长，则可以通万方之略矣。"正是在这种相灭相生，相反相成的互相斗争又互相影响、互相渗透的过程中，开创了中国历史上文化繁荣鼎盛的一个伟大时代。毛泽东同志说："各种不同意见辩论的结果，就能使真理发展。"① 彻底的唯物论者是无所畏惧的。真理是越辩越明的。只有在理论上虚弱，才害怕辩论。马克思说过："真理是由争论确立的。"② 马克思还曾经形象而深刻地指出："最好把真理比作燧石，——它受到的敲打越厉害，发射出的光辉就越灿烂。"③ 我们坚信马克思主义是真理，是指导我们思想的理论基础。而马克思主义正是在同形形色色的论敌论战中发展起来的。毛泽东同志说："马克思主义是一种科学真理，它是不怕批评的。如果马克思主义害怕批评，如果可以批评倒，那么，马克思主义就没有用了。"他又说："实行百花齐放、百家争鸣的方针，并不会削弱马克思主义在思想界的领导地位，相反地正是加强它的这种地位。"④ 就是这个道理，对此我们应该有充分的信心。

马克思主义是普遍真理。我们要运用马克思主义的立场、观点和方法去指导我们的研究。但是马克思主义并没有穷尽真理，而只是在实践中开辟认识真理，发展真理的道路。普遍真理要和具体实践相结合，而具体实践的条件是复杂多样、千变万化的。新的情况、新的问题不断涌现，处处需要我们去探索研究。马克思主义的理论是对极其丰富的实践作一般的概括，而"任何一般只是大致地包括一切个别事物，任何个别都不能完全地包括在一般之中"。⑤ 一般的世界观和方法论只能作为一种指导而不能代替各门学科和解决各种实际问题的具体方法。辩证法是研究发展、变化的科学，但是，黑格尔却把自己的辩证法说成是"绝对

---

① 《毛泽东选集》第 5 卷，第 416 页。
② 《马克思恩格斯通讯集》第 1 卷，第 567 页。
③ 《马克思恩格斯全集》第 1 卷，第 69 页。
④ 《毛泽东选集》第 5 卷，第 391 页。
⑤ 《列宁选集》第 2 卷，第 713 页。

观念"发展的顶点，是一个穷尽了一切真理的最终的绝对真理的形而上学的封闭体系，从而陷入了可笑的自相矛盾的地步。而马克思主义的辩证法则是一个开放性的发展体系。马克思主义本身也要在实践中发展。我们要在坚持马克思主义基本原理的同时，抛弃（否定）那些过时了的、不符合当前实际情况的个别原理和结论，用新的、经过实践证明是正确的原理去补充它。这也是一种思维的辩证运动，如果否认这种运动，不允许人们根据客观实际去探索、研究新情况、新问题，提出新的结论，马克思主义就会脱离实际，就会变成僵死的教条，失去活泼的生命力。

四　认识的发展是螺旋形上升的过程

辩证运动的规律在思想领域表现为不同观点的相互论战，互相批判，互相否定。正确的东西否定错误的东西。但是，否定不是简单地说不，而是抛弃旧事物的糟粕，又吸收旧事物中一切合理的因素，使新事物比旧事物更加优越。在认识方面，也是通过这种辩证运动，使新的思想比旧的更加完善，更加接近真理。

黑格尔在论述概念范畴的发展时说："这种具体运动，乃是一系列的发展，并非像一条直线抽象地向着无穷发展，必须认作像一个圆圈那样，乃是回复到自身的发展。"[①] 列宁认为黑格尔把认识的发展比作圆圈是"一个非常深刻而确切的比喻！"列宁自己又把它比作"螺旋形上升"，这就更加形象地说明，认识的发展过程，并非简单的"回复"，而是在"回复"的基础上有所上升，有所发展，也就是"肯定——否定——否定的否定"过程。这既是客观事物矛盾运动的过程，也是思维辩证运动的过

① 《哲学史讲演录》第 1 卷，第 31—32 页。

程，也就是通过正反两方面的互相斗争，经过两次否定，两次向它的对立面转化，认识在高级阶段重复低级阶段的某些特点，终点回复到始点。也就是取长弃短（兼取正反双方的长处，摒弃双方的短处），从而促使认识上升和发展。黑格尔在说明双重否定（即否定之否定）的必要性时说："唯有双方各自扬弃其片面性，则它们的统一才不至偏于一面。"① 就是说的这个道理。而所谓认识上的直线性，就是把认识曲线上的任何一个片断、碎片、小段变成直线；把一些本来在一定条件下是正确的东西加以绝对化，无限夸大，不问条件，到处乱套。量变超过了一定的关节点，就变成了质变，本来是正确的东西，就变成错误的，正像列宁所说的："只要再多走一步，仿佛向同一方向迈的一小步，真理就会变成谬误。"② 这种认识上的直线性对我们的工作危害极大。但是，很可惜，实践证明，许多人都是根据自己的有限的实践经验去认识世界的。很多人还有意无意地根据自己的感情、偏见去解释事物，而且总以为自己是正确的。特别是当某一种认识在一定条件下曾经是正确的，某项措施曾经取得一些成绩的时候，人们就更容易被胜利冲昏头脑，把这些认识绝对化，把它推向极端。这种认识上的直线性往往还和权力结合在一起，变成独断专行。权力越大，所造成的危害也就越大。正因为如此，所以纠正这种认识上的直线性，已经不能单单依靠思想认识上的讨论，而且还必须以权力制约权力，就是说要有健全的民主制度。在社会主义国家，人民群众作为国家主人的民主权利应确实得到保证。当某种起支配作用的思想认识（可能它原来曾经是正确或比较正确的）有直线化趋势的时候，也就是列宁所指出的，仿佛

---

① 《小逻辑》，第 425 页。
② 《列宁选集》第 4 卷，人民出版社 1959 年版，第 217 页。

向同一方向迈出多余的"一小步",真理可能变成谬误的时候,就不但有声音出来批判它,喝止它,而且还有权力出来制约它,有力量迫使它改变方向,不得不沿着正确的路线发展。这样,我们在欢呼声中就不至被胜利冲昏头脑;既看到主流也看到支流,既看到光明面也看到阴暗面,既看到利也看到弊;这样,我们就可以及时发现缺点错误,及时改正,而不至于发展到问题堆积如山,甚至铸成大错;这样,我们就可以增加预见性,瞻前顾后,防患于未然;可以全面地权衡利弊,比较得失,以趋利避害,扬长避短;我们的路线、方针政策就可以比较符合实际,比较实事求是,可以在正确的基础上保持较长时间的必要的稳定,而不至于极端跳跃了。我们的安定团结就比较有保证了。

(载《天津社会科学》1984 年第 3 期)

发扬民主才能实事求是

——学习《邓小平文选(1975—1982)》的一点体会

实事求是，是无产阶级世界观的基础，是我们党的思想路线。"过去我们搞革命所取得的一切胜利，是靠实事求是；现在我们要实现四个现代化，同样要靠实事求是。"①而要做到实事求是，其关键则是走群众路线和充分发扬民主，这是我学习《邓小平文选》体会最深的一点。

要做到实事求是，必须理论联系实际，从实际出发。这就要正确地、全面地了解实际情况。实际情况是非常复杂的，而且在不断变化着。对实际的认识来源于广大群众（包括干部和知识分子，下同）的实践，实践的社会性决定了认识的群众性。当然，伟大的人物因为站得高，看得远，可能比一般人认识得全面些，深刻些。但任何人都不可能参加社会各个方面的全过程的实践，每个人都只能站在自己的角度了解某一方面的情况，因此任何人的认识都会有一定的局限性。也就是说，在处理和解决自己没有认识或认识不全面的问题时，就可能犯错误。邓小平同志在批评"两个凡是"观点时，引用毛泽东同志的话说："一个人只要做工

---

① 《邓小平文选（1975—1982）》，第133页。

作，没有不犯错误的。"① 说的就是这个道理。

为了预防和及早纠正可能犯的错误，必须充分发扬民主，走群众路线，向群众学习。正因为如此，所以邓小平同志反复强调："群众路线和实事求是这两条是最根本的东西。"② 这是抓住了马克思主义、毛泽东思想的精髓。

群众路线要求我们一切为了群众，一切依靠群众。凡是经过群众实践证明，能够促进生产力的发展，能够提高群众的物质文化生活水平的理论、办法和措施，就提倡，就坚持；相反的，就反对。因此就要千方百计倾听各方面的群众意见，倾听群众实践的呼声。综合广大群众的认识，就可以打破个人认识的局限性，开扩我们的眼界。这是使我们的认识符合或比较符合实际，作到实事求是的一项基本方法。

为了倾听群众的意见，必须充分发动群众，解除群众的种种顾虑，使群众献计献策，作到"知无不言，言无不尽"。只有听到各种不同的声音，才能"兼听则明"，集思广益。否则，就会"偏信则暗"，就不可能做到实事求是。

因此，就必须解放思想，让大家敢于研究新情况、新问题。邓小平同志反复指出："今后，在一切工作中要真正坚持实事求是，就必须继续解放思想。认为解放思想已经到头了，甚至过头了，显然是不对的。"③ "要提倡敢想敢说的革命精神。有不同意见不要紧，各种方案可以比较。办什么事也得走群众路线。人民内部要有充分的民主，这样才能拿出好的主意来。"④ 说得多么好啊！

---

① 《邓小平文选（1975—1982）》，第 35 页。
② 同上书，第 42 页。
③ 同上书，第 323 页。
④ 同上书，第 107 页。

邓小平同志认为，"民主是解放思想的重要条件。"① 对这个问题他作了专门的论述。没有民主就不能解放思想；不解放思想，就不能实事求是，我们的事业就会遭到挫折和失败。他又说："在党内和人民群众中，肯动脑筋，肯想问题的人愈多，对我们的事业就愈有利。干革命、搞建设，都要有一批勇于思考、勇于探索、勇于创新的闯将。"② 邓小平同志反复强调，要"大家敞开思想，畅所欲言，敢于讲心里话"。③ 要积极开展批评，"什么问题都可以摆到桌面上来，对领导人有意见，也可以批评"。④ 即使涉及党的路线和决议的问题也是可以讨论的。邓小平同志说："党的路线同党的一切决议一样，总是要在实践中受检验的，这是毛泽东同志讲过多次的道理。不能说一种提法一经党的代表大会通过，就不能对它的正确性作任何讨论，否则下次代表大会怎么会提出新的提法呢？"当然，这种讨论，应当按照中央的规定，"限于党的适当的会议，不应该超出这个范围"。⑤要做到内外有别，公开宣传与内部讨论有别。党员个人对上级或多数人通过的决议如果有不同意见，在保证行动上坚决服从的前提下，可以在党的适当会议上提出来，也可以向上级组织直至党中央反映。对这个问题，早在1956年，邓小平同志在中共八大作的《关于修改党的章程的报告》中，就作了详尽的说明。他说："允许党员保留不同的意见，这对于党不但没有害处，而且可以有某种益处。只要党的决议是正确的，这些持不同意见的党员又是愿意服从真理的，他们终于会心悦诚服地认识党的正确和

---

① 同上书，第 134 页。
② 同上书，第 133 页。
③ 同上书，第 130 页。
④ 同上书，第 43 页。
⑤ 同上书，第 169 页。

自己的错误。如果真理最后证明是在少数方面，那么，保护少数的这种权利，也可以使党更容易认识真理。"这是十分正确的。

其所以如此，是因为对真理的认识是一个非常复杂的过程，特别是一些学术问题、理论问题，有的是由于矛盾的实质尚未充分暴露，有的是由于当时科学技术水平的限制，一时还不能作出最后结论，有时真理可能掌握在少数人或下级手里，要靠实践有时甚至长期的反复实践和认真的讨论，条件成熟时才能取得正确的认识。真理和谬误，有时不是一下子就能分辨清。毛泽东同志在《关于正确处理人民内部矛盾的问题》中，在阐明"双百"方针时曾经指出："哥白尼关于太阳系的学说，达尔文的进化论，都曾经被看作是错误的东西，都曾经经历艰苦的斗争。"这说明，为了判断正确的东西和错误的东西，常常需要有考验的时间，需要一定的条件。以哥白尼关于太阳系的学说来说，也不是最终的真理，而只是认识真理的一个环节。哥白尼在否定托勒密的地心说时，却认为太阳是宇宙的中心，这就是错误的了。现代科学已经证明，太阳不是宇宙的中心，而不过是银河系的一个很小很小的部分。宇宙是无限的，根本不存在一个什么中心。哥白尼的错误是由于他受到当时科学技术条件的限制。正如恩格斯所说："我们只能在我们时代的条件下进行认识，而且条件达到什么程度，我们便认识到什么程度。"[①] 因此，应该大力提倡解放思想，鼓励大家勇于研究，勇于探索，允许保留不同意见，这是防止思想僵化，发展真理，繁荣科学的主要方法。

在《解放思想，实事求是，团结一致向前看》这篇具有重大历史意义的报告中，邓小平同志详细地分析了造成思想僵化的历史条件，同时还批判了由于思想僵化而造成的恶果。他说，如果

---

① 《马克思恩格斯选集》第3卷，人民出版社1974年版，第562页。

思想不解放，思想僵化，很多怪现象就产生了。条条、框框就会多起来了；随风倒的现象就会多起来了；不从实际出发的本本主义也就严重起来了。有些人，不讲党性，不讲原则，说话做事看"来头"、看风向，满以为这样不会犯错误。其实随风倒本身就是一个违反共产党员党性的大错误。那些工作干得好的反而受打击，什么事不干的，四平八稳的，却成了"不倒翁"。这就会使人们习惯于因循守旧，安于现状，不求发展，不求进步，不愿接受新鲜事物，人们就不愿意去动脑筋了。总之，"不打破思想僵化，不大大解放干部和群众的思想，四个现代化就没有希望"。①

邓小平同志指出："解放思想，开动脑筋，一个十分重要的条件就是要真正实行无产阶级的民主集中制。我们需要集中统一的领导，但是必须有充分的民主，才能做到正确的集中。"②

为了创造民主的条件，邓小平同志反复强调"双百"方针和"三不主义"。他说："无论如何，思想理论问题的研究和讨论，一定要坚决执行百花齐放、百家争鸣的方针，一定要坚决执行不抓辫子、不戴帽子、不打棍子的'三不主义'的方针，一定要坚决执行解放思想、破除迷信、一切从实际出发的方针。这些都是三中全会决定了的，现在重申一遍，不允许有丝毫动摇。"③

邓小平同志主张充分发挥民主，是因为他充分相信群众。他说："我们应当充满信心。只要我们信任群众，走群众路线，把情况和问题向群众讲明白，任何问题都可以解决，任何障碍都可以排除。"④"要相信绝大多数群众有判断是非的能力。一个革命

---

① 《邓小平文选（1975—1982）》，第 133 页。
② 同上书，第 134 页。
③ 同上书，第 169 页。
④ 同上书，第 142 页。

政党，就怕听不到人民的声音，最可怕的是鸦雀无声。"① "一听到群众有一点议论，尤其是尖锐一点的议论，就要追查所谓'政治背景'，所谓'政治谣言'，就要立案，进行打击压制，这种恶劣作风必须坚决制止。毛泽东同志历来说，这种状况实际上是软弱的表现，是神经衰弱的表现。"② 毛泽东同志还说过："马克思主义是一种科学真理，它是不怕批评的。如果马克思主义害怕批评，如果可以批评倒，那么马克思主义就没有用了。"他又说："实行百花齐放、百家争鸣的方针，并不会削弱马克思主义在思想界的领导地位，相反地正是会加强它的这种地位。"③ 毛泽东同志和邓小平同志的这些见解，是他们充分相信群众，相信马克思主义的表现。

当然，还要看到事情的另一方面。"人民群众提出的意见，当然有对的，也有不对的，要进行分析。党的领导就是要善于集中人民群众的正确意见，对不正确的意见给以适当解释。"④ 有的同志，"独立思考，敢想、敢说、敢做，固然也难免犯错误，但那是错在明处，容易纠正。"⑤

四项基本原则是我们立国的根本，是我们取得各项事业胜利的基本保证。因此，对各种错误的、违反四项基本原则的思想，对于从"左"、右两个方面反对我党十一届三中全会以来的路线、方针、政策的倾向，都必须进行批评。要划清批评和棍子、"三不主义"和自由主义的界限。《关于党内政治生活的若干准则》指出："所谓不抓辫子、不扣帽子、不打棍子，就是禁止任意夸

① 《邓小平文选（1975—1982）》，第 134 页。
② 同上书，第 135 页。
③ 《毛泽东选集》第 5 卷，第 391 页。
④ 《邓小平文选（1975—1982）》，第 135 页。
⑤ 同上书，第 132 页。

大一个人的错误，罗织成为罪状，并给予政治上、组织上的打击甚至迫害。"这是针对过去党内斗争中"左"的错误提出来的。邓小平同志指出："解放思想决不能够偏离四项基本原则的轨道，不能损害安定团结、生动活泼的政治局面。"如果"离开四项基本原则去'解放思想'，实际上是把自己放到党和人民的对立面去了"。① "我们的宣传工作还存在严重缺点，主要是没有积极主动、理直气壮而又有说服力地宣传四项基本原则，对一些反对四项基本原则的严重错误思想没有进行有力的斗争。"② 这种涣散软弱的状态必须改变，要加强思想政治工作，开展积极的批评与自我批评。当然，"批评的方法要讲究，分寸要适当，不要搞围攻、搞运动"。③ "在党内和人民内部的政治生活中，只能采取民主手段，不能采取压制、打击的手段。"④

群众的议论中，也可能有一些不正确的、甚至是很难听的、埋怨的话，对于这些，我们也要正确对待。邓小平同志曾举出毛泽东同志处理的一件事例教育我们："同志们总记得，在延安的时候，生产运动是怎么搞起来的。为什么提倡生产运动呢？原因之一就是当时征粮多了，群众有怨言。我们好多共产党员听了心里非常不舒服。毛泽东同志看法不同，他说，讲得有道理，群众的呼声嘛！毛泽东同志就是伟大，就是同我们不同，他善于从群众这样的议论当中，发现问题，提出解决问题的方针和政策。"⑤这种做法是正确的，是符合辩证法的认识论的。一种观点、一种理论，即使从本质上说是完全错误的，但如果我们细加分析，也

① 《邓小平文选（1975—1982）》，第 243 页。
② 同上书，第 323 页。
③ 同上书，第 345 页。
④ 同上书，第 134 页。
⑤ 同上书，第 42—43 页。

可能从中吸取某些有益的因素，或者提出了问题，刺激我们去思考，或者提供了某些合理颗粒，使我们的认识更加全面些。例如，马克思曾经指出英国古典政治经济学家亚当·斯密理论上的缺陷、混乱和矛盾，"是庸俗和荒谬的"，另一方面，马克思又指出："亚当·斯密的矛盾的重要意义在于：这些矛盾的问题，他固然没有解决，但是，他通过自相矛盾而提出了这些问题。"① 正是在批评亚当·斯密等人的逻辑矛盾中，马克思创立了剩余价值学说，成为马克思主义经济学说的基石。在人类认识史上，这类的事例是非常多的。我国古代所谓"相灭亦相生也，相反而皆相成也"。就是这个道理。

在说明民主是解放思想的重要条件时，邓小平同志强调指出："宪法和党章规定的公民权利、党员权利、党委委员的权利，必须坚决保障，任何人不得侵犯。"② 在这些权利中，很重要的一条就是公民或党员在受到某种指控或党纪处分时，本人有权进行申辩，其他人也可为他辩护。被批评犯了错误的人对自己的错误，应该实事求是地进行自我批评，但也有权为自己申辩和说明情况，允许批评也允许反批评。这样，无论批评一方或申辩一方都要认真考虑到：对方有进行反批评的权利。因此就必须使自己的论证符合实际，逻辑严密，判断精确。这样，乱扣帽子，以偏概全，强词夺理，以势压人，无限上纲的现象就可以减少，实事求是的学风就可以逐步树立。如果只允许批评，而不允许申辩，不允许反批评，就等于剥夺了被告的辩护权，进行缺席裁判，冤假错案就很难避免了。

邓小平同志曾多次引用毛泽东同志的话说："我们的目标，

① 《马克思恩格斯全集》第 26 卷，第 1 册，第 140—141 页。
② 《邓小平文选（1975—1982）》，第 134 页。

是想造成一个又有集中又有民主，又有纪律又有自由，又有统一意志、又有个人心情舒畅，生动活泼，那样一种政治局面。"① 邓小平同志认为，要达到这样一种政治局面，"群众路线和实事求是特别重要"。② 有了这两样最根本的东西，我们就可以团结广大群众，集思广益，群策群力，克服一切困难，把我们国家建设成为现代化的、高度文明、高度民主的社会主义国家。

（载《上海社会科学》1983 年第 1 期）

---

① 《邓小平文选（1975—1982）》，第 41 页。
② 同上书，第 42 页。

不惟上、不惟书、要惟实

——学习《陈云同志文稿选编》的一点体会

　　《陈云同志文稿选编》收集了陈云同志从1956年到1962年的重要文稿共23篇。

　　1956年到1962年是我国社会主义建设的一个重要阶段，是一个充满着风雷激荡的重要时期。在这一时期内，我国社会主义改造基本完成，其间又经过三年严重经济困难，到1962年开始执行"调整、巩固、充实、提高"的八字方针。陈云同志根据当时的情况，对我国社会主义建设问题提出了许多真知灼见。我们今天读到陈云同志文稿的时候，深深地感到，如果让陈云同志从解放以后到现在主持经济工作，或是按他在文稿中所谈到的经济理论、政策、方针来办，我国现在的经济状况和人民的生活水平就会大不一样。正如本书前言指出，陈云同志的许多观点和主张，不仅在当年是正确和可行的，现在仍然是正确可行的。

一

　　陈云同志的观点和主张之所以正确，最根本的原因在于他始终不懈地坚持毛泽东同志一再倡导的实事求是、从实际出发的马克思主义的科学态度和辩证方法。陈云同志说："我们做工作，要用百分之九十以上的时间研究情况，用不到百分之十的时间决定政策。所有正确的政策，都是根据对实际情况的科学分析而来的。"① 陈云同志自己正是贯彻执行实事求是原则的模范。他的许多讲话、文章都是深入实际，听取各种不同意见，长期调查研究的结果。比如，1959 年 5 月他在中央政治局会议上的发言中主张，钢的生产指标只能是 1300 万吨，不能多搞，而且要完成这个指标还不是轻而易举的。这个意见是他经过三个月深入调查，从钢铁工业内部的各个环节，如矿石、焦炭、耐火材料、炼铁、轧钢设备以至运输能力等方面算了细账而得出的结论。后来的实践证明陈云同志的意见是正确的，而当时毛泽东同志和有关部门有些同志提出的高指标则是不切实际的、虚夸的。

通过文稿选编，我们可以看到陈云同志不仅自己身体力行，而且对实事求是这个问题有许多精辟的见解，其中《怎样使我们的认识更全面些》一文则是专门论述认识方法的。这些，我们都应当认真学习。

早在延安时期，陈云同志就根据毛泽东同志给中央党校"实事求是"的题词，提出"不惟上、不惟书、要惟实"的九字方针。所谓"不惟上"，当然不是说下级可以根本不执行上级的指示，而是说，应该考虑本地区、本部门的实际情况具体执行。所谓"不惟书"，当然不是说不必读马列的书，不要革命理论，而是要认真地读，真正领会其中的精神实质，结合我们的实际情况去做，决不是生搬硬套。"要惟实"则是问题的核心。总之，就是要实事求是，一切从实际出发。革命导师们一再指出，革命的理论不是教条，而是行动的指南；具体地分析具体的情况是马克

---

① 《陈云同志文稿选编》，第 31 页。

思主义的精髓和活的灵魂等等，都是讲的这个意思。我党领导全
国人民进行革命斗争和建设，取得了伟大的胜利，也经受过严重
的挫折，付出了高昂的代价。我们从中取得最重要的一条经验教
训就是：必须遵循实事求是这一基本原则。当我们坚定地采取实
事求是、一切从实际出发态度的时候，我们的革命和建设事业就
得到发展；反之，就遭到损失甚至停滞、倒退。因此，能不能做
到实事求是确是关系到我们党和国家命运的大事情。

二

怎样做到实事求是呢？**首先要说实话。**

陈云同志说："我们常讲实事求是。实事，就是要弄清楚实
际情况；求是，就是要求根据研究所得的结果，拿出正确的政
策。"[1] 这就是说，首先必须对实际情况有正确的了解，而要做
到这一点，起码的要求就是我们每个人都要如实地反映情况，说
实话。1962年陈云同志针对当时反右倾以后出现的问题，十分
尖锐地指出："这几年我们党内生活不正常。'逢人只说三分话，
未可全抛一片心'，这种现象是非常危险的。一个人说话有时免
不了说错，一点错话不说那是不可能的。在党内不怕有人说错
话，就怕大家不说话。有些'聪明人'，见面就是'今天天气哈
哈哈'，看到了缺点、错误也不提。如果这样下去，我们的革命
事业就不能成功，肯定是要失败的。"[2] 我们共产党员、革命干
部，如果为了某种个人目的，不说真话，或者看风转向，看到了
缺点错误也不敢提，甚至以谎言代替事实。这样，实事求是就无

---

① 《陈云同志文稿选编》，第185页。
② 同上书，第184页。

从谈起。这些年，我们不是吃尽了这样的苦头吗？

陈云同志进一步言简意赅地提出了使我们取得正确认识的三个方法：**全面、比较、反复。**

全面掌握情况，防止和克服片面性，这是确定方针、政策、步骤、方法的最基本最重要的依据。陈云同志说："譬如打仗，敌情判断错了，作战就要失败。又如医生看病，把病情诊断错了，就治不好病，甚至把人治死。""我们犯错误，就是因为不根据客观事实办事。但犯错误的人并不都是没有一点事实根据的，而是把片面当成了全面。"用什么办法来弄清情况呢？陈云同志主张多和别人交换意见。这样做，本来是片面的看法，就可以逐渐全面起来；本来不太清楚的事物，就可以逐渐明白起来；本来意见有分歧的问题，就可以逐渐一致起来。[①] 陈云同志特别强调要听取反面意见，他说："领导干部听话要特别注意听反面的话。相同的意见谁也敢讲，容易听得到；不同的意见，常常由于领导人不虚心，人家不敢讲，不容易听到。所以，我们一定要虚心，多听不同的意见。"他还提出，如果没有反对意见，还可以作点假设，从反面和各个侧面来考虑问题，并且研究各种条件和可能性，这就可使我们的认识更全面些。[②] 把最坏的可能性都想到了，对应付各种困难局面就有充分的思想准备。

为了掌握全面情况，陈云同志主张鼓励大家发表不同意见。他说："对于目前的形势、方针、措施，以及工作重点摆在那里，实际上有不同的看法。每个部委、每个单位，都要鼓励有不同看法的两方面把意见发表出来。在我们党内，在政府机关内，有两派意见是好事，可以使我们看问题比较全面、避免片面性、少犯

---

① 《陈云同志文稿选编》，第185—186页。

② 同上书，第186页。

错误。"① 他还引用毛泽东同志看到反映资本家意见的材料后，批条子要他研究的事例，说明听取不同意见的重要。他说："每次资本家来北京开会，我们就注意研究他们提出的问题。有个反对派站在我们面前，可是好事，逼着我们多考虑问题。"②

陈云同志提出要鼓励大家发表不同意见的主张，具体地反映了他的辩证唯物主义的观点，说明他是一个彻底的唯物主义者。

唯物主义认为，客观世界是十分复杂的。客观事物是互相联系、互相影响、而且在不断发展变化着的。认识来源于实践，但是任何人都只能从自己的一个方面参加局部的实践，任何人都没有办法参加所有事物的所有实践过程，因此任何人的认识都不可避免地要受到主客观条件、受到时代条件的限制。任何人都不可能洞察一切，全知全能。而广大人民群众、干部和知识分子却分别从不同的方面参加实践和学习，所以，多多听取各方面的意见，就可以弥补自己认识的不足。辩证法认为，任何事物都是矛盾对立的统一体，也就是说都是一分为二的，既有正面，也有反面。思维要正确反映存在，就既要反映正面，也要反映反面，否则就一定要犯片面性的错误，自然不可能做到实事求是。毛泽东同志在《矛盾论》中对这个问题有过深刻的论述。他举了许多例子说明，如果只了解矛盾的一方而不了解另一方，不了解矛盾各方的特点，那就不能找出解决矛盾的方法，不能做好工作，不能完成革命任务。这个道理是很清楚的。比如，在刑事诉讼中，如果只了解原告一方而不了解被告一方，只听原告一面之词，那就很可能出现冤假错案。所以，《刑事诉讼法》规定，被告有充分的辩护权，即使是被指控为犯了反革命罪的、杀人罪的被告也可

---

① 《陈云同志文稿选编》，第216页。
② 同上书，第215页。

以为自己辩护，可以请律师辩护。实践证明，这是防止诬陷、防止偏听偏信，防止冤假错案的必不可少的重要措施。又比如，在学术领域内，如果只许一家独鸣，不许百家争鸣，就不能得到真理性的认识；在日常工作中，有了错误，如果不许人批评，一批评就说人家是打棍子，这当然是不对的。但允许批评，也要允许反批评，双方摆事实，讲道理，树立正常的民主的空气，使不同的意见都能发表出来，展开辩论。这样，就能使我们取得比较全面正确的认识，使我们的工作少走弯路，当一种错误的倾向刚一露头，就有人能够及时指出，这样可以防止一种倾向掩盖另一种倾向，防止用一种片面性反对另一种片面性。

彻底的唯物论者是无所畏惧的，真理是愈辩愈明的。只有在理论上虚弱才害怕辩论，才企图以势压人。毛泽东同志说过："各种不同意见辩论的结果，就能使真理发展。"① 马克思说："真理是由争论确立的。"② 马克思还说过："最好把真理比作燧石，——它受到的敲打越厉害，发射出的光辉就越灿烂。"③ 周恩来同志曾经对青年们说："有不同的意见的人跟我们来讨论、争论，真理才能愈辩愈明。辩证法就它的希腊字源来说，意思就是进行论战。"又说："为了寻求真理，就要有争辩，就不能独断。什么叫独断？就是我说的话就对，人家说的话就不对，那还辩什么呢？你的意见是神圣不可侵犯的，那谁还跟你辩？即使自己有很多对的意见，但是还要听人家的意见，把人家的好意见吸取过来，思想才能更发展。辩证法就讲矛盾的统一，只有通过争辩，才能发现更多的真理。"④ 周恩来同志还在一次全国政协会

---

① 《毛泽东选集》第 5 卷，第 416 页。
② 《马克思恩格斯通讯集》第 1 卷，第 567 页。
③ 同上书，第 69 页。
④ 《周恩来选集》上卷，第 329 页。

议的讲话中，要求共产党员多交党外朋友。他说："要有畏友，就是说，他敢于提出不同意见，敢于批评对方的短处，习惯了就不是畏友而是诤友了。"[1]

这些材料说明，陈云同志的观点是完全符合马克思主义毛泽东思想的。

要取得全面的认识，还有一个怎样正确对待成绩和缺点错误的问题。按照一分为二的观点，即使我们的工作取得了很大的成绩，甚至是伟大的胜利，也不可避免地会有缺点和错误。所以在我们的工作中，任何只反映一方都是片面的。如果只反映缺点，就会使人感到漆黑一团，丧失前进的信心和勇气，这当然是错误的。如果只准说成绩和胜利，报喜不报忧，那就会被冲昏头脑，使正在处于萌芽状态的缺点错误膨胀和发展起来，愈演愈烈。对于这个问题，陈云同志有一系列极为深刻的说明。他说："我看，挨骂有不好的一面，但也有好的一面。一有错误就有人骂，容易改正。如果人家天天喊万岁，一出错就是大错。""如果五年没有人说有错误，一直往上爬，到第六年再从五层楼上跌下来，那就坏了。例如，建设武汉长江大桥，如果有毛病不指出来，一味地高呼万岁，一下垮了就不得了。宝成铁路修通了，只是高呼万岁，现在老塌方。""有了成绩也不要老讲，一年讲几次就够了。有成绩是明摆着的，用不着天天讲，对于缺点错误倒是应该经常注意的。"[2]"群众对我们多责备，就可以使我们不脱离群众。群众对我们的批评和意见，反映得越多越好，越快越好。""如果人民群众对我们的工作只讲好处，有缺点不讲，那就对我们的事业

---

[1]　《红旗》1980年第20期。
[2]　《陈云同志文稿选编》，第30页。

很不利。"①

陈云同志讲这些话时是1956年11月，党的"八大"刚开过不久。当时我们各项工作都取得了伟大的胜利，各条战线都正在凯歌前进。就在这样的情况下，陈云同志却向我们敲警钟。如果从那时开始，就能按照这些意见办，广开言路，我们的认识就会更全面些，后来的如反右派、大跃进、反右倾等等错误本来是有可能避免或减轻的。

要取得正确认识，还有一个方法就是**比较**。陈云同志认为，研究问题，制定政策，决定计划，要把各种方案拿来比较。要和现行的、过去的和外国的作比较。从各方面进行比较，可以把事情弄得更清楚，判断更准确。"多比较，只有好处，没有坏处。"② 这是很有道理的。我们认识不同的客观事物，不但要认识其共性，更重要的是要认识其个性，个性也就是使自己与其他事物相区别的特点（特殊性），是决定事物本质的东西。如果不认识这些特点，也就无从辨别事物，但是，个性只有在和其他事物相比较时才能显示出来。如果不通过比较，也就不能辨别真伪，不能认识事物的本质，不能区分事物的好坏程度，因此不能作出正确的判断和选择。

"有比较才能鉴别。""衡然后知轻重，量然后知长短。""不怕不识货，最怕货比货。"这是我们生活中的常识。这些都说明，比较是我们认识过程中的一个必不可少的重要环节。比如，在经济建设中，对任何一个重大建设项目的决策，都应该发动各方面有关的干部、专家经过周密的调查研究、提出不同的计划、方案，进行比较、辩论、分析，然后才能选择出最优方案，或是采

---

① 《陈云同志文稿选编》，第39页。
② 同上书，第186页。

取各家之长，形成新的最优方案。多年的实践证明，凡是按照这个原则做的，效果就比较好，否则就会遭受挫折和失败。过去在相当长的一段时间内，由于"左"的思想影响，尤其是由于林彪、"四人帮"的干扰，这个原则被严重破坏，在决定一些重大项目时，往往不是经过多种方案的比较、论证，而是容易听信一面之词，在情况不明、资源不清，或是条件不成熟时，就由少数领导人匆忙拍板定案上马，以致后来不得不忍痛停建、缓建或中途改变方案，给国家造成重大损失。经济决策是如此，其他方面也有类似的情况。当我们回顾历史，总结经验教训时，更加认识到陈云同志主张的正确、可贵。

要取得正确的认识，还需要**反复**。陈云同志说："作了比较以后，不要马上决定问题，还要进行反复考虑。对于有些问题的决定，当时看来是正确的，但是过了一个时期就可能发现不正确，或者不完全正确。因此，决定问题不要太匆忙，要留一个反复考虑的时间，最好过一个时候再看看，然后再作出决定。"①他还指出，"我们的工作部署，要反复考虑，看得很准，典型试验，逐步推广，稳扎稳打。慎重一点，看得准一点，解决得好一点，比轻举妄动、早动乱动好得多。"②

为什么要这样呢？我们知道，客观事物处于不断变化发展的过程之中，矛盾的暴露有一个过程，同时人们的认识受主客观条件的限制，往往要经过多次实践的反复，不可能一次完成。因此，有些问题，特别是比较复杂的重大的问题，即使经过了比较、讨论，多数人同意了，也可能不正确或不完全正确。有时真理会掌握在少数人或下级手中，原来多数人认为正确的东西在后

---

① 《陈云同志文稿选编》，第 186 页。
② 同上书，第 206 页。

来实践中反而证明是错误了。因此除了一些需要迅速作出决定、不容稍缓的事情而外，只要条件允许，就不要匆忙决定。特别是有关国家的大政方针以及一些有关学术和意识形态方面的问题，更要慎重，要允许少数人保留不同意见，由实践来作出结论。

我们取得全国胜利以后，担负着在一个落后大国建设社会主义强国的任务，没有经验，走点弯路是不可避免的。但是如果我们能够坚持实事求是的科学态度和辩证方法，对问题反复考虑，慎重从事，一切经过试验，然后逐步推广，我们的事业就可以稳步前进，我们的"之"字形本来是可以走得小一点的。

三

实事求是，要全面看问题，兼听则明，偏信则暗，一切经过试验，虚心接受群众的批评等等，本来都是我们党的优良作风，也是为大家承认的天经地义的道理。但是，为什么有的人尽管口头上说的很好，而实践起来就把它置诸脑后，甚至反其道而行之呢？为什么"一言堂"，片面性的错误一犯再犯，有的人至今仍然不改呢？这就说明，坚持实事求是的原则绝不只是认识上、方法上的问题，而是一个世界观的问题，是对革命事业、对人民群众的态度问题。只有把革命利益，人民群众的利益摆在第一位，才能虚心听取各种不同意见，接受群众的批评，实事求是，坚持真理，改正错误，做好工作。毛泽东同志说："因为我们是为人民服务的，所以，我们如果有缺点，就不怕别人批评指出。""只要我们为人民的利益坚持好的，为人民的利益改正错的，我们这个队伍就一定会兴旺起来。"[1] 陈云同志正是抱的这样态度。在

---

[1] 《毛泽东选集》第3卷，第905—906页。

一次谈到应该怎样对待人民群众的批评时，他这样说："商业工作，有六万万人天天看着，他们提出批评，暴露我们工作中的毛病，有什么不好？我们一不是当资本家，二不是当官，而是干革命的。天天挨骂，可以改进工作，对革命事业大有好处。"①陈云同志的这段话，虽说的是商业工作，但对我们所有革命工作都有普遍意义。正因为我们是干革命的，不是当官谋私利的，所以我们就应该以人民利益为重。群众对我们工作的批评，可以使我们的认识更全面些，可以及时克服缺点，改进工作，少犯错误，对革命有好处，即便是我们自己天天挨骂也是值得的，何况群众的眼睛是雪亮的，对我们的工作会作出公正的评价。陈云同志还说，"有成绩是明摆着的。"事实正是如此，有了成绩群众自然看得见，谁也抹煞不了。同样，缺点错误也是明摆着的，群众也是看得见的，不准人家讲，不等于它们不存在。这是鸵鸟政策、讳疾忌医的态度，不是唯物主义的态度。只有发动群众把我们的缺点错误随时揭露出来，并且及时加以改正，才是我们共产党员对人民应有的负责态度，才能提高我们的威信。

　　毛泽东同志1962年在扩大的中央工作会议上讲话时曾经批评那些害怕群众讲话的人说："那有马克思列宁主义者害怕群众的道理呢？有了错误，自己不讲，又怕群众讲。越怕，就越有鬼。"毛泽东同志主张，"要真正把问题敞开，让群众讲话，那怕是骂自己的话，也要让人家讲。"他又说："现在有些同志，很怕群众开展讨论，怕他们提出同领导机关、领导者意见不同的意见。一讨论问题，就压抑群众的积极性，不许人家讲话。这种态度非常恶劣。"事情确实同毛泽东同志指出的那样，有些人把少数人的利益和个人的威信放在首位，以为自己掌握了权力，就是

---

　　①　《陈云同志文稿选编》，第30页。

掌握了真理，明明工作中已经出了毛病，也不准人民群众批评揭露，只准人家说好话，一听到批评就说人家是反对自己甚至说是反党。这种做法就等于把自己的耳目堵塞起来，鼓励人家说假话，助长那种吹牛拍马、阿谀奉承的恶劣作风，结果使自己陷入片面性、主观唯心主义的泥坑，使错误越来越严重，使灾难一再重演，使革命和人民利益受到重大损失。这方面的教训太深刻了，我们应当引以为戒。

在经历了三年困难时期以后，陈云同志在1962年针对我们过去正反两方面的经验教训，语重心长地说了下面一段话："我们花了几十年的时间把革命搞成功了，千万不要使革命成果在我们的手里失掉。现在我们面临着如何把革命成果巩固和发展下去的问题，关键就在于要安排好六亿人民的生活，真正为人民谋福利。"[①]陈云同志说这段话已经过去将近20年了，我们今天读起来仍感到十分亲切、中肯，只要我们把"真正为人民谋福利"放在首位，遵循着实事求是的原则和"全面、比较、反复"的方法，就可以少走弯路，革命和建设所取得的胜利就一定能够巩固和发展。

（此文与黎勤合作，原载《未定稿》1981年第16期，
《解放军报》1981年9月3日转载）

---

① 《陈云同志文稿选编》，第210页。

司法执法腐败是贪污犯罪愈演愈烈的一个重要因素

据 1999 年 10 月 15 日北京《晨报》报导，1999 年 1—8 月，市检察院共受理案件 810 件，立案侦查 218 件，比 1998 年同期（同比）上升了 25％。1999 年查办的案件出现了三个明显增加。一是大案增加，1—8 月共查 5 万元以上的重大案件 148 件，占立案总数的 68％，同比上升 50％；其中百万以上的案件 33 件，同比上升 94％；千万元以上的有七件，涉案金额最大的超过亿元。二是要案增加，1—8 月查处局处级干部犯罪案件共 58 件，同比增加 92％。58 件要案中 47 件均系大案。三是重点案件增加，共查办党政机关、司法执法机关、国有企业、金融、粮食等系统的案件 229 件，同比上升 32％。

北京是首都，是政治法律的中心，尚且如此，其他各地恐怕只有过之而无不及。

贪污腐败、犯罪率不断上升，是全国人民最痛心最痛恨的大问题，也是国家的心腹大患。其原因是多方面的，而司法执法腐败则是其重要因素。

且看下面两个案例：

据中央电视台《焦点访谈》1999 年 9 月 8 日报导：广西河

池地区罗城监狱原副监狱长胡耀光与一名在押强奸犯的家属经过讨价还价后，胡承诺如家属送给胡 2.7 万元，胡可将该犯人假释。犯人家属怕胡反悔，偷偷将"谈判"过程录下音来。该犯人出狱后，自以为有钱能使鬼推磨，继续为非作歹。家属不胜其烦，于是将录音寄到了检察院。检察机关在胡的办公室里发现一只密码箱，里边藏有大量现金，还有一名犯人非法出狱后写给胡的"感谢信"。负责审查和办理此案的该监狱狱政科原副科长石军、医院原院长张贵初说，他们之所以为犯人非法出狱开绿灯，是受了胡的指使。但是，检察机关在监狱中又查出了一张分赃名单，石、张等在内的 7 名干警名列其中。

河池地区中级法院刑二庭庭长韦哲文曾向胡打招呼："凡有需要减刑、保释、保外就医的，尽管报上来，只要出钱就行。"

更令人惊奇的是，由于有买卖双方的需求，在罗城监狱附近还出现了专门在犯人家属和监狱之间牵线的"托儿"。

检察机关调查发现，几年来，关押有 5500 多名罪犯的罗城监狱通过非法交易，以钱抵刑的罪犯达 206 名。相继卷入此案的司法干警有 32 人，其中 7 人已被提起公诉。

第二个案例：据《经济新闻报》1999 年 11 月 17 日报导：徐州的石小顽，从小顽劣成性。第一次工作担任某公司的保安，不久就因监守自盗案发，被铜山县法院判处有期徒刑二年。石家到医院、司法机关活动，并先后办理了假病历、假化验单、甚至找肝炎病毒携带者冒充石小顽的名字抽血化验开出证明，经过一番努力和金钱投入，石小顽在判决执行前，先行办理了保外就医手续，准予回家，石小顽的这两年"徒刑"实际上是在家中"执行"的。

石小顽以为金钱万能，有恃无恐，继续作案。1994 年 12 月，他又因参与盗窃，且系累犯，被泉山区法院判处有期徒刑两年，送入徐州市看守所。

石入狱后，石的父亲利用自己搞基建工程的便利条件，拐弯抹角地与司法机关的一些部门及有关人员拉上了关系，又经过一番"攻关"，揽下了拘役所办公室的装修工程，并声称要"献义务"，"免费施工"。一时间石父成了该所的熟客，更少不了酒场饭局与个别警官交杯换盏。不几日，拘役所利用上级领导来所检查工作之便，提出为了基建需要，申请从看守所转20余名犯人来干活，其中就点名要石小顽。来后不久，石被安排搞基建，并负责拉料进货，督促其他犯人，俨然是一个自由人、小工头。

接着，石父又找到了已成为熟友的拘役所副所长江某，故作亲热，并试探着要为石小顽办理保外就医的事，江某起初倒还谨慎，给婉言回绝了。石父不死心，又运用金钱杠杆的力量进行活动。不久拘役所所长苏某在工作会上宣布：石父为拘役所先后出资一万余元搞装修，贡献很大，关于其子石小顽办保外就医的事，由分管业务的副所长江某负责审查办理。石父又买通某医院医生和化验员，为石小顽开出所谓肝功能不正常的化验单和病历证明。这些材料很快转到了两位所长手中，1995年3月20日，石小顽获准保外就医。

但石小顽在此次判刑之前，于1994年6月曾伙同他人在外抢劫作案，杀死一人，抢劫钱财36300元，当时案未发，石被捕后也未向公审机关交待，隐瞒了这一杀人罪行。

石小顽再次"保外"成功，越发肆无忌惮。3月24日出狱，4月份便开始预谋再次抢劫：买警服、警具、枪支等。6月4日连续在山东、福建等地多次冒充警察，持凶器拦截过往汽车，抢劫钱财，被福建公安机关捕获，由徐州警方押回。

石小顽再次入狱，先后更换了不同的羁押场所。石家就像耗子打洞似的，无孔不入，仅在区县等监狱，就先后通过各种渠道，传出串供信 50 余封，为石翻供保命，但是由于石小顽罪恶累累，且为累犯，一审被依法判处死刑。然而石父不甘心，要求上诉，案件移送到省高院。石家又利用上诉之机，投入大量人力、财力。

一年后，案子被省高院发回重审，而不是维持原判——死刑。这一下石父认为是金钱再显魔力，向人炫耀：孩子的头被金钱保住了。但在重审过程中，石小顽二次入狱前隐瞒的杀人罪行也暴露了，民愤极大。法院再次判他死刑，于 1998 年 9 月执行枪决。

可以设想，如果不是被隐瞒的杀人罪行暴露，石父的金钱魔力可能再次奏效，先保住头颅，然后又制造假病证明，再收买监狱干警，再次保外就医，再次出狱为非作歹……

这两个案例当然不能代表我们公安干警的多数。但也不是个别的。司法方面也有许多事情令人怀疑。《经济日报》1999 年 10 月 5 日刊登陈汉华的文章指出，据统计某市 1997 年判处经济犯罪分子 104 人，其中缓刑 65 人；有个基层法院判处 21 人，缓刑 19 人；1998 年判处 97 人，其中缓刑 63 人；有个基层法院判处 6 人，全部为缓刑。判处缓刑的经济犯罪案件 95% 是万元以上的大案。人们不禁要问：这样轻判，如何能遏制严重的犯罪？这里面是否有"钱权交易"的腐败现象，不得而知。像这类的判决，应由上级法院和人大及其常委审查重判。

我国刑法第 383 条（一）规定："个人贪污数额在十万元以上的，处十年以上有期徒刑或者无期徒刑，可以并处没收财产；情节特别严重的，处死刑，并处没收财产。"但是，我们注意到不少罪犯（多是大官）贪污数额超过百万、千万甚至超亿元，给国家造成巨大损失，属于情节特别严重，也没有什么立功表现，但没有判决死刑立即执行，最多只是判无期徒刑或死缓，而且没有罚款或只罚少量的钱。这使人怀疑司法是否公正？是否依法办事？

多年以来，我国广大司法执法人员为了社会安定伸张正义，对各种违法现象进行了英勇坚决的斗争，有的同志还为此献出了宝贵的生命，使人敬佩，但有的地方少数司法执法人员利用国家赋予的权力大搞"钱权交易"。包括云南省高级法院院长孙小虹在内的一批司法执法人员纷纷落入法网，说明中央正在抓这个问题，也说明司法腐败已达到相当严重的程度，已经曝光的可能只是露出水面的巨大冰山的一角。石小顽等人以金钱开路逃脱法律的制裁的事例可能是少数的，但却败坏了社会风气，使多数坏人壮了胆，放手干坏事，也使广大群众寒了心，不敢举报。

据最高人民检察院统计，近十年来立案侦察的案件，有80％以上的线索是来自群众的举报，广大群众为反贪污犯罪立下了卓著功勋。被举报犯罪的多是有权有势的大官、大款大腕或者是横行乡里威震一方打手成群的恶霸地头蛇，群众敢于举报已经是冒着极大的甚至生命的危险。如果被举报者不能得到依法严惩，而是重罪轻判或者通过贿赂以减刑、保外就医等名义很快出狱，这会使广大群众产生极大的顾虑——怕打击报复，事实上，打击报复的事时有发生，如1993年8月浙江省黄岩市供电局职工代表、共产党员王桂生对该局局长兼党委书记潘祖言的贪污腐败现象进行检举，但王的7封检举信都落到潘的手中，王被黄岩市公安局传讯并被处以15天公安拘留，他和他的家人多次受到潘的打手殴打、侮辱和迫害。由于王坚持斗争，并掌握大量证据，再次投诉，引起包括省委书记李泽民在内的领导重视，对潘的罪行调查，王举报的内容基本属实，有的罪行比举报的还严重。1997年5月，潘被免职，但只是易地做官，两个月后又担任台州市电力公司副总经理，局长待遇没变。群众怒火又被激发，1998 年 3 月起，《人民日报》、中央电视台《焦点访谈》、《工人日报》等先后报导潘易地做官的事件，国家电力局也派出工作组开始调查潘的问题，调查证实，潘利用职权，对举报人王桂生打击报复，和经济上违法违纪等巨大问题，已触犯刑律。1999 年 4 月 15 日，潘被判贪污罪、受贿罪两罪并罚，刑期 9 年。就在潘被宣判的当天晚上，王桂生就接到恐吓电话："潘老大判了 9 年，最多坐四年半，四年半后就是你王桂生的死期。"经过 6 年的艰难举报，王已心力交瘁。然而使人迷惑不解的是：为什么 7 封检举信都落入潘的手中？为什么潘能动用市公安局的力量对王加以迫害？潘被判刑 9 年，为什么恐吓王的人敢说："潘老大最多坐四年半，"是不是在公安部门有什么后台？

另一个案例也是发生在浙江省。1998 年 2 月 15 日沈柏虎向杭州市林水局水政处举报说，"政府以每米 1.3 万元的高标准建设的钱塘江海塘，竟被两个个体承包单位偷工减料——将烂泥灌注到沉箱底部，上面再用一点混凝土作掩盖"。这时，海塘沉井口尚处于裸露状态，有没有灌入烂泥一查便知，但没有人过问。沈久等不见答复而《杭州日报》却刊登海塘为合格标准工程。沈为对国家负责，先后找市林水局纪委、杭州下沙江堤管理所、省水利厅海塘管理办等单位反映，并表示愿出 10 万元作担保，如果情况不实，愿出钱赔偿并接受法律处分，但上述单位的官员先后对他说："你举报的问题，我们已验收二次都合格的，你为什么说有问题？""你只管告好了……我不会让你好看的。""你自己放聪明点，对你没有好处的。"下沙江堤管理所所长赵木水、个体包工头芦宝兴，多次威胁说沈柏虎再要告的话就是走死路，要开车撞死沈，大不了是个交通事故，赔些钱了事。……

沈受到生命威胁，走投无路，1998 年 8 月 28 日向在杭新闻单位求救。记者经半个月调查，终于陆续抓到了一些证据，沉井不合格率为46%。后经钻井实测，实际不合格率为100%！绝对是"豆腐渣"工程！

这个案件虽然已经得到处理，但有许多问题令人深思：当沈开始举报时，海塘沉井口尚处于裸露状态，有没有灌入烂泥一查便知，为什么有关领导不去查看？为什么后来还把这豆腐渣工程说成是合格标准工程并登报宣扬？是不是有关部门收受了包工头的贿赂？钱塘江堤工程是关系到杭州以至浙江省人民的生命财产安全的大事，这件事情当时闹得沸沸扬扬，为什么包括市林水局纪委在内的省、市政法部门不加过问？（以上两案例据《中国青年》杂志1999年第19期）

2000年8月23日《中国青年报》发表了张平（著名电影《生死抉择》就是根据所创作的小说《抉择》改编的）写的《与邪恶的殊死较量》一文。文章记述了一位纪检干部对作者讲的一番话："光这几年我亲手送进监狱的就有2000多人，但现在他们都出来了。有些人的官比我还大，他们现在通过白道黑道整我，我现在把什么都跟你说了，万一出了什么事……我就豁出去了！"说的多么悲壮，也反映了我们司法执法方面存在的问题多么严重。

我国对贪污腐败官员的查处概率还是比较低的。中国科学院国情研究中心主任胡鞍钢指出，1993年至1998年，每100名受党纪政纪处分的干部只有42.7人被立案侦查，最后被判刑的只有6.6人。这意味着，100个人贪污受贿，只有6.6%的概率被绳之以法，腐败的收益远远高于风险（《南方周末》2001年3月22日）。即使进了监狱，只要有钱，也可以很快以保释、假释或保外就医名义出狱。这就使坏人壮胆，放手干坏事，也使群众寒心，不敢举报，举报率低造成破案率低，破案率低使坏人更加壮胆，……如此恶性循环，就是有些罪犯敢于一犯再犯，以及贪污腐败愈演愈烈，犯罪率不断上升的一个重要因素。

　　解决这一问题的基本方法是上级法院，人大及其常委，党政纪委监委深入追查，对犯罪嫌疑人，特别是知法犯法的司法执法人员依法严加惩处。同时广泛发动群众举报和舆论监督，使司法执法腐败无藏身之地。还要研究和堵塞有关司法法律法规条例以及各种机制的漏洞，以防患于未然，把犯罪消灭在萌芽状态。

（本文曾在《同舟共进》2000 年第 10 期发表，

收入本书时曾删改补充）

香港的肃贪与廉政公署

1841 年香港被英国占领后，就成为著名的鸦片毒品加工与转销中心。大批的鸦片加工和贸易，一直由港英政府专利经营，其中有关官员贪污受贿，可以说是尽人皆知。

当时港英政府主要侧重于强化对华人的镇压，巩固其殖民统治，对各部门的贪污罪行，则很少防范，惩治不力。到香港任官职和担任警察职务的大都是品行不端的英印官兵和水手，他们品质恶劣，为非作歹，鱼肉百姓，腐败不堪。而一般市民长期处于被压制的地位，不仅无缘参政或监督政府，连官民沟通的渠道也很少。市民不得不和官府打交道时（如申请牌照、证件，或投诉、打官司等），许多人又因不懂英语而要找中间人，不得不"走后门"，或给钱，或送礼。香港人多地少，竞争激烈，就业困难，为找房子和求职又只好向有关人员行贿。为寻求保护，一些商家、店铺、摊贩也不得不向警察"上贡"。

警察部门由于掌握极大的权力，历史上就是最大的贪污根源。香港的黄、毒、赌三类，全赖有警察保护才得以存在和发展。据 1972 年施应元教士向港督提交的调查报告称：赌博、贩毒大档，每天要向警方派片（即行贿）数千元，三四支烟枪的鸦片档也得交数百元。妓寨、女子理发、浴池、咖啡座、酒吧、通宵麻雀（麻将）馆也得派出一百元至数百元。甚至猪肉档、鱼肉档也得每星期向警察奉献上百元。汽车司机应考，考牌官每客要2000元，一名警方人员曾在其考牌职位上，三个月内收入达数十万元，等等。贪污所得，即由贪污集团按级别高低和"功劳"大小分赃。曾于1954—1973年担任皇家警察队警司的韩德（Ernest Hunt）因此财源滚滚，据估计十几年他一人至少贪污600万港元。这种现象不仅存在于警察队，而且"其他部门，如公务司署、市政事务署、缉私处等，也同样存在。"据《香港廉政》一书估计，"60年代末至70年代初，警察部门每年从黄、赌、毒场所获得的贪污赂金可达10亿港元，这使盈利甚丰的香港汇丰银行也相形见绌，自叹不如。"

香港官员警察腐败，由来已久。早期港英公职人员素质低劣，认为到香港这块殖民地来敛财自肥是当然的事。港英政府为了维护自己形象，巩固其统治，也曾采取过一些肃贪措施。1898年首次制定《轻微罪行惩治条例》、1948年颁布《防止贪污条例》、1971年又颁布《防止贿赂条例》，但仍屡禁不止，贪污越演越烈。其根本原因就在于，长期以来，肃贪机构都由本身是贪污根源的警察部门来领导，靠贼抓贼，毫无作用。早在1968年，有识之士就建议，另起炉灶，建立独立的反贪机构，但警务处长薛畿辅（C. Satolitt）坚决反对，还威胁说，这是对警方不信任，将使警察队士气低落，"会危及本港的和平秩序与安定。"1971年港督只好接受其要求，反贪工作仍由警方负责。

但时隔不久，香港发生一宗震动全港的警察贪污大案：1973年4月总警司、九龙区副总指挥葛柏（Peter Godber）汇巨款到海外被告发查获，并进一步发现葛柏私产多达437万港元，约为他过去20年薪俸总额的6倍。港英政府律政司于6月4日向葛柏发出通知，限他于一周内对巨款来源作出满意的解释。但葛于6月8日乘飞机返回英国，逍遥法外。后又进一步查明，警方没有及时对葛进行监视或将其护照暂时扣留，负有不可推卸的责任。群情哗然，纷纷要求将葛柏捉拿归案。根据香港1971年《防止贿赂条例》第10条规定，公职人员"所支配之财富或财产与其现在或过去薪俸不相称者"、"除非能向法庭作出圆满之解释……否则即属违法。"但英国法律认为，香港的法律不适用于英国。英国法律规定，引渡罪犯必须提出能证明其罪行的证据，因此英国政府认定缺乏引渡葛柏的法律根据，港督麦理浩一面迫于舆论的巨大压力，一面又束手无策，更深感建立独立于警察队的反贪机构的必要。1974年香港政府制定《香港总督特派廉政专员公署条例》，廉政专员公署（Independent Commission Against Corruption，简称 ICAC）成立。

廉政专员公署（简称廉政公署或廉署）的首长为廉政专员，直接受港督管辖，不属于公务员系列。不受其他任何人指挥与管辖。廉政专员的主要职责是：（1）调查一切公职人员的贪污行为；（2）调查政府部门及公共机构的工作程序，以减少贪污机会；（3）引导市民认识贪污的祸害，动员市民支持反贪工作。以上三者可称"三管齐下"。与这些职责相对应，廉政专员之下设立执行处、防止贪污处和社区关系处。其中以执行处任务最重，人数最多。1991年为794人。各级职员由廉署自行招募，薪酬与同职级的公务员相当，另有职位津贴和住房津贴。这种较优厚的待遇具有养廉的作用，并吸引大批人前来应募，使廉署得以严格挑选。已录用的人员若不称职，廉政专员有权将其解雇，无需陈述理由。

廉政公署不但有充足的经费，而且享有查处贪污案件的广泛权力。根据有关法律，廉署人员有权力要求任何人士提供任何资料；进入任何政府楼宇，要求任何政府雇员回答任何问题；有权查阅任何有关账目，有权冻结涉嫌者的旅行证件；有权拘捕涉嫌者，并在必要时合理使用武力，等等。上述各种权力，使廉署得以放手开展反贪活动。

为顺应市民的强烈要求，廉署一成立，就抓紧调查葛柏的罪证，并从在押的警察犯人中找到知情人，终于向法院提供足够的证据。1975 年 4 月，廉署人员赴英国将葛柏押回香港受审，绳之以法。廉署旗开得胜，大大提高了威信，市民积极支持肃贪行为。1974—1976 年三年内，举报总数达 8801 宗，这从另一方面也说明贪污活动仍十分猖狂。

廉署执行处接到举报后即加以分析，凡决定受理的举报，均安排人力调查取证，情节严重的，经港府律政司同意后，由廉署向法庭起诉。被起诉的公职人员分布在政府各部门，其中警务处的人数最多，尤其大案要案，多数是警察贪污案，案犯从警司到警长，有的贪污团伙人数超过百人。

贪污势力不愿改邪归正，企图疯狂挣扎。1977 年，有两名被拘留审查的警察畏罪自杀。警察队中的贪污势力即散布敌视廉署的情绪，煽动闹事。10 月 28 日约 2000 名警察上街游行，要求削减廉署权力。同时有 100 人左右，冲入廉署执行处捣毁室内设施，并殴伤多人。此后数天内警察继续骚动，发生哗变现象。11 月 5 日港督表示让步，宣布对 1977 年 1 月 1 日以前的贪污案件，除已发出拘捕令及情节特别恶劣的以外，予以特赦。不料有些警察得寸进尺，要求全部特赦，甚至要求解散廉署。如果接受这一要求，就等于全盘否定廉署的肃贪工作，香港又将恢复遍地贪污现象，廉署工作人员及市民信心动摇。港督麦理浩此时再无退路，于是利用他的紧急立法权，一面调集军队，防止发生大规模警察叛乱，一面召开立法局紧急会议，以闪电般的速度在半小时内通过了《警务条例》修正案，规定任何警官均不得拒绝执行命令，否则立即开除，不得上诉。这一果断措施立刻对闹事的警察发生威慑作用，一场风波至此遂告平息，市民的信心恢复，举报数目逐步增加。

廉政公署的第二个职责就是由防止贪污处担任的完善制度，堵塞漏洞，以消除可能导致贪污的机会。该处着重调查研究，从已发生的案件中找出漏洞；从出售官地的具体程序，到换领驾驶执照的手续等大小问题等等均在审查范围之内。他们根据研究的结果提出改善工作制度以堵塞漏洞的建议，90％以上都能在1年内落实。

廉政公署的第三个职责是由社区关系处担任的动员群众消灭贪污。其工作方式一是借助大众传播媒介如广播、电视等播放肃贪的有关节目；二是直接向市民宣传讲解有关反贪的法律知识，鼓励市民举报。另在8个地区设立办事处，为市民提供防贪教育服务，并接受举报。

香港现有学生120多万，约占总人口的1/5，因此廉署社区关系处很重视对学生进行肃贪教育。他们编印多种系列图画书、系列教材，供中小学生阅读，使青少年从小就养成诚实的道德品格。他们还帮助大专学校学生举行各种研讨会，在各社区为公职人员举办讲座，宣讲有关这方面的法律知识，对防止贪污也起到很大的作用。

廉政公署位高权重，但也受到严格的监督，香港设立了特别委员会和专门的机构，接受和处理市民投诉廉政公署事宜，如其职员违法，即受到严惩。这些措施，保证廉署成为"廉之又廉"的机构。

廉署成立以来，取得相当大的成绩，政府各部门包括警察队的贪污案件锐减，一次民意调查，只有7％的被访问者仍认为大部分政府部门仍有贪污存在。市民对廉署的信任也有所提高。具名举报的比例由 1974 年的 35％增至 1986 年的 65％。

香港回归以后，廉政公署继续发挥巨大的积极作用。现有职员 1300 多名，"破案如神"，所检控的案件的判罪率高达 70％以上，这是世界上都罕见的，因此被称为香港最精干最快速的"廉政风暴部队"，使贪污分子闻风丧胆，被国际社会公认为最有效的反贪机构。

据国际调查，全球最廉洁的国家和地区，近年俱以北欧诸国如丹麦、瑞典、挪威等居首位，新西兰紧追其后，香港也被认为是全球最廉洁的城市之一。在亚洲地区，新加坡和香港的廉政程度排名前二位。香港特首董建华说："香港以廉洁的公务员队伍和公平竞争的营商环境称誉海外，廉政公署实在居功至伟。"

北欧诸国，新加坡和香港都实行市场经济，而且是资本主义市场经济，而他们的廉洁程度位居世界前列，香港自廉政公署建立后，由腐败严重到逐渐减弱，这说明主要是机制问题，而不是是否实行市场经济问题，有些人把中国目前腐败现象愈演愈烈，归咎于实行了市场经济，这是不符合事实的。

另外，廉政公署的一些经验，如只对特首一人负责，享有高度权力，也受到严格的监督；除执行处负责调查执行之外，还本着"防范胜于执行"的原则，设立防止贪污处和社区关系处，三管齐下，这些经验都是值得内地借鉴的。

（本文曾在《21 世纪》1997 年第 3 期发表，在收入本书时，
又根据香港回归后的新资料，作了若干补充）

请先从质询权开始

——在保持安定团结的前提下发扬民主的一个措施

最近，党和国家领导人多次发表谈话指出，不搞政治体制改革，就会阻碍生产力的发展，只从经济方面进行改革，有些事情就办不通，必须同政治体制改革一起来才好办事。这是我国多年经验教训的总结，也是广大人民的迫切的共同要求。

政治体制的改革，涉及范围很广，千头万绪，应该进行大量调查研究，有比较充分的准备，在保持安定团结的前提下有领导、有步骤地进行。我认为，目前应首先从切实贯彻执行宪法对全国人民代表大会、人大常委会以及地方各级人民代表大会、人大常委会的职权的规定着手。例如，宪法中有关人大代表的质询权的规定就应认真贯彻执行。

宪法第二条规定，"人民行使国家权力的机关是全国人民代表大会和地方各级人民代表大会。"

宪法第三条规定，"国家行政机关、审判机关、检察机关都由人民代表大会产生，对它负责，受它监督。"

人民代表大会对行政机关、审判机关、检察机关的监督有多种途径和形式，而行使质询权就是其中十分重要的一种。因此，宪法第七十三条规定，"全国人民代表大会代表在全国人民代表大会开会期间，全国人民代表大会常务委员会组成人员在常务委员会开会期间，有权依照法律规定的程序提出对国务院或者国务院各部、各委员会的质询案，受质询的机关必须负责答复"。

在各级人民代表大会上，人民代表对政府及政府各机关、人民法院、人民检察院的工作报告进行审议，和对这些机关的工作提出质询，都是人民代表对这些机关进行监督的形式。都是必要的。但质询和审议工作报告相比，有两点显著不同，其一是专一性（针对性），其二是直接性。

人民代表可以按照法律程序针对某一机关某些问题（这些问题可以包括政策与法令执行的情况、完成任务的情况、工作效率、机构设置、人事安排，以至于这些机关工作人员可能存在的不正之风、以权谋私以及人民群众迫切关心的问题等）进行直接的质询。质询者和被质询者双方都是为了把社会主义事业搞好，共同对人民负责，基本立场是一致的，目标是相同的。因而双方的态度都应该是与人为善的。这是我国的质询制度和资本主义国家的不同党派之间在议会上互相倾轧、互相拆台的质询根本不同之处。但由于质询者和被质询者从不同的角度出发对同一问题可能有不同意见，不同认识，这是自然的。被质询的一方应该如实地答复人民代表提出的问题，既不回避成绩，也不隐瞒缺点。如果人民代表提出的批评是正确的，就应虚心接受改正。若所提意见有某些不够全面，或者有误解，也可当面申辩和解释，以消除隔阂。有些问题能解决的，就当场解决；有些问题暂时有困难，也可说明，取得人民代表的谅解，或者共同研究，找出克服困难，解决问题的方法。人民代表对政府各机关的答复可以发表意见，可以展开激烈的争辩，严重的甚至可以依法提出对该机关负责人弹劾罢免的要求。或者按照宪法第七十一条的规定，可以要求组织关于特定问题的调查委员会，根据调查委员会的报告，再作出相应的决议。人民代表提出质询的结果，还应以适当的方式向选民汇报。

这种面对面就某一机关、某一问题进行质询和讨论的方式，使人民代表行使监督权法律化和制度化，而不至像过去搞"运动"那样时松时紧，时宽时严，产生许多弊端。

人民是国家的主人，有权了解国家大事，了解政府各机关工作的情况，只有这样才能谈得上参加对国家大事的管理。但是，事物是复杂的，事情的发展也会有一个过程，在人民代表开始提出质询时，有的只是提出疑问，有的真相未查明，有的可能属于国家机密。因此，在质询过程中，有的问题可暂时不必公开，在查明真相，作出相应结论后，才将不属于国家机密（只限于按法律规定的国家机密）的事情以适当的方式向人民群众公布。或按法律规定，某些问题可以请媒体记者参加。某些不可以，或暂时不可以。在中国目前的情况下，这种在一定时间一定范围内保密的做法有利于质询的正常进行。

在人民代表行使自己的质询权时，每位代表可以根据自己所代表的选民的意见和自己了解到的情况和问题提出质询，这对于沟通各民主党派、人民群众和政府之间的关系，具有重大作用。

过去所谓"四大"（大鸣、大放、大辩论、大字报）被取消了，这完全是应该的。因为这种方式无助于维护安定团结的政治局面，不易做到实事求是，而易于为某些诽谤者提供方便。但是，人民群众对国家大事，应该有发表自己意见的权利。人民群众在自己遭受到非法的、不公正的待遇时，有申诉的权利。人民群众对政府各机关各部门有监督的权利。而通过自己选出的代表，在人民代表大会上行使质询权，正是行使这些权利的一种好的形式。这种形式是根据宪法和有关法律规定，在有组织有领导的情况下进行的，可以比较容易地做到实事求是，不会影响而且会有利于保证社会的安定团结。可以预期，如果各级人民代表的质询权能有效地运用，而且能解决实际问题，各种申诉、上访、写匿名信等等不正常的现象就会大大减少。

另一方面，人民代表质询权的存在这个事实本身就可促使政府各机关的工作人员遵法守纪，兢兢业业，为人民服务。那些企图搞不正之风或以权谋私的人也会因此而有所顾忌，有所收敛。即便发生了这类现象，也比较容易被揭露。对于广大人民群众来说，由于自己向人民代表反映的问题能够在人民代表大会上被正式提出来，并且能起到应有的作用，这将会进一步增强人民群众的主人翁的感觉，激发起更高的热情，更努力地把社会主义建设事业搞好。同时，通过质询，政府和人民群众之间的一些矛盾得以及时消除、化解、减少以及避免激化的可能性，把问题解决在萌芽状态，有利于社会安定团结。

人民代表大会和人民代表大会常务委员会是按制度规定定期召开的。如果各级人大、人大常委能认真行使质询权，就可以使人民通过人民代表对各级政府的监督经常化、制度化。民主党派人士和无党派民主人士的代表和共产党员的代表一样，都可以对担任政府各机关领导人的共产党员、各民主党派成员、无党派民主人士提出质询。这是贯彻共产党和各民主党派、无党派民主人士长期共存、互相监督的重要形式。对代表来说，只要求在大的方针政策方面和中央保持一致，不是要求和某一地区、某一部门的党组织领导人的观点和所作所为完全一致。作为人民代表，应出以公心，在人民代表大会上充分发表各种不同意见，对政府工作提出各种批评建议，提出质询。这正是对党负责、对人民负责的表现。党组织应加以鼓励。

为了保证人民代表大会能充分行使自己的监督权利，人大、人大常委所属的各种委员会应该大大充实和加强，分别对各有关的部门的工作进行调查研究，提出意见。人民代表应同原选举单位和选民保持密切联系；听取和反映人民的意见和要求。这样，在提出质询，进行监督时才能提出关键问题，言之有据。

人民代表的以上权利，必须依照法律切实予以保障。这样有利于人民代表在行使监督权时消除顾虑，直言质询，据理力争。另一方面，人民代表也受人民的监督，如果某一代表有负人民的委托，不能正确地反映选民的意见和要求，或有其他与法律规定的人民代表身份不相称的行为，原选举单位和选民可以依法随时予以撤换。为使宪法规定的人民代表的质询权得以认真实施，具有明确的可操作性，建议为质询权立法。

十一届三中全会以来，全国人大、人大常委和地方各级人大、人大常委，发扬民主，进行了大量工作，特别是在立法方面，成绩卓著，有目共睹。但是，毋庸讳言，在运用监督权特别是质询权方面，有的地方做得很不够，现在的问题不过是要求按照宪法的规定，认真贯彻执行罢了。所以，严格说来，这并不能算是政治体制的改革，而只是认识和决心的问题，执行的问题。因而应该是比较容易做到的。从某种意义上说这也可以算是政治体制改革的前奏曲，但这是必要的前奏曲，这个前奏曲奏好了，可以促使我国的政治生活更加活跃，民主空气大大加强。

同样的原则应该也适用于党代表大会。

（此文原载《时代》1987年第2期）

从被告辩护权谈起

我国宪法第四十一条规定：人民法院审判案件，被告人有权获得辩护。刑事诉讼法第二十六条对此作了具体规定：被告人除自己行使辩护权以外，还可以委托下列的人辩护：（一）律师；（二）人民团体或者被告人所在单位推荐的，或者经人民法院许可的公民；（三）被告人的近亲属、监护人。

在刑事诉讼法公布后不久，在学习的时候，曾经有人对这一条提出过怀疑。他们认为，一个案件，检察院在决定提出公诉之前，就已经经过公安机关详细侦查（调查研究），又经过检察院审查，确认案情已经很清楚，证据已经很充分，这才决定提出公诉，为什么还要允许被告辩护呢？

提出这个问题是很有意思的。这要联系唯物辩证法、马克思主义的认识论来理解。

唯物辩证法认为，任何事物都是一分为二的，既有正面，又有反面。因此，人们要对客观事物取得正确、全面的认识，必须既要认识正面，又要认识反面。客观事物又是非常复杂的（刑事诉讼案件尤其是如此）。事物矛盾的双方，又各有许多侧面，任何人都只能站在一定的立场，从自己的角度去了解事物的某一个或某几个侧面。任何人都可能有一定的主观片面性。有的问题，即使经过一个单位集体讨论，也还可能会有不足之处。因此，刑事诉讼法规定，公检法三机关进行刑事诉讼时，在分工负责，互相配合的同时，又要互相制约，这是十分必要的。这样，在处理案件时，即使某一环节发生差错，也可以及时发现，及时纠正，而不是有错大家错，一错到底。

但是，在刑事诉讼中，公安机关和检察院都只是作为矛盾的一方，即控诉的一方。一般来说，他们从维护社会秩序，要求惩治罪犯方面考虑问题比较多（这是必要的），而对被告情况可能考虑不够；有时还可能被某种假象所蒙蔽，判断中也可能包含某些主观臆断成分，个别的还可能有徇私枉法的情况。而被告人和辩护律师，则是矛盾对立的另一方。被告人是当事人。他们从被告人的立场和利益出发，往往能够敏感地抓住对方的弱点加以反驳，提出自己无罪或罪轻的证据和理由。这对于审判人员全面、客观地了解案情，是很有必要的。即使被告的罪证是确凿的，罪名是能够成立的。但是辩护律师还可以根据被告的情况如犯罪动机、年龄、身体、认罪态度等，提出要求减、免刑事处分。这些，有时也可能是控诉一方注意不够的。通过这样正反两方面的反复辩论，通过分析两者的矛盾，法院就可以进一步分清黑白，明辨是非，依法作出公正合理的判决。

为了使被告人的辩护权获得充分的保证，刑事诉讼法还作出了许多具体规定。例如第二十七条规定：公诉人出庭公诉的案件，被告人由于聋、哑或者未成年人，或其他原因没有委托辩护人的，人民法院可以为他指定辩护人。第二十九条规定：辩护律师（或其他辩护人经过法院许可后）可以查阅本案材料，了解案情，可以同在押的被告人会见和通信。另外，辩护人还有权要求法院传唤证人、鉴定人和调取新证据，有权在法庭上向被告人、证人、鉴定人问话以及与控诉人进行辩论，等等。

当然，辩护律师只是维护被告人的合法权益。辩护时要遵守法律，不得歪曲、捏造事实。被告人可以为自己辩护、申诉，但最后必须服从法院的判决。在确凿的罪证面前，任何罪犯都难逃法网。

实践证明，刑事诉讼法规定的辩护原则与辩论原则是非常必要的，这是我国法制史上的一项重大改革。在中国古代封建社会，被告是没有辩护权的，"未见官先打三十板"，如不按刑讯官的意图招供，就靠动刑逼供。三木之下，何求不得？就这样，千百年来，多少窦娥含冤而死。在资本主义社会，虽然形式上也规定被告可以辩护，还可以请律师辩护。但是，"法院衙门八字开，有理无钱莫进来"。实际上，广大劳动人民请不起律师，不能充分行使自己的辩护权，还是受资本家、官僚、地主的欺凌，有冤无处诉。在"十年动乱"期间，林彪、"四人帮"一伙，为了达到篡党夺权的目的，其中一个最重要的手段就是破坏社会主义民主和法律，把被告辩护原则说成是"资产阶级的旧法观点"，恣意摧残。他们一伙私设公堂，秘密审讯，根本不容许"被告"为自己作任何申辩。他们所以这样做，是因为他们是一伙封建法西斯分子，手中没有真理，害怕群众，所以才采取这种卑劣的手段。

粉碎"四人帮"以后，党中央拨乱反正，加强社会主义民主和法制的建设，制订了许多重要的法典。刑事诉讼法明确地规定被告有充分的辩护权。对于过去因刑讯逼供或偏听一面之词造成的大量冤假错案，也允许被告申诉，法院实事求是地加以改正和平反。这些措施获得了广大群众的热烈拥护。

历史证明，允许不允许被告有充分的辩护权，是一个国家是否有健全的民主和法制的重要标志。

为了要正确地了解客观事物的全面情况，一般地谈论重视调查研究是不够的，还必须注意听取反面的意见，否则就容易陷入主观片面性，不可能做到实事求是，就会犯错误。这个辩证认识规律带有普遍的意义。刑事诉讼的判决，只是关系一个或几个人命运的问题，尚且要如此，对于有关千百万人民群众命运的重大政治、经济问题的决策就更应该十分慎重了。比如，对于一项重大的建设项目的决策，应该请有关方面的专家、干部提出各种不同的以致互相反对的方案、计划、设想，经过反复辩论、比较、分析，然后才能选择出最优方案；或者综合各家之长，形成新的最优方案。实践证明，凡是能按照这个原则进行的，我们的建设就比较顺利；反之，如果只听一面之词，没有不同的方案对比，仅凭少数人主观拍板定案，那就一定会造成失误，被迫中途下马或改建，给国家造成无可估量的重大损失。因此，法律上应该作出相应的规定，并参照刑事诉讼中公检法三机关互相配合又互相制约的原则，使权力制约权力，从制度上保证类似事件不再发生。

在学术领域，必须坚持百家争鸣的方针。只有允许不同的观点开展平等的辩论，才能促进学术的繁荣和发展。坚持百家争鸣的方针关键在于允许批评，也允许反批评。在刑事诉讼中，如果不允许被告辩护，偏听一面之词，就一定会出冤假错案，同样，如果在学术领域，只准发表一派的意见，一家垄断，也就不可能认识真理和发展真理。

彻底的唯物论者是无所畏惧的，真理是愈辩愈明的，对此我们应有充分的信心。

（本文曾在《法学研究》1979 年第 4 期发表）

国际问题篇

为什么日本军国主义阴魂不散？

世界反法西斯战争胜利已经 50 周年了，而日本军国主义始终阴魂不散，他们不但对过去的罪行不肯反省认罪，反而演出一幕幕歪曲和美化那部血淋淋的侵略史的闹剧。全世界爱好和平的人民对此无不忧心忡忡。

为什么日本军国主义如此猖獗？本文试从政治、经济、社会几方面作一些分析。

一

第二次世界大战，日本战败。1945 年 8 月 15 日，日本天皇宣告接受《波茨坦公告》，无条件投降，这本来应该是一个转机，改变它的国策，但是由于美国奉行的反共政策，使日本的军国主义残余势力得以保存下来，成为今天的祸根。

根据《波茨坦公告》，应由盟国对日本实行共同军事占领，但随着二次大战将近结束，美苏对立加剧，美国决定单独占领日本。美国总统杜鲁门表示："坚持对日本和太平洋的完全的控制。"并任命美太平洋陆军总司令麦克阿瑟为盟国驻日占领军的最高司令官。美国军队于 8 月 28 日起迅速进驻日本本土，除千岛群岛由苏联军队接受日军投降外，全部日本本土均由美军占领并接受日军投降。这样，虽然仍打着"盟国"的旗号，实际上是美国单独占领，一切由美国把持。

为了减少美军进驻日本所遭受的抵抗，美国当局决定保留天皇制度。美国在 1945 年 8 月 12 日对日的广播中说："从投降时刻起，日皇和日本政府统治国家的权力即须听从盟军最高统帅之命令⋯⋯"听到广播后，8 月 14 日，日本以天皇名义向全国人民发出"诏书"表示接受《波茨坦公告》，还说"当初开战是为了自存与东亚的安定"。这就为日后军国主义势力否认对中国及亚洲各国的侵略定下了基调。

在美军占领日本的 6 年期间，特别是初期，在日本的非军事化方面，对政治、经济、文化教育的民主改革方面，采取很多重大措施。例如日本裕仁天皇发表《人间宣言》，宣布自己是人而不是神，自我否定了天皇的神权；1946 年 11 月 3 日公布新宪法，建立了较为完善的议会制度；新宪法还规定日本永远放弃战争等等，这些都有积极意义。但是，由于美国占领日本总的指导方针是"确保美国利益，服从美国全球战略的需要"，所以当国际形势发生重大变化，特别是美苏"冷战"开始和中国革命取得胜利后，美国就根据自己全球的战略需要而调整对日方针，将原定"清除日本对美国威胁"的主要目标转变为使日本成为美国推行冷战的军事基地和"反共堡垒"。1948 年 1 月，美国陆军部长罗亚尔发表讲演，声称要使日本成为"经济上自主"的"远东反共堡垒"，首次公开表明美国对日政策的改变。对日本的经济也由打击、削弱变为扶植。1949 年，美国放弃了原来相当苛刻的战争赔偿计划，并以"占领地区救济基金"和"复兴基金"等名义，向日本提供总额为 23 亿美元的贷款和援助，这在当时是一笔巨款。美国还向日本提供大量粮食、原油、煤炭等物资，并实施所谓"道奇计划"，帮助日本抑制通货膨胀，稳定经济。1950年6月，朝鲜战争爆发后，美国力图使日本成为美国的"远东兵工厂"，向日本提出大量"特需"订货，要求日本向美国提供用于朝鲜战争的大量物资和"劳务"，为日本产品开拓了市场，因而从1950年到1953年间，日本获得约24.7亿美元的巨额外汇，促使日本经济恢复生机，到1955年，日本工矿业生产已比战前水平高出90%，农业生产也高于战前水平，为日本以后的经济腾飞打下了基础。

在非军事化方面，美国进行得最不彻底。美国虽然在占领日本后不到两个月内就解除了700多万日军武装，同时解散了日本大本营等各级军事机构，废除了《国防保安法》等军事法令，新宪法还规定日本应成为无军备的国家。但1950年朝鲜战争爆发后的第二个月，为使日本成为所谓"防御共产主义的防波堤"，美占领当局就指令日本政府建立一支拥有75000人的国家警察预备队，同时扩充海上保安厅，增加了8000人，这就拉开了日本重整军备的序幕。当时美国务院顾问杜勒斯还要求日本"重新武装"，只是由于国内外种种原因，日本政府有所顾虑，一时未敢实行。

二

在对待战犯方面，从1945年9月开始，陆续宣布逮捕战争罪犯及嫌疑犯，到年底共逮捕79人。远东国际法庭于1945年5月开始审判，1948年判决，仅对东条英机等7名甲级战犯判处死刑，其余均判有期或无期徒刑，但不久即分别以减刑、假释等名义释放。对数百名乙级、丙级战犯，也于四五十年代陆续释放。

1946 年开始进行政治整肃。战争期间的军国主义政党、社团组织的领导骨干、职业军官等军国主义分子被解除公职，1947 年扩大到地方官员和经济界头面人物。到 1948 年 3 月，被调查的对象为 717415 人，被整肃的对象为 201815 人，其中，职业军官 11 万人，经济界人物 1535 人。但由于美国对日方针的改变，到朝鲜战争爆发后的 1951 年下半年，整肃对象几乎全被解除整肃。美军对许多战犯都大力包庇，如对专门从事研究、制造、使用细菌武器屠杀中朝等国人民数以万计的日本 731 部队及其头子石井四郎等不予起诉，并加以保密，条件是 731 部队将其从事细菌战研究、制造和使用的全部资料档案交给美军。

这些血债累累的战争罪犯和军国主义分子在美国的卵翼下摇身一变，成了"无罪清白的人"，纷纷渗透到各条战线，继续为非作歹。由于他们本来就是日本的头面人物，关系多而广，所以有的很快就成为政治要人。如岸信介，曾任东条英机的内阁大臣，日本战败后作为甲级战犯嫌疑犯被捕，1948 年获释后便继续从事政治活动，1957 年便任内阁总理大臣，他疯狂地敌视新中国，亲美反共，积极主张修改新宪法，扩充军备；他还积极活动修改《警察职务法》，以复活战前的法西斯主义的《治安体制》；又如曾叫嚷"太平洋战争是为了解放殖民地，建立东亚共荣圈，不是侵略"的前法务大臣永野就是前日军大佐，战后摇身一变成为自卫队陆上幕僚长，1994 年又任内阁大臣。其他大量军国主义骨干分子释放后也纷纷互相勾结，兴风作浪，组成 1800 多个右翼团体，成员达 10 多万人，他们否认侵略战争，胡说战争是为了日本的"生存和自卫"，是"解放东亚"的"圣战"。他们美化战争头子，把东条英机等甲级战犯的亡灵请进靖国神社，包括一些内阁大臣在内的右翼分子每年都前去顶礼膜拜。

至于参加过侵略战争的日军官兵不但没有受惩罚，而且被政府优待。现有170多万老兵，去年每人便领到约一万美元的军人津贴，受伤残的老兵，每人每年津贴高达3.4万美元。还有二百多万在侵略战争中死亡的军人家属遗族，也受到政府优待。日本政府先后抚恤战死者遗族的金额竟高达800多亿美元，这笔巨款约相当于日本对外战争赔款的57倍！这批军人遗族有强大的社会势力，遗族会的会长桥本龙太郎是现任村山内阁的通产相，并预计可能任自民党总裁，问鼎内阁总理大臣宝座。他带头参拜靖国神社，否认战争的侵略性质，是老兵和遗族的得力靠山和代言人。这些老兵和遗族除一些有良心的人表示忏悔以外，大都认为，如果承认过去战争的侵略性质，那就是给自己的"光荣"历史抹黑，就是亵渎自己亡父亡兄的"英灵"，更直接影响自己目前有利可图的社会地位，所以他们极力否认战争的侵略性质。

在文化教育方面，战后日本虽然禁止宣传军国主义，但在右翼势力的影响和操纵下，这种规定很难得到彻底执行。相反，为了使军国主义的"侵略史观"后继有人，从1948年开始，日本政府文部省就多次篡改教科书，歪曲历史，美化侵略。在文部省主持编写的教科书中，说到侵华战争时，不说"侵略"，而写"进入中国"。在宣传中，并以"无实证"为借口，否认南京大屠杀等罪行。有的人甚至胡说："南京大屠杀是中国人捏造出来的谎言。"在每年纪念广岛、长崎被原子弹轰炸事件时，只说日本是被害者，根本不提日本首先发动对中国、亚洲各国的残暴侵略、杀害数千万人的事实。许多日本学生对日本侵略罪行和那段历史一无所知。

现在，日本已成为世界第二经济大国，军事支出也逐年增加，1996年防务预算达500亿美元，加上军人退伍费，日本防务开支也高居世界第二位。随着经济、军事实力的增长，日本军国主义势力的侵略史观叫嚷也日益嚣张，这些严峻的事实不能不引起我们高度的警惕。

（此文与李英合作，原载 1995 年 9 月 22 日《工人日报》，《新华文摘》
1995 年第 10 期转载。此文获 1996 年中国国际新闻三等奖）

德国日本二战史观比较

德国和日本都是发动第二次世界大战的罪魁祸首,给人类带来巨大的灾难。但战后,两国的二战史观却有明显的差异,有许多问题值得研究和深思。

德国,脱胎换骨　日本,推脱否认

1945 年 5 月,苏联红军攻克柏林,希特勒自杀,德国投降,根据《波茨坦宣言》,苏、美、英、法四国对德国实行军事占领。虽然四国对如何塑造德国的未来有不同的想法,但在下列各点都是相同的:惩罚主要纳粹战犯、非军国主义化、非纳粹化、民主化等等。这些措施的认真执行,使纳粹的政治体制和社会基础受到毁灭性的打击,德国由此完成了政治体制上的脱胎换骨,过去长期受纳粹迫害的政党和政治家,在战后复出掌权。如德国共产党和德国社会民主党都是长期受纳粹迫害的政党,社民党的领导人舒马赫曾被纳粹关进集中营 12 年。战后该党成为联邦德国两大政党之一。制定联邦基本法的主持人,1949 年上台的联邦德国的第一任总理阿登纳(任期 14 年,1949—1963)和后来的社会民主党领袖勃兰特总理（任期5年，1969—1974）都曾因反纳粹受到纳粹迫害追捕。

而日本则是由美国单独占领的，战后初期，日本虽然被迫实行了政治改革，但美国保留了天皇体制。其后为了冷战的需要，美国企图使日本成为"防共堡垒"，对日本战犯的处理宽容得近乎荒谬，除东条英机等7名甲级战犯判死刑外，其他大批战犯陆续被释放。曾被整肃的20多万名日本军国主义分子也先后被解除整肃。他们本来就是头面人物，被释放和解除整肃后，又纷纷进入政治、经济、社会各个领域，兴风作浪，成为复活军国主义的骨干。如曾任东条内阁阁僚的甲级战犯岸信介和贺屋兴宣，战后就曾先后担任过首相和法相；曾任日本"皇军"大佐的永野茂门在战后成为自卫队陆上幕僚长，1994年又任内阁大臣。至于曾参加过侵略战争的老兵不但没有受到惩罚，而且备受优待，现有170多万老兵每年享受丰厚的津贴，受伤残者所得到的数目更为可观，日政府已先后给200多万名在侵略战争中死亡的军人家属遗族高达800多亿美元的巨额抚恤费，相当于对外侵略战争赔款的几十倍。这些老兵和遗属，除了一些有良心的人表示忏悔以外，许多人认为，如果承认过去战争的侵略性质，就是给自己的"光荣"历史抹黑，就是亵渎亡兄亡父的"英灵"，更直接影响自己目前有利可图的地位，所以他们极力否认过去战争的侵略性质。这些人员构成日本右翼势力的社会基础。

德国，忏悔道歉　日本，遮遮盖盖

德国不仅承认侵略的事实，承认战争罪责，而且认识到纳粹政权是导致战争和本民族灾难的根源。因此，他们认为，二战虽然以德国的战败而告终，但由此导致了纳粹政权的崩溃，则是对德国人民的"解放"。战后多数的德国政治家，特别是国家领导人，有政治远见和政治责任感，承认战争的罪行，并对被侵略国和被害民族表示真诚的悔罪。如勃兰特曾以联邦德国总理的身份在波兰的犹太受害者的纪念碑前下跪流泪。德国前总统魏茨泽克在 1985 年 5 月 8 日纪念二战结束 40 周年的讲话中指出："我们不可把 1945 年 5 月 8 日与 1933 年 1 月 30 日割裂开来"，因为后者是纳粹上台的日子，这是导致侵略战争的根源，他说："5 月 8 日则是解放日，它将我们从纳粹暴力统治的鄙弃人性的制度下解放出来。"1996 年，在现总统赫尔佐克的提议下，德国政府将每年的 1 月 27 日定为受纳粹迫害者的哀悼日。

在法律方面，联邦德国也有许多消除纳粹影响的规定，如《刑法》规定：煽动种族仇恨是可以定罪的行为；新纳粹组织被视为违宪，它所发的一切宣传品也即为非法；禁止展示纳粹的标记，包括卍字记号和希特勒式的行礼，等等。

当然，在联邦德国，也有反动的声音。如 1988 年联邦议院议长耶宁格在议会发言中，有美化战前纳粹统治之嫌，立即受到国内外舆论的抨击因而辞职。某些极右势力、新纳粹组织及其活动也都在联邦宪法保卫局的严密监控下，有的被宣布为非法组织而禁止活动。有的犯下排外罪行和否认纳粹大屠杀的人被判了刑。1992 年 11 月 23 日，新纳粹分子袭击了土耳其移民的家，3人被杀害，举国震惊，全国各地举行大规模的群众游行示威（其中慕尼黑 30 多万人、汉堡 40 多万人、法兰克福 20 多万人），抗议右翼分子的罪行。政府也采取了一系列决定性的措施，并取消了一些新纳粹组织。两德统一后，1994 年举行大选，极右的共和党只获 1.4％的选票（按：《联邦德国基本法》规定，得票 5％以上的政党，才能参加议会）。这些事实说明，德国现在仍有右翼、新纳粹组织在活动，在东部尤为猖獗，但已遭广大群众唾弃，不成为社会主流。

反观日本，就完全不同了。

日本对二战罪责始终采取回避甚至否认的态度。其二战史观始终没有触及核心的问题，即彻底揭露和谴责发动侵略战争的政治体制和统治集团。战后，日本历任首相多是以暧昧的词句推卸侵略战争的责任，只有细川护熙曾明确表示"这场战争是侵略战争"，为此他竟遭到国内政界、舆论界的谴责和强烈反对。80年代以来，包括在任首相在内的日本政要多次参拜包括东条英机等甲级战犯的亡灵在内的靖国神社。许多右翼分子大放厥词，把侵略中国和亚洲各国的战争说成是"圣战"，"为了建立东亚共荣圈"，"为了从白人手中解放殖民地"。他们否认南京大屠杀，否认731部队的细菌战罪行，反对向中国和亚洲人民谢罪。1998年1月，日本的主要执政党自民党居然将正式参拜靖国神社的内容列入该党1998年活动方针草案之中。此前，日本一些右翼分子甚至企图要来日访问的外国领导人也要参拜靖国神社，真是狂妄已极。

赔款：德国500多亿美元　日本11.1亿美元

对被害国和被害民族进行巨额的赔偿，是德国真诚认罪的具体表现。战后至1993年1月，德国已支付战争赔款904.93亿马克（约合五六百亿美元）。德国还承诺从1993年2月到2030年还支付赔偿费317.72亿马克。1996年12月德国政府又决定给纳粹受害者增加赔偿。最近德国和捷克同意建立双边基金，德出资约合7900万美元，捷出资约合1300万美元，用来资助曾受纳粹迫害的捷克人（估计现存约9000人，其中犹太人约2000人）。

反观日本，战后对被侵略国赔偿如下：韩国3亿美元，菲律宾 5.5 亿美元，印尼 2.23 亿美元，泰国 2670 万美元，新加坡 816 万美元，马来西亚 816 万美元。以上共赔款 11.1 亿多美元。这区区小数，还不到德国已支付的赔款的 1/50，更不及日本已支付给因参加侵略战争战死者遗属的抚恤金 800 多亿美元的 1/70。中国受害最深，但中国宽大地放弃了政府赔款要求，不过中国受害者可以自愿向日本索取战争赔偿。但所有提出赔偿要求的，都被日本政府拒绝。侵略期间日军曾使用毒气弹 1312 次，造成 36968 中国居民伤亡，其中死亡 2086 人。如今尚有数以百万计的日军遗留的毒气弹散于中国各地，金属壳腐蚀，毒气四泄；日军曾投掷鼠疫细菌弹的浙江、湖南等地的老鼠体内鼠疫病菌到现在仍呈阳性，表明上述地区鼠疫仍处活动期内，构成对我国人民生命、健康极大威胁。而当细菌战的幸存者和遗属去日本索赔，却遭到日本政府拒绝。战时日本强迫数以十万计的亚洲妇女充当日军慰安妇，现幸存者要求日本政府赔偿，也被拒绝。在占领香港期间，日军强迫港人以 4 港元换 1 元日军票，现有约 5 亿日军票在港人手中，日本政府拒绝赔偿。如此等等，不胜枚举。

两本书:《希特勒的心甘情愿的行刑者》《丑陋的日本人》

联邦德国前总理、社会民主党领袖施密特在纪念波兰奥斯维辛集中营解放的讲话中指出："年轻的德国人在遇到波兰同龄人时，他不必感到不自在，但是他必须知道当时德国人以德国名义干了些什么。要全体德国人民，特别是战后出生的一代德国人承担战争的罪责是不公平的。但他们必须承担政治上和道义上的责任：揭露并深刻反省这段历史，保证历史不会重演。"基于这种指导思想，德国政府对内采取各种措施：设立一系列专门机构、研究所和纪念场馆，帮助国民全面地、正确地认识二战历史。主要有路德维希堡的纳粹战犯追究中心、慕尼黑的现代研究所、波恩的联邦政治教育中心和 60 多个在原集中营旧址上改建的纪念馆。联邦教育中心及其在各州的分支机构举办了大量研讨会、报告会，出版了一系列书刊免费提供给观众。美国人写的把普通德国人都说成是《希特勒的心甘情愿的行刑者》一书迅速被翻成德文在德国出版发行。包括《辛德勒的名单》和《大屠杀》在内的揭露纳粹暴行的电影和电视，经常放映。

1995 年起，汉堡社会研究所举办的题为"毁灭性战争？——（纳粹）国防军在 1941—1945 年的罪行"展览已连续在德国 10 多个城市展出。

对开展历史教育特别是历史教科书的编写和审订，德国政府采取十分慎重的态度，他们与周边的被害国家建立了教科书双边委员会。1951 年成立的不伦瑞克国际教科书研究所经常组织德国与邻国讨论教科书的编写问题，并分别与法国、波兰、以色列等国达成了共识。德国大学生组团去以色列和以色列大学生在诚挚和坦率气氛中讨论纳粹屠杀犹太人等敏感问题。德国政府这方面的努力对在学校开展正确的二战史观教育和消除德国人与二战受害国受害民族之间的思想障碍起到十分积极的作用。当然，德国人民对二战史认识的提高有一个过程。在战后相当长的一段时期内，许多德国人忙于解决极端困难的生计问题，有的人对反省二战的侵略史抱消极甚至反感的态度。但 60 年代随着"经济奇迹"的出现，议会民主制度也逐渐成熟，加上有远见卓识的政治家采取许多措施进行引导教育，德国人对二战历史的认识也逐渐提高。据调查，1964 年只有 54％的德国人认为"纳粹国家是一个犯罪政权"，到 1979 年，持这个观点的已上升到 71％。

　　当勃兰特以联邦德国总理身份眼眶流着热泪跪倒在犹太人殉难纪念碑前时，全世界为之感动，人们都深信德国悔罪的诚意。1963年，德、法签署了友好条约，规定两国在重大外交问题决定以前要共同磋商，以求尽可能取得一致，共同研制军备，联合军事演习，后来还建立了法德联合旅。至此，百年以来，多次被德国入侵和占领的法国和世仇德国衷心地和解了。70年代起，联邦德国先后和苏联、波兰、捷克斯洛伐克等国家签订了和约。1990年7月，苏联同意联邦德国加入北约，当时苏联的领导人说："我相信西德已吸取了历史的教训，战后的岁月充分证明，（纳粹侵略）这样的事件再也不会在德国发生了。"

　　日本有的人也知道日本的侵略事实，但却认为承认这些事实就是"民族自虐"。而联邦德国的实践证明，勇敢地面对过去的黑暗史，并真诚地悔改，不但不会损害德意志民族的尊严，不是"民族自虐"，不会使德国丢面子，恰恰相反，这样做赢得了包括被侵略的各国人民的真正谅解和友谊，获得国际的荣誉和信任，日本人应从中得到应有的教益。日本许多正义之士也认识到这一点，如前日本律师协会会长土屋公献指出："爽快地承认以往犯下的反人道的罪行，明确承担责任，向受害者谢罪，决不违反日本的'国家利益'。这是与亚洲邻国和世界建立信赖关系不可或缺的条件，是用金钱换取不到的巨大的'国家利益'。"

　　与德国相反，战后日本文部省在右翼势力的影响下，多次通过所谓审定历史教科书的方式，歪曲二战历史，掩盖、粉饰其侵略罪行。日本东京教育大学的家永三郎教授在战后写了一本高中历史教科书《新日本史》，对日军在二战中的种种罪行包括南京大屠杀、慰安妇、731细菌部队等都有客观的描述，而文部省以"审定"为名，把这些描述一一删去，家永教授从1965年起就对文部省提出起诉，经过30多年的抗争，于1997年才被判胜诉。

日本还有一些正直的人士，如东京早稻田大学洞富雄教授于1973年发表的《南京事件和史料批判》一文以及1982年出版的《南京大屠杀》一书，以确凿的史实和严密的考证给"南京大屠杀虚构论"的逆流迎头痛击；1981年日本作家森村诚一和常石敬一分别出版了《恶魔的饱食》和《消失的细菌部队》，将731部队细菌战的罪行公之于众；日本著名律师土屋公献、一瀬敬一郎、椎野秀之等212人为日军细菌战的中国受害者担任辩护等等。这些正直的日本人士令人钦佩。但应该指出，一些日本知识分子却追随右翼分子之后拒不接受"日本发动侵略战争"这一历史事实，说这是胜利者一方面强加给战败者的。更有甚者，由105名自民党议员组成的自民党历史研究委员会编辑出版的《大东亚战争的总结》一书中甚至说"满洲不是中国领土"、"南京事件是虚构的"。在右翼势力的压力下，原定在大阪府举行的南京大屠杀画展被迫取消；长崎原子弹爆炸资料馆也不得不修改展览内容和用语，删去"侵略"等措辞；许多当年的战犯和不思悔改的老兵更为嚣张，他们组成很多右翼团体（如战友会等）对敢于承认日本侵略事实的正义人士进行迫害，如曾在日军荣字1644特种部队（731细菌部队在南京的分支）服役的石田甚太郎由于被"战友会"的监视，长期以来不敢将他经历的日本侵略者用中国人作细菌试验的事实公开，1995年8月去世前夕才通过他在中国留学的亲属将此秘密公之于世。1996年8月，一名揭露其他日本士兵虐杀中国平民的日本老兵东史郎被右翼势力威胁，并被日本法院判为"损害名誉"。日本右翼分子的这些言行，理所当然的受到中国和亚洲各国人民强烈的抗议和谴责，也严重地损害了日本自己的国际形象，一位德国记者指出，日本政府"只要继续采取这种侮辱亚洲各国的姿态，就不可能消除亚洲各国对日本的不信任，就不可能和亚洲各国建立真正的友好关系"。以诸如《丑陋的日本人》和《丑陋的面孔》为题的书籍和文章在西方和亚洲时时可见；美国众议院17名超党派议员提出议案，要求日本政府对二战中各受害国正式谢罪并赔偿一切损失；日本731部队的罪行虽然在战后以将细菌战实验的档案资料交给美国为条件，而被美国免予追究。但它的罪行却永远留在各国人民心中。几名日本人申请赴美，因被认出曾是731部队成员而被拒绝签证；1998年初，日本向来访的英国首相布莱尔对日军在二战中对英军士兵的不人道行为表示道歉，但英国退伍军人协会认为这是一种侮辱，拒绝接受。连日本驻联合国大使也承认，在联大一般性辩论时，亚太地区几乎没有国家支持日本成为安理会常任理事国的。

公正的告诫：对历史视而不见将会重蹈覆辙

德国前总统魏茨泽克于1995年8月访问日本时面对面地告诫日本人："为了公正地判断战争中的罪行，不能对历史视而不见。""否认过去的人，将冒重蹈覆辙的危险。"新加坡前总理、内阁资政李光耀说："只要年轻一代没有掌握和认识过去，认清过去的事实和教训，日本将有重蹈覆辙的危险。"这两位著名的政治家都把"否认过去侵略历史"和"重蹈覆辙"联系起来，确实有远见卓识。一位专门研究日本问题的美国专家更指出，"日本已成为世界经济大国"，"一旦成为政治大国，世界将面临一场新的大战。"这种观点绝不是危言耸听。

1987年日本人均国民生产总值19642美元，超过了美国，并成为世界上最大的债权国。随着经济的增长，日本右翼分子的野心越来越暴露，否认其侵略历史，美化军国主义，也正是在80年代中期逐渐升温的。与此同时，军费也逐渐增加，早已突破了日本《防务条例》军费支出不超过国民生产总值1%的规定；前两年军费支出就已超过500亿美元，仅次于美国，成为世界第二军事大国；1997年日本已拥有能载直升机的航空母舰，成为亚洲第一、全球第四大海军强国。在军事技术的许多方面日本都超过了美国，而且继续研制和购进最先进的进攻性武器，如最近向美国购买10架每架为800万美元的FSX型战斗机，而且还要继续购买100架。一些军事专家认为，按目前日本的军事科技水平，在必要时日本可以很快制造出原子武器。

1946年颁布的日本宪法第9条规定：日本永远放弃以国权发动的战争、武力威胁或武力行使作为解决国际争端的手段。为达到前项目的，不保持陆海空军及其他战争力量，不承认国家的交战权。因此被称为"和平宪法"。这正是主张中日友好、爱好和平的广大日本人士对右翼势力斗争的有力武器。而日本右翼分子则纷纷叫嚣，企图修改宪法。近年他们又捏造出所谓"中国威胁论"，实际上不过是为其增加军费扩大军备找借口而已。1997年日本与美国修订了"防务合作指针"，规定日本周边事态有事时，日本为美国的军事行动提供合作。同年8月，日本内阁官房长官梶山静六宣称，"周边事态"当然包括台湾海峡，当时的池田外相也为他作证说：这是日本政府的"一贯立场"。虽然9月桥本首相访华时不得不表示，修订防务合作指针"并未考虑针对中国在内的特定国家和地区"。但他始终回避表明日美军事合作范围不含台湾。1998年1月，梶山静六访问台湾，与李登辉密谈。据日本传媒透露：梶山此行的主要目的，是以首相特使的身份，向李登辉承诺，日本不会放弃在"日美安保条约"框架内对台湾实施防卫性的保护，这正是李所梦寐以求的。梶山的这种行为，是为李登辉坚持假统真独的顽固立场打气。其破坏中国统一的险恶用心显而易见，应引起我们高度警惕。

中国和日本是一衣带水的邻邦，在历史上有千年以上的友好往来和文化交流。但在 1894 年以后的半个世纪中，日本军国主义者多次发动侵华战争，使中国人民蒙受重大的灾难，日本人民也深受其害。1972 年中日两国恢复邦交，中国人民和日本人民都愿意积极发展中日的友好关系。邓小平说："'中日两国人民世世代代友好下去'的口号代表了我们大家的理想。"曾经遭受日军铁蹄蹂躏的中国，不但放弃了政府赔偿要求，还反复教育本国人民要把军国主义分子与广大日本人民区分开来。中国反复指出，前事不忘后事之师。友好关系只能建立在两国人民都能正确认识历史并吸取应有的经验教训之上。正如家永教授指出，他之所以坚持抗争，反对文部省修改历史教科书，就是为了研究当时"为什么没能防止战争"这个问题，就是说，为了让日本人民以史为鉴，永远不重蹈覆辙。

对于中国人民来说，应该从过去被侵略的惨痛历史中认识到"落后就要挨打"这一教训，激发爱国热情，振兴中华，早日把祖国建设得更加繁荣、富强，这才是持久和平和中日真正友好的根本保证。

（本文与李英合作，曾在《21 世纪》1998 年第 2 期发表，
香港《大公报》转载）

《拉贝日记》和拉贝

——日军南京大屠杀的又一铁证

"读了《拉贝日记》，就再也不会认为南京大屠杀是捏造出来的!"这句话是负责校对日文版《拉贝日记》(改名为《南京的真实》)和解说工作的日本明治学院横山宏章教授发自良知的心声。

本来，侵华日军在南京进行大屠杀已是一件举世公认、铁证如山的事实。二战后远东国际军事法庭和中国审判战犯军事法庭依据大量证据(包括当年受害者的控诉证词、慈善团体的埋尸纪录、侵华日军为了炫耀其"武功和战绩"而自行拍摄的照片和日本随军记者的报道等等)，分别对这一罪行负主要责任的日军头目松井石根和谷寿夫以及进行杀人比赛的日本军人向井敏明(杀106人)、野田岩(杀105人)和田中军吉(杀300多人)判以极刑。战时在宁沪一带的外籍人士也对日军暴行作了详细的报道，但是，长期以来，日本的一些右翼分子却矢口否认，硬说两次军事法庭的判决都是胜利者强加给失败者的;英美在二战时是中国的盟国，所以英美记者偏袒中国，报道不可信，云云。他们甚至公然说:南京大屠杀是中国人捏造出来的。即使有的日本老兵当年参加过南京大屠杀，后来受到良心谴责，公布自己参与屠杀的情况，结果就遭受迫害。右翼分子还妄图修改历史教科书，蒙蔽后人。事实上，今天有许多日本青少年根本不知道这段悲惨的历史。

现在，《拉贝日记》出版了。由于拉贝身份的特殊性，由于此书所附有的大量文件、资料（包括德国驻南京大使馆关于日军暴行写给德国外交部的内部报告）的权威性，日本右翼分子已无法抵赖。正因此，横山宏章教授，才发出上述的呼声。

拉贝（John H. D. Rabe），是二战期间日本盟国——德国的公民，在中国居住近 30 年，当时任德国西门子公司驻南京办事处经理，而且是德国国社党（纳粹）在南京地区的负责人。1937 年 7 月，日本全面侵华，11 月侵占上海并对南京进行狂轰滥炸。拉贝和在南京的十多位外籍人士组成南京安全区国际委员会（安全区亦称难民区，面积约为 3.86 平方公里），推选拉贝为主席，委员会的意图是使来不及撤退的难民有一个躲避的场所，并分别设立了二十多个难民收容所。整个安全区内难民最多时达 29 万人，各难民收容所经常收容五万至七万人。委员会成立后，南京沦陷前，曾同中日双方进行交涉，要求承认安全区的中立地位。中方完全承认，撤除了安全区内的军事设施，并把三万担米、一万担面粉和八万元款项以及 450 名警察交给委员会以应付安全区和难民收容所的紧急应用。日方虽不承认安全区，但表示，"只要与日方必要的军事措施不相冲突，日本政府将努力尊重此区域。"但是，连这一许诺也被日军进城后的暴行破坏了。

国际委员会成立以后，和国际红十字会南京分会合作，为数以十万计的难民安置住宿，提供食品、燃料、医药救护以及物资运输等费尽心机，因日本人时常扣压、阻挠，又大大增加了难度。他们在当时极其危险的艰难的战争环境中，四处奔走呼号，奋不顾身地尽其所能阻止侵华日军对中国人民疯狂施暴。为了对日本提出抗议，他们从日军侵占南京后的第三天（即 1937 年 12

月16日）起，就给日驻南京大使馆写信并附上《日本士兵在南京安全区的暴行》，并对这些暴行编上号码，要求日本迅速采取措施，制止暴行。当然，被日方置之不理，但拉贝他们继续调查，连连给日方写抗议信并附上《日本士兵在南京安全区的暴行》及其续篇《事态报告》，先后共十多篇，编号由1—426。有的一个编号内就列举日军多项暴行，如编号为63的内容包括：日军抢走猪、马各一，多名日军强奸17名妇女，其中二人被奸致死，在阴阳营多次发生强奸和抢劫事件。此外，在拉贝的日记和给日方的信中还列举了日军大量暴行，如在12月18日的信中，拉贝写道："昨天有一千多名妇女因遭奸污或家中遭到抢劫逃到金陵大学"（难民收容所）。在同一信中对所附相片的说明词中，拉贝写道：又有一千多个中国人被赶到那里，押至城外，用机枪处决。

由于这些抗议信都是写给日方，作为暴行例证，要求日方迅速采取措施加以解决的，所以拉贝他们十分慎重，其中许多暴行是他们亲见亲历的。拉贝等还与有的被害者亲自谈过话，因此，拉贝他们才敢于在抗议信中反复声明，这些日军暴行"均是已经仔细核对过的"，"根据编号，可以对每个事件随时进行审核的。"尽管日方未采取任何有效措施加以制止，但他们对拉贝的指控却不敢否认。因为这些暴行天天都在周围发生，到处是堆积如山的被害平民的尸体，到处是受凌辱的妇女的哭喊呼号，到处是被焚烧的民房火光冲天，有目共睹，日方无法抵赖。

《拉贝日记》一书中，除日记、抗议信外，还包括安全区国际委员会、国际红十字会、日、德、美、英等国大使馆的工作人员之间的大量的来往公文、函件、报告等，其中很多是内部文件，当时并无宣传意图，这次才第一次公布，因此具有无可争辩的史料和证据的价值，其中有几件是德国人写的，尤其值得注意：

（一）德国驻南京大使馆秘书罗森博士于1938年1月15日写给德国外交部的题为《南京局势及日本暴行》的报告。在报告中，罗森列举了日军大量暴行："一位孕妇腹部被刺中数刀，腹中的婴儿被刺死"；"一个小姑娘被强奸约二十次"；"一位中国妇女的尸体，一根高尔夫球棒从下部直接插进这位妇女的躯体。每天夜晚都有日本士兵闯进金陵女子文理学院内的难民收容所，他们不是拖走妇女，就是当着他人的面，甚至当着家属的面，发泄他们的兽欲。"罗森向上级坦陈了自己的感受和思想变化过程：南京的外国人本来指望，"随着日军的到来，和平和繁荣也随之恢复"，"大家都希望在这里看到的是一个有绅士风度的日本"，但实际却相反，日军的暴行使南京的外国人大为震惊。罗森说："日本的行径等于在南京为自己竖起了一根耻辱柱。仅在所谓安全区一个地区，德国人、美国人及其中国雇员就有不容反驳的铁证，能够证明数百上千起的强奸事件。"而且，"在多数情况下有军官共同参与。"

（二）另一份题为《南京受难的日日夜夜》的长篇报告是另一个德国人、国际委员会的财务主管、工程师克勒格尔于1938年1月13日写的。报告中列举了日军的大量暴行：抢掠难民的粮食、棉被、衣物、手表、手镯等等，被抢的人"谁要是稍有犹豫，就会立即遭到刺刀戳刺……成千上万的人就这样被杀害了"。日本士兵"挨个儿撬店砸铺，抢劫店内的东西。如果单个士兵人手不够，就会有小分队在军官指挥下开着卡车抢走所有值得拿走的东西，然后还要把房子付之一炬……没有一天晚上夜空不被火光映得通红……截至今天，全城估计有百分之五十至百分之六十的房屋被烧毁"，日军"滥杀无辜，无缘无故处死人，在几天中估计有五千人未经临时军事法庭审判就被枪毙……大部分在江边被处决,这样连埋葬尸体的辛劳都可以免去了。"克勒格尔有一天"开车去下关,经过海军部时,汽车简直是碾着尸体开过去的。"

南京沦陷前,一部分中国军人因来不及撤退,有的进入难民区,但他们都已放下武器,按照国际公约,这些人不应被杀害,但日军却以搜捕中国士兵为借口,进行大屠杀。日军以欺骗的手段,进入难民区扬言,以前当过兵的,如果主动站出来,就可免去一死,否则查出,一律处决。有的人信以为真,站了出来,却被残酷处死了。拉贝他们指出,所谓搜捕中国士兵只是一个幌子,被日军指为军人而被屠杀的,绝大部分是平民。克勒格尔在报告中说:有43名电厂工人被枪杀了。他还告诉拉贝,在汉西门"大门旁边一条干涸的沟里躺着约三百具尸体,都是被机枪枪杀或处死的平民"。另一个德国人和记洋行的施佩林在写给德国大使馆的报告中说:有50名躲在和记洋行避难的工人被日军枪杀。他又看见在云南路有30名平民被杀害后,扔进水塘里。

以上就是日本二战时的盟国——德国的大使馆官员和几个德国公民对日军暴行的目击实录。

拉贝等常用"罄竹难书"、"不胜枚举"一类的词来形容日军的暴行。在他们写给日方的抗议信中,一再说明:这份(关于日军暴行的)清单是不完整的。确实,由于时间、空间和条件的限制,拉贝他们所列举的只能是他们少数人在不足四平方公里的难民区、难民收容所内及其附近所目睹和经历的事件。而日军在南京广大城乡各地进行的大屠杀,以及各慈善团体埋尸的全面情况,他们就看不到,也没有条件进行观察和记录了。实际上,日军在南京城内外杀害我同胞达30万人以上,留下的几十万具尸

体是最有力的证据。据记载，崇善堂等慈善团体共掩埋 185000
具尸体；盛世征等私人共掩埋 35000 具尸体；伪政权共掩埋六千
余具尸体。日军为掩盖暴行罪证，还动用部队专事毁尸灭迹。他
们经过周密布署，将大量尸体先进行焚烧然后抛入长江。据当时
任日军少佐的战俘太田寿男供认，他和另一名叫安达的少佐一
起，配备 800 士兵、10 辆汽车和 30 只小船，在下关码头和浦口
东面毁尸灭迹。经他们二人带领处理的尸体共约 10 万具，另估
计其他部队投江的尸体约有 5 万具。

　　在大量事实面前，当时少数日本官员不得不承认暴行的存
在。一个日军少佐和拉贝在一起，目睹了日本士兵的暴行后，向
拉贝坦陈自己的心态说，他原本是不承认日军有暴行的，但此次
目睹这些罪行以后，他相信拉贝他们在抗议信中写的暴行是事
实，没有夸大其词。拉贝接触到日本大使馆的官员，"感到他们
中有人长时间以来对日军的做法感到羞耻"，但他们作的不是设
法阻止，而是千方百计遮掩。罗森在给德国外交部的报告中说：
"外国代表打算返回南京的消息公布以后，城里便开始了紧张的
清理工作，忙碌着要把在大屠杀中被无辜杀害的平民百姓、妇女
儿童的尸体清理干净。"在此之前，日方千方百计拖延阻挡外国
代表进入南京，"因为怕被进城的官方人员亲眼目睹他们所犯下
的残酷暴行。"另一种遮掩的方法是对将要离开南京的外国人进
行威胁。拉贝本人于 1938 年 2 月奉令经上海调回德国。为此事
他去日本大使馆和使馆官员福井商谈办手续。福井一再对他说：
"如果您在上海对报社记者说我们的坏话，你就是与整个日本军
队为敌！""就要激怒日本军方！"拉贝意识到，这些话，不仅是讲给
他个人听的，"也是讲给还在南京继续做救济工作的伙伴们听的。"
　　日本的另一个手法就是在报纸上造谣欺骗公众。日本人在上

海办的《新申报》发表过一篇文章，说"日本部队安抚中国难民，南京出现令人欣慰的气氛"，"日军给南京居民发面包和糕点，给伤病者治疗，南京居民非常感激，在太阳旗下高呼万岁"云云，《拉贝日记》中就收录了这篇文章。拉贝在1月22日的日记中评述说：这篇文章"再一次表明报纸特别是日本报纸什么胡言乱语都会有。这篇文章是一个彻头彻尾、荒谬绝伦的无耻谎言，其造谣手段已达到登峰造极的地步"。

通过报纸造谣还不够，还由外交官出面抵赖。日驻伦敦大使吉田茂于1938年1月29日接受《每日杂谈》代表的采访时，对欧洲关于日军暴行的报告表示遗憾，他说："这样的行为与我们的传统不相符……无论您到哪里去调查，您都提不出我们的军队有这类行为的证据……"《拉贝日记》也收录了吉田茂的这篇谈话，拉贝在2月13日的日记中驳斥吉田茂说："这里二十五万难民中的每个人都可以给他提供证据，证明关于日本兵痞难以形容的暴行的消息是真实的!"

约翰·拉贝于1882年11月出生于德国汉堡，1908年来到中国，在此后的30年中，除了中间一次短暂中断外，他一直在中国工作。1934年他在南京建立了一所德国学校，他必须得到德国政府和1933年起执政的国社党（纳粹）的批准，为此他参加了国社党。二战后，盟国肃清纳粹法庭认为，当时在中国的德国人并不了解国社党的罪恶目的和行径，并且考虑到拉贝在南京建立安全区的人道主义行为，认定拉贝为非纳粹分子。

拉贝于1938年2月22日奉调离开南京，4月13日抵达德国慕尼黑。他在德国多次作报告和放映影片，揭露日军的暴行。不久，即被逮捕。他的日记和影片被扣留，后交还日记，影片仍被没收。从此他和全家人受到迫害，被关进集中营，受酷刑，直到 1945 年纳粹投降才获释放。战后他们一家人生活曾十分困难。1948 年南京人民获悉他的情况后，纷纷捐钱捐物寄给他，以表达对他昔日义举的感激之情。1950 年 1 月这位可敬的德国人去世，享年 67 岁。1996 年，他的墓碑迁到南京，供中国人民永远纪念。1996 年 12 月，拉贝的外孙女乌尔苏拉·赖因哈特夫人在纽约公布《拉贝日记》。此书的德、中、英、日文版于 1997 年分别在世界各地出版，成为研究和认识日军南京大屠杀的重要证据和史料。

（此文发表在《书屋》1998 年第 3 期）

印度尼西亚的经济形势和
民族团结和解

经 济 形 势

受亚洲金融风暴的冲击，印度尼西亚也发生了严重的金融危机。自 1997 年下半年起，印尼盾汇率大幅下降，外债增加，引发经济危机，企业破产，股市萧条，物价上涨，工人失业，人民生活下降，经济危机的加剧导致了社会动乱，许多地方抢劫、骚乱频频发生，华人成为首当其冲的受害者，大规模的排华暴乱使大量的华人外逃，华人资金源源外流。社会动乱导致政治危机，"反苏哈托运动"等活动迫使苏哈托于 1998 年 5 月 21 日下台。哈比比临时继任总统后不孚众望，他的"述职演说"未被议会所接受（相当于通过了不信任案），被迫于 1999 年 10 月下台。在同年 10 月下旬的总统选举中，瓦希德当选为总统、梅加瓦蒂为副总统，并组建了新政府。这是印尼历史上第一个民选政府，它不仅结束了一年多的政治动荡，而且标志着印尼进入了一个新时代。

由于受美国经济繁荣和日本经济复苏的影响，遭受亚洲金融风暴席卷的东盟国家为尽快摆脱危机，采取一系列措施扩大出口、调整结构，并积极寻求国际援助，东盟经济有所恢复，经济增长率由 1998 年的 - 7％ 转为 1999 年的 2.3％。印尼的经济也因外部经济环境改善而有所好转。印尼自 1997 年下半年爆发金融危机以来，经济形势急转直下，经济增长率由 1997 年的 4.9％ 降到 1998 年的 - 13.6％。由于哈比比政府和瓦希德政府都将恢复和发展经济作为中心任务，采取了一系列措施，进行经济改革，重新吸引华人资金和外资，特别是瓦希德政府还成立国家经济委员会，专门处理国内经济和对外经济关系及国际援助的谈判等问题，经济形势趋向好转。1999 年经济增长率达到 0.2％，通货膨胀率由 1998 年的 77.63％ 降到 2.01％。为解决债务危机，印尼政府曾先后在纽约和东京与国际金融组织谈判，但收效甚微，一直到 1998 年 6 月 4 日才在法兰克福达成协议，800 亿美元的私营机构外债可以展期了。这个协议虽然来得晚些，但对增加投资者的信心，也起到一定作用。

1997 年下半年发生金融危机后，印尼政府曾多次要求国际援助。从当年 10 月起，国际货币基金组织、世界银行、亚洲开发银行等国际金融机构先后承诺给予 230 亿美元的"第一线资金支持"，另外，澳大利亚、中国（包括香港特区）、日本、马来西亚、新加坡和美国也表示愿意提供资金支持，这是"第二道防线"，使援助贷款总额超过 400 亿美元。但是，国际货币基金组织等都对印尼的经济、政治改革提出苛刻的要求，并进行日益严酷的"监督审查"，如认为不符合自己的条件，贷款就一拖再拖。1997 年 10 月，第一批 30 亿美元紧急援助拨付印尼，第二批 30 亿美元原定 1998 年 3 月拨付，但直到 5 月 4 日，国际货币基金组织才决定拨付 10 亿美元，其余 20 亿美元是否拨给要待观察结果再定。由于印尼社会动乱，国际货币基金组织就一再推迟贷款。亚洲开发银行原定给予印尼15亿美元贷款，也因"政治危机"而推迟。印尼政府曾提出将印尼盾与美元固定汇率的措施，但遭到国际金融组织的坚决反对而不得不放弃。社会动乱、政治不稳定，这是国际金融集团对印尼贷款一再拖延的重要原因，也是使哈比比下台的主要原因。

瓦希德当选总统后首先宣布正式出访的国家是中国，不久又宣布要重新审理过去对华人歧视的法律法规。显然，这是为了吸引因暴乱而逃离的华人和华人资金重返印尼参加建设，并稳定从中国台湾商人投入的130多亿美元的资金。今年1月17日，瓦希德签署了第6号总统决定书，宣布撤销过去限制华人公开庆祝自己民族节日的禁令。2000年的春节，印尼华人第一次可以公开地高高兴兴过自己传统的节日了；但仍有些人心有余悸，不敢狂欢，怕再次成为暴力攻击的对象。

瓦希德还开展周边外交，先后访问了新加坡、马来西亚、老挝和柬埔寨等国家。新、马两国表示愿与印尼合作，帮助印尼经济复苏。日本还主动表示愿意向印尼提供10亿美元的援助。瓦希德访问华盛顿时，美国总统克林顿也表示希望看到一个强大、稳定、繁荣和民主的印尼，并派财长到印尼访问。亚洲开发银行准备向印尼提供45亿美元贷款，印尼和国际货币基金组织就经济改革措施达成协议。所有这些活动都起到催化剂的作用，帮助投资者恢复对印尼经济的信心。

正是在这种情况下，瓦希德一方面承认印尼经济危机尚未完全过去，但相信2000年印尼经济会转为正增长。

东帝汶独立加剧了印尼的分离主义倾向

一波未平，一波又起，印尼经济危机的阴影并未完全消除，又面临国家分裂的危险。印尼是一个海域辽阔，拥有 17508 个分散岛屿、100 多个民族、2 亿多人口的多宗教的国家。历史上各种纷争不断。近年的纷争得从东帝汶独立问题说起。

东帝汶，包括帝汶岛的东部全部和西部北海岸的欧库西地区以及附近的两个小岛，面积共约 14900 平方公里，人口约 80 万，首都帝力。公元 1586 年，东帝汶被葡萄牙占领，称葡属东帝汶，1951 年改称葡萄牙海外省，1975 年 11 月葡萄牙撤出，东帝汶宣布独立成为共和国，但旋即被印尼占领，成为印尼的第 27 个省。1999 年哈比比担任总统时曾宣布：东帝汶人民如拒不接受广泛自治的地位，可以选择独立。同年 8 月 30 日，在联合国主持下，举行公民投票，结果 75.8％的人赞成独立，印尼不得不予以承认，驻军亦陆续撤出。9 月 20 日，以澳大利亚为首的国际维和部队进驻。但在印尼仍有不少人不赞成独立，两派曾发生大规模暴力冲突，死者数以百计。东帝汶的独立引发和加剧了印尼各地的分离主义倾向，其主要原因是：经济、宗教和民族问题。

（一）经济原因

印尼人民协商会议议长阿敏莱士博士分析说："我看到，对这统一国家的分裂威胁，已不是无中生有。在这改革时代，一些省份地区发生不满的声音日益强大，这些地区不安的基本根源是由来已久和长期潜伏的，即不公平地分配利益，许多地区深刻感到不公正的对待，因为它们的天然资源被中央政府和外资勾结开采，而回馈给地方的是那么稀少，少到没有意义。""这种不公正的掠夺在整个苏哈托时代持续地进行，苏哈托政权周密地策划了心理恐惧和恐惧管理，使我们的一些省份只好闭嘴无言，不敢抗议这些不公正的掠夺行为。当然，苏哈托及其同伙对这种状况十分高兴，因为他们可以疯狂地掠夺我们的天然资源 "因经济原因闹分离活动最严重的首先是地处印尼最西端的亚齐特区和廖内省。亚齐是印尼最富裕的特区，自然资源丰富，仅天然气出口收入几乎占全国常年收入的10％以上，1998年天然气出口总额达13亿美元。廖内省石油生产占全国半数以上，而当地居民所得甚微，所以他们感到不公平，要求独立。

（二）宗教问题

印尼居民绝大部分信仰伊斯兰教，但还有不少人信仰基督教、天主教和印度教。马鲁古省曾发生严重的伊斯兰教徒和基督教徒的冲突。20世纪50年代即曾出现"南马鲁古共和国"叛变事件，此后冲突仍不断发生，最近尤为激烈。

（三）民族问题

过去西加里曼丹的达雅族曾有人搞独立活动，1998年再次同马都拉族冲突，造成严重的社会动乱，数万难民流离失所。

此外，如伊里安查亚省"巴布亚独立运动"组织，苏拉威西有人企图建立"苏拉威西独立国"。他们都有中央政府的高官作后台，不断示威闹事。

另外还有一些地方如南加里曼丹省、东加里曼丹省各有3个县、西爪哇省靠近首都的万丹地区、东爪哇岛的马都拉族等地，或则要求升格为省，或则要求扩大自治。

据专家估计，在目前印尼26个省区中，有上述分离倾向的或程度不同的不满情绪的省份几占半数，许多人对此表示担忧。正是在这种情况下，一向主张民族团结和解的瓦希德获得多数支持，被选为总统。以瓦希德和梅加瓦蒂为首的新政府取名为"民族团结内阁"，表明新政府的首要任务之一是要促进濒临分裂的各地区人民和解，重新团结起来，建立一个统一富强的印尼。瓦希德在新政府内设立了地方自治部长，正式宣布将在给予地方广泛自治的基础上，逐步走向联邦制，并公正分配经济利益，让地方各省、各县都拥有民选的政府，有独立自主的政治权力，可以自立发展文化教育和经济建设，彻底解决中央与地方的矛盾。最终，中央只负责国防、外交、治安、货币和税收等。

因变数太多民族团结和解前途难料

瓦希德虽然有民族团结和解的良好愿望，但因变数太多，前途如何尚难预卜。

（一）分离主义活动此起彼伏，有的地方甚至有愈演愈烈的趋势

为解决亚齐和其他地区的分离主义活动和骚乱，维护国家领土完整和社会稳定，新政府第一次成立了人权事务部，任命亚齐人为部长。据西方媒体报道，瓦希德曾表示，亚齐可以举行公民自决以决定是否独立。亚齐独立派领导人要求瓦希德兑现诺言。在亚齐首府班达亚齐曾举行有五六十万人参加的示威游行，要求公民自决，并有暴力行为，大有不达目的誓不罢休之势。在印尼政府陷入困境之际，新加坡总理吴作栋于今年1月13日访问了印尼，并提出给予印尼12亿新加坡元的投资，其用意很明显，因为如果印尼燃起分裂的战火，汹涌的难民潮将会把新加坡淹没，包括澳大利亚在内的周边国家也不得安宁。

目前，另一强烈要求分裂的地区是处于印尼东部的伊里安查亚。该地区资源丰富，也感到过去长期受中央政府的"盘剥"。一位分裂主义的领导人表示，要在2003年前实现独立，但可能要付出流血的代价。

这些领导人应当明白，和东帝汶不一样，亚齐特区和伊里安查亚省原来都是印尼领土的一部分，他们闹独立，很难得到国际社会的承认，会陷于孤立，很多困难无法解决，而且一旦燃起战火，往往是两败俱伤。如果中央政府对这些地区的政策能逐渐改善，也可能不会闹到分离的地步，分离只会使极少数挑起事端的阴谋家获益。

（二）教派冲突

目前，马鲁古群岛闹得最严重。该群岛人口约 200 万，其中穆斯林略过半数，基督教徒则接近半数。1998 年印尼社会危机全面爆发，中央政府失去控制。1999 年 1 月，双方互相残杀，在穆斯林占多数的地方，穆斯林杀基督教徒；在基督教徒占多数的地方，基督教徒杀穆斯林，估计死亡人数达 1500 人。当地的华商也纷纷放弃几代人辛苦积攒下来的产业，举家逃亡。

2000 年 1 月 7 日，在雅加达举行了至少有 30 万人参加的大规模群众集会，显示了穆斯林即将向马鲁古的基督教徒发动"圣战"的决心，并表示对瓦希德政府失望，要求瓦希德在马鲁古问题上采取断然措施。个别亲苏哈托的组织企图利用这种局面搬倒瓦希德。他们开出了 30 天的期限，要求政府平息流血冲突，否则将向议会提出罢免瓦希德和梅加瓦蒂的动议。

瓦希德于今年 1 月 11 日警告说，政府将采取措施对付准备到马鲁古进行"圣战"的穆斯林。他还呼吁占人口多数的穆斯林保护和尊重少数民族的权利。作为穆斯林的领导人，他能提出这样的呼吁，确实表现了政治家的风度，但收效甚微。原先一些曾支持瓦希德上台的穆斯林政党组成了独立于瓦希德之外的政治联盟。

马鲁古教派冲突的问题本来并不复杂，只是一个地方性问题，但造成现在的流血局面，其原因是由于各主要政治势力之间，特别是政府和军方之间，不能团结合作，甚至互相拆台。一些观察家分析，可能是军方作了些手脚。

早在 1953 年 10 月 17 日，印尼军队就开始干预政治。印尼陆军强迫当时的总统苏加诺解散国会，其后，军队即成为印尼的重要支配政治力量。在 20 世纪 60 年代中期，被称为"微笑将军"的苏哈托夺取了最高权力，实行了 32 年的中央集权的军人铁腕统治。苏哈托下台，印尼军方感到自己从过去的"至尊"地位逐步下降，"沦落"到目前受文官总统人事大清洗的地步。有些将军愤愤不平，因此迟滞执行总统的命令，放任马鲁古教派互相残杀，使局势越恶化，骚乱越难平息，就越显得军队的重要。

这种分析不无道理，对于其他地方久拖不能解决的冲突也可考虑从这方面来研究。

（三）政府和军方的矛盾日益显露

瓦希德政府主张逐步推行联邦制，一些政治势力如人民协商会议议长阿敏莱士也赞同，但国防部长尤沃诺·苏达素诺表示反对，认为联邦制将使印尼分崩离析。他还警告说，如果新近显示出的民主不能在整个印尼群岛站稳脚跟，军队可能会在数个月内控制国家。

1999 年底以来，印尼军方要推翻新政府的小道消息不断传来，空穴来风，耐人寻味。

今年 1 月 31 日，印尼全国人权事务部将一份关于包括对时任国防部长兼武装部队总司令维兰托将军在内的 6 名将领涉嫌在东帝汶参加暴力活动的调查报告交给印尼总检查长马祖基。报告建议对此事作进一步调查，并要求这些将军立即辞职或退役。现任印尼政治与安全统筹部长的维兰托抨击这份报告，拒绝辞职。

时在瑞士达沃斯出席世界经济论坛年会的瓦希德总统决定免除维兰托的职务，印尼三军律师团则表示，他们将对此结论提出抗议。律师团成员、前司法部长穆拉迪说，维兰托只有在被法庭定罪以后，才必须辞去部长职务。

此事也惊动了联合国。1999年底，联合国曾派出五人调查团赴东帝汶调查，证实了军方确实直接参加了暴力活动。调查团根据联合国秘书长安南的授权，将调查报告提交联合国大会和安理会，并建议成立一个国际法庭审判这些印尼将军。

总之，印尼目前面临地方分离主义、教派冲突、政府与军方矛盾等问题，错综复杂，充满变数，前途难以预料。

我们衷心祝愿印尼各民族、各教派、各政治势力能早日化解各种矛盾，逐步实现团结和解，在安定的社会环境中重建经济，把印尼建成一个繁荣、民主、富强的国家。

（此文发表在中国社会科学院《世界经济与政治》2000年第4期）

文　史　篇

试论《诗经》和孔子思想中的
"民主"因素

一　孔子和《诗经》

《诗经》是我国第一部诗歌总集，是我国文坛上的珍宝。人们原来认为，《诗经》是由孔子删定的。司马迁首倡此说。《史记·孔子世家》载："古者诗三千余篇，及至孔子，去其重，取可施于礼义（者），……三百五篇，孔子皆弦歌之。"班固根据司马迁此说，在《汉书·艺文志》中写道："孔子纯取周诗，上采殷，下取鲁，凡三百五篇。遭秦而全者，以其讽诵，不独在竹帛故也。"汉以后，对此说逐渐怀疑。唐孔颖达明确指出司马迁之言未可信。清朱彝尊、崔述等更提出许多理由，否定此说。最有力的证据就是《左传》记载吴国季札至鲁国观乐时，鲁国为季札所歌各国诗名与各篇次第，和今本《诗经》相同。时为鲁襄公二十九年，孔子才七八岁①。在《论语》、《墨子》、《庄子》、《荀子》

_____

① 《春秋公羊传》、《谷梁传》载：孔子生于鲁襄公二十一年；《史记·孔子世家》载孔子生于鲁襄公二十二年（前551）。

等书中，都只提"诗三百"，从未提及"诗三千"。崔述说："孔子删诗孰言之？孔子未尝自言之也，史记言之矣"（《读风偶识》）。据此，孔子以前已经有了和今本篇数与次第基本相同的《诗经》。这说法大致是可信的。

但即使是最坚决反对孔子删诗说的人，也不得不承认《诗经》是经孔子整理、校刊过的。南宋朱熹说：《诗经》只是"经孔子重新整理，未见得删与不删"。又谓"孔子不曾删去，只是刊定而已"。朱彝尊认为这是"千古卓见"。① 崔述是坚决反对孔子删诗说的，但他也承认，孔子是取过去存下来的诗"厘正次第之，以教门人"。② 孔子自己也说过："吾自卫返鲁，然后乐正，雅、颂各得其所"。③

以上说明，即使孔子删诗之说不能成立，但孔子在聚徒讲学的过程中，根据教学的需要，对"诗三百"进行过整理、校刊，作为教材，后来被称为《诗经》，成为儒家六经之一保存下来。这是孔子及其门徒在中国文化史上的一大功劳。

孔子对"诗三百"给予极高的评价。在六经中，他最喜谈诗。他自己讲话经常引用其中诗句，并一再号召弟子、后人学诗。他说："不学诗，无以言"（《季氏》）。"小子何莫学夫诗，诗可以兴，可以观，可以群，可以怨，迩之事父，远之事君，多识于鸟兽草木之名"（《阳货》）。孔子还很重视学诗的实用效果："诵诗三百，授之以政，不达；使于四方，不能专对；虽多，亦奚以为？"（《子路》）这说明，孔子希望通过学诗达到多重目的：达于政事；善于事父、事君；能言；外交时善于应对；增加知识

---

① 《曝书亭集》卷五十九诗论一。

② 《洙泗考信录》卷三。

③ 见《论语·子罕》，以下引《论语》材料，只在行文中注篇名。

等等。总之，学诗成为孔门教学的一项重要内容。

"诗三百，一言以蔽之，曰：思无邪"（《为政》）。这是孔子对《诗经》的总评价。什么叫"思无邪"？东汉包咸注："归于正"（何晏《论语集解》引）。南宋吕祖谦认为，这就是指"作诗之人所思皆无邪"（《吕氏家塾读诗记》）。联系前面所引孔子对"诗三百"一系列的肯定的评价，应该说，何晏和吕祖谦的这个解释是比较符合孔子原意的。

《诗经》的内容丰富多彩，包括风、雅、颂，内国风160首，大雅、小雅105首，周颂31首，鲁颂4首，商颂5首。其中有出于贵族、巫祝等人之手的颂诗，也有来自民间的歌谣；有对天帝和商、周祖先的歌功颂德，也有劳动人民对贵族领主提出的愤怒控诉；还有许多是男女的恋歌。对于这些，孔子一律称之曰"思无邪"，这是什么意思呢？

先让我们来看颂。颂诗是用于享庙祭祀典礼的乐歌。所谓"美盛德之形容，以其成功，告于神明者也"（《诗大序》）。其中，周颂占大多数。大雅也包括不少祭祀诗。这些都是用来歌颂周人祖先和记颂周文王、武王的文功武德的。这些颂诗有的反映了当时的社会、经济、政治情况，反映了劳动人民伟大的力量，是很有认识价值的。但其中却也有很大一部分是夸大溢美之词。如《维天之命》一章，说上天命文王以兴周；《思文》一章，说周人的祖先后稷之德可配天；《大明》前六章颂扬文王及其父母的德行，由于文王"小心翼翼，昭事上帝"，受到上帝赐给"多福"，因此扩大了疆域，"以受方国"等等。这些无非是宣扬君权神授，说周王受命于天，应该君临天下。《鲁颂》、《商颂》也是对国君的颂歌和宗庙的祭祀歌，属于宫廷文学和庙堂文学。因此，这些诗能够为孔子接受是很自然的。鲁迅说："《颂》诗早已拍马，

《春秋》已经隐瞒。"① 把《颂》诗的拍马和春秋的隐瞒两者并提，这种见解很有道理。这反映了孔子思想中的庸俗方面。学了这一套，就可以从政，可以事父、事君了。清方玉润在《诗经原始》中指出，这些颂诗"褒美失实，……开西汉扬马先声"。后世封建文人以歌颂帝王的圣明，作为献媚求宠的手段，这种风气与颂诗的影响是不无关系的。同样，孔子的"为尊者讳，为亲者讳，为贤者讳"；"父为子隐，子为父隐"（《子路》）的隐瞒哲学，成为我国后来徇私枉法，文过饰非的理论渊源。对于孔子思想中的这些落后部分，是应该批判的。

但《诗经》中颂诗只占较少的比例，而大量的则是风和雅，这正是《诗经》的精华。鲁迅说：风、雅中常有"激楚之言，奔放之词"②，正是如此。风、雅中有大量反映社会不平，揭露贵族统治者荒淫无耻的作品。如《小雅·北山》用对比的方法，指出贵贱之间苦乐不均，贵者奢逸享乐，而贱者则被压在各种劳役重负之下。《魏风·硕鼠》形象地把剥削者比作"食我黍"，"食我麦"，"食我苗"的大老鼠。汉郑玄注："斥其君也。"这首诗已经是直接把批判的矛头指向国君了。还有的诗如《豳风·七月》详尽地描写了贵族领主对农奴的残酷剥削。《魏风·伐檀》写一群伐木的劳动者对于"不狩不猎"、"不稼不穑"不劳而获的"君子"（贵族）表示出强烈的愤怒。《鄘风·相鼠》咒骂无耻的贵族统治者为什么不赶快死掉。《王风·兔爰》描写小民在徭役下的痛苦呻吟，生下来就落在统治者的罗网中，天天作牛马，只有早早死去，才能摆脱这些痛苦。当我们读到《秦风·黄鸟》中"临其穴,, 惴惴其栗"的句子时，好像看到 177 个即将被杀殉的奴隶，

---

① 《伪自由书》，第 47 页。
② 《鲁迅全集》第 10 卷，第 532 页。

被捆绑着跪在秦穆公的深深的墓穴面前战栗发抖；当我们读到《唐风·鸨羽》中"王事靡盬，不能艺黍稷。父母何食？悠悠苍天！曷其有极"时，仿佛听到在徭役重压下的农民的令人惊心动魄的呼喊。这些，已经不是什么"温柔敦厚"的诗教①，而是血泪的控诉，是金刚怒目式的激楚之词了。

《诗经》中收入许多这样的作品，又怎样和孔子的保守思想协调起来呢？

我认为，应该和孔子的仁学理论和文学观点联系起来研究分析。

孔子的思想中有浓厚的保守色彩，他主张尊王室，强公室，主张保持上下尊卑的等级剥削制度。但是，由于生产力的发展和激烈的阶级对抗，人的价值逐渐被认识，民本思想逐渐萌芽。这在孔子的前驱管仲和子产等人的言行中已有所表现。孔子进一步提出了系统的"仁"的学说。仁，这是孔子思想的核心，《论语》中有一百零五处提到仁字，是孔子谈得最多的问题。何谓仁？说法不尽相同。但最基本的是承认人的价值，要求尊重人，爱人。"樊迟问仁，子曰：'爱人'"（《颜渊》）。"泛爱众，而亲仁"（《子罕》）。过去有人说，孔子说的"人"，是专指奴隶主贵族，而不包括劳动者。这是不对的。例如："厩焚，子退朝曰：'伤人乎？'

---

① 过去，许多人都认为，孔子说过诗教的主旨在于温柔敦厚。其根据是《礼记·经解》中这两段话："孔子曰：'入其国，其教可知也，其为人也温柔敦厚，诗教也，……故诗之失愚'。""其为人也温柔敦厚而不愚，则深于诗者矣"。朱自清认为："礼记大概是汉儒的述作，其中称引孔子，只是儒家的传说，未必真是孔子的话，这两节尤其显然。《淮南子·泰族篇》也论六艺之教，文极其似，不说出于孔子"。朱自清经过缜密的考证，认为："《经解篇》似乎写在《淮南子》之后，所论六艺之教，比《泰族篇》要确切些"（见朱自清：《诗言志辨》，第98—99页）。因此，所谓诗教的主旨在于温柔敦厚这并不一定是孔子的意思。而从内容看，像《伐檀》、《黄鸟》这一类的诗篇，也很难说是温柔敦厚的。

不问马"(《乡党》),这表现了孔子重人轻马的思想。这里的"人"当然是指马夫一类的劳动者,而不是贵族。孔子还把爱人作为治国的原则。"子曰:'道(导)千乘之国,敬事而信,节用而爱人'"(《学而》)。他把"博施于民而能济众"看作治国的最高标准(圣),连尧舜也未必能作到(《雍也》)。他认为,在一定程度上,百姓的利益和国君的利益是一致的。"百姓足,君孰与不足? 百姓不足,君孰与足?"(《颜渊》)因此,要"因民之所利而利之"(《尧曰》)。他反对过分的徭役和剥削。他说:"君子之行也,度于礼! 施取其厚,事举其中,敛从其薄"(《左传·哀公十一年》)。他的弟子冉求为富于周公的大贵族季氏"聚敛而附益之",孔子非常生气,说:"非吾徒也,小子鸣鼓而攻之可也"(《先进》)。其爱憎态度是异常鲜明的。他还强调"使民以时"(《学而》)。他说:"苛政猛于虎也。"他反对人殉,把象征人殉的俑都看作"不仁"(以上《礼记·檀弓》),他咒骂:"始作俑者,其无后乎"(《孟子·梁惠王上》)。

这些,都是孔子重视人的价值的表现,是孔子思想中的进步方面。

在文学观点上,孔子认为,诗不但可以兴、观、群,而且可以怨。什么是"怨"? 汉孔安国注:"怨,刺上政。"用我们现代的话说,就是可以通过诗的形式来表达对现实政治的不满,表达人民的痛苦和怨恨的心情。上述《伐檀》等诗正是"怨"的运用,是人民的心声,是时代的反映。孔子的立场是保守的,但由于他有仁的思想,他不赞成贵族统治者的荒淫无道,也不赞成对劳动人民过分的压迫,再加上他自己半生坎坷,颠沛流离,所以他对《诗经》中某些反映人民生活痛苦的诗句产生共鸣,有时自己还加以引用。比如,孔子及其门徒被围于陈蔡而绝粮,孔子曾先后找子路、子贡、颜回三人来问:"诗云:'匪兕匪虎,率彼旷野'（大意是：人非野兽，竟循旷野而行）。吾道非耶？吾何为于此？"（《史记·孔子世家》）这两句诗来自《小雅·何草不黄》，原是一首怨诗，借草的憔悴来象征征夫苦于从役，被迫像野兽一样，奔走四方，（"何草不黄！何日不行，何人不将！经营四方。……匪兕匪虎，率彼旷野，哀我征夫，朝夕不暇。……"）这和当时孔子的处境有某些类似，所以孔子很自然地产生共鸣。并借这两句诗来表达自己"吾道不行"的怨恨心情。

《诗经》中还有大量描写男女爱情的篇章。从这些诗中，可以看出：《诗经》时代男女恋爱生活还是相当自由的。如《邶风·静女》一首的"静女其姝，俟我于城隅"；《卫风·桑中》一首的"期我乎桑中，要我乎上宫"，写的都是男女幽期密约。而《召南·野有死麕》一首的"有女怀春，吉士诱之"，"白茅纯束，有女如玉"，"舒而脱脱兮，无感（撼）我帨兮，无使尨也吠"（后三句大意是：慢慢地，别冒冒失失，别拉我的佩巾，别惹得狗叫起来，惊动了人）。这就更是露骨地写男女幽会了。

对于这些，孔子是否也认为是"无邪"的呢？这与孔子"非礼勿视，非礼勿听，非礼勿言，非礼勿动"（《颜渊》）的思想，怎样协调起来呢？这是中国经学史上一个长期争论的大问题。

后儒有的从"为圣者讳"的立场出发，认为《诗经》如经孔子所删，则不应存此"淫诗"（这是后儒对爱情诗的蔑称），否则就等于承认"夫子为导淫之人，此举世之所以切齿而叹恨者"，[1]他们有的以此来反证《诗经》不是经孔子删定的。如清儒江永以《诗经》内有淫诗，因此斥《史记》关于孔子删诗的记载为"妄说"。有的则认为，这些诗表面上虽写的是男女之爱，但却都是另有隐喻的。有的据春秋大义，以诗训诂，印证周代典章制度，

————
① 姚际恒：《诗经通论》序。

以诗作为礼的说明；有的采用五行阴阳学说，以诗说易。千百年来，儒生们皓首穷经，从事烦琐的考证，虽然其中有的对训诂和积累资料等方面，有一定的价值。但也有不少却是断章取义，牵强附会，甚或与诗的本意毫不相干，出于纯粹的主观臆断，以证明《诗经》的每一首、每一句、甚至每一个字都有微言大义。比如，《诗经》的第一首《周南·关雎》，本意是写一个在河边采荇菜的姑娘的窈窕形象引起一个男子寤寐不忘的思念。鲁诗说：这是"言贤女能为君子和好众妾也"。《列女传》说："周之康王夫人晏出朝，关雎予见，思得淑女以配君子。"硬说这首诗是讽刺周康王和夫人淫乐晚起，不理政事的。东汉卫宏的说法又不同，他在《诗序》中说，这首诗是颂"后妃之德"，后妃"乐得淑女以配君子，忧在进贤，不淫其色。哀窈窕，思贤才，而无伤善之心焉。是《关雎》之义也"。意思说，后妃之德在于不嫉忌。朱熹更点明，这首诗就是赞美周文王及其妻圣女太姒的幽娴贞静的（《诗集传》）。明明是一首情歌，却被后儒硬说成是什么"三纲之首，王教之端"（马融语），真是令人哭笑不得。又比如：《鄘风·柏舟》本来是写一个少女要求婚姻自主，反对母亲干涉，宁死不易其心的诗。其中完全没有夫死的意思。《诗序》却说："柏舟，共姜自誓也，卫世子共伯早死，其妻守义，父母欲夺而嫁之，誓而弗许，故作是诗以绝之。"此后千百年来，封建文人就把这歪曲的"诗解"作为定论，用什么"节彼柏舟"一类的话去要求女子从一而终，不许寡妇改嫁。

通过释诗（实际上是歪曲诗）来把《诗经》纳入封建伦理道德的轨道，为巩固封建统治服务。对于这一点，《诗大序》说得很清楚："正得失，动天地，感鬼神，莫近于诗。先王以是经夫妇，成孝敬，厚人伦，美教化，移风俗"云云。对于这种说法，后世头脑比较清醒的学者早已提出过不同意见。比如崔述对《郑风·狡童》一诗就作出了正确的评述。这首诗写一个女子因为漂亮的爱人（狡童）不和自己在一起，竟连饭也吃不下去了。（"彼狡童兮，不与我言兮！维子之故，使我不能餐兮！"）但《诗序》却硬说这诗是讽刺郑昭公（忽）的。崔述列举理由，力辟此说。他认为这首诗和其他几首情诗一样，"明明男女媟洽之词，岂得复别为说以曲解之！若不问其词，不问其意，而但横一必无淫诗之念于其胸中，其于说诗，岂有当哉？"（《读风偶识》）在这之前，朱熹也说过："凡诗之所谓风者，多出于里巷歌谣，所谓男女相与咏歌者也"（《诗集传·序》）。在这里，崔述和朱熹都是正确的。诗歌本源于人民，源于生活，人民群众有所感而发，所谓"饥者歌其食，劳者歌其事"。国风本来是各地的民歌民谣，其中有男女相与赠答的情歌，是十分自然的。我国到现在还有些地方特别是南方少数民族地区仍然保持这种风俗，如电影《五朵金花》、《刘三姐》等都反映了这种情况。把这些情歌硬说成是什么先王制定的微言大义，是十分荒谬的。

其实，《诗经》中的爱情诗所反映的是当时男女自由恋爱结合的情形。这是原始母系氏族时期群婚制度的残余。传说中，殷商的始祖商契就是由他的母亲简狄吞食玄鸟之卵而生。（《商颂·玄鸟》："天命玄鸟，降而生商。"《史记·殷本记》："殷契，母曰简狄，……见玄鸟坠其卵，简狄取吞之，因孕生契"）；周人的祖先姜嫄无夫，履大人之足迹而生后稷。《大雅·生民》对此有很好的描述。这就是群婚制的反映。这个风俗后来在很多地方不同程度地残留下来。直到后来的《汉书·地理志》还记载："燕之蓟地，宾客相过，以妇侍宿，嫁娶之夕，男女无别，反以为荣。"《吕氏春秋·先识篇》、《史记·滑稽列传》、屈原的《九歌》等描写赵、齐、楚等地也都有类似的情况。这说明这种习俗在相当长的时期内在很多地方都是存在的。当然，统治阶级也规定了种种礼教，规定婚姻要服从"父母之命，媒妁之言"，以礼教作为维护宗法等级制的工具①。但对于庶民阶层，在《诗经》时代，礼教的影响，并不是很广泛深重的。据《周礼·媒氏》记载："媒氏掌万民之判……仲春之月，令会男女，于是时也，奔者不禁。若无故而不用命者罚之。"从"若无故而不用命者罚之"的情况看来，可知国家还是"随俗而治"，允许甚至是鼓励男女如此结合的②。当时可能几种婚姻制度并行③，对礼教的要求并不一律。这种情况在《诗经》中也有所反映，和《野有死麕》一样，《郑风·野有蔓草》也是描写男女自由结合的："邂逅相遇，适我愿兮"；"邂逅相遇，与子偕臧"（据闻一多解："臧"字与"藏"同义）。男女不期而遇，就可以相偕隐藏于幽僻之处，如愿以偿。《郑风·褰裳》有这样的句子："子惠思我，褰裳涉溱，子不我思，岂无他人?"，看来，完全可以自由选择。《郑风·将仲子》反映的也是自由结合，但已经有许多约束，女方要顾虑父母诸兄和众人之言了。《鄘风·柏舟》的少女的婚姻已受到母亲的严重干涉，不得不发誓之死靡它了。《豳风·伐柯》就更进一步明确说："娶妻如之

---

① 封建礼教，作为维护宗法等级制度的工具，是应该彻底批判的。但是，对这些规定，也要作具体的分析。例如，规定近亲不能结婚，这对于防止人类退化就是十分必要的。

② 参看《学术研究丛刊》1980年第1期，《如何评价〈诗经〉中的自由恋爱诗》一文。

③ 几种婚姻制度并存的情况，一直到最近还存在。据《文汇报》1980年10月23日第3版载：云南省宁蒗县纳西族解放前通行一种叫"阿注"的婚姻制度（"阿注"是最亲密的朋友的意思）。男女可以同时有几个异性"阿注"，而且可以随时更换，群婚杂交。解放后逐渐向一夫一妻制过渡（这是一种进步），同时出现了母系家庭（孩子知母不知父）、母系父系并存家庭以及纯粹的父系家庭，几种婚姻制度并行。《诗经》的写作时间一般认为大约在公元前11世纪到公元前6世纪，其反映的时代可以追溯到更久远。《诗经》产生的地域几乎遍及长江以北，在这样广大的时间、空间内，存在着多种婚姻恋爱制度，当然更是可能的了。

何？匪媒不得。"《齐风·南山》："娶妻如之何？必告父母。"没有父母之命，媒妁之言，就不能娶妻子。一般说来，礼教的要求对下层人民可能松些，对贵族上层可能严些。但也不尽然。《诗序》在评论《鄘风·桑中》一诗时也承认：卫宣公之时，"公室淫乱，男女相奔，世族在位，相窃妻妾"。贵族违礼私奔的事，史不绝书，就连孔子自己也是野合而生的。《史记·孔子世家》载：孔子之父叔梁纥"与颜氏野合而生孔子"，后来孔子也没有因此而受到社会的歧视。

后儒由于不和当时的这些历史条件联系起来，用后世僵死的封建礼教观点，对《诗经》中的爱情诗妄加解说，企图为圣人开脱。宋王柏甚至把这些诗坛上的珍宝当作垃圾，主张从《诗经》中删去！其实孔子自己倒是能比较正确对待的。孔子并不是禁欲主义者，他承认"饮食男女，人之大欲存焉"（《礼记》）。他又说过："吾未见好德如好色者也"（《子罕》）。在这里，孔子并不否认好色是人的天性，而只是通过感叹来表示他的想法：希望人们能像好色一样好德。对《关雎》这首情诗，孔子的评价是："乐而不淫，哀而不伤"（《八佾》），明确肯定《关雎》不是非礼的淫诗。孔子还对他的儿子伯鱼说过："女（汝）为《周南》、《召南》矣乎？人而不为《周南》、《召南》，其犹正墙面而立也与！"（《阳货》）《周南》、《召南》共有诗 25 首，其中不但有《关雎》、《摽有梅》、还有《野有死麕》这样露骨写男女自由结合的情诗，而孔子却对他自己的儿子说，如不学这些诗，就等于面墙而立，一无所知，寸步难行。这说明，对这个问题孔子的观点是相当解放的。《汉书·匡衡传》谓："时或伯鱼授室，故夫子特举二南以训之与！"此说颇有道理。

这里顺便说一下孔子对女子的评价。在《论语》中孔子有一句话："唯女子与小人为难养也。近之则不孙（逊），远之则怨"

（《阳货》）。在这里，"养"即对待、相处之意，对于那种近之则不逊，远之则怨的小人，确实是很难相处的。问题是孔子把女子与小人并提，包含有轻视妇女的思想，当然是错误的，应当批判。但这句话本身，无论如何也不能说包含有"夫为妻纲"，妻子要绝对服从丈夫的意思。至于后世所谓女子要三从四德，饿死事小，失节事大等等，更是与孔子无关了。

二　孔子思想中的"民主"因素

到这里，我们应指出孔子思想中的某些"民主"因素。

《诗经》内容十分丰富，风格各殊，思想观点和倾向也不尽相同。其中有些诗篇，和孔子的思想是吻合的。如《秦风·黄鸟》和孔子反对人殉的思想是一致的。《诗经》中还有许多篇章表现了人民在赋税和徭役的重压下的呻吟和怨恨，这和孔子反对苛政的思想也是一致的。但是，像《伐檀》这样一些直接对不劳而获的"君子"（贵族）表示强烈不满，带有反对剥削意味的诗篇，则是和孔子的思想并不相同。《野有死麕》这一类直接写男女自由结合的情诗也未必和礼教相符合。但孔子不但没有把这些诗删掉，并且拿来作为教材教授门徒，还一律称之曰："思无邪"（作者的写作思想是纯正无邪的），还让自己的儿子学习包括《野有死麕》在内的《周南》、《召南》。这种做法反映出孔子思想中的某些"民主"因素：他允许与自己观点不同的作品存在。顾亭林说："孔子删诗，所以存列国之风也。有善有不善，兼而存之，犹古之太师，陈诗以观民风，而季札听之，以知其国之兴衰。正以二者并存，故可以观，可以听"（《日知录》）。《诗经》是否经孔子所删，暂置勿论。但顾亭林所说孔子的态度："有善有不善，兼而存之。……正以二者并存，故可以观，可以听"，这大体上是符合孔子的思想实际的。请再看下面一段材料：

"郑人游于乡校，以论执政。然明谓子产曰：'毁乡校如何？'子产曰'何为？夫人朝夕退而游焉，以议执政之善否。其所善者，吾则行之；其所恶者，吾则改之；是吾师也。若之何毁之？我闻忠善以损怨，不闻作威以防怨。岂不遽止？然犹防川，大决所犯，伤人必多，吾不克救也；不如小决使道（导），不如吾闻而药之也'"。

子产这段话说得多么好啊！孔子对此是怎样评价的呢？

"仲尼闻是语也，曰：'以是观之，人谓子产不仁，吾不信也'"（《左传·襄公三十一年》）。

孔子把仁当作崇高的政治、伦理道德的标准，是不轻易以仁许人的，现在居然据此即称子产为仁。这说明孔子认为这种做法就是仁的一种表现，表示十分赞赏。

再举一个例：鲁定公问孔子，有没有一言而丧邦的。孔子回答说：国君之言，"如不善而莫之违也，不几乎一言而丧邦乎？"（《子路》）黄式三案："言莫予违，则谗谄所蔽，祸患所伏，而人莫之告，自古丧国之祸，多由于此。陆敬舆所谓天下大虑，在于下情不通，所谓忽于戒备，逸于居安，惮忠鲠之拂心，甘谀诈之从欲。不闻其失，以致大失也。"如果国君说错了话，也没有人敢提出不同意见，这就会导致丧邦之祸。两千多年前的孔子，就能够有这样正确的认识，是多么难能可贵啊！

当然，我们说孔子思想中具有"民主"的因素，这是打上引号的"民主"，与我们现在说的民主（即人民当家作主）的概念是有原则区别的。孔子只是赞成在一定条件下，要注意兼听不同意见，了解不同情况。不管是批评自己的，与自己观点不同的，甚至怨恨不满的话都应该听，也就是现在所谓民主作风的意思。在这方面，他自己倒是身体力行的。这里再举几个例子：

　　颜回是孔子最得意的弟子，但他把孔子的话当作"句句是真理"，对此，孔子是不满意的。孔子说："回也，非助我者也。于吾言，无所不说（悦）"（《先进》）。一次，子夏问诗，孔子回答以后，子夏能够有所发挥，孔子大为高兴，说："起（启）予者，商（子夏）也"（《八佾》）。承认学生的话，对自己有所启发。又一次孔子带着学生经过子游管理的武城，听见弦歌之声，孔子就微笑着批评子游"割鸡焉用牛刀"，意思是说，管理武城这样的小地方，不必弦歌学礼乐，子游就用孔子自己说过的话来反诘他，孔子当即承认错误，说："偃（子游）之言是也，前言戏之矣"（《阳货》）。另外有一次，孔子说错了话，别人告诉他，他马上说："丘也幸，苟有过，人必知之"（《述而》）。这些材料说明，孔子并不是自以为是，固执己见的人。他愿意接受批评，发现了错误马上就能承认。"子曰：毋意，毋必，毋固，毋我"（《子罕》）。他反对主观臆断、肯定一切、僵化固执和自以为是。他主张"众恶之，必察焉；众好之，必察焉"（《卫灵公》），然后作出判断；"多闻，择其善者而从之，多见而识之"（《述而》），也就是子产不毁乡校的道理。唐魏征据此提出"兼听则明，偏信则暗"，这在认识论上是很有价值的。因此，孔子允许《诗经》中各种内容、观点不尽相同的诗篇并存，这就可以理解了。班固在《汉书·艺文志》中说："古有采诗之官，王者所以观风俗，知得失，自考正也。"《汉书·食货志》说："孟春之月，群居者将散，行者振木铎徇于路以采诗，献之太师，比其音律，以闻于天子。故曰：'王者不窥牖户而知天下。'"有人可能认为，这是后人对封建统治者的美化，当时未必有这种制度。那么，且看《国语·周语》中关于召公谏厉王监谤的这一段出名的记载，"召公曰：'防民之口，甚于防川。川壅而溃，伤人必多。民亦如之。是故为川者决之使导，为民者宣之使言，故天子听政，使公卿至于列

士献诗，瞽献典，史献书，师箴，瞍赋，矇诵，百工谏，庶人传
语，近臣尽规，亲戚补察，瞽史教诲，耆艾修之，而后王斟酌
焉，是以时行而不悖。……'（厉）王弗听，于是国人莫敢出言，
三年乃流王于彘"。再证之以上引子产不毁乡校的材料，说明当
时国人可以运用舆论（包括诗和歌谣）来反映群众的情绪，影响
朝政。对此，统治者很重视，经常注意搜集，用以来估量、调整
自己的政策，这是原始民主制的一种残余。孔子说诗可以兴、
观、群、怨。其中的"观"字，就是说通过诗可以观察风俗的厚
薄、政教的得失和人民的疾苦，这和上面所引材料的思想是一致
的。但是，由于时代和阶级的局限，孔子的仁学思想的实质并不
是要废除剥削，他的"民主"思想也不是主张要由人民当家作主
（对两千多年前的孔子提出这样的要求也是非历史主义的）。孔子
只是想在保留等级剥削制度的条件下，对人与人之间的关系作一
些调整，在某种程度上减轻对劳动人民的压迫，改善人民的生
活，以缓和阶级矛盾。其目的还是为了易于使人（子曰："宽则
得众……惠则足以使人"见《阳货》），是使统治阶级长治久安之
计。而通过观政之得失，察众之好恶，从而择其善者而从之，其
不善者而改之，只不过是达到这种目的的一种必要的手段罢了。
这和孔子的中庸学说是一致的。《礼记·中庸》记载："执其两端，
用其中于民。"孔子说："君子之行也，度于礼……事举其中"
（《左传·哀公十一年》）。中庸学说承认事物存在对立的两端，互
相矛盾又互相联结，相辅相成，取长补短，以得其中。"过犹不
及也"，要避免任何一端超过了极限，这就要求使两端都能及时
地表现出来，这样，才能对两端都有所了解，都能被观察得到。
否则就可能有一端超过了极限，而事前不能觉察，不能及早采取
措施，就会酿成大祸。前面所引子产的话："大决所犯，伤人必
多，吾不克救也；不如小决使道（导），不如吾闻而药之也"，正

是这个意思。

三 孔子不是君主专制主义者

孔子的思想是十分丰富十分复杂的。后儒按照当时统治阶级的需要和自己的理解，对孔子的思想加以改造和歪曲，虽然还打着孔子的旗号，名之为儒学，但实际上有的和孔子原来的思想已是大相径庭了。

被歪曲得最厉害的是孔子关于君臣关系的思想。过去，有的人把孔子看成是提倡君主专制的罪魁祸首。如吴虞就曾大声疾呼："盖孔氏之徒，湛心利禄，故不得不主张尊王，使君主之神圣威严不可侵犯，以求亲媚。"他把孔子说成是万代之祸害，"流毒遍天下。"① 吴虞是五四时期的一员闯将。他猛烈向封建礼教冲击，是有积极贡献的。但他认为"孔氏之徒"（孔子等人）"主张尊王，使君主之神圣威严不可侵犯"，则是一种误解，没有把孔子的思想和后儒对孔子思想的改造、歪曲区别开来。

马克思说：君主专制制度的原则，"总的说来就是轻视人，蔑视人，使人不成其为人"，② 而孔子的仁学思想恰恰是主张重视人，要求把人当作人，这和专制制度的原则是正好相反的。认为孔子提倡君主专制主义的人往往拿孔子答齐景公的一句话为依据。子曰："君君臣臣父父子子"（《颜渊》）。其实，孔子说这句话的意思是为了正名，即要求君臣父子都要名实相符，各尽自己的职责。至于这些职责是什么？在这里孔子并没有说明。因此，不同的人就可以根据不同的需要作不同的解释。齐景公听了以

① 《新青年》三卷四号。
② 《马克思恩格斯全集》第 1 卷，第 411 页。

后，大为高兴说："善哉，信如君不君，臣不臣，父不父，子不子，虽有粟，吾得而食诸?"他认为臣子对君父的义务就是纳粟，这是一种解释。汉儒董仲舒就提出"君为臣纲，父为子纲"，即认为君父对臣子拥有至高无上，生杀予夺的权力，臣子要绝对忠于君父，这又是一种解释。由于这两种解释符合封建统治阶级的需要，所以历代帝王都乐于采用和宣扬，并把这个观点，套在孔子身上，其实并不一定符合孔子的原意。

统观《论语》，提到"忠"字的有 15 篇共 17 处。其中谈到忠君的只有两处。一处是《为政》篇提到"孝慈则忠"。包咸注：如"君能上孝于亲，下慈于民，则民忠矣"。这里，首先要求国君下慈于民，然后民才能忠于君。另一处见《八佾》篇："定公问：'君使臣，臣事君，如之何? 孔子对曰：'君使臣以礼，臣事君以忠。'"同样，臣事君以忠，也是要以君使臣以礼为先决条件。在《论语》中，孔子从未说过臣下要盲目顺从君主，君主对臣下可以生杀予夺的话。相反，孔子认为国君之言，"如不善而莫之违也"，就可能导致丧邦之祸（见前引《子路》）。对君臣两者的关系，孔子首先要求当国君居上位的要守礼，要以身作则。他说："上好礼，则民莫敢不敬；上好义，则民莫敢不服；上好信，则民莫敢不用情"（《子路》）。"政者，正也。子帅以正，孰敢不正"（《颜渊》）。"不能正其身，如正人何?""其身正，不令而行；其身不正，虽令不从"（《子路》）。他还说："修己以安百姓"（《宪问》）。孔子认为，当国君居上位的必须"好礼"，必须"修己"，才能使下面心服，才能安百姓，否则"虽令不从"也。根据这个思想，曾参又有所阐发。"孟氏使阳肤为士师（典狱官），问于曾子。曾子曰：'上失其道，民散久矣。如得其情，则哀矜而勿喜'"（《子张》）。汉马融注："民之离散，为轻漂犯法，乃上所为，非民之过，当哀矜之，勿自喜能得其情。"就是说，民心之所以离散，甚至有的人犯法，主要是由于"上失其道"造成的。要从根本上解决这个问题，首先就要求上勿失其道，要施行仁政，这样才能使民心亲附。孔子、曾参的这个思想并不是偶然的。《左传·桓公六年》记载随季梁的话说："所谓道，忠于民而信于神也；上思利民，忠也。""夫民，神之主也，是以圣王先成民而后致力于神"。这里的忠，是要求国君首先忠于民、利于民、先成民。而且把民提到"神之主也"的高度，看来这是原始民主思想的残余，孔子无疑受到这种思想的影响。例如《论语·颜渊》篇记载："子张问政。子曰：'居之无倦，行之以忠。'"王肃注："言为政之道，居之于身，无得懈倦。行之于民，必以忠信。"也是主张居上位为政者应忠信于民，和季梁的思想相近。

臣事君怎样才能算忠呢？应该承认，孔子有尊君的思想："君命召，不俟驾行矣"，"君在，踧踖如也"，"入公门，鞠躬如也"（《乡党》）。孔子认为这是臣对君应有的礼仪。但在君臣的实质关系上，孔子并不主张臣子对国君要盲从愚忠，他更反对阿谀取媚以逢君之恶。那些巧言令色的佞人、乡愿，是孔子最鄙视的。孔子说："大臣者，以道事君，不可则止"（《先进》）。就是说，事君当以正道，若君所行有过失，即应以道谏正之，如不听即去位不仕（止）。（见王引之《经传释词》）"子路问事君，子曰：'勿欺也，而犯之'"（《宪问》）。孔安国注："事君之道，义不可欺，当能犯颜谏争。"就是说，臣子不可欺骗国君，如发现国君有不对之处，应犯颜直谏。这就是孔子主张的事君之道即忠君之道。如果不能这样做，那就不过是"具臣"罢了（《先进》）。所谓"具臣"，据孔安国注：即仅"备臣数而已"。

如果国君失德，又不听劝谏，臣子该怎么办呢？孔子主张："邦有道则仕；邦无道则可卷而怀之。"包咸注："卷而怀，谓不与时政"（《卫灵公》）。孔子说："天下有道则见，无道则隐"

（《泰伯》）。"吾道不行，乘桴浮于海"（《公冶长》）。这些都表达同一思想。为什么这样呢？因为孔子认为："邦有道，谷（孔安国注：'谷，禄也，邦有道，应出仕食禄'）；邦无道，谷，耻也"（《宪问》）。"邦有道，贫且贱焉，耻也；邦无道，富且贵焉，耻也"（《泰伯》）。孔子自己也是这样实践了的，当他看见季桓子和鲁君接受了齐国的女乐，知道在鲁国不能行其道，便抛弃了大司寇的高位，率门徒周游列国去了（《微子》）。

　　一般来说，孔子是反对犯上作乱的。但是如果遇到像桀、纣一类的暴君，该怎么办呢？孔子对此没有直接明确的回答。但是他对起兵消灭暴君商纣的周武王和周公表示极端的钦佩崇敬。孔子所赞赏的《诗经》中的《大雅·大明》篇就是极力歌颂武王伐纣的赫赫战功的。孔子还说过："君者舟也，庶民者水也，水则载舟，水则覆舟。"这段话是《荀子·哀公篇》引的，虽不见于《论语》，但却是孔子民本思想的合乎逻辑的发展，对后人（如唐太宗）有很大的影响。这个思想，到了孟子，又得到进一步的阐发。孟子对人民的苦难充满同情，他当着梁惠王面指出：一方面国君和贵族"庖有肥肉，厩有肥马"，另一方面，"民有饥色，野有饿莩，此率兽而食人也；兽相食，且人恶之，为民父母行政，不免于率兽而食人，恶在其为民父母也"（《梁惠王》）。孟子将"仁义爱人"作为人君必备的条件，他说："仁也者，人也"（《尽心下》）；"杀一无罪，非仁也"（《尽心上》）。他反对不仁者居高位。"不仁而在高位，是播其恶于众也"（《离娄上》）。对此，臣下该怎么办呢？"君有大过则谏，反复之而不听，则易位"（《尽心下》）。孟子明确提出："民为贵，社稷次之，君为轻"（《尽心下》）。"君之视臣如草芥，则臣视君如寇仇"（《离娄下》）。他比孔子更进一步，明确肯定对桀、纣一类暴君征诛的合理性："贼仁者谓之贼，贼义者谓之残，残贼之人谓之一夫，闻诛一夫纣矣，未闻弑君也"（《梁惠王下》）。这些正是孔孟思想中的进步因素，是我国古代思想史中光辉的一页。因此，把孔孟说成是我国君主专制主义的罪魁祸首，是与实际不符的。

从历史条件看，孔子时代，产生系统的绝对君主专制主义的社会、政治条件还没有成熟。

西周到春秋，是个宗法社会。周灭商后，周天子把大量土地分封给庶子、宗族和功臣谋士、殷的遗族等，是为诸侯。诸侯在自己的封地范围内享有全面的自主权。诸侯又把土地分封给庶子和宗族。国家机器与宗族合为一体，血缘关系上的亲疏决定着政治地位的贵贱，各级贵族之间不是伯叔，就是甥舅，所谓皆"支子母弟甥舅也"（《国语》）。各级贵族只要能维护宗法的尊宗、敬祖、孝悌之道，就能巩固政治上的上下统属关系。君臣关系上还罩着一层温情脉脉的伦理的面纱，当时社会伦理道德主要是强调孝悌思想。《论语》中孔子及其弟子多次强调孝悌就反映了这个情况。《为政》篇："或谓孔子曰：子奚不为政？子曰：书云：'孝乎惟孝，友于兄弟，施于有政'。是亦为政。"把孝友之道，施于有政，也就是与为政相同了。《学而》篇："有子曰：'其为人也孝悌，而好犯上者鲜矣，不好犯上而好作乱者，未之有也。'"把孝悌之道和巩固政治上的统治密切联系起来。

按"忠"字从心，原来主要指心地忠厚、忠实，也有忠于人民，忠于职守的意思。如众所周知的曹刿论战，当曹刿问鲁庄公凭什么条件能够和强齐作战，鲁庄公说到他治理鲁国"小大之狱，虽不能察，必以情"时，曹刿就说"忠之属也，可以一战，战则请从"（《左传·庄公十年》）。这里的忠字是指鲁庄公尽己之心，忠于人民，因而能取得民众支持的意思。曹刿只是一个普通老百姓，根据自己要求，就可以登公门和国君平等地讨论国家大事。说服国君之后，就取得指挥战争的全权，国君也得听他的。

这说明当时君臣关系并不像后世那样等级森严。

由于生产力的发展，春秋战国之间，井田制度崩溃，私田开始出现，礼崩乐坏，宗法分封制的等级秩序动摇。和国君、旧贵族没有宗法关系的"士"的阶层（还包括一部分商人、小手工业者等等）登上了政治舞台。单靠建立在血缘关系之上的孝悌观念已经不能巩固国君对臣下统治了。这样，"忠"字逐渐增加了忠于国君的内涵，成为新的君臣之间的伦理道德。对此，《左传》等书多有记载，但是这时忠君的思想和后世所谓"君为臣纲"，和臣下要盲目顺从君主的思想还有所不同。春秋战国之交诸侯纷争，处士横议，许多诸侯为了富国强兵，克敌制胜，都礼贤下士，延揽人材，广开言路，以为己用，尚贤成为流行的政治思想，这也就是能够开展百家争鸣的社会政治背景。有的诸侯甚至拜士为师，对士十分恭敬。如战国初期，后于孔子数十年的魏文侯的太子子击遇到魏文侯老师田子方时，"引车避，下谒"，而田子方竟"不为礼"。子击问他富贵骄人还是贫贱骄人。田子方回答："亦贫贱者骄人耳。夫诸侯而骄人则失其国，大夫而骄人则失其家。贫贱者，行不合，言不用，则去之楚、越，若脱蹝然，奈何其同之哉！"（《史记·魏世家》）。这段材料说明，如果国君对士骄傲，就可能"失其国"（专制暴君就灭亡得更快）。另一方面，士（臣子）对国君可以合则留，不合则去。这种君臣关系当然不是君主专制下的君臣关系。诸侯中，专制暴君是有的，但是产生系统的君主专制主义的忠君思想的社会、政治条件还没有成熟。如果国君失德，臣子还可以驱逐他。鲁昭公为季氏所逐而死于国外。晋的史墨评道："鲁君世从其失，季氏修其勤，民忘君矣，虽死于外，其谁矜之？社稷无常奉，君臣无常位，自古以然"（《左传·昭公三十二年》）。这确实是当时流行的思潮。和孟子关于民贵君轻，"君有大过则谏，反复之而不听，则易位"的论调是很接近的。

一直到战国后期，诸侯百国只剩下七雄，强秦崛起，大一统的局面逐渐形成，产生了中央集权和君主专制的需要。韩非集法家之大成，忠君学说这才应时而生。他主张"人主虽不肖，臣不敢侵也。"虽然像桀、纣一类的暴君，也是不能反对的。他说："汤、武为人臣，而弑其主、刑其尸，而天下誉之。此天下所以至今不治者也。""臣事君，子事父，妻事夫，三者顺则天下治，三者逆则天下乱，此天下之常道也"（《韩非子·忠孝》）。他认为臣子一切都应顺着君王，要绝对服从。这和孔子的"勿欺也，而犯之"的观点，和孟子"诛一夫纣矣"的观点，是根本不同的。韩非子的这套理论，大得秦始皇的赞赏（《史记·老庄申韩列传》记载：看了韩非的书，秦王曰："嗟乎！寡人得见此人，与之游，死不恨矣"），成为秦始皇推行君主专制制度的理论根据。这说明汉儒董仲舒提出的三纲理论实源于韩非，并非源于孔子。从秦始皇焚书坑儒的事实，也可从反面证明孔子的学说并不适于君主专制制度的需要。

四　要把孔子和孔家店区别开来，
　　全面评价孔子

孔子先世，虽然是贵族，但到他问世时，已经没落。他自称"吾少也贱。故多能鄙事"（《泰伯》）。他虽然当过鲁国的大司寇（行摄相事），但时间很短。他的大半生都是布衣，到处颠沛流离，后来设帐授徒，宣传自己的学说。没有任何一个国君真正采纳过他的主张，也没有任何一个政权作为他的后盾。他只是以自己思想的力量吸引群众，成为当时的显学，但也始终只是民间的一个学派而已。到了汉武帝采纳董仲舒"罢黜百家，独尊儒术"的建议时，上距孔子之世已经好几百年了。

董仲舒提出来要独尊的所谓"儒术"，许多地方也和孔子思想并不相同。早在西汉初年，儒家的经学就有鲁学、齐学之分。《汉书·艺文志》指出，齐学的经师"或取《春秋》，采杂说，咸非其本义"。董仲舒所鼓吹的儒术，实际上是"兼儒墨，合名法"，"博采诸家，自成一体"。例如，前面已经指出，所谓三纲的理论，实源于法家韩非。汉武帝以后，宣帝宣称："汉家自有制度，本以霸王道杂之，奈何纯任德教，用周政乎？"（《汉书·元帝本纪》）这是很能说明问题的。

西汉、东汉期间，孔子被逐步神化。《春秋·演孔图》和《白虎通义》等书，把孔子说成是黑帝之子，身高十尺，腰大十围，前知千岁，后知万岁等等。因此儒家的经典也被当作谶纬神学，可以据之卜吉凶，判是非云云。对于这些闹剧，已死去几百年的孔子当然是更不能负责了。

到了宋朝，由程颢、程颐所创立，由朱熹所完成的程朱理学（又称道学），进一步把"三纲"解释成为天地间永恒不变的法则——理（即道）。朱熹说："未有天地之先，毕竟也只是理，有此理便有天地，若无此理便亦无天地，无人无物，都无该载了。"[1] 同样，未有君臣父子之先，便先有君臣父子之理。"父子君臣，天下之定理，无所逃于天地之间"。"居今之时，不安今之法令，非义也。"[2] 人所禀赋的天理产生人的"天命之性"。人们阶级地位的不同，也决定于各人气禀的不齐。朱熹说："禀得清高者便贵，禀得丰厚者便富，禀得衰颓薄浊者便为愚不肖，为

[1] 《朱子语类》卷一。
[2] 《河南程氏遗书》卷五、卷二。

贫，为贱，为夭。"①"君臣父子，定位不易，事之常也。"② 贵为天子，贱为下民。都是天理命定。因此，作为臣民，只能绝对服从君上的法令，否则就是非义，就是违背天理。

程朱为了把理学说成是儒学的正统，把孔孟的仁学纳入理（道）学的轨道。程颢说："孟子曰：'仁也者，人也'，合而言之，道也。"他们把天理和人欲绝对对立起来，程颐说："人心，私欲，故危殆；道心，天理，故精微。灭私欲，则天理自明矣。"③ 朱熹说："人之一心，天理存则人欲亡，人欲胜则天理灭。"他要求人们"革尽人欲，复尽天理。"④ 寡妇要再嫁么，这是私欲，当然要灭绝，饿死事小，失节事大。只能饿死，也不能改嫁。清戴震批判地指出："人之饥寒号呼，男女哀怨，以至垂死冀生；无非人欲。"这些都是和天理（三纲五常）相违背的，因此，也都是要灭绝的，这就是所谓"以理杀人"。这样，程朱理学虽然还是打着孔子的旗号，实际上和孔子"仁者爱人"、"饮食男女，人之大欲存焉"的思想是相违背的。程朱的这一套对于封建帝王推行专制主义当然是十分有利的，所以南宋理宗对之大捧特捧，追赠朱熹为太师，封国公，并诏令祭孔时要增加二程和朱熹从祀，还下诏国子监刊印朱熹的书，让天下士子熟读，使程朱理学控制了教育和科举阵地。后来又经过明清两代帝王（特别是康熙和乾隆）数百年的推崇，程朱理学进一步巩固了在全国的思想统治，广泛传播，毒害人民。它鼓吹绝对皇权，鼓吹禁欲主义和蒙昧主义，提倡偶像崇拜。它禁锢人民的思想，反对一切改革。总之，它成为一切顽固势力的旗帜，起到极其反动的作用。

---

① 《朱子语类》卷四。
② 《朱文公文集》卷十四。
③ 《河南程氏遗书》卷二十四。
④ 《朱子语类》卷十三。

孔子思想之所以一再被改造、歪曲，被说成为君主专制主义的理论，这是和中国历史上皇权主义逐步加强的过程相适应的。秦汉以后，中国成为中央集权的大一统国家，由分封制逐步过渡到郡县制。但是两千多年以来，郡县制也不时被中断，而且都带来了恶果：汉初刘邦大封其子侄兄弟为王，结果是七国之乱；晋武帝封皇族二十多人为王，又大封异姓王，结果是八王之乱和"五胡乱华"；唐玄宗时节度使兵权过重，终至作乱，其后又是五代十国之争。这些历史教训，使得宋、元、明、清的统治者逐步认识到必须进一步加强中央集权，同时也就是加强皇权。这对于防止军事割据，巩固我们幅员广大的国家，有积极的作用。但另一方面，在以农业小生产为基础的封建社会，皇权的加强，必然发展成为封建专制主义，天下成为一家一人的私产，永远是"君王圣明，臣罪当诛"，天下臣民，都得匍匐于帝王一人脚下，君要臣死，臣不得不死。孔子思想之所以被一再改造、歪曲，正是为了适应后世帝王逐步加强皇权的需要。当皇权达到言莫予违的地步，也就正如孔子所说的，走上了丧邦的道路，和孔子本来的思想也就越离越远了。

在中国的历史上，从汉武帝起，历代帝王有许多是尊孔的。但是，不同的帝王，所尊的是不同的孔子。凡是能尊重并接受孔子（包括孟子，下同）的"民本"、"民主"思想，实行仁政的，政治就比较开明。例如，唐太宗李世民是尊孔的，在历史上他第一次把孔子称为圣人，第一次下令全国各州县皆立孔子庙（《阙里文献考》）。他的思想受到孔子的重大影响。他接受了魏征提出的"兼听则明，偏信则暗"的意见，广开言路，虚心纳谏。甚至"恐人不言，导之使谏"。他自己也从隋之速亡中吸收了教训，体会到许多道理。他说："君依于国，国依于民，刻民以奉君，犹割肉以充腹，腹饱而身毙"；"舟所以比人君，水所以比黎庶，水能载舟，亦能覆舟"；"天子者，有道则人推而为主，无道则人弃而不用，诚可畏也"；"若安天下，必须先正其身，未有身正而影曲，上治而下乱者"。这些话都明显地打上了孔子影响的烙印。正是在这种思想指导下，他制定了轻徭薄赋，去奢省费、选用廉吏、使民衣食有余的治国方针，使生产迅速得到发展，开创了有名的唐初"贞观之治"。但是很可惜，在中国历史上，像这样的帝王极少极少。即使是李世民，到了中后期也没有坚持下来。贞观九年他就吹嘘自己文武方面都超过历代帝王，骄傲起来，"渐恶直言"，"高谈疾邪，而喜闻顺者之说；空论忠说，而不悦逆耳之言"。有人建议他防止厚敛，减轻徭役，他就大发脾气，指忠言为"诋毁"、"讪谤"，要加以治罪（以上见《通鉴》、《贞观政要》)。这说明孔子的"民本"、"民主"思想，对于封建帝王来说，是很难由衷接受，贯彻始终的。

　　另一种典型是明太祖朱元璋。他也是尊孔的。但他所尊的只是三纲五常，是经过朱熹改造过的孔子。他在建国初年，就宣布三纲五常是"垂宪万年的好法度"（见孔府二门内朱元璋碑）。他还指定经朱熹注解的《四书》作为国子监的功课。他对继承并发挥了孔子的"民本"、"仁学"思想并且把它们阐述得更加明确有力的孟子是极为不满的。洪武三年，当他读到《孟子》书上有好些对君上不客气的话，大发脾气说："使此老（孟子）在今日宁得免耶？"下令把孟子逐出孔庙。（后经人求情，说孟子讲的基本上对维护皇帝地位有好处，这才恢复）洪武二十七年又命人编《孟子节文》，把《孟子》书上"民为贵，社稷次之，君为轻"等共八十五条都删去了。只剩下一百七十几条，刻板颁行全国学校。所删去的一部分，"课士不以命题，科举不以取士"[①]。

----

① 参看吴晗：《朱元璋传》，第188—189页。

朱元璋是我国历史上有名的专制皇帝，他把国家的全部军政大权都集中到自己手中，还建立了庞大的特务网来侦察、镇压臣民，制造了丞相胡惟庸，大将蓝玉两大案件，开国功臣被诛杀殆尽。他还大兴文字狱，先后杀了十几万人。朱元璋统一中国，在历史上起过积极作用，但朱家皇朝，一开始就是用血腥的屠杀镇压来巩固的。这样的皇帝，所需要的只是"君要臣死，臣不得不死"一类的"纲纪伦常"，对孟子的"民贵君轻"的进步思想不能容忍，乃是当然的。

上述材料说明，历史上各个时期的孔子有不同的脸谱。而历代帝王所尊崇的则是经过董仲舒、朱熹等人改造过的孔子。他们为了统治阶级的需要，把孔子思想中的"民本"、"民主"因素抹煞掉。例如孔子关于国君之言"如不善而莫之违也"就可能导致丧邦之祸，这个思想就多被后儒和历代帝王略而不提，以致较少为人所知；他们片面强调孔子说过的"臣事君以忠"，而抹煞"君使臣以礼"这个前提；也不提孔子的"勿欺也，而犯之"的事君之道，只是要求臣下对国君绝对的顺从；把孔子"君君臣臣父父子子"这句话解释成为"君为臣纲，父为子纲"；把孔子思想中的保守因素①加以膨胀、发展；把三纲五常、封建伦理道德当作儒学的正宗，用来当作巩固封建统治的思想武器。这就是五四运动中所要打倒的孔家店，这样的孔家店当然是应该打倒，也是必须打倒的。

五四运动提出了"打倒吃人的封建礼教"、"打倒孔家店"的

---

① 关于孔子的保守思想，材料很多，为大家所熟悉。如孔子反对晋铸刑鼎，说："晋其亡乎，失其度矣！……贵贱不愆，所谓度也。……今弃是度而为刑鼎，民在鼎矣，何以尊贵？贵何业之守？贵贱无序，何以为国？"（《左传·昭公二十九年》）又如：樊迟请学稼，请学圃，孔子就说他是小人（《子路》）。此处不再一一列举，可能正是由于孔子思想中存在这些保守因素，所以才能为后儒和封建帝王所利用。

口号，提倡民主与科学，起到振聋发聩，推动历史前进的伟大作用。这是主流，是必须充分肯定的。但是五四运动的一些领导人也存在形式主义的缺点，就是认为好的就是绝对的好，坏的就是绝对的坏，对问题没有采取分析的态度。对孔子也是如此，没有把孔子思想中的进步因素和保守因素区分开来；没有把孔子本人的思想和经过后儒改造的"儒教"区分开来；没有把孔子和孔家店区分开来。这在当时，群众运动正以排山倒海的声势，以迅猛异常的速度开展，产生这种缺点是可以理解的，甚至是很难避免的。但是，五四运动的领导人之一李大钊同志却有所不同。他在当时对孔子就能采取分析的态度。一方面，他指出孔子是"历代帝王专制之护符"，必须打倒孔家店；但另一方面，他也承认就当时社会来说，孔子"确足为其社会之中枢，确足为其时代之圣哲，其说亦确足以代表其社会其时代之道德"。只是因为时代变化了，所以孔子学说已"不适于今日之时代精神"；"故余之掊击孔子，非掊击孔子本身，乃掊击孔子为历代君主所雕塑之偶像权威也；非掊击孔子，乃掊击专制政治之灵魂也"。① 李大钊在当时就能把孔子本身与历代帝王对孔子的歪曲区分开来，这是由于他已经学习了马克思主义的缘故。

前几年，"四人帮"一伙搞的所谓"批林批孔"运动是一个大阴谋、大骗局。他们的所谓批孔，不过是为了影射、攻击周总理。他们写的许多文章大都是围绕着这一罪恶目的。因此他们往往采取歪曲史实、断章取义的手法，不可能对孔子作出正确、全面的评价。他们一伙本身就是封建专制暴君，他们的暴行比历史上的任何暴君都有过之无不及。因此，他们对孔子思想中的"民本"、"民主"因素当然就要尽量抹煞了。

---

① 以上引文见《李大钊选集》第77、79、80页等。

孔子是一个伟大而复杂的历史人物，他的思想对后世有深远的影响[1]。认真研究孔子，全面认识孔子，既不肯定一切，又不否定一切，还他本来面目，这是学术界当前的一个重要课题。

（此文曾在1981年4月出版的《中国史研究》和曲阜孔子研究学

会的《孔子研究论文集》发表）

三危揽胜

从敦煌县城驱车东南行约 40 里，经过茫茫的戈壁滩，突然转入一片绿洲之中，青葱碧翠，两旁林阴夹道，眼前矗立一座五彩斑斓的牌楼，牌楼的一面写着"石室宝藏"，另一面写着"三危揽胜"几个大字，苍劲有力，都是郭（沫若）老的手笔。所谓"石室宝藏"指的是举世闻名的莫高窟本身，而"三危揽胜"则是指莫高窟对面的三危山的胜景。莫高窟的佛洞开凿在鸣沙山的悬崖上，而三危山与鸣沙山遥遥相望，相距不过十来里。三危山与莫高窟关系密切，甚至有人说，如果没有三危山，也就没有今天的莫高窟，没有"石室宝藏"了，如果明白下面这段历史，就会认为，以上说法不是毫无根据的。

关于莫高窟的起源，现有最早的文献纪录是唐武周圣历元年（公元 698 年）李克让修的《莫高窟佛龛碑》的记载："……莫高窟者厥初，秦建元二年有沙门乐僔，戒行清虚，执心恬静，尝杖锡林野，行至此山，忽见对面金光，状有千佛，遂架空凿岩，造佛一龛。次有法良禅师，从东届此，又于僔师窟侧更即营造，伽蓝之起，滥觞于二僧。"

按：秦建元二年即苻秦二年（公元 366 年），乐僔和尚游四海，来到鸣沙山，看见对面的三危山冒出金光，仿佛有千佛形象，他以为是佛的旨意，就在鸣沙山的悬崖上，架空凿岩，开凿出第一个佛龛；其后，法良和尚从东方云游到这里，又在其旁边开凿第二座，这就是莫高窟的起源。很可惜，莫高窟现有洞窟492个，但乐僔、法良开凿的究竟是哪两个，已无可考了。

对于三危山，我在西南联大从向达老师学西域史时就已耳闻，这次来到敦煌，在欣赏完莫高窟佛洞的艺术宝藏之后，又和几位同伴爬到宋代窟檐的高处，向对面的三危山远眺，这座山果然气势不凡：只见在茫茫的黄色平坦的戈壁滩上，有一条蜿蜒的山脉凸起，其土质、结构、颜色，都和周围的沙碛地完全不同，这条山脉整个呈黑色、暗红色和赭色，没有一点青绿的草木。远远望去，宛如一条暗红色的长龙浮游在黄色的瀚海之中。一块块巨大的山石就像龙的鳞甲，而山的一端，凸出的三个高耸的山峰，则如三只龙角，指向天空。

山石，是不是会发光呢？同行的旅伴中有一人认为，如果乐僔和尚认为自己看到了金光，可能是苦行僧的一种幻觉。我开始时附和这观点，因为我记得在《大唐慈恩寺三藏法师传·卷一》曾有这样的记载：玄奘西行取经时，"顷间忽见有军众数百队满沙碛间，乍行乍息，皆裘褐驼马之象及旌旗稍纛之形，易貌移质，倏忽千变，遥瞻极著，渐近而微。"乐僔和尚所见的金光可能就是类似玄奘的幻觉。

同行中的一位地质学家则持不同意见，他说：三危山上的石头可能含有矿物质云母，所以在太阳落山时，夕阳反照，是可能发出灿烂的金光来的，此说好像更有道理。可惜我们这次"三危揽胜"没有福气看到这种景象。

那么，为什么叫"危山"呢？还是那位地质学家解释说：三危山属于玉门系山脉，从东方的安西双塔堡一带蜿蜒起伏而来，直至鸣沙山前，老年期了，因长期（数以若干万年计）受剥蚀，严重风化，所以稍一攀援，就会崩塌，十分危险。作为敦煌八景之一的"危峰东峙"，其"危"字似应作危险的意思来解释，从来没有见过登上三危山的旅游报道，恐怕与危险有一定关系吧！

（此文载于 1998 年 8 月 2 日香港《大公报》）

长城·玉关·天马

——丝路古迹三考

秦 汉 两 长 城

提起长城，人们往往会想起东起山海关西止嘉峪关的万里长城。一些人可能不知道，中国还有另外一道长城，这就是主要在甘肃境内的长城。如果把前者称作秦长城，后者就可称作汉长城了。关于汉长城，过去在史籍中略有所知，这次因参加学术会议和考察到甘肃敦煌，沿路才看到了。

火车离开兰州向乌鲁木齐西北行，透过车窗往外望，不时可以看到远处断断续续的黄色的土城墙，有的蜿蜒曲折，连绵数里，有的只剩下断垣残壁，还有一些孤零零的、残缺的土堡。同车的甘肃同志告诉我们，这就是汉长城（当地人叫作"边墙"）和烽火台了。到柳园下车，改乘汽车赴敦煌，沿着马路两旁，可以更接近更清楚地看到汉长城和烽火台的遗迹。

过去我总是以万里长城居庸关这一段的形状来想象汉长城，以为也是用大块的灰砖垒起来的，高八九米，宽三四米的绵延不断的城墙建筑。这次看到汉长城后，才知道并非如此。残存的汉长城一般只有三四米高，上面只有一两米宽。它不是用砖垒成，而是就地取材，用黄土夯实版筑成的。值得注意的是，城墙内还有防碱夹层，即从地面三四十厘米开始，每隔十多厘米就夹有一层芦苇，纵横交错。这样既可防止地下碱随水渗入城墙，又可使城墙上下结成一个整体，十分坚固。虽经长期剥蚀，但余下的仍坚如石块。面对着戈壁落日，大漠风沙，置身于长城古堡之间，使人神游于千载之上，对两千多年前劳动人民的智慧，惊叹不已。

烽火台也是就地取土打坯筑成的。台一般为正方形或六棱形，每边长十多米，向上逐渐缩小，台高约二十多米，砌筑时也使用了防碱夹层，铺有芦苇。这些烽火台（或称墩）白天以升烟为号叫燧，夜晚以燃火为号叫烽。据《居延汉简》记载：汉长城"五里一燧，十里一墩，卅里一堡，百里一城。"这样大小结合，组成一个完整的军事报警线。每个烽火台就是瞭望哨，如望见敌人，立即举火或升烟，近旁的看见了，也立即点起来，如此传递警报，从敦煌到长安两千多公里，估计最多两三天就可到达了。过去所谓"狼烟四起"，烧的是狼粪，取其烟直上，升得高，远处就可以望见。[①] 这里周围多是戈壁滩，狼粪难得，就烧芦苇把。我们到敦煌县博物馆参观，还看见考古学者发掘出来的芦苇把实物，短的只有几公分，长的近三米（分别称为小苣、大苣），一堆堆贮存起来，名为积薪。博物馆内还有关于汉长城、烽火台建筑的图解，有许多照片和实物，使人得到深刻的印象。

原来秦始皇筑万里长城只是将战国时秦、燕、赵三国北边的长城予以修缮，连贯为一，东起辽东，北傍阴山，西止于临洮

---

① 段成式：《酉阳杂俎·广动植》："狼粪烟直上，故用之。"

（今甘肃岷县）①，并没有修到河西走廊。战国末期，河西走廊尚为月氏所居。匈奴则游牧于今日蒙古高原阴山一带，时时劫掠今日河套以南（当时称"河南"）、山西和河北北部。秦始皇三十二年（公元前215年）派蒙恬率大军击败匈奴，匈奴被迫迁离"河南"。后来，蒙恬死，中国内地多变乱。秦二世元年（公元前209年）匈奴冒顿杀其父头曼，自立为匈奴单于，东击破灭东胡，西击破月氏，并逐渐控制西域诸国。当时"汉兵与项羽相距，中国罢（疲）于兵革，以故冒顿得自强，控弦之士三十余万。""至冒顿而匈奴至强大。"② 公元前174年前后，冒顿子老上单于杀月氏王，以其头为饮器，月氏人大部被迫西迁至今伊犁河流域。匈奴遂占有河西，派昆邪王、休屠王分别驻守其地。此后，河西就成了匈奴进攻汉朝的一个重要基地。汉初，由于国力不足，多采忍让和亲政策，但匈奴仍"侵盗无已，边境被害"。汉武帝即位后，依靠近百年来休养生息积累起来的国力，对匈奴进行多次反攻，特别是元朔二年、元狩二年、元狩四年（即公元前127、前121、前119年）先后三次派卫青、霍去病等名将率大军进攻，给匈奴以极其沉重的打击。元狩二年（公元前121年），匈奴昆邪王杀休屠王并其众共四万余人降汉。匈奴被逐出河西，切断了匈奴同氐、羌各族的联系，打开了汉通西域的道路。为了防止匈奴再度入侵，汉武帝加强西北边防，先后派遣上百万人到边境屯驻、开垦。正是在这样的历史背景下，修筑了汉长城。据史籍记载：卫青、霍去病等击破匈奴后，汉武帝"始筑

---

① 秦以后，汉、北魏、北齐、北周、隋各代都在北边与游牧民族接境地带筑过长城。明代为了防御鞑靼、瓦剌族的侵扰，自洪武至万历时，前后修筑长城达18次，西起嘉峪关，东至山海关，总长约6700公里，大部分至今仍基本完好，今天的嘉峪关就是明洪武五年（公元1372年）所置。

② 《史记·匈奴传》。

令居以西，初置酒泉郡，后稍发徙民充实之，分置武威、张掖、敦煌，列四郡，据两关焉。"[1] 按令居在今甘肃永登县境内，两关即玉门关和阳关。据臣瓒注云："筑塞西至酒泉也。"此句指从今永登筑长城西至酒泉。[2] 初以匈奴昆邪王故地置酒泉郡为元狩二年（公元前 121 年），又以匈奴休屠王故地置武威郡，后又分武威、酒泉地置张掖、敦煌二郡，共为四郡。分列四郡的时间当为元鼎六年（公元前 111 年）[3]。"始筑令居以西"当略早，即在公元前 115 年前后。元封三年（公元前 108 年）前后，赵破奴、王恢等击破楼兰，"于是酒泉列亭障至玉门矣。"[4] 按所谓亭，即烽火台；障即边墙。亭障是指包括亭障在内的军事防御工程体系，又称边塞，即长城。此句指从酒泉向西筑长城至玉门关。这条横贯河西地区的边塞，就是《汉书·赵充国传》所说的："北边自敦煌至辽东，万一千五百余里，乘塞列燧，有吏士数千人"的汉长城西段。《后汉书·西羌传》对这段历史作这样的概括："及武帝征伐四夷，开地广境，北却匈奴，西逐诸羌，乃渡河湟，筑令居塞；初开河西，列置四郡，通道玉门，隔绝羌胡，使南北不得交关，于是塞障亭燧出长城外数千里。"

《汉书·匈奴传》记载：太初三年（公元前 102 年）"筑城障

---

① 《汉书·西域传》。

② 现在永登县内的苦水、红墙、龙泉、大同、柳树、城关和中堡公社等地，仍可零零碎碎看到汉长城遗迹，共约 4 千米。

③ 关于列四郡的时间，《汉书》各卷所记略有出入。据《汉书·武帝纪》：设置武威、酒泉二郡在元狩二年（公元前 121 年），到元鼎六年（公元前 111 年）乃分置张掖、敦煌郡。但《汉书·地理志》则谓：张掖、酒泉二郡俱置于太初元年（公元前 104 年），置武威在太初四年，置敦煌在后元元年（公元前 88 年）。

④ 《史记·大宛列传》。

列亭至𦊆朐（匈奴山名），……使强弩都尉路博德筑居延① 泽上"。《汉书·地理志》张掖条下注："武帝使伏波将军筑遮虏障于居延城。"按遮虏障即长城，居延即今额济纳旗，伏波将军即路博德。这句指从额济纳旗西南向修筑长城至今安西、金塔一带（盗窃敦煌文物的英国斯坦因从敦煌以北、疏勒河向东一直到额济纳河，发现断续的汉长城，全长约 400 英里，与中国史籍记载相符）。

明白了这段历史，我们就可以知道，为什么今日甘肃境内许多地区都有汉长城和烽火台的遗迹了。

除了四郡沿线外，在玉门关至阳关的戈壁滩上，向达老师认为并无长城遗址，每隔十里，即有一墩，墩作六棱形。② 但 1981 年丝绸之路考察队实地观察，看见沿路有一条隆起的沙石垄，平均高约一市尺，当地同志认为，这也是汉长城遗迹。③

一般认为，汉长城最西边是敦煌以西邻近新疆的马迷兎（仍在甘肃境内）。但《丝绸之路漫记》一书的作者们实地考察，出甘肃，沿着古疏勒河的故道向西行，沿途还可不断看到一段段长城遗迹，有的像一垄长堤，有的如成串的小土丘。④《汉书·西域传》记载："自敦煌西至盐泽，往往起亭。"按盐泽即今新疆罗布泊。看来从敦煌到罗布泊不只有亭，而且有障（长城）了。

至于烽火台，就延伸的更向西了。据 1981 年丝绸之路考察队考察，在新疆经库鲁克塔格山和孔雀河之间，一直过了库尔

---

① 居延原为匈奴一支种族的名称。颜师古在《汉书·武帝纪》元狩二年注文中说："张掖所置居延县者，以安置所获居延人而置此县。"近人陈梦家经过考证，认为此说是正确的。筑居延后，居延就成了汉代统治者防御匈奴南下，保卫四郡的一个重要基地。

② 见向达《两关杂考》。

③ 《丝路访古》，甘肃人民出版社 1982 年版，第 42 页。

④ 《丝绸之路漫记》，新华出版社 1981 年版，第 8—10 页。

勒、轮台，都可看到零星的烽火台遗迹。今天看到的最西端的烽火台在库车的西北。[①] 当然，这些向西延展的烽火台，并不都完成于武帝时，大约兴建于昭、宣时期。汉宣帝神爵二年（公元前60年）置西域都护，驻轮台东北的乌垒城；汉元帝初元年（公元前48年）置戊己校尉于高昌壁（今吐鲁番东南）。壁，即是屯戍军队的壁垒。这时敦煌郡已成了汉代经营西域的后方基地了。

汉长城在当时是如此重要，为什么以后很少为人所知呢？可能是由于魏晋以后，中国内地变乱多端，没有力量向西经营，于是长城烽燧，就任其荒废了。[②] 到东晋安帝隆安三年（公元399年），法显往印度求经，通过敦煌时，所见汉长城，东西不过80里。自此以后，便很少为人提及。

20世纪以来，经过各方面考察，特别是从小方盘城（据认为即是汉玉门关）、居延、敦煌、马圈湾等地的长城烽燧中，先后发掘出土古汉简牍数万枚，以及实物几百件，这才使人们重新认识汉长城。这些汉简，大都是古代来往的公文、簿册、私人函件等等。实物有一些是麻鞋、箭镞、锥子、木梳等，在敦煌博物馆中都可以看到。根据这些文物可以大体推知二千年前戍边将士的活动，可以想象出"秦时明月汉时关，万里长征人未还"的苍凉悲壮。而戈壁滩上的一些烽火台的名称，也大都可以认出。汉代边防的建置，现在差不多可以重新画出一个轮廓了。

汉 唐 双 玉 关

"黄河远上白云间，一片孤城万仞山；羌笛何须怨杨柳，春

---

① 《丝路访古》，第17页。

② 参见向达：《敦煌考古》。

风不度玉门关。"这是唐朝诗人王之涣所作的千古传诵的名句。这个玉门关在何处？许多注家都认为就是汉武帝所置的、在敦煌的玉门关。[①] 对此说我持怀疑态度，因为中国古代曾经有过两个玉门关。到唐时，汉所置玉门关已经东移至今甘肃安西双塔堡附近了。（当然也不排除诗人写诗时，出于怀古的幽情，心目中想的是汉玉门关）根据史籍和前人的研究成果，下面对这个问题作一些探索，以求教于师友们。

如前所述，汉玉门关和阳关是汉武帝所置的两关，分别在今敦煌县的西北和西南七十余公里处。在海运未开以前，东西方交通和文化交流，长期以敦煌为枢纽。北路从敦煌出玉门关，经白龙堆大沙漠，到罗布泊，再到吐鲁番，向西南通焉耆、乌垒（今轮台东北）、龟兹、疏勒（今喀什）越过帕米尔高原，直到地中海东岸地区。南路从敦煌出阳关，沿着塔克拉玛干大沙漠南缘，经楼兰、若羌、且末、于田、和田（古于阗）、莎车，然后再到疏勒，或西南行至今阿富汗、伊朗等地。这两条路线同被誉为丝绸之路。汉张骞两次出使，凿空西域，都曾经过敦煌；东晋高僧法显也是出敦煌，渡流沙越过风雪帕米尔高原的。沿着这条路线，中国的丝绸大量西运；地中海的珍珠、西域的良马、于阗的美玉，也被大量运到长安；印度佛教及其艺术，也从此路传到了中原，无论南路北路，都必须经过敦煌，（玉门关即因美玉从此门入而得名）以此，敦煌被称为"咽喉之地"，"华戎所支一都会也"，当时的繁华是可以想见的。

但是敦煌后来为什么衰落，玉门关为什么东迁了呢？向达老师在《记第二次从敦煌归来》中分析，恐怕是由于从敦煌出发往

---

① 如近出的《唐人绝句选》、《唐人七绝诗浅释》两书都作此解。又，后者注：（汉）玉门关在今甘肃敦煌西南。误，应在西北。

西域，无论南路北路，都必须经过大沙漠，过于艰苦危险，因此改道。据《后周书·异域》高昌条记载："自敦煌向其国（指高昌，即今吐鲁番），多沙碛，道路不可准记，唯以人畜骸骨及驼马粪为验，又有魍魉怪异，故商旅往来多取伊吾路云。"又：在这条路上"有流沙数百里，夏日有热风，为行旅之患。风之欲至，唯老驼知之，即鸣而聚立，埋其口鼻于沙中。人每以为候，亦即将毡拥蔽鼻口，其风迅驶，斯须过尽，若不防者，必至立毙"。正因为如此，所以后来商旅多改伊吾道。伊吾即今哈密，即从现在的安西经星星峡和哈密到吐鲁番或到今乌鲁木齐、伊宁出西域。从安西到伊吾比较近，也没有越大沙漠的险阻。大概因此，敦煌逐渐衰落，玉门关也东迁至今安西双塔堡附近了。唐贞观三年[①]（公元629年），玄奘和尚西行取经，所出的玉门关即是此关。就是说，中国古代曾经有过两个玉门关，如将敦煌的玉门关称为汉玉门关，那么安西境内的玉门关可称为唐玉门关。弄清楚这点是必要的，因为一些学术著作，甚至有的辞书都搅混了。例如《马可波罗游记》（福建科学技术出版社1982年版）一书中《马可·波罗和〈马可波罗游记〉》一文中说：马可·波罗随其父、叔一行三人"穿过中亚的沙漠地带，翻过帕米尔高原，再逶迤向东，经过喀什、于田、罗布泊到达敦煌、玉门一带。他们

---

① 关于玄奘离开长安首途西行的年份，有不同说法。1983年中华书局出版的、以支那内学院本为底本点校的《大慈恩寺三藏法师传》正文为"贞观三年"；为《大唐西域记》作序的唐秘书著作佐郎敬播在序中也说是"贞观三年"，这也是一般公认的说法。但吕澂校订本1954年版的《刊误》说：三年，"依法师年岁推计，此应是元字误"。上海人民出版社1977年版的《大唐西域记》的校点者章巽也认为：三年疑是元年之误。有些学术著作（如《丝路访古》书中《高昌》一文，见该书第301页）将玄奘离开长安西行的年份写作"贞观元年"，可能即据此。但关于玄奘的年岁，《续高僧传·玄奘传》、《玄奘法师行状》、《法师塔铭》、《开元释教录》等各本不一，多处互有出入。故本文仍从一般公认的说法，即离长安时间为"贞观三年"。

在中国境内所走过的路线，大致就是古代高僧法显、玄奘取经时走的路线，不过相反罢了。"这里说的是玄奘经过敦煌出西域。上海辞书出版社 1981 年出版的《宗教辞典》一书第 331 页玄奘条下也写玄奘从长安西行，"经姑臧（治所在今甘肃武威），出敦煌"，到中印度，云云。[①] 都与史实有出入。实际上玄奘西行时没有经过敦煌，所经的玉门关也不是敦煌的玉门关，而是今安西的玉门关。

为什么会发生这样的问题呢？恐怕是由于不了解到唐朝时，玉门关已东迁；也不了解，唐朝时瓜州地名也已从敦煌东移至今安西一带了。

据《大慈恩寺三藏法师传》载：玄奘立志西行，"昼伏夜行，遂至瓜州。……因访西路。或有报云：'从此北行五十余里有瓠𬭚河，……上置玉门关，路必由之，即西境之襟喉也。关外西北又有五烽，……五烽之外即莫贺延碛，伊吾国境。'"这大致说明了玄奘所出的玉门关在瓜州北五十余里。也就是说玄奘西行时未

---

① 《宗教辞典》玄奘条："唐太宗贞观三年（629）长安饥荒，朝廷令百姓可自行谋生，他（玄奘）即从长安（今陕西西安市）西行，经姑臧（治所在今甘肃武威），出敦煌，……展转到达中印度……"云云。其中所记玄奘是在"朝廷令百姓可自行谋生"情况下西行的，与史实也不符。史实是：玄奘立志西行取经，但当时"国政尚新，疆场未远，禁约百姓不许出蕃"。玄奘从长安至凉州（今武威）后，大都督李大亮逼他返京，他偷偷走了，"昼伏夜行"，到瓜州后，"凉州访牒又至"，要严捉玄奘，幸得州吏李昌帮助，才得继续西行。十八年后，玄奘在归途中，在于阗遣人先上表给唐太宗也说自己"遂于贞观三年四月昌越宪章，私往天竺。"后来见到唐太宗时，也说自己"无任慕道之至，乃辄私行，专擅之罪，唯深惭惧。"（见《大慈恩寺三藏法师传》）可见玄奘是犯禁西行的，而不是在"朝廷令百姓可自行谋生"的情况下西行的。

《大慈恩寺三藏法师传》一书是曾经参与玄奘译经工作二十年的玄奘弟子慧立和彦悰合著的。此书与由玄奘口述、辩机撰文的《大唐西域记》同被认为是研究玄奘西行经历的最可靠的信史。梁启超在《支那内学院精校本玄奘传书后》一文中，曾赞誉《大慈恩寺三藏法师传》为"古今所有名人谱传中，价值应推第一"。

经敦煌，而是经瓜州，出伊吾的。那么，这时的瓜州又在何处呢？原来，瓜州地名春秋时曾属于敦煌，为允姓之戎所居（见《左传·昭公九年》，以地出美瓜，故名）。据《元和郡县志》卷四十载："后魏太武于（敦煌）郡置镇，明帝罢镇置瓜州，以地为名也，寻又改为义州，庄帝又改为瓜州。"又据徐文范《东晋南北朝舆地表》载：北魏孝明帝二年，以敦煌镇为瓜州，治所在敦煌。一直到唐初，到了唐高祖武德二年（公元619年），仍以敦煌为瓜州（见《旧唐书·地理志》）如果不细加考察，很容易以为慧立在《大慈恩寺三藏法师传》一书中所说的瓜州即是敦煌，而其北的玉门关即是敦煌的玉门关。但是，根据《旧唐书》和《新唐书》的《地理志》记载：唐高祖武德五年（公元622年）已将敦煌改名为西沙州（贞观七年，即公元633年，又去"西"字，改名沙州，因其南有鸣沙山，故名）；武德五年，另置瓜州，治所在晋昌。近人认为，唐晋昌在今安西县东的锁阳城[1] 按唐高祖武德五年，比玄奘离长安西行的贞观三年（公元629年）早七年；比慧立、彦悰著《大慈恩寺三藏法师传》早42到66年[2]。按诗人王之涣出生于公元688年，此时瓜州地名已东移至今安西66年了。

又：《大慈恩寺三藏法师传》记玄奘从天竺经于阗等地回来

---

① 见《丝路访古》，第311页。向达老师根据一块残碑的碑文与《旧唐书·张守珪传》相对照，认为"锁阳城之苦峪城即唐代之瓜州故址也。"（见《唐代长安与西域文明》第390页）

② 唐高宗麟德元年（公元664年），玄奘去世后，慧立为表彰其师功业，便将玄奘的取经事迹写成书，即《大慈恩寺三藏法师传》前五卷。初稿完成后，慧立虑有遗缺，便藏之于地穴中，秘不示人。到慧立临终时，方命其门徒取出，公之于世。到武周垂拱四年（公元688年），玄奘的另一弟子彦悰又将这五卷重加整理，另又自撰五卷（即本书的后五卷），合成十卷。是则本书成于公元664年和688年，上距玄奘西行42—66年。

返抵敦煌一事，用的是"既至沙州"四字，也足以证明当时敦煌是沙州而不是瓜州的治所。唐瓜州治所在晋昌，按晋昌即汉之冥安，隋亦称常乐，地点在今安西境内。《隋书·西突厥传》载：炀帝"遣裴矩……驰至玉门关晋昌城"。又称，自长安西去，必先至玉门关而后抵晋昌。《隋书·地理志》常乐县条下注云："开皇初郡废，县改为常乐。有关官。"向达老师认为："隋常乐有关官，其治所为玉门关无疑也。"

话又说回来，北周以后，商旅虽多改道伊吾出西域，玉门关亦已东移，但敦煌一路亦未完全荒废。如玄奘于贞观十八年（公元 644 年）回国时，就是经过于阗、且末等地返抵敦煌的。但这条路确实十分难走，据玄奘在《大唐西域记》自述：玄奘等"东行入大流沙，沙则流漫，聚散随风，人行无迹，遂多迷路，四远茫茫，莫知所指，是以往来者聚遗骸以记之。乏水草，多热风，风起则人畜惛迷，因以成病。时闻歌啸，或闻号哭。视听之间，怳然不知所至，由此屡有丧亡"。旅途是这样的险阻，唐以后，海运日趋发达，因此这条陆路就绝少人走，也很少有人提起了。

通过上面引证的史料，我们弄清楚了玉门关有汉唐的不同。现在还要进一步研究：汉朝有过几个玉门关？其所以提出这样的问题，是因为有人认为汉武帝太初二年（公元前 103 年）的玉门关应在敦煌县以东，只是在太初三年以后，才将玉门关改置到敦煌县的西北。法国汉学家沙畹（E. Chavannes）在他所著的《斯坦因在东土耳其斯坦沙漠所获中国文书考释》（*Les documents Chinois decouverts par Aurel Stein dans les sables du Turkestanoriental*）一书的序论中，就持这种观点。我国的王国维在《流沙坠简》一书的序中亦赞同此说。他们主要根据《史记·大宛列传》中这一段记载：汉武帝太初元年（公元前 104 年）遣贰师将军李广利第一次征大宛，失利，"引兵而还。往来二岁，还至敦煌，士不过什一二。……天子闻之，大怒，而使使遮玉门曰，军有敢入者辄斩之！贰师恐，因留敦煌。"据这段材料推理，李广利从西边败回，已抵敦煌。为防止李广利继续往东，汉武帝"使使遮玉门"，可见当时玉门关在敦煌之东。向达老师曾指出沙畹此说的错误。[1]

问题是，《史记》在这里所说的玉门是否即是玉门关呢？据《汉书·地理志》载：酒泉郡有九个县，其一为玉门；敦煌郡有六个县，其一为龙勒，龙勒县境内有阳关、玉门关。可见，汉时玉门与玉门关是两回事。汉时的龙勒，唐改称寿昌，在今敦煌境内，今日的阳关遗址附近即古寿昌城，所谓玉门关在龙勒，即在敦煌。汉武帝"使使遮"的"玉门"，不是玉门关，而是在酒泉的玉门县。这个玉门县在今玉门县属的赤金堡附近，在酒泉西数十公里，正在进入酒泉的要道上。据丝绸之路考察队认为，赤金堡就是汉玉门县治所在地。[2]汉武帝在此"使使遮"之，就是不让李广利进入酒泉的意思。

再从时间上看：《汉书·武帝纪》将汉武帝"分武威、酒泉地、置张掖、敦煌郡，徙民以实之"，即所谓"列四郡，据两关"一事，系于元鼎六年，即公元前 111 年，比李广利第一次西征大宛败归的太初二年（公元前 103 年）早好几年。其实建玉门关还可能更早一些。据 1943 年西北科学考察团在敦煌西北小方盘城（据认为即汉玉门关遗址）附近发现汉简数十枚，其中一枚存字两行，内有"酒泉玉门都尉"字样，说明玉门都尉曾直接隶属于

---

[1] 向达老师在 1944 年曾著《玉门关阳关杂考》一文（载《真理杂志》第 1 卷第 4 期）指出沙畹氏的错误。后来此文收入《唐代长安与西域文明》（1957 年三联版）一书中，题目改为《两关杂考》。本文关于这个问题的探索，就是在老师的观点指导下写成的。

[2] 见《丝路访古》，第 310 页。

酒泉郡，就是说，在公元 111 年，敦煌还没有从酒泉分出来设郡之前，在敦煌西北已经有玉门关了。据《资治通鉴》编年：元鼎二年（公元前 115 年）即有玉门关，这比李广利西征大宛的太初年间早十来年。

以上材料说明，太初之前的玉门关即在敦煌西北。《汉书·张骞、李广利传》在汉武帝"使使遮玉门"一句下所加的"关"字，疑是衍文。

许多考古学家、历史学家认为，汉玉门关就是今天敦煌县城西北七十多公里的小方盘城。① 据考察，这个城残垣高 9.7 米，上宽 3.7 米，下宽 4—5 米；城略成方形，东西各长 24 米，南北宽 26.4 米，面积为 633 平米（还不到一亩地），西北墙原来各有一门，因年久墙土剥落，现在已形如土洞了。有人怀疑，这个土城如此的小，恐怕不会是当年丝绸之路上的赫赫有名的重要关口玉门关，可能只是玉门关附近驻兵的一个土堡。考古学家在小方盘城发掘的一枚汉简，其文曰："酒泉玉门都尉护众侯畸兼行丞事"，说明小方盘城是当时玉门都尉驻兵之地。目前虽还没有发现营房遗迹，但有许多马粪，似也可作为曾驻兵马的旁证。甘肃考古队据近年发掘认为，汉玉门关应在小方盘城西十一公里的马圈湾附近。据说已从该处掘出三百多件遗物和一千二百多枚汉简，云云。②

至于古阳关确址在何处，那就更加渺茫了。据考古学家的推算，今敦煌县城西南约 70 公里处有一南湖，相传其附近即古寿昌城，南湖西北隅有一古董滩（据说在那里经常可以拾到一些汉

---

① 法国汉学家沙畹和王国维据斯坦因所得汉简考证，持此说。向达老师根据巴黎藏石室本《沙州图经》也提到玉门关"周回一百二十步，高三丈"，所记周回和高度，与今小方盘城相似，因此，也认为今日小方盘城即汉玉门关。

② 见《丝路访古》，第 313 页。

唐遗物如陶器、古钱、箭镞之类，以此得名），即阳关故址。另外，1981年丝绸之路考察队有的同志从古董滩向南翻越十四道沙梁，发现一大型版筑遗址，面积上万平米，附近并有断断续续的宽厚城堡的墙基，以及陶片等遗物堆积。他们判断，这里才是汉代的阳关。[①]

这些只能待以后进一步探索研究了。

此外，还应提一下大方盘城。此城在小方盘城东约20公里，约比小方盘城大一倍，故名。城为长方形，中间隔成三段，北壁上下都有小洞，想是个仓库，小洞是用作通风的。伦敦藏石室本唐《敦煌录》曾提到有一储军粮用的河仓城，看来就是这个大方盘城了。1943年，西北科学考察团历史考古组在此曾掘得石碣一个，刻"晋泰始十一年"字样，说明晋时仍作仓城，只是在唐以后才逐渐废弃。在这里还掘出过一些糜子、谷子、大麦等，现都放在敦煌县博物馆内展出，使人们更加相信这里曾是储军粮的地方。

汉 武 三 天 马

敦煌博物馆内挂着一幅拓片，题名是《月牙泉怀古》，是一首乐府长诗，写作时间不详，下款落的是"韩锡麟"，字迹相当秀丽。月牙泉在敦煌城南约十来里，是敦煌八景之一。诗的内容头几句是说作者访月牙泉和鸣沙山的经过，接着因景生情，抒发自己的感想。摘录如下：

> ……雷动沙山隐有声，半泓秋水悬月牙，人言此即古渥洼，曾出天马贡天子。汗血流赭喷桃花，我闻斯言剧叹息。

---

① 见《丝路访古》，第312页。

天马之来从西极，自古旅骙有明训，异物何关远人格。好事
汉武开边界，穷师直到轮台外，贰师转战八千里，兵气连云
压虏塞。沙场白骨无人收，天阴月黑鬼啾啾，万古烟尘不得
清，后人尤筑筹边楼，区区宛马何足数，胡神其说夸英武，
可怜四海战争力，得不偿失竟何补。……

这首诗是谴责汉武帝为了取得西域天马，穷兵黩武，派贰师
将军李广利远征大宛，劳民伤财，得不偿失。意思是可以理解
的。但看来，诗的作者对有关天马的一些史实还弄不太清楚。

诗的作者以为月牙泉即古之渥洼水，即曾出天马的地方。据
说，以前月牙泉旁曾有辉煌的庙寺，有雕画的廊庑，院内廊下，
嵌一木牌，刻有"汉渥洼池"四字，可能这就是诗作者的依据。
但这是一个误解。（很可惜，我们这次访问月牙泉，已经看不见
寺庙了，据说在"文化大革命"期间被破坏无遗。院内木牌，当
然也就看不见了。）

目前考古学家公认：汉渥洼池应在古阳关遗址以东。出今敦
煌县城西南行约70公里，经过山岗上的烽火台，来到一座被沙
丘掩埋的古城遗址，叫寿昌城（汉称龙勒，唐改名寿昌）。紧靠
寿昌城，有一道茂密的防沙林，穿过林带，就是南湖公社，有四
股地下泉水涌出来。这里本来地势低洼，附近有一石坝，将涌出
来的水拦成一个小湖。湖畔长着丰茂的水草，引来饮水的马、骡
和羊群。这一池洼水古代即有，在汉武时叫渥洼池，又叫寿昌海
或寿昌湖，[①] 所谓天马出于渥洼池的故事就发生在这里，而不是
在几十公里外的月牙泉。

---

①　据后晋天福十年写本《寿昌县地境》寿昌海条下注：寿昌海"源出县南十
里，方圆一里，深浅不测，即渥洼池水也。"又注明，此处是暴利"长得天马之所"
（向达：《唐代长安与西域文明》第436页）。

据《汉书·武帝纪》元鼎四年（公元前 113 年）条："秋，马生渥洼水中。"李裴注曰："南阳新野有暴利长，当武帝时遭刑，屯田敦煌界，数于此水旁见群野马中有奇（异）者，与凡马（异），来饮此水。利长先作土人，持勒鞯于水旁。后马玩习，久之（利长）代土人持勒鞯收得其马，献之。欲神异此马，云从水中出。"汉武帝十分迷信，又见此马果然雄壮，信以为真，称为天马，赦暴利长无罪，迎为上客。汉武帝作《宝鼎、天马之歌》，把天马比作能驱风行云的龙，歌词如下："泰一况（按：泰一即天神），天马下，沾赤汗，沫流赭，志俶傥，精权奇，茶（音蹑）浮云，晻上驰，驱容与，遰（音逝）万里，今安匹，龙为友。"

又据《史记·大宛列传》记载："汉武帝时得乌孙好马，名曰天马。及得大宛汗血马，益壮。更名乌孙马曰西极，名大宛马曰天马云。"当时作了《西极天马之歌》。这样，连乌孙的天马、大宛的天马在内，汉武帝曾经三次得到天马。

关于汉武帝派李广利远征大宛取善马一事，《史记》、《汉书》都有记载；张骞于建元三年（公元前 138 年）第一次出使西域，元朔三年（公元 126 年）返汉，告诉汉武帝说，汉正西约万里有一个国家，名叫大宛①，"多善马，马汗血②，其先天马子也。"（据《汉书音义》注："大宛国有高山，其上有马，不可得，因取五色母马置其下，与交，生驹汗血，因号曰天马子。"）后来又有人向汉武帝说，大宛有善马在贰师城。武帝好马，就派遣壮士车令等为使者拿着千金和金马到贰师城要求和大宛王交换善

---

① 大宛，古西域国名，在今苏联亚细亚费尔干纳盆地。

② 《汉书·武帝纪》太初四年条下注："应劭曰：'大宛国有天马种，蹋石血汗，汗从前肩膊出，如血。号一日千里。'师古曰：'蹋石者，谓蹋石而有迹，言其蹄坚利。'"

马，大宛王不肯，汉使大骂起来，还把金马打碎，大宛王就派人把汉使杀掉。汉武帝大怒，于太初元年（公元前104年）派贰师将军李广利率步骑数万人远征大宛，失败，兵力只剩下十之一二，退兵还敦煌。武帝不许进入玉门，又在全国搜罗步骑兵六万多人，仍由李广利率领，并派大量人畜力，运输物资作后勤支援，再次远征大宛。太初三年（公元前102年），围大宛，众贵族杀了大宛王降汉，并将马匹一齐献出，让汉军挑选。"汉军取其善马数十匹，中马以下牡牝三千余匹，……乃罢而归。"

总计李广利两次出征大宛，历时三四年，劳兵十余万，死伤数万，丧师糜饷，弄得天下骚动，灭人之国，屠人之城，只换回数十匹善马。汉武帝的这种做法，历来受到史家批评。《月牙泉怀古》一诗的作者对此也作出了应有的谴责，但他在史实方面有些错误，第一，他把月牙泉误作出天马的渥洼池；第二，渥洼池的天马与大宛的天马也有区别，但作者在诗中混在一起，没有分别说清楚。

从以上史实我们可以看到，汉武帝十分喜爱良马，为了获得大宛的善马，不惜大动干戈，劳师远征。我想，这不能单纯看作是个人的兴趣爱好，恐怕应该由当时战争的需要来解释。

在古代，马匹之于战争，其重要性不亚于今日的坦克、装甲车。对付善于骑射的游牧民族，更需要大量优质的战马。据英国的彼得·霍普科克在《丝绸路上的外国魔鬼》（甘肃人民出版社1982年版）一书中考证，汉朝时中国的马是一种现在被称为泼里奇伐尔斯基马的品种（Prejevalsky's Horse）。这种马身躯比较矮小，行走迟缓（见该书第8页）。因此，汉武帝听张骞提到大宛的高大强壮有力的天马，大感兴趣。早在李广利伐大宛前十几年就派使者相望于道，万里求索①，取来以装备自己的骑兵，并改良自己的马种。

为取得西域良种的战马，是后代许多君王将帅西征的一个目标。如前秦建元十八年（公元382年），苻坚派吕光西征，其任务之一即是为保证河西战马的供应。吕光西征龟兹（今库车一带）后，在奏疏中说："入其国城，天骥龙麟，……万计盈厩，虽伯乐复生，卫赐复出，不能辨也。"②班师之日，又带回龟兹战马万余匹。唐太宗于马上得天下，在边境上遇到的又是突厥、吐蕃这样的善于骑射的游牧民族，所以深知好马的意义。他本人也非常爱马，昭陵六骏是众所周知的。唐太宗从各方面创造条件大力发展养马事业。《通典》中说，唐初"仅得牝牡三千匹，徙之陇右"。这可算是唐代养马业的开始。唐太宗除注意互通关市购马外，还曾"命使者多赍金帛，历诸国市良马。"（《资治通鉴》）经过多年辛苦经营，到了唐高宗时，已是"马至七十万六千匹"。"天宝后，诸军战马动以万计"，被称为"秦、汉以来，唐马最盛。"养马业的兴旺，换来了国力的强盛，边防的安全。"天子又锐志武事，遂强西北蕃。"（《新唐书·兵志》)③

汉朝的天马是什么样子，可惜我们已无从看到了。1969年10月，在甘肃武威县雷台附近挖掘出举世闻名的足踏飞燕的青铜飞马，造型矫健精美。它昂首嘶鸣，飞跃奔驰，躯体饱满健壮，三足腾空，后右足轻轻踩在展翅飞翔的燕子背上，真如天马行空，凌虚御风，所向无前。据考证这是汉朝的无名艺师的杰

---

① 《资治通鉴》将"天子得宛汗血马，爱之，名曰：'天马'，使者相望于道以求之"一事，系于元鼎二年（公元前115年），比暴利长献天马早二年，比李广利伐大宛取得善马早十多年。

② 《太平御览》卷895。

③ 参考《丝路访古》。

作，可能就是天马的精彩的摹拟品吧！

[**作者附言**：到敦煌访问调查后，重温《史记》、《汉书》等史籍，学习近人考古研究成果，并加以比较分析，写成此文。向达老师的著作给作者以很大启发。抗战期间，作者曾在西南联大从向达老师学习中西交通史，当年耳提面命，音容笑貌至今尤历历如在目前。老师为人耿直、正气凛然。1946 年底在北平学生抗议美军暴行期间，老师曾面斥特务，虽被殴打，仍坚持正义斗争，给进步学生以很大支持和鼓舞。老师不但是当代知名的学者，而且和闻一多、吴晗一样，也是"民主教授"，但 1957 年，竟被错划为右派，1966 年，在"十年浩劫"中，又被迫害致死。这是我国学术界一大损失。老师对中西交通史和敦煌学有很深的造诣。谨以此文，作为对老师的纪念。]

（本文原载《未定稿》1984 年第 9 期，《中国史研究》1984 年第 4 期转载，澳洲的华文学术刊物《汉声》杂志转载，香港《大公报》1999 年分 6 期转载）

评《红楼梦》后四十回

在曹雪芹生前和死后二三十年间，《红楼梦》（前八十回）以抄本形式流行，"不胫而走"，影响极大。它揭露了当时封建社会的种种黑暗和腐朽，引起了封建统治阶级极大的恐慌，诋之为"淫书"、"邪说"，千方百计要禁止它、烧毁它，但不能奏效。于是就企图通过篡改的方法，磨掉它反封建的锋芒，使之成为封建统治阶级可以接受的东西。正是为了适应这种政治需要，高鹗不但对前八十回作了许多重大的篡改，而且又续了后四十回，给封建大家族——贾府安排了一个"沐皇恩"、"复世职"、"兰桂齐芳"的大团圆结局，并在续书中大肆宣扬封建伦理道德、因果报应等等。高鹗为《红楼梦》作序时曾经写道："予以是书，……尚不背于名教……遂襄其役。"这说明高鹗续书的目的正是企图将《红楼梦》纳入"不背于名教"的轨道，使它为巩固封建秩序服务。

一 关于全书的结局和所谓"福善祸淫，古今定理"

曹雪芹经历了十年辛苦，"滴泪为墨，研血成字"，才写定前八十回，从目前资料推断，他还写了后几十回初稿。由于一些我们目前还不知道的原因，这部分初稿已经散失，但曾为脂砚斋等人见过。根据他们在批语中提供的线索，在后几十回中，贾府和贾宝玉的结局大致是这样的：贾府满门被抄，贾赦、宝玉和王熙凤等被捕下狱；后来宝玉被营救出来，沦于"寒冬噎酸齑，雪夜围破毡"的贫困绝境；由于对衰亡了的封建家庭完全失望，"悬崖撒手"，出家当了和尚；贾府最后一败涂地。这个结局和第一回、第五回的暗示是相符的。

在高鹗续书中贾府的结局却和曹雪芹的原意完全背道而驰：贾府虽一度被抄，但很快就"沐皇恩"，家道复兴；作恶多端的贾赦、贾珍和害了两条人命的凶手薛蟠，也遇赦归来；宝玉中了举人之后才出家，还留下了遗腹子，预示他日"兰桂齐芳"，世泽绵延。

贾府为什么能复兴呢？

在第一百二十回中，高鹗借甄士隐之口作了回答："福善祸淫，古今定理。现今荣宁两府，善者修缘，恶者悔祸，将来兰桂齐芳，家道复初，也是自然的道理。"

那么，高鹗辨别善恶的标准又是什么呢？就是是否恪守封建的"名教"。所谓"名教"也就是忠孝节义这一套封建伦理道德。统观后四十回，凡是被认为是忠臣、孝子、节妇、义仆的，就是善，就得福；否则，就是恶，就得祸。

"忠臣得福"的例子是贾政。在前八十回，贾政是一个封建正统派的典型人物，旧礼教的卫护者。他念念不忘天恩祖德，以自己的女儿能当上皇帝的小老婆为无上的光荣，对皇帝感激涕零，表示要"肝脑涂地"，"朝乾夕惕，忠于厥职"，以不负"眷顾隆恩"。但在高鹗看来，他是一个忠臣，应该大大赐福。所以到了后四十回，高鹗千方百计替他涂脂抹粉，把曹雪芹笔下的不学无术、面目可憎、专横暴虐的"假正"（贾政）人改写成为地地道道的正人君子，处处表现他的纯正忠厚，歌颂他内心的纯洁、清高。而且，善有善报，即使在贾府被抄时，也只抄了贾赦和贾珍，而贾政则始终得到两位王爷的大力回护；原由贾赦承袭的荣国公世职，也很快就按照皇帝的旨意改由贾政承袭了。

因为孝、节而得福的例子是贾兰和李纨。在高鹗笔下，贾兰是一个连"睡在被窝里头"也想读孔孟经书的孝子（一百一十回），后来果然一举成名，光宗耀祖，尽了孝道。李纨母以子贵，苦尽甘来，不负守节一场。因义而得福的有平儿和包勇。平儿因挺身而出，义救巧姐，又在困难时，拿出自己的体己，帮助贾琏度过难关，因而由侍妾上升为奶奶，当上了主子。包勇则是个义仆，被甄府推荐到贾府，他就"赤心护主"，在街上听人说贾雨村对贾府落井下石，他非常气愤，大骂"没良心的男女，怎么忘了我们贾家的恩了"，要"打他一个死！闹出事来，我承当去"（一百零七回）。当贾府被劫时，他更是不顾个人安危，只身追捕凶犯，一棍打死了何三。高鹗以赞赏的笔调描写了这样一个义仆，还给他安排一个善报。甄家复兴之后，他就回到深受知遇之恩的故主甄家，有了一个好结果。与此相反，海疆人民敢于起来造反，被高鹗看做大逆不道。于是，安排他们受到朝廷所派出的安国公、甄应嘉一类"能文能武"官员的镇压，有的还就地正法（一百一十七回）。

二 关于对待封建君权的问题

在高鹗笔下，因果报应，"福善祸淫"，是一个"古今定理"。执行这个定理的主宰之一是封建皇帝。且看：贾府甄府得以复兴，那些忠臣、孝子、节妇、义仆所以得福，不都是直接或间接蒙受皇恩的结果吗？在后四十回中，从回目到内容，到处充满着对封建皇权的歌功颂德，什么"皇恩浩荡"，"千载难逢"，什么"圣恩隆重，深仁厚泽"，"主上的恩典比天还高"等等，不下数十处。在前八十回中，我们虽然也可以找出一些"颂圣"的词句来，但多半是作者不得不说的、言不由衷的门面话，跟情节的具体描写所给人的印象，恰巧相反；有时，甚至像是夹着嘲讽的反话。与续书出自本心本意的歌颂圣明，是有本质区别的。

应当承认，在续书中，对封建社会官场中的黑幕也作了一些揭露，这又怎样解释呢？这是因为：在前八十回中，曹雪芹对封建统治阶级压迫、剥削人民的罪行已作了许多深刻的揭露，高鹗是续书，对此不能不有所关照。而且，正如鲁迅先生指出：高鹗补《红楼梦》时，"未成进士，'闲且惫矣'，故于雪芹萧条之感，偶或相通"。所以，他在续书中也写一些封建官场黑幕，暴露一些封建官吏的丑行。但是，高鹗认为，这些问题只不过是个别的、偶然的现象，在圣明皇帝统治下，是会得到妥善解决的。实际上，高鹗所以描写这些，正是为了从另一侧面衬托出皇帝的圣明，是"小骂大帮忙"。高鹗通过一些人物之口，吹捧皇帝"仁慈待下，明慎用刑，赏罚无差"（一百零七回），"如今的万岁爷是最圣明最仁慈的，独听了一个'贪'字，或因糟踏了百姓，或因恃势欺良，是极生气的，所以旨意便叫拿问。若问出来了，只怕搁不住；若是没有的事，那参的人也不便"（见一百十七回）。

请看：冷酷的贾雨村不是"带着锁子"被解到三司衙门审问了吗？"交通外官，倚势凌弱"的贾赦和贾珍不是被抄家流放了吗？杀人凶手薛蟠不是也被抓起来了吗？这位皇帝是多么"圣明"，多么"赏罚无差"啊！有这样圣明的皇帝，一切都会得到公正的处理，子民百姓只应该恪遵名教，安分守己作顺民，不应有半点非分之想。"如今真真是好时候！只要有造化，做个官儿就好！"（一百一十七回）这是高鹗对封建社会的赞歌，也是他自己的心声。

三　关于对待神权的问题

在续书中，作为"福善祸淫"的另一主宰是天命鬼神。这个主宰无所不在，全知全能，掌握着人间的一切祸福，因果报应，丝毫不爽。请看：夏金桂由于淫恶狠毒，想害死香菱，结果"天理昭彰"，反而害了自己；而香菱，则因为谨守妇道，逆来顺受，安分守己，不但没有被害死，反而由侍妾上升为主子奶奶。马道婆和赵姨娘勾结，企图用魇魔法害人，结果，"佛爷有眼"，马道婆阴谋暴露，被官府问成死罪；赵姨娘被阎王爷抓到地狱拷打，蓬首赤足，死在炕上。心狠手毒、害死多条人命的王熙凤，原来自称不信阴司鬼神、地狱报应的，结果偏让她多次遇神遇鬼，又是"月夜警幽魂"，又是"神签惊异兆"，最后被尤二姐、金哥未婚夫妇等冤魂缠绕索命而死。很明显，高鹗之所以反复描写这些情节，不过是企图证明：天命鬼神、因果报应是确实存在，不能不相信的。（以上分别见一百零一、一百零三、一百一十二、一百一十四回等）

续书还以很大的篇幅宣扬天人感应。例如：第八十五回，贾宝玉的通灵"竟放起光来了，满帐子都是红的"。据说那是因为宝玉要提亲，通灵报喜来了。九十四回的海棠冬开，竟成了贾府衰败的先兆，正如探春所预见："大凡顺者昌，逆者亡；草木知运，不时而发，必是妖孽。"果然，随之而来的是宝玉失通灵，元春、王子腾二人突然去世，使四大家族失去了靠山，贾府被抄，贾母、王熙凤又相继死亡，真是天人感应，立竿见影。

在高鹗笔下，那些算命的、测字的、弄巫术的一个个都是灵验的先知。宝玉失通灵后，刘铁嘴测字，不用问就知道是丢了可以在"嘴里放得"的"珠子宝石"（九十四回）；妙玉扶乩，连天机也能透露；她听黛玉琴音还能预知日后凶信；外省来了一个算命先生，有人把元春的八字夹在众丫头的八字里请他算，他一下子就算出这位"元月初一生的姑娘"必定"贵受椒房之宠"，"是一位主子娘娘"，又算出，就怕遇着"寅年卯月"。后来果然应验了。为了比附"虎兔相逢大梦归"的话，寅年卯月，就让元春死了。贾珍的老婆尤氏送探春远嫁，傍晚经过荒凉的大观园，归来得病，请一位毛半仙来起卦。这位半仙居然知道尤氏是"在旧宅傍晚得的"病，并且预言，"到了戌日就好"，又说恐怕贾珍也有些关碍，等等。不久，贾珍真的生病了，"竟不请医调治，轻则到园化纸许愿，重则详星拜斗"，居然不药而愈（一百零二回）。这样看来，这位毛先生不是半仙，竟是全仙了！

在前八十回甄宝玉原来和贾宝玉一样，从小深恶那些科举八股，被父亲下死力笞挞多次也不能改。但在高鹗笔下，就改邪归正了（一百一十五回），并且带着忏悔的口吻，现身说法，劝导贾宝玉读经书，要言忠言孝，以显亲扬名，"方不枉生在圣明之时，也不致负了父亲师长养育教诲之恩"。甄宝玉后来高中举人，达到了目的。在前八十回中，曹雪芹完全没有这方面的暗示，高鹗却凭空给甄宝玉安排了这样一个命运，无非是为了说明：像贾宝玉原来那些离经叛道的思想行为是没有出路的，只有像甄宝玉那样，改邪归正，"不背于名教"，才是真（甄）的宝玉，才能真有前途。

认真比较一下前八十回和后四十回，就可以知道曹雪芹对待神权的态度，和高鹗也有着本质上的区别。诚然，前八十回也有许多神话故事。但是，小说开卷第一回就向读者指出，作者是"借'通灵'说此'石头记'一书"的。请注意，这里用的是"借"字。在前八十回中神仙的名字叫什么茫茫大士、渺渺真人、空空道人、警幻仙姑，而地名叫什么大荒山、无稽崖、太虚幻境等等。虚构这样的神名、地名难道是偶然的吗？作者的用意很清楚：这些其实不过是渺、茫、空、幻、虚假、荒诞的无稽之谈，属于"假语村言"，为的是给全书蒙上一层虚无缥缈的神秘色彩，以掩盖其严肃的政治内容。这和作者表白"此书不敢干涉朝廷"、"大旨不过谈情"一样，都是为了逃避当时森严的文网，是"狡狯"之笔。如果联系前八十回中一系列反迷信的故事情节，这个意思就更加清楚了。不错，曹雪芹也写了一些鬼神情节，但细加分析就可以看出都有深刻的寓意。如第十六回写秦钟死前鬼判官勾魂一段，明写阴间，实写阳间，把阳间封建官吏趋炎附势、欺弱怕强的丑态刻画得入木三分。同时，又揭露所谓"阴间鬼神公正无私"等说教全是骗人的鬼话，既骂了阴间的鬼神，又骂了阳间的官吏，真是一箭双雕！

在第一回和第五回写宝玉神游太虚幻境等章节中，作者用浪漫主义手法，概括并暗示了贾府必然衰败的结局以及大观园女儿们的性格、遭遇和悲剧命运（都是"薄命司"中人）。如"还泪"的神话，实际上预先揭示了宝黛爱情悲剧的必然性和黛玉在典型环境中形成的多愁善感的典型性格。又比如："运终数尽，不可挽回"，这是对贾府结局的深刻概括，也暗示整个封建阶级必然衰亡的历史趋势。但这是通过荣宁二公的幽灵向警幻仙姑说出来的，使它蒙上了一层神秘的宿命的色彩。然而，重要的是，曹雪芹在整个八十回中，以现实主义的手法，通过大量的政治、经济、社会各方面深刻的描写，通过一系列有血有肉的真实的艺术形象，令人信服地表现了封建统治阶级已逐渐到了"运终数尽，不可挽回"的地步。在这里，起支配作用的是人的因素，是社会的制度，而不是神，不是因果、宿命的法则。

在晴雯死后作芙蓉花神的传说中，曹雪芹没有忘记说明这只是一个小丫头"诌"出来的。它只是一个象征，不是真实。通过芙蓉花神又引出一篇充满神奇幻想的"芙蓉诔"。作者或乘虬龙，或跨凤凰，遨游于太虚苍穹，但诔文的实意则在人间："毁诐奴之口，讨岂从宽？剖悍妇之心，忿犹未释！"对封建势力的深恶痛绝，表明宝玉的思想已有了一个鲜明的飞跃。这样的神话描写，是属于积极的浪漫主义范畴，不但不会使人逃避现实，而只能加强人的生活意志，唤起人们对于现实一切压迫的反抗精神。

后四十回就完全不同了。在那里，到处充斥着福善祸淫、因果报应的迷信故事。天命鬼神不但支配着人物的生死祸福，而且可以改变主角的性格，左右主要情节的发展，成了续书者可以任意背离客观现实生活的真实，不顾人物思想性格发展逻辑，自己想要怎么写，就怎么写的一种凭借。例如九十八回，写宝玉昏迷后，灵魂到了阴间，鬼神按照封建"名教"的伦理观点，警告宝玉，如不"安分守常"，就会"自行夭折"，"囚禁阴司"，"受无边的苦"。宝玉醒来之后，就悟知"金石姻缘有定"，渐渐的将爱慕黛玉的心肠移在宝钗身上了。如果不借助于阴司鬼神，高鹗就无法使宝玉完成这个转变，以后的故事就没法写下去。高鹗只有借助阴司鬼神的力量，才能改变宝玉的性格，使宝玉背叛了他和黛玉之间的生死不渝的爱情，并为以后宝钗怀孕、兰桂齐芳、贾府世泽绵延铺平道路。又如一百一十六回重游太虚幻境成为宝玉出家的决定因素（关于这点，后面还要详述）。在高鹗笔下，宝玉重游的"太虚幻境"已变成"真如福地"，"孽海情天"变成"福善祸淫"，"薄命司"变为"引觉情痴"。宝玉重游幻境以后，竟成了能预知大观园诸人未来的地神仙，而且悟知："世上的情缘，都是些魔障"，不论尤二姐的吞金，尤三姐的饮剑，还是黛玉的悲愤致死，晴雯的抱屈夭亡，都是由于"尘缘未断"。"薄命"缘于"痴情"，一切都由"命定"。最后都归于"真如福地"，皆大欢喜。这样，高鹗就把封建社会对她们的残酷压迫，把缕缕的鞭痕、斑斑的血泪，都一笔勾销了！这就是高鹗宣扬"宿命论"的用心。

前八十回虚构的幻想境界和后四十回的见神弄鬼，在艺术性方面也不可同日而语。曹雪芹写的"补天"、"还泪"、芙蓉花神等神话故事，是何等的优美，想象力是多么丰富，多么富有艺术魅力，令人浮想联翩。对比之下，高鹗写的赵姨娘被阎王拷打致死，王熙凤被冤魂索命而亡等等，就显得十分庸俗和低劣。

还必须指出，曹雪芹虽然写了一些渺茫虚幻的神仙，但一接触到现实人间的和尚、尼姑、道士等一类人物，大都采取揭露和批判的态度，这和高鹗正好形成尖锐的对比。例如，第八十回，曹雪芹让那个被称为"膏药灵验，其效如神"的王道士作了自我揭露。他说："告诉你们说：连膏药也是假的。我有真药，我还吃了做神仙呢！有真的跑到这里来混?"一针见血，说明了问题。

下面我们不妨再分析几个人物，看看曹雪芹对神权的态度：

名列金陵十二钗的妙玉，表面上是那样清高雅洁，但曹雪芹在判词中对她的评价是"欲洁何曾洁，云空未必空"。十个字道尽了妙玉的矫情虚饰。她以"槛外人"自诩，却偏在大观园这么多人中只记住宝玉一个人的生日，用粉红笺写着"恭肃遥叩芳辰"送来表示祝贺（六十三回）。栊翠庵的红梅，能弄来的，只有宝玉一人。贾母等来到栊翠庵喝茶,妙玉连茶杯也要分出等级。本来给贾母用的极为珍贵的成窑玉彩小盖钟,只因被乡下人刘姥姥用过,就要给扔掉(四十一回)。这就说明:这所外表极端清净雅致的栊翠庵其实笼罩着封建等级的森严黑影,而孤高自赏的妙玉也不过是一只"飞来飞去宰相家"的"云中鹤"罢了。妙玉出身于破落的官宦之家,被迫遁迹空门,这是封建末世阶级关系激烈动荡的反映。妙玉这样一个具有绝代姿容、出色才华的少女,被剥夺了恋爱婚姻的做人的起码权利,曹雪芹对她是寄予同情的。虽然如此,他还是形象地描写了妙玉"欲洁何曾洁,云空未必空"的痛苦而又矛盾的心情。这一方面说明了曹雪芹所用的是"敢于如实描写,并无讳饰"的现实主义的创作方法,同时也说明了曹雪芹对神权所持的揭露和批判的态度。

通过贾敬死金丹一节,曹雪芹深刻地揭露了道教的所谓修炼长生完全是骗人的把戏。曹雪芹直率地指出:"素知贾敬导气之术,总属虚诞,更至参星礼斗,守庚申,服灵砂等,妄作虚为","因此伤了性命的","如今虽死,腹中坚硬似铁,面皮嘴唇,烧的紫绛皱裂"(六十三回)这就充分揭露贾敬正是因迷信道术而自取灭亡的。

芳官等三人,在抄检大观园之后,遭到迫害,走投无路。智通和圆信两个尼姑,赶忙抓紧机会,找王夫人活动,大讲什么"佛法平等","我佛立愿,愿度一切众生"等等,真是妙舌生花。而曹雪芹则揭露她们实际上是"想拐"两个女孩子去做活使唤的"拐子"(七十七回)。经他这么一揭露,所谓"佛法"、"善缘"是什么东西,不是可想而知了吗?

第十五回中,王熙凤弄权铁槛寺,为了三千两银子,害死两条人命。"扯篷拉纤"的不是别人,而是那个名为静虚、实则既不静也不虚的老尼。正是她,出入豪门,勾结官府,包揽词讼,为非作歹。她善于揣摩人意，一顿连捧带激，连那位"少说也有一万个心眼"的凤辣子也被她激得"发了兴头"，两人谈笑间就断送了金哥未婚夫妇的性命。这个老尼，是王熙凤杀人的帮凶。

由此可见，曹雪芹对神权是持否定、批判态度的，他不但是一个反封建、反君权的伟大诗人、作家，而且是反神权、反迷信的杰出的艺术先驱。

四 关于宝玉读经、宝黛悲剧、宝玉中举和出家

在前八十回中，贾宝玉是以一个封建礼教的叛逆者的姿态出现的，他对科举八股深恶痛绝。贾政想把他改造成为一个标准的封建统治阶级的忠臣孝子，而他则坚决抗拒，虽"大承笞挞"，但终不悔改，表现了"顽石"一般的坚强性格。可是，一转入后四十回，高鹗就迫不及待地让宝玉"两番入家塾"，大读孔孟经书，接着连篇累牍地写什么"老学究讲义警顽心"，"试文字宝玉始提亲"等等。而宝玉本人，对于读经书也很快就变得十分积极。他多次让袭人等放心："我只好生念书。"好几次，当怡红院诸人正玩得热闹时，宝玉却主动说："大家别闹了，我明早还要早起读书哩！"（八十三回等）高鹗还多次让宝玉大写八股文章，大讲什么作官发达和"存天理、灭人欲"那一套程朱理学。因此，宝玉深得老腐儒贾代儒的欢心，被嘉奖为"懂得圣人的话"。贾政在试了宝玉八股文之后，连连点头，"心里喜欢"。总之，到了后四十回，贾政和宝玉之间的主要矛盾消失了，宝玉投降了。

在前八十回，宝玉对那些"仕途经济"、"世俗应酬"一类是非常厌恶的。连薛宝钗、史湘云这些人劝他，他也大觉逆耳，不顾情面，斥为"混帐话"，甚至轰她们到别的房间去。态度是何

等的决绝。但一到高鹗笔下，就来了个180度的大转弯。如八十五回，宝玉到北静王府，只敢"在挨门边绣墩侧坐"，当北静王谈起吴巡抚荐举贾政的事，宝玉马上回答："此是王爷的恩典，吴大人的盛情。"谈吐应酬，简直像一个颇有阅历的官场老手。接着贾政升了郎中，有人来报喜，高鹗接连用四个"喜"字，形容宝玉的欣喜心情，这和原来对元春被选为贵妃这样的大"喜"事也"置若罔闻"、"视有若无"的宝玉比起来，真是前后判若两人。

当然，在后四十回中，也还是有一些地方提到宝玉厌恶科举功名（如"证同类宝玉失相知"等回），但那只是对前八十回不得不做的门面上的回应，是一种貌合神离的蒙人的手法，实际上所占篇幅甚少，而且写得苍白无力。从整个思想倾向来看，后四十回中的宝玉，作为封建叛逆者的棱角已被磨光，他的性格已按封建的标准加以改造了。

林黛玉的性格也被高鹗作了严重的歪曲。在九十四回中，海棠冬开，黛玉为了讨好贾母，竟然说："可知草木也随人的。如今二哥哥认真念书，舅舅喜欢，那棵树也就发了。"第八十二回，黛玉劝宝玉学八股说：那些八股文章"也有近情近理的，也有清微淡远的"，"况且你要取功名，这个也清贵些"。这些分明是薛宝钗的语言，高鹗却把它强加在黛玉身上。那个从不和宝玉说什么"科举功名"、"仕途经济"一类"混帐话"，因而深得宝玉敬重的林黛玉哪里去了呢？被高鹗改造了，不见了。在续书中的林黛玉只是一个寄人篱下，悲苦凄凉，为个人的婚姻幸福作绝望挣扎的可怜孤女。我们知道：在前八十回中，对封建正统思想的叛逆、对科举功名的蔑视和否定，正是宝黛爱情的共同思想基础。正是这些，使得宝黛爱情比起一些郎才女貌、单纯追求婚姻自由的恋爱故事来，高出千百倍。宝、黛、钗三人的关系不只是一般的三角恋爱关系，而且是封建叛逆者和卫道者两种思想的斗争。高鹗既然把宝、黛对封建叛逆的思想内容抽去，宝、黛和宝钗之间在这个问题上已经没有原则分歧，剩下的只是一般的三角恋爱纠纷，只是由于封建家长包办婚姻而造成的悲剧。后四十回关于这方面的描写，虽然在一定程度上也有反封建礼教的积极意义，并使全书保持一定的悲剧气氛，比起其他续书来高明一些，但在思想性、战斗性方面比起前八十回就大为逊色了。

后四十回对宝黛爱情悲剧的艺术处理，也有明显的人为牵强的痕迹。比如贾母等人接受王熙凤的"掉包计"，居然全不虑及事情的真相被宝玉发现后，会产生什么后果，这是不合情理的。当初，宝玉听说黛玉要回江南，便急出疯病来了，焉知洞房之夜，揭开头巾，露出庐山真面目时，就不会弄巧成拙，反而加重其病情呢？书中根本没有一人提出这个问题，这是难以信服的。当然，除此以外，写得比较好、文字相当动人的地方，也还是有的。不过，过分突出了爱情悲剧这一条线，毕竟冲淡了《红楼梦》一书本来要深刻得多、广阔得多的主题思想。

高鹗歪曲宝玉、黛玉的性格，让宝玉去读程朱理学和学八股，是为了写他后来去应考举人。宝玉怎么会去考举人的呢？在一百一十八回中，高鹗让宝玉自己作了回答：宝钗劝宝玉说："但能博得一第，便是从此而止，也不枉天恩祖德了！"宝玉回答："一第呢，其实也不是什么难事。倒是你这个'从此而止'，'不枉天恩祖德'，却还不离其宗！"这就说明，宝玉应考是为了不枉天恩祖德，也就是为了报君恩，尽孝道，不背名教。

那么，既然要让宝玉中举尽孝道，为什么又让他出家呢？"不孝有三，无后为大"，出了家，还能尽孝道吗？许多人都认为宝玉出家是因为黛玉去世使他悲愤绝望，看破红尘，连许多电影、戏曲都是这样编的。但高鹗却不是这样写的。许多人还认为高鹗写了宝玉出家是完成《红楼梦》悲剧结局的重大功绩。我认为，这也是值得商榷的。

黛玉去世对宝玉固然是一个很大的打击，但是按照高鹗的描写，当宝玉的生魂到了阴司，经过鬼神指引，醒来以后，就悟知"金石姻缘有定"，逐渐将爱慕黛玉之心移到宝钗身上去了。接着，高鹗在九十九等回中，又花了大量篇幅，反复描写宝玉对宝钗如何恩爱缠绵，连凤姐也感到十分羡慕。在一百一十回中，宝玉还引宝钗为知己："到底她还知道我的心。"这说明，他们已成为一对感情融洽的夫妻。那时宝玉虽然仍怀念黛玉，但"悠悠生死别经年，魂魄不曾来入梦"，他已逐渐悟知"仙凡路隔"，不可挽回。因此，他对黛玉的怀念，如同回目中所标明的，只不过是"痴公子余痛触前情"罢了。当年听紫鹃说黛玉要回苏州就大发痴病的贾宝玉，到了这时，竟连黛玉棺材南运也毫不伤心了（一百一十六回）。可见，黛玉之死不是宝玉出家的决定性因素。那么，决定性因素又是什么呢？在一百二十回中，贾雨村问当时已成为仙人的甄士隐：宝玉何以"豁悟如此"？甄回答说："两番阅册，原始要终之道，历历生平，如何不悟？"这里说得很清楚，宝玉是在重游太虚幻境、悟了仙缘之后才斩断尘缘出家的。重游太虚幻境之后，他"一心想着那个和尚引他到那仙境的机关，心目中触处皆是俗人"，这才对宝钗、袭人等疏远起来。

那么，出了家是否还能再尽孝道呢？宝玉自己也作了明确的回答。一百一十七回，宝钗劝宝玉不要成天着迷想出家，她说："老爷还吩咐叫你干功名上进呢。"宝玉回答说："我说的不是功名么？你们不知道，'一子出家，七祖升天'？"可见，宝玉把出家当做一种干功名上进的手段。中举和出家都是为了报天恩祖德，只是手段不同罢了。在高鹗笔下，宝玉的这个目的也是达到了的。他的出家并不是像第二回智通寺的老僧那样去当个穷和尚,而是当个"披着一领大红猩猩毡的斗篷"的阔和尚。正如鲁迅先生指出:"和尚多矣,但披这样阔斗篷的能有几个,已经是'入圣超凡'无疑了。"他当佛爷去了,当皇帝御封的"文妙真人"去了。为了使宝玉不违背"不孝有三,无后为大"的孔孟之道,高鹗让宝玉在出家之前留下了遗腹子。这样,贾府既有富贵,又有神仙,而且世泽绵延,真是十全十美。因此,宝玉不仅不违背孝道,而且是一种特殊的尽孝道的方法。宝玉出家不但不是《红楼梦》悲剧结局的一部分,而恰恰是贾府大团圆的一部分。它为贾府的大团圆结局增添了一道神圣的光环。

五 关于一些人物的结局

由于在前八十回中,曹雪芹对许多重大故事情节和主要人物的性格、结局已有了很明确的暗示,高鹗既想使自己的续书能冒充原著,又要使小说"不背于名教",就不得不在篡改原著文字的同时,又在续书中采用偷梁换柱的手法:形式上好像符合曹雪芹的原意,使读者感到"貌合",但实质上却加以歪曲,使之"神离"。写全书的结局是如此,写大观园诸人的结局,也是采用这种手法的。例如:

探春:"游丝一断浑无力","也难绾系也难羁"。按照曹雪芹的原意,探春的结局应是远嫁海隅,一去不归,就像断了线的风筝、随风飘散的柳絮。它反映贾府的衰败已到骨肉飘零,分崩离析,不能回护一个弱女的地步。但在高鹗笔下,探春远嫁之后,不几年又随夫荣返京华,而且"服饰艳丽","出挑得比先前更好了"。

巧姐:据第五回的册子中的画和判词、曲子透露,巧姐本来的结局应是在贾府势败之后,被狠舅奸兄拐卖,但幸得刘姥姥帮助脱险，使她成为乡村中一个自食其力的纺织妇女。这个结局反映了封建末世阶级关系的急剧变化，也表现了曹雪芹对劳动和劳动人民的一定程度的尊重。在续书中，虽然也写了巧姐的狠舅奸兄趁贾府被抄、暂时势败时企图拐骗她，卖给一位藩王，但是，那藩王一听说是"世代勋戚"贾府的人，也就马上停止了。闹腾了半天，原来只是虚惊一场。这是高鹗为了在形式上同第五回判词和曲子的暗示相接应而制造出来的矛盾。高鹗认为，让"世代勋戚"之后的巧姐在乡村从事纺织劳动或嫁给劳动人民，是有悖于"名教"的，是不符合封建等级名分的，所以把她嫁给一个家财巨万、良田千顷、文雅清秀、新近中了秀才的周少爷。和探春一样，巧姐也重回贾府。这样就为大团圆结局锦上添花了。

香菱："自从两地生孤木（合成桂字），致使香魂返故乡。"按此原意，香菱最后是要被金桂折磨死的。这样能够更深刻地揭露封建社会吃人的本质，引起读者对这个孤女"真应怜"（甄英连）更大的同情。实际上，在第八十回中，香菱已被金桂折磨得"日渐羸瘦、饮食懒进"，快要死了。但一转入后四十回，高鹗却大写金桂和宝蟾如何卖弄色相勾引薛蝌，最后，金桂设毒计自焚身，香菱升为主子奶奶，以此结局来宣扬冥冥天理，因果报应不爽。更可笑的是，为了形式上符合"致使香魂返故乡"的暗示，高鹗在让香菱当上主子奶奶之后，就说她因"产难完劫"、"尘缘脱尽"，被其父甄士隐接回仙境。看来，高鹗最担心的是地主贵族富商后继无人，因此，他不但让出家为僧的宝玉有一个遗腹子，而且还让患干血痨的香菱在登仙籍之前也为杀人犯薛蟠留下一子，"以承宗桃"。高鹗为了封建阶级的"世泽绵延"，真是绞尽了脑汁。

鸳鸯：在前八十回，老色鬼贾赦威胁她说："凭她嫁到谁家，也难出我的手心。"但鸳鸯宁死不屈，多次表示："就是老太太逼着我，一刀子抹死了也不能从命。"这是何等坚强的反抗性格！暗示她的结局是要被贾赦逼死的。但续书中的鸳鸯却"因前世的缘分"，变成了"观音"（贾母）跟前的"龙女"（八十八回）。贾母抄金刚经，以积阴德，鸳鸯跟着念弥佛，以托荫得福（在前八十回中，从没有写过鸳鸯这些迷信思想和活动）。贾母死后，鸳鸯也上吊了。有人认为高鹗笔下的鸳鸯，是被贾赦逼死的。这种说法很难成立。按照当时的实际情况，贾赦家已被抄，本人待罪海疆，能否回来、何时回来尚不可知，鸳鸯上吊前只想到："如今大老爷虽不在家，大太太的这样行为，我也瞧不上。"仅此而已。相反地，高鹗却大肆渲染：贾母死前把一部分财物分给鸳鸯等丫环；贾母死后，鸳鸯存在浓厚的感恩思想，痛哭着逼凤姐要体体面面为贾母办丧事，说什么："我生是跟老太太的人，老太太死了，我也是跟老太太的！若是瞧不见老太太的事怎么办，将来怎么见老太太呢？"（一百一十回）这分明是准备以身殉主的口吻，连凤姐也感到奇怪。在回目上，高鹗更用"鸳鸯女殉主登太虚"的标题，明白无误地表明他的观点：鸳鸯之死是"殉主"，鸳鸯是忠于封建名教的"义婢"。

司棋：续书中写了司棋和潘又安之死，有人也以为他们是被封建势力迫死的，因而这段描写具有反封建的意义。其实不然。试问：假如潘又安发财回来不装穷；或者司棋的妈不是嫌贫爱富，悲剧还会发生吗？可见，在高鹗笔下，罪恶根源并不在封建势力。特别是高鹗让司棋临死前大讲了一通"我一时失脚，上了他的当，我就是他的人了"，把一个原来具有强烈反封建思想的勇敢的司棋改写成为一个笃信从一而终的为封建名教殉节的"烈女"！

袭人：高鹗写袭人后来嫁给了优伶蒋玉菡，虽合曹雪芹原意，但叹息什么"自古艰难唯一死，伤心岂独息夫人"，责备袭人改嫁，未能为宝玉守寡或死节，还说什么"此袭人所以在又副册也"。从这方面，既可以看出高鹗浓厚的封建贞烈观，也说明他并不了解曹雪芹将册子分成三等的原意。大观园诸人分别列入金陵十二钗册子，主要是根据她们的社会阶级地位：又副册——婢；副册——妾；正册——主子。并无褒贬之意。比如对"心比天高"的富有反抗精神的晴雯，曹雪芹倾注了巨大的同情和赞赏，但因为她与袭人同是"身为下贱"的丫环，所以同列在"又副册"。

元春：为了使后四十回在形式上和前八十回"貌合"，高鹗写了元春寅年卯月去世，也写了四大家族一度衰败，分别应了"虎兔相逢大梦归"和"运终数尽"的暗示，但高鹗却把两者联系起来，把元春和王子腾二人的突然死亡使四大家族失去了靠山，作为四大家族衰败的前提，而且一个是正在"圣眷隆重"时，一个是正被提升为内阁大学士（相当于宰相职务）时，同时因病突然死亡！高鹗在这里强调的是生理的、偶然的因素，这也说明，高鹗根本不认识，也不可能揭示出（如同曹雪芹曾经精彩地做到的那样）以四大家族为代表的封建统治阶级必然灭亡的社会诸因素，但又不得不在形式上照应前八十回中的暗示，所以他就只能借助于两大靠山突然死亡这样的偶然因素了。

总之，高鹗写人物结局，表面上大都于曹雪芹本意尚相切合，若细加推究，便可看出多半都是貌合神离的。

（此文先在《杭州大学学报》1979 年第 3 期发表，后收入黑龙江
人民出版社 1981 年《红楼梦新论》一书中）

中国的教育(远古—1949) *

第一节　古代教育

从大量的考古发现、古代传说和古籍记载中，可以看出，中国的先民们在原始社会就注意总结生产和生活各方面的经验，通过教育，一代代相传下去。如古代传说中的燧人氏钻木取火，教民熟食，教民渔猎；神农尝百草，教民医药和农业；黄帝作宫

＊　1985年夏，英国培格曼出版公司董事长马克斯韦尔来华，向邓小平同志赠送英文版羊皮本《邓小平选集》。马氏此行的一个主要目的是想和小平同志商谈中英合作出版英文版大型中国百科全书《IN FORMATION CHINA》(《中国概况》)问题。马氏说：中国正在走向世界，世界需要了解中国，而现在国际上有关中国的书籍太少，而且题目零散，不能满足多方面需要。马氏希望能和中国权威机构合作，出版一套全面系统介绍中国的英文版大型百科全书。由中方聘请各方面专家学者撰写并翻译成英文，提供地图和图片，寄往英国。英方负责文字润色，中方总编终审签字后付印，出版发行。

我方认为，这是利用英方先进的印刷出版技术和世界性的发行网宣传新中国的好机会，当即表示同意。经外交部、文化部和中国社科院领导会商后，认为社科院有各研究所，学科齐全，负责编辑这套百科全书比较合适。最后这个任务落到中国社会科学出版社头上，领导让我担任出书的常务工作。包括拟定全书的主题思想、编辑方针、目录，组织各方面的专家学者撰写中文稿、审稿、翻译、核校，选择地图和图片等，工作十分繁杂，任务很重。出版社从社长张定、到几乎所有的同志都作出了贡献。

室，教民避寒暑；黄帝的妻子嫘祖，教民养蚕织丝，等等。大约在公元前二千多年的部落领袖舜（又称大舜），就已经设立了庠（类似学校的场所），专门有一批有道德有教养的老人从事教育工作。其后夏、商、西周三代，从公元前21世纪至公元前771年的一千多年中，又有了序、学、校等名称，都是对青少年进行宗教、伦理、文化和军事教育的场所，而且已经注意到根据年龄的差别，规定不同的学习内容。特别是西周，官学（政府主办的学校）已有国学和乡学之分。国学设在周王城和各诸侯国都，乡学则分散在地方，教学内容为以礼、乐为中心的、文武兼备的礼、乐、射、御、书、数，号称六艺。当时教师由国家职官担任，学生都是贵族子弟。到了春秋战国时期（前770—前221年），奴隶主贵族统治开始动摇，贵族的官学也日益没落，私人办学（私学）随之兴起。有较大影响的是孔子（即孔丘），他主张"有教无类"，不分贵族与平民，都可入学。他有学生3000，内有贤人72，他的学生中真正来自贵族的只有几个。孔子死后，孟子、荀子都举办过私学，统称为儒家学派。此外，墨家、道家、法家都各成学派，各有许多学生。各派之间，互相辩论，形成百家争鸣的局面。春秋战国时期，私学冲破了"学在官府"的旧传统，教育对象由贵族扩大至平民，促进了学术思想的发展，培养了大批

(接上页注）此书英文版一套三大卷，特大12开，共1700多页，附1300多幅图片和30多幅地图。为使各大图书馆能长久保存，英方不惜下大本钱，使用不变色的特制纸张，因此价格昂贵，每套795美元，于1988年秋出版，向全世界发行，并先后在北京、伦敦和华盛顿举行盛大的发行仪式，新闻出版界好评如潮。

此书的中文版《简明中国百科全书》约合200万汉字，于1989年出版，连印三次，共印3万套，十分畅销，被评为中国社科院的优秀科研成果。社会效益和经济效益双丰收。

《中国教育（远古—1949）》是全书第8编《教育》的第1章第1、2节，由李凌执笔。

人才。特别是儒家学派，总结了这一时期的教育思想和教育经验，先后撰写了《礼记》、《大学》、《中庸》等著作，成为世界上最早的自成体系的教育著作，为中国古代教育理论奠定了基础。

公元前221年，秦始皇统一了中国，整理和统一了文字，对中国历史作出了贡献。另一方面，他禁止私学，焚书坑儒，对中国文化教育事业造成了严重的破坏。到了汉代（前206年—公元220年），汉武帝罢黜百家，独尊儒术，国家设立太学博士，专门研究儒家经典，以学习儒家经典为中心内容的学校教育也得到了恢复和发展。汉代的史学家班固形容当时"学校如林"。学校制度为官学与私学并存，官学分为中央官学（即太学）和地方官学，私学分为书馆（教儿童识字的场所）和经师（研究儒家经典的大师）讲学两种。

汉代在官学学习的学生，其学习成绩对能否当官有很大影响。汉以后为魏晋南北朝时期（220—589），实行所谓"九品中正"制。按门第分为九等，所谓"上品无寒门，下等无世族"。等级高的贵族子弟有当官的特权，不再需要认真读书，加以当时政局动荡，战乱频仍，因此，中央官学衰微，时兴时废，但私学与专科教育（如文学、历史）以及科技教育（如天文学、数学、医学、药物学等）有所发展。

隋朝（581—618）结束了中国南北朝对峙的局面，统一了中国，并废除了"九品中正"制，实行科举（即通过分科考试，举拔人才），同时也重视学校，重视人才的培养，在中央政府成立了专门的教育领导机构——国子寺，607年，改称国子监，以后历代相沿。

唐代（618—907），经济繁荣，文化昌盛，教育事业也得到很大发展，从中央官学到地方官学，从官学到私学，已形成一个较完备的教育体系。这个体系经过宋、元、明、清，历一千多年，基本上继承下来，没有很大的变化。

唐代各少数民族和周围各国（如日本、高丽）都派大批留学生来唐的首都长安（今陕西省西安市）学习，唐王朝对他们予以优待，安排就学，这对促进各族、各国之间的文化教育交流，互相学习，起到重大作用。

元（1271—1368）帝国地区辽阔，跨越欧亚，经济文化交往频繁。为培养翻译人才，1289年，成立了回回国子学，教授波斯文。明代（1368—1644）初期，成立了译馆，接收学生，教授国境内各少数民族语言和缅甸、暹罗（今泰国）等国家的语言文字，培养译员。到了清代（1644—1911），这类学校都继续存在和发展。明代后半期，耶稣会教士意大利人利玛窦等来华，西方的天文学、数学、物理学等也相继传入。其后，在北京设立了历局、观星台，并选青年学习西方的天文学等。以上是中国古代培养翻译人才和学习西方技术的专科学校的开始。

隋朝开始实行的科举制，经过唐代的完善和大力推行，相沿下来，一千多年，一直到清代末1905年，在民主革命浪潮的冲击下，清王朝才被迫下令废止。科举考试的内容，唐代主要考儒家的经典、诗赋等，另有策问一科，要求考生就当时政治、经济、军事问题发表书面意见，发现和选拔了不少有用之才。但到明代，科举要考"八股"文，即要求考生按指定的儒家经典中的某些语句作为题目，写出文章，所谓"为圣贤立言"、不准发挥自己的思想，而且要按照固定的"八股"形式，即每篇文章固定由八部分组成，对每部分都有固定的要求，后来连文章的字数也都规定，毫无发挥的余地。青年的思想受到极大的约束，有许多人即使会作八股文，考上了，当上了官，也缺乏实际工作的知识。

实行科举制度以后，学生要当官，只有通过科举考试。因此，官学的制度、教育内容、方法和考试都必须适应科举的需要，官学成为科举的附庸。

但中国的私学（唐以后称书院）却有所不同，进入书院学习的学生，一般不是以考试作官为目的，而是为追随著名的学者研究学问，师生的结合比较自由，有多种多样的学科，它培养了一批有用的人才，而且对当时的学术学派的形成和发展，甚至对当时的政治和社会风尚都发生过重要影响。

中国古代的教育思想十分丰富，以孔子为著名的代表。孔子认为："性相近也，习相远也。"人的天赋素质都是相近的，个人差异是后天养成的，通过良好的教育，就可以养成良好的品德。正是根据这种认识，他率先办起私学，吸收大量平民子弟为学生，打破了贵族对文化、教育的垄断。孔子的学术思想中心是"仁"，"仁"的涵义主要是克己和爱人。克己，就是克制个人的过分欲望，努力提高道德的精神境界；爱人的基本要求就是"忠恕"，"己所不欲，勿施于人"，凡事要设身处地为人着想。他认为，统治者对劳动人民要减轻刑罚和赋敛，"使民以时"，"因民之利而利之"。他认为这种政策是符合统治者的长远利益的。以上也是孔子教育学生的重要内容。

在教育实践中，孔子重视"学而知之"。他一生"学而不厌，诲人不倦"，他强调因材施教，注意循循善诱，启发教育，举一反三。他提倡学习与思考相结合，他说："学而不思则罔，思而不学则殆。"他强调学习要采取老老实实的态度，"知之为知之，不知为不知，是知也。"孔子的教育思想对中国有深远的影响。由孔子的弟子们记录下来的关于孔子言行的著作《论语》，包含有丰富的宝贵的教育思想资料。

孔子之后，在中国的古代教育思想发展史上，作出过重要贡献的有墨子、孟子、荀子、王充、韩愈、朱熹、王守仁、李贽、王夫之、颜元、戴震等。

儒家的经典是中国古代教育的主要内容、儒家是主张入世的，即要求知识分子关心国家，关心政治，关心人民。这种思想对中国知识分子有重大的影响。在中国教育史上，曾经发生过许多次官学或学院积极参与当时政治活动的事情。最著名的有东汉末年的党锢之祸，当时政治腐败，太学生郭泰、贾彪等与当时较正直的官员李膺等联合起来，抨击朝政；另一次是明朝末年，著名学者顾宪成等在东林学院讲学，批评朝政的黑暗腐败，主张开放言论，实行改良。他们后来都遭到迫害，有的被投进监狱，有的被流放，有的被处死。但是他们坚强不屈。这种精神成为中国知识分子的优良传统。

第二节　近代、现代教育

1840年鸦片战争以后，中国逐渐沦为半殖民地半封建社会，清王朝腐败不堪，丧权辱国。在全国人民要求革新的浪潮冲击下，教育制度和考试制度也被迫进行了一些变革。1862年在北京成立了第一所洋学堂——京师国文馆，其后又在上海、广州、福州、天津等地设立了一些学习外国语文、军事、技术的学校。1872年派容闳带领第一批学童赴美留学，在19世纪末的维新运动中，光绪皇帝宣布：废除八股，改革科举（1905年废除科举）；在北京设立京师大学堂（北京大学前身）。同时将各地的大小书院，改为中小学，既学儒学经典，又学西方科学；筹办铁路、矿务、农、茶等专科学校，训练专业人才。这些革新措施虽然遭到保守势力的阻挠，几经曲折，但历史趋势不可遏止，后来陆续都得到推行。

孙中山领导的辛亥革命，推翻了清皇朝。1912年在南京成立中华民国临时政府，下设教育部。著名教育家蔡元培任教育总长，颁布了新的教育宗旨，否定了旧的封建的课程内容，提出了德、智、体、美"四育平均发展"的方针，并规定了相应的学制和课程，除了一般的小学、中学、大学外，还设立了各种专科学校、师范学校，女子也可以入学，允许男女同校，在课程内容上，取消了儒家的经典课，增加了数学、物理、化学、外国语等课程。

1912 年，北洋军阀袁世凯窃取了辛亥革命的胜利果实，建立起反动统治，教育改革的许多措施被破坏，教育上出现了一股复古主义的逆流，但历时不久，袁世凯失败。1919 年五四运动兴起，提倡民主与科学，掀起新文化运动，揭开了中国现代教育史的新篇章，教育改革的各种措施也陆续得到贯彻执行。

中国古代的文言文，作为一种文字工具，脱离口语，十分难学，妨碍教育普及。在新文化运动影响下，1920 年开始，教育部逐步将小学、中学、大学的教科书改用白话文代替文言文。1917 年，蔡元培担任北京大学校长，提倡学术研究，主张对各种思想"兼容并包"，实行教授治校，宣传劳工神圣，以美育代宗教的办学方针。包括具有新的、进步思想的学者如李大钊、陈独秀、鲁迅等都在北京大学开课。在学校中实行民主管理，鼓励自由研究，学生可组织各种社团和学生会，自己管理自己。北京大学的这种做法，对全国教育界都有很大影响。

与此同时，在教育界出现了平民教育运动（要求将教育普及到平民之中）和留法勤工俭学运动，1919—1920 年间，共有一千六百多人赴法参加勤工俭学，将学习与生产劳动结合起来，对中国的教育改革发生了深刻的影响。这批赴法学习的学生有很多人在欧洲接触了工人阶级，接受了马克思主义，后来成为马克思主义者，其中著名的有周恩来、邓小平等。

1927年国民党组成南京国民政府，1928年成立教育部，1929年起曾先后三次提出要实行国民义务教育，制定扫除文盲的计划，但由于当时国民党政府忙于内战，造成"经费困难"，故未能实施。1929年起先后公布《大学组织法》和《中学法》等，大学分国立、省立、市立。大中学都允许私立，大学组织分文、理、法、教育、农、工、商、医八学院，凡有三院以上的得称大学。大学设研究生院，采用学分制。

1931年日本侵占中国东北。1937年芦沟桥事变后，平、津、沪、宁一带相继陷落，中国教育遭到重大损失。为了维持战时教育，国民党政府将一批重要大学迁到内地，如北京大学、清华大学、南开大学迁至云南昆明，成立西南联合大学，等等。1945年抗日战争胜利后，这些学校陆续迁回原地。

国民党政府为了控制学生思想，在学校中设立公民课和党义课，要求每个学生都学习国民党的党义，并对学生灌输一整套封建伦理道德。在国民党直接管辖下，小学、初中设童子军课，高中实行军训。1938年，国民党还成立了"三民主义青年团"，但在广大学生中，这些措施并不受欢迎。

由于广大教育工作者、教师和学生们的共同努力，这一时期教育工作取得一些成绩，培养出一大批有用人才，其中许多人后来成为建设新中国的骨干。

中国青年学生，继承五四运动的光荣传统，关心国家的前途，关心人民的命运。20世纪30年代起，日本帝国主义加紧侵略中国，而国民党政府热衷于打内战，进攻中国共产党领导下的红军，对日军却采取不抵抗主义，节节退让。北京大学、清华大学等校的几千学生于1935年12月9日在北平市（今北京市）首先起来游行罢课，要求国民党政府停止内战，一致抗日，这就是著名的"一二·九"运动，对推动全国抗日起了重要作用。1945

年日本投降，全国人民要求和平，而国民党政府却准备打内战，昆明西南联合大学等校学生 3 万多人举行罢课，要求和平，反对内战，遭到国民党政府镇压。1945 年 12 月 1 日，有 4 名师生被杀害，全国各地学生声援，揭开了大规模学生民主运动的序幕，这就是著名的"一二·一"运动。1946 年 12 月圣诞节之夜，两个驻华美军士兵在北平对中国女学生施加暴行，北平的学生爆发了"抗议美军暴行"的示威，全国各地先后有 50 万学生响应，其后又爆发了"反饥饿、反内战、反迫害"等运动，学生带动了广大工人、市民和各界人士，参加者数以百万计。

从 1945 年日本投降以后，国民党统治区师生的爱国民主运动从未停止，规模浩大，影响深广。1949 年中国大陆解放，国民党政府撤至台湾，除台湾省以外，国民党政府的教育宣告结束。

20 世纪上半叶，中国的社会、经济、政治形势都经历了很大的变化。根据各个时期不同的需要和不同的特点，产生了不同的学校。这些，使得我国教育的内容和形式都呈现出丰富多彩的局面。

1924 年，第一次国共合作，以广东省为基地，准备讨伐北方的军阀。在孙中山的主持下，在广州成立了黄埔军校（全名为中央军事政治学校）。孙中山任学校总理，蒋介石任校长，廖仲恺任党代表，周恩来任政治部主任、苏联的加伦将军任军事顾问。到 1927 年 4 月，黄埔军校共毕业 4981 人，培养了一大批军事领导人才，他们是进行北伐战争的骨干力量，其中许多人后来成为抗日战争和解放战争的领导骨干。1927 年 4 月，国共分裂，学校性质发生了变化，以后更名为中央陆军军官学校。

在第一次国共合作期间，从 1924 年 7 月起，在广州、武汉等地先后举办了农民运动讲习所，参加学习的都是从事农民运动的干部，毛泽东、周恩来等先后在讲习所担任负责工作和讲课。课程内容不但包括理论知识，而且强调从事农村社会调查和参加农民运动，这些学生毕业后深入农村，进行艰苦的工作，为中国革命，为农民解放，作出了卓越的贡献。

1927年，国共分裂以后，中国共产党为了挽救革命，缔造了红军，建立了农村革命根据地。其后，在抗日战争和解放战争期间，又建立了抗日根据地和解放区。在敌人封锁、围剿的情况下，根据地的条件十分艰苦，但根据地人民政府仍把教育放在重要的地位，先后提出了免费普及教育和民办公助教育等方针，并建立了服务于战争，结合生产，适应群众需要的新的教育制度。人民群众根据当时农村分散和战争环境的特点，创造了多种学习形式，如扫盲识字班、夜校、冬校、个别教学、巡回教学、上门教学等。教学的内容也密切结合实际，教材根据实际需要进行编写，需要什么学什么，学了就能用。这些方法产生了良好的效果。

为了适应当时战争和建设的需要，根据地十分重视对干部的培养。早在20年代，就先后办起了红军大学、红军步兵学校、医务学校等；在抗日战争和解放战争时期，先后办起了中央党校、马列学院、抗日军政大学、鲁迅艺术学院、延安自然科学院、中国女子大学、延安大学、白求恩医生学校、华北联合大学等以及许多训练班。这些新型的学校密切联系实际，在短期内培养出大批高质量的干部和专业人才，满足了当时战争和建设的需要。

1840年鸦片战争以后，外国各派教会为促进中国的基督教文化事业和促进西方文化在中国的传播，以培养为教会服务的牧师、教师和为外国在中国经营的企事业服务的人员为目的，先后在中国兴办各级学校，通称为教会学校。天主教会（旧教）设立的学校以法国为主，基督教会（新教）设立的学校以美国为主。

天主教会于 1850 年在上海创办第一所天主教会的学校是上海徐汇公学。

1903 年法国耶稣会在上海设立了震旦大学（1917 年改名复旦大学），1925 年美国本笃会在北京兴办辅仁大学。据 1947 年下半年统计，复旦、辅仁两校男女学生共 3624 人。

基督教学校的产生更早。1830 年来华传教的美公理会在广州就设立了学塾。1840 年鸦片战争以后，基督教各派先后在中国各地建立了各种学校，包括孤儿院、小学、中学、职业学校、师范学校。

19 世纪末，新教教会确立新方针，把重点放在高等教育方面。1906 年，在原来美国圣公会设立的圣约翰书院的基础上，成立圣约翰大学。数十年以来，教会大学不断增加，学校的规模也不断扩大，据 1936 年统计，全国基督教大学学生不到 5000 人，到 1947 年下半年，已增加到 12654 人。

教会普通学校早期的主要教学内容是《圣经》（有的大学还保留神学科或宗教学院）、英语，也学一部分儒家经典以及自然常识，以后增设社会科学和自然科学的院系。各校都聘请一些著名学者任教，教学设备比较充实，有的教会学校逐渐发展为以文、理、工、医、农为主的院、校，并办出了各自的特色。例如，燕京大学的社会学、新闻学和英语，圣约翰大学的英语，东吴大学的法律学，沪江大学的商科，北京协和医学院和华西协和大学的医科和牙科，金陵大学和岭南大学的农科等，在中国都比较有名，为中国培养了一批有专业知识的、有用的人才。

教会学校不仅从幼稚园到大学研究院，形成一套完整的学校体系，还自行建立了独立的教育行政机构，在组织上，经济上得到教会和某些基金会的支持。新中国成立后，在50年代初，根据中央政府的有关规定，各地人民政府先后将各级各类教会学校（高等学校21所、中学514所、小学1500所），分别合并于中国自办的学校。

近百年的中国，在风云激荡的社会政治变化中，产生了许多教育家，其中蔡元培有较大的影响。在辛亥革命胜利后，他担任中华民国临时政府的教育总长时，就极力主张改革学制，修订课程，废除封建主义的教育内容，学习新的科学。他主张新的教育应以儿童本性为出发点，使其自由发展。他提倡学生自动、自助、自学，教师只居于引导与辅导的地位，他提倡学术自由，提倡科学和民主。在他担任北京大学校长时，提出了"兼容并包"的方针，他聘请各学派的学者在北京大学讲学，使学生能自由选择，广泛涉猎，独立思考。他重视平民教育和女子教育，在北京大学首次招收女大学生，并希望全国人民都有平等受教育的机会。他的教育思想和实践对中国教育的发展，对当时高等教育的改革，起到推动的作用。

中国现代著名的教育家还有：张伯苓、陈嘉庚、徐特立、吴玉章、陶行知、黄炎培、胡适、陈垣、陈鹤琴、梅贻琦、蒋梦麟、叶圣陶、马叙伦、晏阳初、杨秀峰、成仿吾等，他们有的提出一系列的进步的教育理论，并进行大胆的试验和探索；有的长期从事教育实践，编写教材，开办学校，培育人才，分别从不同的领域对中国的教育事业作出了贡献。

廖仲恺被刺始末

随着国民党中央党部门前的枪声,廖仲恺仰面倒地。何香凝心中默念:仲恺你不能死,党国不能没有你

1925年8月20日拂晓,中国国民党中央执行委员会常委廖仲恺在广州的寓所一片宁静,人们还在睡梦之中,而廖仲恺已经伏案工作。广州盛夏天气是炎热的,但清晨的微风会带来惬意的凉爽。他沐浴在清新的空气中处理着一件件亟待解决的公事,直到夫人何香凝轻步走来招呼他吃早餐,才微笑着离开书案。还没来得及端起饭碗,原广东省的总参议已前来商讨建国潮梅军的军饷问题。为节省时间廖仲恺请他共进早餐,吃广东最普通的白米粥和炒粉,边吃边谈。繁重的工作使他不能浪费半点儿时间。送走客人,夫妇二人急忙乘车赶赴中央党部参加重要会议。途中巧遇来访的国民政府监察委员陈秋霖,便一起同车前行。他哪里想到一场灾难即将降临。

　　国民党中央党部设在有名的惠州会馆，房屋建筑颇有气派，门前十几级台阶增添了几分威严，平时都有门岗守卫。汽车在门前停下，廖仲恺、陈秋霖先下车拾级而上，何香凝因遇见妇女部的人士便停步谈话。当廖、陈二人登至第三级台阶时，意外的事发生了。20多发子弹从骑楼石柱后和大铁门内射出，廖仲恺身中4弹，当即仰面倒地，陈秋霖也中了一弹，带伤避入宣传部办公室。枪声震惊了何香凝，她一转脸看见随着枪声倒下的廖仲恺，立即意识到眼前发生的是暗杀。她一面大喊"快来抓人"，一面扑向廖仲恺。当她和妇女部人士将廖仲恺扶起时，看到的是满地殷红，衣服上的鲜血正在向下滴淌……

　　凶手达到目的，正飞快逃跑，几名警卫奋力追击，一名凶手中弹被捕，其余的已不知去向，原来他们在清晨就埋伏在廖仲恺必经之地。平时戒备森严的中央党部门前，偏偏在这一天竟没有一名警卫。这事也巧得出奇。

　　何香凝和几位同仁将廖仲恺抱上汽车，飞快地向东门外百子路公医院驶去，陈秋霖也同车前往。何香凝心急如焚，不断轻呼"仲恺"，心里默念着：仲恺，你不能死！党国不能没有你！是的，孙中山逝世后，廖仲恺就成为党国的支柱，而革命事业正处在危难之中，帝国主义、军阀和国民党右派都想把革命火焰扑灭，把广东的革命政权摧毁，他怎么能死呢？然而，他的伤势太重，子弹射中腹胸，有一粒子弹正中心脏部位。就在去医院的途中，廖仲恺竟壮志未酬心怀遗恨溘然长逝了。

　　公医院的医生和护士小心翼翼地将廖仲恺的遗体安放在后院病房的铁床上，这些白衣天使眼里含着泪花，为这位受人崇敬的革命领导人的被害悲愤万分。一条雪白的床单盖住了遗体，铁床下面和周围堆放着冰块。廖夫人和女儿梦醒已痛哭失声。病房内外挤拥着人群，汪精卫、胡汉民、许崇智、蒋介石等党政军要员纷纷赶到，周恩来闻讯早已前来致哀。何香凝强忍悲痛对大家说："我们参加革命，生死本置之度外，廖先生被击身死，家属损失事小，令人担心的是党的事业。"句句有力，掷地铿锵。

噩耗传出，群情激愤，千万工农群众、爱国学生发出"严惩凶手"、"打倒反革命派"的愤怒呼声。

凶手究竟是谁，他们为什么要杀害廖仲恺？

"不除掉廖仲恺，我们就没有出路。""干掉他！" 谋杀廖仲恺的阴谋在国民党右派中酝酿着

1925年3月12日，孙中山在北京病逝，人民悲痛，帝国主义和反动军阀额手称庆，原来慑于孙中山威力的国民党右派一时猖獗起来，群魔乱舞，制造流言蜚语，成立右派组织。广东黄埔军校的"孙文主义学会"、北京的"国民党同志俱乐部"、上海的"辛亥同志俱乐部"……你唱我和，南北呼应，攻击联俄、联共、扶助农工三大政策，攻击国民党左派和共产党。国民党中央执行委员会中的某些右派甚至勾结英帝国主义和北洋军阀妄图发动军事政变，颠覆广东革命政府。坚决执行三大政策的国民党左派代表人物廖仲恺自然是他们明枪暗箭的靶子，在5月间，广东就不断掀起"倒廖"暗流，高唱廖"要共产"，"要赤化中国"的老调，英帝国主义也在香港喊出"驱逐中国的布尔什维克"！

哪怕风雨如磐，廖仲恺坚定不移地掌稳航向，他继续领导革命军打垮了陈炯明，平息了滇桂军阀杨希闵、刘振寰的叛乱。他在党内外的威望更高，"倒廖"暗流不过是革命大浪潮中的小小泥沙，而且从反面起了教育群众的作用。于是，杀机顿起，谋杀廖仲恺的罪恶阴谋在右派中策划着，酝酿着。

这年7月，社会上突然谣言四起：某某人对某某人如何不

满，某派对某派如何批评，某某人等已被列入黑名单，某某人应痛改前非等等，名单中廖仲恺自然是首当其冲。显然，这是威吓，是试探。对这些，廖仲恺置之一笑，处之泰然。他有什么"前非"可改！

就在这些日子，胡汉民家中热闹起来，20多天，竟有11次秘密聚会，邹鲁、邓泽如、孙科、任朝枢、胡毅生、林直勉、吴铁城等人聚集一堂，讨论的议题是如何利用他们已窃取的中央委员、执行委员和党政部门的权力破坏三大政策，如何搞垮左派，搞垮廖仲恺等人。客厅里烟雾腾腾、鬼影憧憧，在搞垮廖仲恺问题上最为激烈。

"不除掉廖仲恺改变不了局面，我们这些人都没有出路。"

"不除掉廖仲恺，中国会成为共产党的天下。"

"现在已经差不多了，广东不就是共产党的天下吗？工人、农民还有学生都赤化了。"

说话的人都是恶狠狠的。

"干掉他！"有人咬牙切齿抛出3个字。

"好！干掉！"有人随声附和。

一片沉默之后是一片争先恐后的发言，绝大部分人赞同暗杀廖仲恺。的确，不除掉廖仲恺，他们这些右派没有出路。

"倒廖仲恺的台是要的，但是万万不能采用暗杀手段。"孙科比较冷静地表明态度。

这些活动，廖仲恺当然不得而知，但是谣言不断传来。还有好心人专门送来消息，要廖仲恺提防暗算。

何香凝忧心忡忡，在夜深人静时，她和廖仲恺商量："既然有人阴谋行刺，你也应该多加两个卫兵防备一下才是。"

廖仲恺不以为然，他坦然地说："增加卫兵只能捉拿刺客，并不能阻挡他们行凶。我是天天到工会、农会、学生会等团体去开会或演说的，而且一天到晚要跑几个地方，他们要想谋杀我，完全可以装扮成工人、农民或学生模样，混入群众中间下手。我生平为人做事，凭良心，自问没有对不起党、对不起国家、对不起民众的地方。中国如果不联俄、联共，就没有出路。他们如果存心想来暗杀，防备也是没有用的。总之，生死由它去，革命我总是不能松懈一步的。"

句句在理，何香凝只能默然以对，但是这些话并未驱散她心中的忧虑，她还是为廖仲恺增派了一名便衣警卫，还和当时担任公安局长的吴铁城打了招呼："希望你注意保护廖仲恺的安全。"她哪里知道，吴铁城正是"倒廖"阴谋中的一员干将。

"我们合拍一张照片吧！万一……"这是何香凝与廖仲恺的又一次谈话，她的目光是忧郁的。

"为国为党而牺牲，是革命家的夙愿，何事顾忌。"廖仲恺仍然十分坦然。

8月18日，在国民政府的一次会议上，坐在廖仲恺身边的汪精卫悄悄递过一张纸条，上面写的大意是说，有人将对他不利，要他提防。廖仲恺耸耸肩笑了。他对汪精卫说："我们都是预备随时死的，那有什么关系！"

8月19日，一位好心人来到东山寓所，告知廖仲恺、何香凝有人要暗杀廖的确切消息。廖仲恺感谢来人，又沉痛地说："党国处于危难之时，对我来说，个人生死早已置之度外，我终日不能忘怀的是，罢工运动和统一广东两大问题未解决。"这是感人肺腑之言，来人含泪告别。

是的，对廖仲恺来说，他从投身革命之始，便发过"莫惜头颅"的誓言，他早已置生死于度外。他追随孙中山，为拯救苦难的国家出生入死历尽艰辛，他经受过枪林弹雨的考验，还在清朝政府和新老军阀的"虎穴"中险遭残害。对当前的险恶环境，他又何所畏惧!

三条锁链把廖仲恺锁在铁床上。陈炯明准备"解决"孙中山后处死廖仲恺

早在 1906 年，为进行推翻清王朝的革命工作，孙中山命廖仲恺从日本早稻田大学辍学潜回天津，在地方军队中秘密宣传反清思想，并同法国社会党人取得联系，这是有生命危险的地下工作。行前，何香凝曾以诗相赠：

国仇未报心难死，忍作寻常泣别声。

劝君莫惜头颅贵，留得中华史上名。

显然，这首诗有诀别之意，他们两人都明白这项使命的危险。但是都以"莫惜头颅贵"的气慨对待，坚决去完成。直到天津政府侦知廖仲恺在天津的活动行踪后，才在朋友的劝说和帮助下离开天津返回日本。

1913 年 7 月在反对袁世凯的斗争中，他奉命潜入北京，秘密策动国会议员反对袁世凯，设法制约袁世凯的权力。已经取得一些效果，不料他的活动被袁世凯的密探知道，将他列入要捕杀的革命党人名单。在袁世凯下令大肆搜捕革命党人的前夕，友人通知了他，他不得不连夜逃离北京，回到广州，当时与廖仲恺联系较多的议员任汉持竟于 8 月 1 日被捕，惨遭杀害。

最危险的是 1922 年 6 月陈炯明叛变。陈炯明本是孙中山的亲信。1917 年，孙中山把从粤督陈炳焜手中争到的省长公署的 20 营警卫军共 8000 人交给陈，并大力培植发展，以之作为依靠的革命武装。不想野心勃勃的陈炯明趁机发展个人势力，1920 年 10 月，陈炯明从漳州出兵驱逐盘据在广东的桂系军阀后，便掌握了广东军政大权，一身兼任广东革命政府的陆军总长、粤军

总司令和广东省长等要职，称王称霸，变成不折不扣的新军阀。他对抗孙中山，以"保境安民"为由，反对北伐，甚至暗中勾结英帝国主义和直系军阀曹锟、吴佩孚阴谋联合消灭革命势力。1922年3月21日，他派人在广九车站暗杀了坚决拥护孙中山的粤军第一师师长邓铿。

6月14日，廖仲恺突然收到陈炯明的电报，请他到惠州去"领款"和"商谈要事"。

"领什么款？商谈什么要事？为什么他不来广州却要我去惠州？会不会是……"

廖仲恺反复思忖着，邓铿的被害还在他的脑际，对陈炯明的野心，孙中山和他早有警觉并对陈做过许多劝说工作。这次陈炯明又打算干什么？去惠州，是凶是吉难于猜测。最后他决定把应邀前往作为再一次对陈作劝说的机会迅速启程了。

车子才开到东莞县的石龙，廖仲恺就被扣留并押送到广州西郊石井兵工厂，一度被三条锁链锁在一张铁床上，腰部、手、脚各一条，陈炯明准备"解决"孙中山后便将廖处死。

面对如此险恶的形势，廖仲恺并不考虑自己的生死，他想的是孙中山的安危，党和国家的前途。当陈炯明16日发动反革命武装叛变，炮轰总统府，丧心病狂想置孙中山于死地的消息传到囚室时，廖仲恺悲愤至极，恨不得立即飞出去保护孙中山。他愤然写下《壬戌六月禁锢中闻变有感》诗四首，其中两首是：

珠江日夕起风雷，已倒狂澜孰挽回。
征羽不调弦亦怨，死生能一我何哀。
鼠肝虫臂唯天命，马勃牛溲称异才。
物论未应衡大小，栋梁终为蠹蠓摧。

妖雾弥漫混天清，将军一去树飘零。

隐忧已肇初开府，内热如焚夕饮冰。

犀首从仇师不武，要离埋骨草空青。

老成凋谢余灰烬，愁说天南有殒星。

诗中抒发对陈炯明的愤恨，对已牺牲的几位老战友的悼念，更担忧国家的命运，还表达了自己视死如归的精神。鼠虫之辈，马勃牛溲之类自然是鞭笞陈炯明，"将军"系指被陈暗杀的邓铿，"要离"指在虎门遇难牺牲的朱执信，"老成凋谢余灰烬"指在陈炯明炮轰总统府事变中病死的广东省长伍廷芳。"隐忧已肇初开府"则是揭露在总统府成立时陈炯明已有野心，他曾对人讲过"我不愿任何人骑在我的头上"的狂言。

被囚禁以后，他自忖必死，写下了与妻子诀别的七绝《留别内子》二首，表明自己为革命事业"生无足羡死奚悲"的心迹，勉励何香凝这位女中英豪继续承担革命重任。

其一

后事凭君独任劳，莫教辜负女中豪；

我身虽去灵明在，胜似屠门握杀刀。

其二

生无足羡死奚悲，宇宙循环活杀机；

四十五年尘劫苦，好从解脱悟前非。

对女儿梦醒，儿子承志，他也写了一首古诗《诀醒女、承儿》，教育他们如何做人，如何对待生与死。当时梦醒18岁，承志年仅14岁。

廖仲恺被囚，何香凝自然也被暗中监视，她和子女的安危都掌握在陈炯明的魔掌中。这位女中英豪也像廖仲恺一样临危不惧。为营救廖仲恺，她带病奔走，苦口婆心地说服陈炯明的部下，得以3次去石井兵工厂探视廖仲恺。

8月18日，她冒着大雨、踏着泥泞爬上广州北部的白云山，出其不意地闯入粤军总司令部，找到了正在开军事会议的陈炯明。

陈炯明躲避不及，一场面对面的斗争展开了。

陈炯明搬了一张藤椅让何香凝坐下，又送上一杯白兰地酒，假惺惺地说："廖夫人，你身上湿了，喝点酒吧，不然要受寒。这里有军官的家眷，你去换件干衣服吧。"

何香凝喝了酒，把杯子一掷，冷笑一声，站起身厉声说：

"雨湿有什么要紧，我今天来还打算血湿呢。我问你，仲恺有什么对不起你？你们的军饷、费用不是仲恺费尽心血为你们筹措解决的吗！你们在漳州两年多，把孙先生在上海莫利爱路的房子两次抵押才借来款项帮助你的不也是仲恺吗！我今天来这里，就不打算活着回家，你把我砍成肉酱我也不怕。仲恺是杀是放，你一定要回答我。"

何香凝疾言厉色的质问斥责和视死如归的气概，使这个骄横不可一世的新军阀瞠目结舌，无言以对。他想使个花招搪塞一下，叫人拿来一份电报送到何香凝面前说："廖夫人，你看，这都是部下做出来的，详情我不知道。我这就派人把他转移到白云山来。你也去接他。"

陈炯明又随手写了一张条子交给何香凝。

何香凝岂能受骗。她把条子掷在地下愤愤地说："这是明放暗杀。你做事要磊磊落落。要杀仲恺随你的便；要放，就叫他和我一同回家。"

陈炯明理屈词穷。他不敢遽然杀害廖仲恺，因为漳州的那批粤军干部对廖有感情，对他囚禁廖已不满。他还感到形势已有变化，孙中山已脱险离开广东去上海，在韶关的北伐军也离开粤北，革命力量对他的威胁暂时松缓。何香凝又那么大义凛然，不放廖仲恺，她会拼命的。"今天来还打算血湿"，"你把我砍成肉酱我也不怕"。不正是她救廖仲恺的决心吗？

陈炯明在室内踱了几步，一转身对何香凝说："廖夫人，你放心，让廖先生和你一起回去，我派人陪你去接他。"

从6月14日到8月18日，廖仲恺被囚禁达63天，总算脱离了虎口。当夜3点多钟，他们夫妇两人悄悄离家，先乘小船到白鹅潭，换乘大船逃往香港，在香港没有停留便奔赴上海找到孙中山，投入新的斗争。陈炯明释放廖仲恺后颇感后悔，决心再次逮捕廖仲恺，当他派人于19日上午10时到廖宅时，早已人去楼空了。在上海，廖仲恺写下《蝶恋花》词一首：

> 冷雨敲窗风扫叶，
>
> 未算凄凉，
>
> 莫便凄凉说。
>
> 待到风消和雨歇，
>
> 菰蒲犹复争秋热。

字里行间都洋溢着他藐视危难和为革命事业决心奋斗到底的豪情壮志。

廖仲恺几次都脱离了虎口，但是，却没有逃出党内右派的魔掌，1925年8月20日，他被谋杀了。

被抓的凶手临死前供出了"大声佬"。廖仲恺胸部最要害的一枪出自"大声佬"旧部之手

"廖案"发生，震惊全国，国民党中央、国民政府和军事委员会立即召开紧急会议，决定由汪精卫、许崇智和蒋介石三人组成特别委员会，加强对党政军局面的控制，又组成"'廖案'检查委员会"负责查清案情，共产党的周恩来、杨匏安也参加了这个委员会。3天之后，案情便有了眉目。

被抓到的凶手叫陈顺，他的头部和眼睛都受了伤，当天也被送到公医院治疗，因伤势过重不时处于昏迷中。从他的衣袋中搜出几张当票，说明这个凶手是个无业的城市游民。广州的这种游民最容易受人雇佣干坏事。陈顺在昏迷中曾不断呼唤"大声佬"。"大声佬"是朱卓文的诨名，那支遗留在现场的曲尺枪，经过反复辨认，证明正是朱卓文的，子弹是他到兵工厂领的。陈顺供认，朱卓文告诉他："有几十万圆打'猛人'。""猛人"是广东方言，指有名声、有权势的人。问他谁是"猛人"，汪精卫够猛吗？他摇摇头回答："不是汪精卫，也不是别人，是廖仲恺、谭平山。"陈顺因伤重，不到两天便死了，但在临死前还供出"大声佬说香港有两百万圆打共产党"的事。

在胡汉民家开黑会，在文华堂和慰庐的活动也被揭发了。案情查明，主谋是胡毅生，组织刺杀的是朱卓文。于是派人搜查胡毅生的家，逮捕了胡汉民的哥哥胡清瑞和涉嫌极重的林直勉，撤掉第一军军长梁鸿楷的职务，两个粤军统领梁士铎和杨棉龙被扣押。胡汉民涉嫌极重，但因他在党内有一定地位和声望，未立即处理，后来以考察为由派往苏俄，算是给他留了一点面子。"廖案"的清查使右派一片慌乱，邹鲁借组织"国民外交团"名义出国避风，居正、谢持、张继、邓泽如等纷纷借故离开广州，右派势力大大受到打击。但是胡毅生和朱卓文在阴谋得逞后已逃跑了。

胡毅生是胡汉民的堂弟，参加同盟会早于廖仲恺，开始很受孙中山器重，曾任广东主盟人；黄花岗之役，担任购置军械要职；辛亥革命后，任广东军政府海军司司长；孙中山北伐师出桂林时，被任命为大本营参谋长。这些都成为他自我陶醉和炫耀的光荣史，后因故被免职，在政治上一直郁郁不得志，便另辟新途，以投承捐务和包耕沙田谋利。他对孙中山逐渐怀有二心，对孙中山倚为左膀右臂总是委以重任授予要职的廖仲恺更是忌恨。在胡汉民家开秘密会议时，是他首先提出谋害廖仲恺的主张，也是他命死党朱卓文组织暴徒行凶。胡毅生逃出广州后，一直住在港澳，生活落魄。抗日战争时期，他突然时来运转，在一次偶然机会，蒋介石得知他的情况，以"共赴国难"为由将他请到重庆，由审计部长陪同，遍游峨嵋、青城等名山，又赠以钱物，而后聘为国府顾问，不久便成为国府委员。一个漏网10余年的"廖案"主谋凶犯，竟成为当年清查"廖案"主要负责人蒋介石的座上客，跻身于"国民党元老"之列，其中奥妙，实可耐人寻味。

朱卓文也是老同盟会员，曾随从孙中山到美洲各地宣传革命，辛亥革命后随孙回国，曾任南京总统府庶务，香山县县长，大元帅大本营航空局局长等职。他为人粗俗贪婪，又好挥霍，常受孙中山先生斥责，后来失去官职，想倚仗个人"革命资历"向广东财政厅要求承包捐务，掌管财权的廖仲恺坚持捐务公开招标承包，朱卓文的私欲没有达到，所以除在政治上反对廖外，又增加了一层私怨。他按胡毅生的旨意搜罗暴徒，又以重金收买了枪法很好的旧部方镜如，并将自己心爱的手枪交方使用。廖仲恺胸部最要害的一枪，就出自方镜如之手。方行刺后弃枪而逃。3年后，因在家乡中山县隆都濠涌乡包烟庇赌，无恶不作，被防军逮捕法办。朱卓文逃走后，先至香港，又潜回家乡，后来还企图参加中山县县长的竞选，落选后，任县建设局长，后为陈济堂所杀。

凶手情况大致如此，谋杀根由还得追溯到"联俄、联共、扶助农工"三大政策和改组国民党的党内政治斗争上。

廖仲恺自追随孙中山投身革命后，十几年风风雨雨，生死休戚与共，成为孙中山最忠实的信徒、同志和战友。

对于孙中山"联俄、联共、扶助农工"政策和改组国民党，他更是衷心拥护。早在 1918 年，孙中山便与列宁有秘密电函来往，孙中山给列宁的电函多出自宋庆龄、廖仲恺、朱执信之手。孙中山与共产国际使者魏金斯基和马林的会见，廖仲恺无一不知。受孙中山委托，他两次赴日本和苏俄大使越飞秘密会谈，为"联俄"努力工作。至于改组国民党，实现国共合作，他更做出了特殊贡献。中国国民党名义上是一个资产阶级革命政党，实际上组织十分涣散，成员非常复杂，不少官僚政客和军阀抱着个人目的混入其中，所以从建党以来一直存在斗争，孙中山三大政策的提出和改组国民党的决定使斗争激化。左派坚决拥护，右派极力反对，箭在弦上，一场激烈斗争无法避免。

当时，国民党上层领导中，左派只有廖仲恺、宋庆龄、何香凝、柳亚子等少数人物，右派则占多数，尤以邹鲁、张继、邓泽如，冯自由等最为激烈。汪精卫、胡汉民不敢公然反对，但以不热心参加改组工作对待。汪精卫还在背地散布流言："共产党加入国民党，就像《西游记》中孙悟空钻入魔王腹中打跟斗、使金箍棒一样，定会损害党的生命。"

"如果叫共产党参加进来，只能把他们当做酱油或醋，不能作为正菜。"一直不肯来广州的戴季陶也从上海写信给廖仲恺表明自己坚决反对的态度。

张继参加同盟会最早，并担任过本部司法部判事、直隶省主盟人及国民党参议等职，很受孙中山器重，1922 年孙中山曾委托他到北京与苏俄代表越飞会谈，但他视共产主义和中国共产党如洪水猛兽，坚决反对三大政策和改组国民党。这个人倒不搞阴谋，他多次找孙中山陈述自己的意见："苏俄要的是共产主义，我们是三民主义，两种主义根本不同。怎么能以苏俄为师？"

"中国共产党正是以俄为师，要搞共产，赤化中国，我们更不能与他们联合。让共产党人参加国民党，定会影响我党前途。"有一次他竟痛哭流涕。

孙中山一次次苦口婆心解释说服："只有把国民党改组成一个有力量的政党，才能用政党的力量去改造国家。联俄、联共只会增强国民党的力量，只会推进革命的发展……"

张继根本听不进去，竟在一次会议上大吵大闹，孙中山愤然命警卫把他带出会场，还软禁了一夜。

林直勉、邓泽如等11人联名给孙中山上书反对改组国民党，还阴谋建立组织，争夺代表大会席位以控制大会，破坏改组工作。

斗争愈演愈烈。孙中山力排众议，先成立了国民党临时中央执行委员会，全权负责改组工作，廖仲恺、胡汉民、汪精卫、邓泽民等14人为委员和候补委员。一看名单就知道右派占绝对多数，改组工作中的困难可想而知，廖仲恺肩上的担子十分沉重。他曾对何香凝说："那么多的老党员反对改组，他们不想想民国已经成立十多年了，孙先生的三民主义还不能实现，这明明是党的组织问题。他们并不为党的前途打算，只为闹意气的反对。为国家、为本党，无论何人反对我都不怕，击我杀我，也在所不惜。"

1924年1月20日，国民党第一次全国代表大会终于在广州召开了，165名代表中，共产党人差不多占了14%。李大钊、毛泽东、瞿秋白、林祖涵都是代表，李大钊还是主席团成员。但是大会的召开并不意味着斗争的结束，可以说，大会是在斗争中进行的，大会、小会都有火药味，斗争的焦点仍在共产党人参加国民党问题上。1月28日，大会讨论《中国国民党章程草案》时，右派代表方瑞麟迫不及待地发了言：

"我提议，党章中应该明文规定本党党员不得加入他党。"

"我赞成,应该写清楚。党员怎么能跨党!"

"这提议太对了。一个人怎么能同时参加两个不同性质、甚至是互相对立的政党?中外历史上有这样的先例吗?"

"要参加国民党就先退出共产党!"

十几个人发出一片喧嚷,有的还拍起掌来。显然这是有组织的,他们企图用禁止共产党员跨党来破坏改组国民党,破坏国共合作。

此时,李大钊站了起来。他先表明自己是代表以个人身份参加国民党的共产党代表发言,然后侃侃而谈:"我等加入国民党,是为有所贡献于国民党以贡献于国民革命事业而来的。我们对国民党负有两重责任,一种是国民党党员普遍的责任,一种是为国民党联络世界的革命运动以图共进的责任。孙中山先生允许我们仍跨第三国际在中国的组织,所以我们参加国民党仍兼跨固有的党籍是光明正大的行为,不是阴谋鬼祟的举动。那种对共产党猜疑防制是国民党发展的障碍,必须明揭而扫除之。"

廖仲恺发言了:"我同意李大钊的讲话。你们不主张共产党员参加国民党,反对国共合作,究竟是为什么?我们第一要问:我们的党是什么党,是不是国民党?第二要问:我们的党是否有主义,是否要革命?如果对于我们的主义能服膺,革命能彻底,则一切皆可不生问题。而且加入本党的人,我们只认他个人加入,不认他团体的加入。只要问加入的人,是否诚意来革命的,此外不必多问。此次共产党人加入本党,是本党的一个新生命。他们加入本党,是与我们同做革命工作。请诸君思之,重思之。我们应该懂得,只有联合其他革命政党的力量,我们才能实现革命。"

代表大会开了10天,由于孙中山的威望和决心,由于国民党左派和共产党的努力,右派败下阵来,大会取得很大成功,通过了三大政策，改组了国民党，实现了国共合作。李大钊、谭平山、毛泽东、瞿秋白、林祖涵、于方舟、于树德等共产党员当选为中央执行委员会和监察委员会的委员或候补委员。

代表大会后，左派力量迅速发展，中央党部和地方党部中，都有共产党员参加领导。在中央党部各部门领导中，共产党员和国民党左派占了多数。谭平山、林祖涵分别担任组织部长和农民部长，廖仲恺任工人部长，何香凝任妇女部长，秘书也由共产党员杨匏安、彭湃、冯菊坡担任。右派仅掌握宣传部和青年部，戴季陶和邹鲁分别任部长。国民党的改组，也促使了工农群众运动的蓬勃发展。廖仲恺在改组工作中付出巨大心血。蒋介石曾对人说："当时如果没有廖先生，没有他那样的决心和热忱来辅助总理，恐怕13年本党的改组难得有那样彻底精神和伟大结果。"

代表大会后，廖仲恺马不停蹄地协助孙中山创建了黄埔军校，为培养军事干部、建立革命军队打下牢固基础。

国民党改组成功，廖仲恺立了大功，同时也增加了帝国主义、军阀和国民党右派对他的忌恨。汪精卫在悼念廖仲恺的文章中说出了廖仲恺被谋杀的根本缘由。他说，国民党的改组"是孙中山先生的决心和定见，而努力实行的，廖先生实是第一人，他是为改组国民党而死，他以自己的生命换取国民党的新生命。廖先生的死，间接死于帝国主义之手，直接死于假革命的党员和军队之手。"

周恩来撰写《勿忘党仇》。参加送葬的人达 20多万。廖仲恺的赤血，已变作革命的火花

从廖仲恺被刺到出殡的10天的日子，广州几乎沉浸在愤怒和悲哀之中。街头巷尾都可以听到群众颂扬廖仲恺、怒斥敌人之

声。许多单位开了追悼会，前往灵堂吊唁的人更是络绎不绝。灵堂设在国民党中央党部礼堂，他们踏着沉重的脚步，登上台阶，在灵柩和遗像前肃立、鞠躬、默哀，有的献上鲜花和挽联，有的还在饮泣。

灵堂内，挽联如林，来自党政军机关，各人民群众团体和个人，来自亲朋好友以及国际友人，一字字，一句句，颂赞廖仲恺的业绩和品德，抒发对反动派的仇恨，表达忧国之情及继承遗志的决心。

"大难方殷，事变猝起，谋国历艰辛，早以生死置之度外。

我心匪石，公志成城，吾党屡飘摇，惟将奋斗慰忠魂。"

这是共产党员，身任国民党中央农民部长林祖涵的挽联，真挚情感，跃然纸上。

"致命本预期，只国难党纷，赞理正需人，一瞑怎无遗痛感。

先灵应勉慰，使完功继事，同胞齐奋力，举家何足供牺牲。"

何香凝的挽联，悲壮慷慨，是告慰已逝的亲人战友，也是向党国和人民表达为革命事业可以举家牺牲的决心，真是气壮山河，感人肺腑。

"奋斗为党国，解放为工农，天乃竟夺元良，时局正纷纭，莽莽中原乱何已。

庚申死执信，壬戌死仲元，公又狙遭横祸，知交渐零落，茫茫前路我安归。"

这是在廖仲恺被刺当天的清晨还同廖商讨筹措军饷事并共进早餐的罗翼群写的。他在向廖倾诉自己的忧心和失去知交的感伤。

"我因哭总理而来，岂知南海无情，旧痛新愁成并集。

身竟为何人所贼，回念东瀛同学，私交公谊备哀伤。"

在日本留学时的同学、同志杜德轩，孙中山逝世的悲痛尚未完全消失，又增加廖仲恺被刺身亡的哀伤。

一篇篇祭文和悼念文章也相继发表。

周恩来在《勿忘党仇》的悼文中说："孙中山逝世后，廖仲恺更成为党中之重心，而今党之重心竟遭惨死，我们岂仅哭我们的党代表，我们更哀痛全党失去重心！"他还说，国民党"绝对需要一个继承总理遗志、为党最能负责任，最能工作而又勇于革命运动、工农运动及反帝国主义运动的积极领袖"，而今，廖先生"竟因适当其选"而惨遭暗害，使我们"痛失领袖"。他肯定暗害后面藏有极大黑幕阴谋。

9 月 1 日，举行极为隆重的出殡和葬礼。这是一次对反动派的游行示威，也是对人心向背的测验。参加送葬的人达二十多万。从党政军要人到工农兵学生群众，仅各界的团体就有一千多个，沿途目送者更是万人空巷。这支浩浩荡荡的队伍，随着由苍松翠柏扎成的花亭中的遗像和花车中的灵柩，从越秀路出发，经万福路等广州重要街道，然后出大东门到驷马岗陵墓地。队伍前列已抵墓地，后列才刚动身，可见参加人数之多、队伍之长。灵柩安放后举行隆重祭奠仪式，由林森主祭。共产党中央还发出告全党同志和全国民众书，赞颂廖仲恺的丰功伟绩和高尚品德，揭露国内外反动敌人的阴谋罪行，号召大家继承遗志，夺取革命胜利。

廖仲恺，一代杰出英豪逝世了。他的死激励了千万人民群众更加奋进，革命运动更加蓬勃发展。1926 年 5 月，由中国共产党直接领导的以叶挺为团长的国民革命军第四军独立团高举北伐军先遣队的旗帜，向湖南挺进。揭开了北伐战争的序幕。9 月 7日，国民革命军在广州誓师，北伐正式开始。"打倒列强！除军阀！国民革命成功，齐奋斗！"战斗歌声在上空飘扬激荡，中国历史进入一个新的大革命时代。何香凝不止一次激动地说："仲恺的赤血，已变作革命的火花。"

廖仲恺的遗体先安放在广州驷岗朱执信墓的左侧，1935 年移葬于南京紫金山孙中山先生陵墓旁，供后人景仰。广州市人民在广州越秀南路廖仲恺牺牲处建造了"廖仲恺纪念碑"。归善县人民也在他的家乡鸭子埗乡建了纪念碑。何香凝则到南洋卖画筹资，于 1927 年 3 月 26 日在广州市创建了仲恺工农学校，以纪念廖仲恺。

（此文与黎勤合作，发表于《中华儿女》海外版
1995 年第 11、12 期）

"两弹一星"元勋和叶企孙教授

"两弹一星"元勋中的清华人和西南联大人

在 1999 年建国 50 周年大庆前夕，中央隆重表彰并授予功勋奖章的研制"两弹一星"的 23 位元勋中，有六位是清华大学物理系毕业生、一位是通过清华公费留美的学生。他们是：王淦昌（1929 年清华物理系毕业）、赵九章（1933 年清华物理系毕业，1934 年公费留美，1938 年返西南联大任教）、彭桓武（1935 年清华物理系毕业）、钱三强（1936 年清华物理系毕业）、王大珩（1936 年清华物理系毕业）、周光召（1951 年清华物理系毕业）。另外还有钱学森，1934 年在上海交通大学铁道工程系毕业后，参加清华大学公费留美考试被录取。当时任清华大学理学院院长的叶企孙考虑钱学森原来学的是铁道工程，出国却要学航空工程，所以叶安排他在清华、杭州笕桥等地补修航空工程，实习后再出国。

这 23 位元勋中，还有 7 位是在西南联大毕业或学习、工作过的。他们是：陈芳允（1938 年西南联大物理系毕业）、郭永怀

（1935 年北大物理系毕业，1939—1940 年在西南联大攻读研究生）、王希季（1942 年西南联大机械系毕业）、邓稼先（1945 年西南联大物理系毕业）、朱光亚（1945 年西南联大物理系毕业）、屠守锷（1940 年西南联大航空系毕业后赴美深造，1946 年回国在清华任教）、杨嘉墀（1941 年交通大学毕业，1941—1942 年在西南联大电机系任教）。

以上 10 位在清华和西南联大物理系学习和毕业的元勋，都是 1926—1952 年担任过清华和西南联大物理系教授、系主任和理学院院长的叶企孙先生的学生。钱学森、屠守锷和叶先生也有密切的关系。

此外，23 位元勋中，还有于敏和程开甲是叶先生的学生的学生。于敏毕业于北大物理系，1949 年攻读研究生，他的导师是张宗燧和胡宁，这两位分别于 1934 年和 1938 年毕业于清华物理系，都是叶先生的学生；程开甲 1941 年毕业于浙江大学物理系，他的毕业论文导师是叶先生的学生王淦昌。

顺便提一下，两位诺贝尔奖金获得者杨振宁和李政道，也来自西南联大物理系。杨于 1938 年进入西南联大，1942 年毕业后，考研究生，1944 年获硕士学位，叶先生不仅授课，而且参加了杨振宁毕业论文的考试委员会。李政道也是由叶推荐出国的。很巧，为杨、李二位提出的弱作用下宇称不守恒理论（他们因此而获得诺贝尔奖）作出实验验证的女物理学家吴健雄，也是叶先生的学生的学生。吴毕业于中央大学物理系，系主任施士元是清华物理系 1929 年的首届毕业生。

西南联大物理系存在八年多，在 1937—1946 年间共毕业本科生 130 人，内有 15 人后来成为中国科学院和中国工程院院士，比例之高，世所罕见，他们是：黄昆、胡宁、陈芳允、张恩虬、李整武、应崇福、戴传曾、李荫远、萧健、徐叙瑢、邓稼先、朱

光亚、黄祖洽、李德平和高鼎三。其他一些毕业生和学生后来也
在国防科学、高等院校和不同的科研领域任学科带头人和行政领
导人，为国家作出了突出贡献。

为什么清华和西南联大能培育出这许多英才？这有许多因
素，其中包括叶企孙先生付出的大量心血。

培育科技精英的叶企孙教授

叶企孙是一位功勋卓著的教育家。1898年7月16日，他出
生于上海的一家书香门第，1913年进入清华学校（清华大学前
身），1918年在清华高等科毕业后赴美，1920年6月获芝加哥大
学学士学位，1923年获哈佛大学哲学博士学位，回国前访问英、
法、德、荷、比等国的大学及物理研究所约5个月。他通晓英、
法、德语。通过这次访问，他对欧洲高等教育和科研情况有了较
全面的了解。1924年3月回国，在东南大学物理系任副教授，
1925年回清华任物理系副教授，1926年升任教授和系主任，在
1925—1928年期间，清华物理系仅叶一人，他担任物理学所有
课程的讲授，成为物理系的创办人。他精心策划，具体组织，使
物理系蒸蒸日上，迅速达到国内先进水平。1929年清华决定开
办研究院（即现在的研究生院），研究院中的物理研究所由叶任
所长。1929—1937年叶任理学院院长，1939—1946年任清华特
种研究所委员会主席。

清华大学校长梅贻琦先生有一句名言："大学者，非有大楼
之谓也，有大师之谓也。"这也是叶企孙的办学信条。他为办好
物理系，毫无门户之见，千方百计迎聘良师。从1928年起，他
先后聘请熊庆来、吴有训、萨本栋、张子高、周培源、赵忠尧、
任之恭、霍秉权、孟昭英、王竹溪等具有真才实学的大师到清华

和西南联大任教。他以自己的高尚人格吸引和团结人才。1928年当他聘请到吴有训来清华任教时，将吴的工资订得比自己的高。在教学中，他发现吴的工作能力很强，便于1937年主动辞去理学院院长职务，推荐吴有训担任，直到1945年吴有训调任中央大学校长，叶先生才再继任西南联大理学院院长。他还先后推荐霍秉权、孟昭英、钱三强、王竹溪担任物理系主任一职，充分发挥后辈人才的作用。他像磁铁一样，吸引着许多优秀人才，团结奋斗，使清华和西南联大物理系的教学和科研在国内名列前茅。

叶先生非常重视实验研究，他认为："高等学校除造就人才外，尚得树立一研究中心，以求国家学术之独立。为达此目的，必须创造实验研究的条件。"他不仅从国外进口仪器设备，还想方设法创造自制仪器的条件。1931年，叶先生通过赵忠尧的介绍，在德国聘请哈勒（Halle）大学青年技工海因策（Heintze）到清华制造仪器设备。叶先生还慧眼识人，将聪明好学的工友阎裕昌培养成技术水平很高的可以制造和修理仪器设备的技术实验人员。

为办好物理系，叶先生明确提出办系方针和主张："本系自最浅至最深之课程，均为注重于解决问题及实验工作，力戒现时高调及虚空之弊"，"科目之分配，理论与实验并重，重质而不重量。"他十分重视学生动手能力的训练，要求物理系学生学习木工、金工和机械制图课程、能自己动手制造实验设备，并做毕业论文。

抗战开始，清华、北大、南开三校南迁，仪器设备大部分陷留在平、津。三校迁至昆明后组成的西南联大，校方和理学院负责人千方百计从上海和国外购置新的设备，辗转运到昆明，使联大物理系在这样艰难的环境下，从未中断实验教学，保证了对学生较全面的培养。

新中国成立后，1952年院系调整，叶先生调入北京大学物理系，任金属物理及磁学教研室主任，除讲课外，还指导本科生和研究生做毕业论文。1955—1966年共有200余名本科生和研究生毕业，许多人后来成为我国磁学和金属物理学领域的骨干力量。

叶企孙先生还是一位成就杰出的科学家。他在哈佛大学攻读博士时，便在 W.杜安教授指导下，与 H.帕尔默合作，利用 X 射线短波限与电子加速电压的关系，进行普朗克常数的测定，他们的实验数据精确度极高，被国际物理学界引用很久。他还独立研究高液体静压强（高达12000大气压）对铁、镍、钴磁导体的影响，观察到了新的现象，并进行定性的理论分析，达到当时国际先进水平。这项研究是国际高压磁学的前沿课题，属开创性工作，他因此获博士学位。

由于叶先生的科研成就蜚声海内外，1932年8月举行的中国物理学会成立大会即由他负责筹备，并在大会上作筹备工作报告。会上他被选为第一副会长，以后又当选为会长、理事长等领导职务。从1933年开始，叶先生以他在学术界的威望，连续当选为中央研究院第一、第二届评议员。1941—1943年，他出任研究院总干事，当时，朱家骅名义上是院长，实际上一切行政和学术领导都是由总干事负责。叶先生深谋远虑，总揽全局，对全国科学事业的发展发挥了重要作用。1948年，中央研究院设院士，叶先生当选为院士。叶企孙的贡献还突出地反映在培养我国许多学科的开创者和早期学术骨干上。清华大学利用美国退回的庚款每年考选公费留美生，叶先生参与选派工作，他既重基础学科，又重应用学科。正是在他的指导下，一些留学生回国后成为该学科的奠基人和主要的学科带头人，如气象学家赵九章、地球物理学家傅承义和翁文波、海洋物理学家赫崇本、冶金学家王遵明、应用光学家龚祖同、光学家王大珩、力学家钱伟长、金属物理学家余瑞璜和葛庭燧等。叶企孙在东南大学时的学生李善邦由叶介绍到中央地质调查所工作，李于1932年在北平北安建成我国第一个测震站。

1947年，叶先生鉴于核物理学在物理学发展中的重要地位，积极筹备在国内发展核物理。他和梅贻琦校长商定，拨款5万美元，由钱三强在国外为清华大学购置核物理研究的设备。他又积极努力，促成了1948年北平研究院原子能研究所的成立。钱三强回国后任该所所长。这个研究所是新中国成立后中国科学院近代物理研究所和原子能研究所的前身，为中国研究核能、原子弹和氢弹的重要基地之一。从1950年开始，叶先生兼任该所专门委员和应用物理专门委员，后来又和竺可桢一起创办自然科学史研究所，兼任研究员。1955年叶当选为中国科学院数理化学部委员（院士）、常委。从1956年起，他参加了我国历次科学技术长远规划的讨论和制定，《1956—1967年科学技术发展远景规划》第56项（基础科学）中磁学学科的任务也是由叶企孙主持编写的。

叶先生又是一位思想进步的爱国者。他的青少年时代是在半封建半殖民地的旧中国度过的，他目睹国家遭受帝国主义列强的欺凌宰割，人民生活在水深火热之中，他留学归来，在献身科学和教育事业的同时，热情支持人民群众的反帝爱国运动。1926年3月18日，北京爱国群众为抗议日、英帝国主义的侵略行为，两万多名学生、工人和市民举行游行示威，遭到段祺瑞军阀政府的屠杀，死40多人，伤数百人。叶先生闻讯后悲痛失声，他对学生王淦昌说"你们明白自己的使命吗?弱肉强食是亘古不变的法则,只有国家强盛了,才不会被列强凌辱。只有科学才能拯救我们的民族……"1936年,傅作义将军在百灵庙抗日大捷,清华学生赴大青山劳军,他支持物理系同学积极参加,并帮助劳军同学补上所缺的课程。1935年11月他和梅贻琦、陶孟和、胡适等知名学者教授联名通电全国,反对日本和汉奸搞"华北五省自治"分裂中国的阴谋,通电稿是叶先生起草的。"一二·九"运动时,叶先生为参加南下请愿团的物理系学生钱伟长等送行,嘱咐他们沿途小心,并出钱给予资助。1936年2月29日,军警包围清华,搜捕进步学生,列入黑名单的葛庭燧当夜避入叶先生家,得以逃脱反动派的魔爪。

七七事变后,清华、北大、南开三校南迁,组成长沙临时大学。叶先生原定于1937年夏利用学术休假机会出国,但值此国难当头的危急时刻,他毅然留在清华。在助教熊大缜(1935年清华物理系毕业生)的协助下,叶指挥抢运一批清华图书仪器南下。8月叶离北平,到天津后因患副伤寒滞留,后又患膀胱炎。10月初清华在天津英租界成立临时办事处,照料过津南下人员,请叶主持,熊大缜协助。1938年春,八路军吕正操部派员到平津为冀中抗日根据地物色人才。清华化学系学生孙鲁找到熊大缜,熊欣然同意。熊于4月进入冀中抗日根据地后,叶先生应熊大缜或熊派到天津的人的要求,作了大量支持抗日的工作:

——介绍一批大学毕业生和技术人员去冀中,其中有汪德熙(清华化学系)、胡达佛(清华机械系实验员)、阎裕昌(清华物理系实验员)、张瑞清(清华生物系实验员)、李广信(清华地学系)、祝懿德(清华经济系)、张方(燕京大学物理系)、葛庭燧(清华物理系)、何国华(清华大学物理系职员)等。为了这些人的安全,叶企孙还亲自返回北平找清华美籍教授温德,请他在必要时让他们到他家暂避。这些人对冀中抗日作出重大贡献，如汪德熙等用 5％TNT，制成氯酸钾炸药、电引发雷管和地雷，多次炸翻日军列车，受到聂荣臻司令员的表扬。

——叶介绍熊大缜等与开滦矿务公司副经理、电机工程师、中国科学社社员王崇植联系，取得制造炸药所需的化学原料，还想方设法购买制造雷管所需的化学原料、铜壳和铂丝以及控制电雷管的电动起爆器。

——通过王崇植找到原天津电报局长王绶青，弄到无线电器材，又物色到技术人员，在天津英租界的清华同学会内装配成无线电台，然后设法运入冀中。

——介绍燕京大学化学系毕业生、已考取清华研究院的林风在天津租界一工厂内制造黄色炸药（TNT），造成条皂状，运入冀中。

——为冀中采购医药用品，设法弄到枪支、子弹的设计图纸。

——动用清华大学备用公款万余元支付购买物资费用，给通过叶企孙介绍去冀中的人员和在天津为冀中工作的人员发放安家费、生活费和工作费用。

1938 年 9 月西南联大领导催叶去昆明，且地下活动已有所暴露，林风被工部局拘捕。叶企孙于 10 月 5 日离津南下。他虽离津，但不忘抗日，过香港时曾设法筹款支持冀中。据蔡元培日记中记载："企孙言平津理科大学生在天津制造炸药，轰炸敌军通过的桥梁，卓有成效，第一批经费，动用清华备用之公款万余元，已用罄，须别筹，拟往访孙夫人，嘱作函介绍，允之。""致孙夫人函，由企孙携去。"

叶企孙抵昆明后，仍与在冀中的祝懿德保持联系。他以"唐士"笔名在 1939 年《今日评论》第 1 期上发表《河北省内的抗战状况》一文，号召有志的知识青年前往参加抗日工作，并认为当时的河北省主席鹿钟麟要求吕正操部让出八路军从日寇手中夺回建立起来的抗日根据地，是不顾事实和不合理的要求。

1945年8月，日本战败投降，举国欢腾，但蒋介石却准备打内战，受到全国人民反对。为反对内战，西南联大和云南大学、中法大学、英专四所大学的学生自治会拟定于11月25日在云大至公堂举行时事讲演晚会，蒋介石派至云南的心腹李宗黄等闻讯，迅速对云大校长施压，逼他不得借出至公堂。学生当机立断，决定晚会改在联大图书馆前广场举行，请示联大代常委叶企孙。① 叶冒着风险，顶住李宗黄的压力，毅然表示同意，时事晚会得以按时在联大举行，请钱端升、伍启元、潘大逵和费孝通四位教授讲演，中心内容是从各方面来论证内战打不得。参加晚会的除联大及各校学生外，还有昆明市的工人、市民等共6000多人。国民党政府派军队在会场周围放枪炮威胁。翌日，联大等校学生罢课抗议，并派宣传队上街宣传反内战，遭到特务殴打。12月1日数百名武装特务进攻各校，打伤联大教授袁复礼、马大猷及学生数十人，还杀死潘琰、于再、李鲁连、张华昌等四人，造成"一二·一"惨案。叶企孙悲愤莫名，第二天，在广大师生痛哭声中，他噙着热泪，主持了四烈士入殓仪式。在惨案前后，叶以代常委身份，主持了三次联大教授会，通过了多项支持学生的决议：全体教授停课一周，并发表抗议书，抗议反动派的暴行，支持学生的正义行动。联大教授组成法律委员会，控诉李宗黄等人的罪行。为保护学生的安全，联大教授会出面交涉，要求地方

---

① 西南联大不设校长，由北大校长蒋梦麟、清华校长梅贻琦、南开校长张伯苓三人组成常务委员会。因蒋、张二位常在重庆公干，日常校务由梅常委负责。此时梅赴北平筹备清华北返复校事宜，由理学院院长叶企孙任代常委。

军政当局准予学生抬棺游行。由于联大教授都是海内外知名的学者专家，他们的态度产生了广泛的影响，全国各地各界纷纷起来响应，形成声势浩大的群众运动。蒋介石陷于孤立，被迫作出让步，"一二·一"运动获得重大胜利。《新华日报》社论指出：这次运动获得教授和各界群众如此广泛的支持，"这是过去任何一次学生运动所未曾有过的"。在每个关键时刻，叶企孙都挺身而出，发挥了重要作用。1946 年 5 月，联大结束，清华迁返北平。此后一直到 1952 年 9 月，叶企孙担任清华校务委员会主席，和吴晗、周培源一起领导清华全校的工作。在"抗议美军暴行"、"五二〇反饥饿反内战"、"反美扶日"等爱国民主运动中，清华学生都起到带头和骨干作用。叶企孙和教授们对学生给予热情支持。1948 年秋冬，北平解放前夕，国民党反动派企图将清华"南迁"，叶企孙和广大师生一起，坚决抵制，反动派阴谋未能得逞，清华大学完整地回到人民的怀抱。

全国解放后，叶企孙继续坚持爱国立场。1950 年夏，著名英国学者李约瑟博士来信，说联合国教科文组织拟聘请叶企孙任自然科学方面的顾问，征求叶的意见。因为当时联合国未承认中华人民共和国，叶坚持原则，对此不予考虑，显示了一个爱国科学家的高风亮节。

但是，这样一位对中国的教育、科学事业作出过重大贡献的爱国科学家，却在"十年浩劫"中备受折磨，摧残致死，言之令人心碎。

事情得由 1938 年春说起。为了支持八路军吕正操部的冀中抗日根据地，叶企孙支持他的学生熊大缜前往冀中，初任印刷所所长，后升任军区供给部长，并成立研究社研究地雷、收发报机等军用器材。熊本人或派人多次到天津请求叶企孙在物资、人员和经费方面给予帮助。叶不顾当时环境险恶，给予大力支持，介绍许多当时抗日根据地所急需的人员前往，为抗日事业作出重大贡献（已如前述）。但不幸的是，在1939年锄奸运动中，熊大缜竟被诬为汉奸和国民党特务，并在反扫荡中被押解人员擅自处死。叶企孙也被株连，在"文化大革命"中，被逮捕、关押，身心受到严重摧残，于1977年1月13日含冤去世。一直到1986年10月，熊大缜冤案平反，中共河北省委肯定了叶企孙对冀中抗战作出的贡献，并为他彻底平反昭雪。

（此文原载《炎黄春秋》2000年第7期）

如此篡改，意欲何为

——评电视连续剧《雷雨》

我国著名话剧作家曹禺先生的话剧《雷雨》，以它的思想性和艺术魅力享誉中外，自1933年问世以来，在全国各地久演不衰。80年代改编成电影后，收到很好的效果，而最近电视台"隆重推出"的20集连续剧《雷雨》，则令人失望，甚至是令人气愤。

电视剧注明是根据曹禺同名话剧改编的，但实际上面目全非，从主题思想、主要人物形象到主要剧情，都被篡改了，只能说是打着《雷雨》旗号的杜撰。

从旧社会的反抗和呐喊变成歌颂乱伦

电视剧歪曲和篡改了原著的主题思想。青年时代的曹禺，生活在半封建半殖民地的旧中国，社会的黑暗、罪恶，使他拿起笔来去揭露，去呐喊，从1933年到1940年，他写了《雷雨》、《日出》、《北京人》等剧本。在1977年出版的《曹禺选集》的"后记"中，曹禺说："这些作品，是在没有太阳的日子里的产物。""那个时候，我是想反抗的，因陷于社会的昏暗腐朽，我不甘模棱地活下去，所以我才拿起笔。《雷雨》是我的第一声呻吟，或许是一声呐喊。在《日出》中，我想求得一线希望，一线光明。"
"向往着'日出东方，满天的火红……'""写《北京人》时，我的诅咒比较明确些了，那些封建主义、资产阶级是早晚要进棺材的。"显然，他写这几部作品的目的，是要从各个角度去揭露旧社会的罪恶与黑暗，而不是其他。

曹禺在《雷雨》中，通过一个家庭发生的悲剧，对旧社会发出反抗的呼喊。剧中人物梅侍萍一生不幸；繁（蘩）漪受尽周家"父子两代人的侮辱"，从绝望到报复；两个纯洁善良的年轻人周冲与四凤惨死在雷雨中……剧作者通过这样动人心魄的悲剧，揭露了旧社会、旧制度的黑暗。这正是《雷雨》的严肃的具有社会意义的主题。

而电视剧《雷雨》的主题是什么呢？是爱情，而且是对乱伦之爱的歌颂。在前10集中，改编者以大量镜头画面反反复复描绘繁漪与周萍的乱伦关系，从偷情到私奔，从怀孕到流产，酒吧间里的眉目传情，窃窃私语，家中的耳鬓斯磨、拥抱接吻等等，这还不够，又特意编造一个令人厌恶的低级趣味的"狗妈妈"，借她之口来赞扬繁漪和周萍是一对恩爱的年轻夫妻。更荒唐的是，剧中还捏造了一位银行家的千金、繁漪的表妹蓝晓婷前来推波助澜。先是繁漪把蓝介绍给周萍，后来周向蓝求婚遭拒绝，原因是蓝早已看出周"爱的不是我而是她（繁漪）"，"不论从哪方面看，她比我对你更合适。"周萍申辩说他和繁漪不可能，因为他们的名分是继母和儿子，蓝竟说，"名分只是名义"，不该作为包袱，鼓励周萍勇敢地去爱繁漪。她又为繁漪打气，说"第一次看到你们在一起就感到你们是那么和谐"，"姐夫（周朴园）对你不合适。"蓝晓婷最后以和情人私奔为繁漪和周萍作出榜样。在后10集中，又用相当多的镜头描绘周萍出国后繁漪对他刻骨铭心的思念等待，以至相思成疾靠轮椅生活，甚至想在火灾中结束生命，以表达她的痴情。周萍刚回国，长期坐在轮椅上的繁漪竟"倩女还魂"般一跃而起，下楼与家人共餐，接着又以支持周萍同情矿工反对周朴园的行为感动了周萍因而重温旧梦，同时也表明他们二人不但有性爱，还有共同的支持工人的进步思想基础，更显得他们的乱伦关系的合理；还有繁漪送给周萍的一大本情意绵绵的相思日记等等。这些场面都在加深"爱情"力度，渲染乱伦。至于电视剧的主题歌就更明显了，什么"孤独的我在梦中寻觅，不知道寂寞的你是否愿意牵着我的手"，什么"我一无所有，只有我自己，不给别人，一生都给你"等等。这些东西，哪里有半点对旧社会罪恶的揭露与控诉，原著的主题思想完全被篡改了，变质了。

那么在原著中，曹禺是怎样描写繁漪和周萍的这种不正常关系呢，是以繁漪控诉的方式，怒斥周萍对繁漪"始乱终弃"："你最对不起的是我，是你曾经引诱过的母亲。""你说你恨你的父亲，你愿他死，就是犯了灭伦的罪也干。""我不能受你们父子两代人的欺侮。"作者把深深的同情给予繁漪这个被侮辱与被损害的人物。很明显，作者对繁漪和周萍的乱伦关系是作为罪恶来暴露的，是持批判和否定的态度，而决不是如电视剧那样，去赞美、去歌颂的。

严重歪曲和颠倒了人物形象

文学作品的主题思想要通过人物和故事情节来体现。主题思想被篡改了，故事情节和人物也就变了味，改了形。在原著《雷雨》中，每个人物都围绕主题定位定性，都有它的典型价值，人们从他们身上可以看到旧社会的烙印。

　　原著中的繁漪是一个不幸的使人同情的女性，她受过新式教育，喜爱诗词，文静高雅；她热爱生活，追求幸福，但是残酷的现实毁了她的一生。结婚18年，一直遭受专制霸道的丈夫周朴园的精神折磨，把她"磨成了石头样的死人"；而继子周萍的引诱，又使她陷入乱伦情网之中，成为一个"母亲不像母亲，情妇不像情妇"的伦理道德上有罪的人，后来又被周萍抛弃。她由绝望到报复，致使爱子周冲惨死在雷电交加风雨之夜的电流下。繁漪的一生是一场悲剧。

　　而电视剧中的繁漪完全变了形，改了样。在前10集中，展现在人们面前的是一个骄奢淫逸的贵妇人，她挥霍浪费，上一次街就能花掉作为一个月费用的一百大洋，一次就购买价值二百大洋的10双意大利皮鞋，没有现金就逼着管家筹措。她爱慕虚荣，喜欢听人恭维，在为蓝晓婷举办的舞会上，她喧宾夺主，出尽风头；某小报记者撰文吹捧她为舞后，她很高兴，这个小报记者每日送花来表示追求，她欣然接受，尤其是对小报记者在酒吧大庭广众中向她下跪求爱的丑态和"我只要求一个晚上你完全属于我"的下流话，她丝毫不感到羞侮和气愤等等。这哪里是原著中遭受周朴园精神折磨的不幸的繁漪？简直是一个荡妇。在后10集中，她歇斯底里，莫明其妙地在大雨中浇淋"赏雨"，并怒斥前来劝说的周冲、周萍和周朴园；她还逼着四凤用麝香堕胎等等，又像一个泼妇。一个受损害与受侮辱的不幸者的形象，完全被改编者颠倒了。

　　另一个主要人物，被曹禺定性为"腐朽的、寄生的"周萍，本来是个无所作为、靠父亲养活的浪荡公子。为满足个人情欲，他引诱精神抑郁的继母繁漪，做出伤风败俗、极不道德的乱伦丑事，当他感到处境尴尬，而又需要新的"情爱"，"把自己从旧有的情爱的痛苦中摆脱出来"，于是他找着了四凤，玩弄了四凤。

但是，当丫环的四凤"不能了解他也不能和他起共鸣"，他便"纵酒寻欢，沉湎于新的刺激里"。他对四凤的玩弄和周朴园对侍萍的玩弄是完全一致的。曹禺用鲁大海之口点出了周萍为人的本质："像你这样的人，根本就不应该活在世上。"最后他只能走上自杀之路，用手枪结束了腐朽寄生的生命。这是罪有应得！显然，在原著中，周萍完全是被批判、被否定的反面人物。

难以理解的是，电视剧中的周萍竟摇身一变成了学有所成有作为的正人君子。在乱伦问题上，不是他对繁漪的引诱，而是繁漪对他的主动追求；他本来对这位比他大不了几岁的继母很反感，是繁漪变卖首饰抵押债券为他偿还了三万元巨额人命债，才使他改变态度，由反感到感激到亲近，最后产生"爱情"。私奔，是蓝晓婷怂恿、繁漪提出、周萍被动的勉强同意后来又悔改了。他酗酒、捧戏子、打架斗殴是想让繁漪"瞧不起"他，而"不再来纠缠"……这些都说明乱伦的责任不在他而在繁漪，他是个正人君子，甚至是个受害者。至于他玩弄四凤，则是在他酒醉之后走错了门无意之中奸污了这个纯真少女，并多次自责求四凤原谅。不仅如此，改编者还特意让四凤不止一次地表白："大少爷，是我自己愿意的，我不恨你"，为周萍开脱罪责。在压迫和残害工人的问题上，原著中周萍和周朴园的思想、立场是一致的。周朴园命矿警开枪打死30多个工人，鲁大海代表罢工工人找周朴园谈判，并当面揭露周朴园过去在包修江桥时故意制造江桥事件，淹死2200个小工，他却在每个小工身上赚得300元大洋。鲁大海痛斥他发的是"继子绝孙的昧心财"。周萍竟冲上前去打鲁大海，还骂他是"混帐东西"，这充分表明周萍和鲁大海鲜明的不同阶级立场。而在电视剧中，周萍却被美化成支持工人同周朴园斗争的英雄，硬是把周萍这个"腐朽的、寄生的、根本不该活在世上"的反面人物，梳妆打扮成有作为的正人君子了。

原著中的梅侍萍是受周朴园迫害最深、受苦最大的下层劳动人民，年轻时是周家的丫环，被周家少爷周朴园玩弄，生了两个儿子。周朴园为娶门当户对的阔小姐，在大年三十夜晚，侍萍抱着刚生下三天的小儿子被赶出周家大门，投河自尽被人救活后，她讨过饭当过老妈子，嫁过两次人，三十年来受尽煎熬。对周朴园，她有切齿的仇恨。当她得知四凤侍候的人家竟是周家时，便毅然决定将四凤带走，并让四凤发誓永远不见周家的人；当周朴园认出了她并表示愿意承担她和四凤回到济南的一切费用时，她冷笑回答："三十年，我一个人都过了，现在我反而要你的钱！？"周朴园送她一张五千元的支票，以弥补一点罪过，她不屑一顾把支票撕了，并怒斥周朴园："我这些年的苦，不是你拿钱算得清的！""我有的是恨，是悔，是三十年我一天天受的苦！"这是一个受尽苦难而又十分坚强的人物，她身上有着劳动人民自尊自强的反抗精神。电视剧却无端地增加与原剧人物性格完全相反的内容：周朴园登门造访侍萍并向她诉苦，侍萍也温情脉脉，请他吃他最爱吃的泡饭，劝慰他对家里的事要看得开些，都半截子埋在土里的人了，要多保重自己。还关心地叮嘱他回去时一定要叫辆车子，"这里的路坑坑洼洼不好走，容易摔跤"，等等，大有旧梦重温的意思。这样侍萍的形象全被歪曲了。

鲁贵在原著中不过是周家仆人，市井屑小之徒，他为人粗俗奸诈，喝酒赌博，输了钱就厚着脸皮向四凤伸手，还剥削侍萍和大海的一点微薄收入还赌债，在主人面前他是一副奴才相。而在电视剧中，鲁贵却被抬高了身价，简直成为可以左右周家命运的人物。

……

电视剧这样大胆的篡改，实在令人费解。

删去精华塞入糟粕,变悲剧为闹剧

电视剧在剧情上随心所欲地篡改,也达到了登峰造极的程度。

原著把这部悲剧浓缩于一天时间之内,而又回溯到30年前的往事,悲剧的来龙去脉清清楚楚,情节跌宕起伏,激动人心。电视剧却设了个20集的框架,几乎用了十几集的篇幅,捕风捉影,编造出原著中根本没有的内容,塞进了大量庸俗低级甚至下流色情的垃圾。例如,繁漪过30岁生日,周朴园在酒楼举办宴会,客人中名为社会上层人物实际多是些下流色鬼,一个位高权重有九房姨太太的老头垂涎三尺满脸淫相调戏繁漪,说的全是下流话,满桌客人一片淫荡狂笑。这样的镜头竟然也塞了进来,这是对名著的亵渎!

除了大量增添外,就是随意删改,最突出的是对原著最后一幕的改动。原著是:风雨之夜,繁漪由妒恨而报复,引发了揭开周萍与四凤兄妹关系的内幕(繁漪原来并不知道这层关系),绝望的四凤冲出大门奔向风雨中触电身亡,周冲为救四凤也被电死;繁漪哭喊着:冲儿,你怎么死得这样惨! 书房内一声枪响,周萍自杀。这是全剧的高潮,矛盾发展到白热化,也是这部悲剧的核心。这样的悲剧结局动人心魄。而电视剧呢,却变成了另一个样子:四凤被周冲追上拼命拖住,没有触电保住了生命,开始自杀的不是周萍而是繁漪。几天之后,四凤堕胎随侍萍去了济南;周冲到北京求学;之后,周朴园中风瘫痪,由鲁贵精心照料;子承父业,周萍接替周朴园成了矿山的董事长……请看,一部扣人心弦的悲剧,被篡改成令人啼笑皆非、不伦不类的闹剧。改编者的"创造性"实在让人"佩服"。

留给人们的思考

最近中央电视台记者采访著名电影导演谢晋，请他谈导演根据柔石名作《二月》改编为电影《早春二月》的经验，谢说：编导必须忠实于原著，"譬如《红楼梦》，我们不能拿自己的风格、自己的观点强加于曹雪芹"。这是重要的经验之谈。当然，既然是改编，允许有所变动，但应只限于细节，只是为了更加突出主题，强化主题，加深原著主题的思想性和艺术感染力。而像电视剧《雷雨》这样的改编，把主题思想变了调，人物性格变了形，剧情描写变了味，总体上变了质，这是令人不能容忍的。尤其使人气愤的是，《中国电视报》今年第12期介绍电视剧《雷雨》的专版上登了一幅照片：笑口大开的周朴园左拥右抱，一边是繁漪，一边是侍萍，两个女人都靠在他身上，作跳舞姿态，满脸愉悦。这和原著暴露旧社会黑暗和罪恶的严肃主题相比，哪有半点共同之处。《中央电视报》把这张如此低级趣味的照片堂而皇之地刊登在醒目处，已经昭然若揭地告诉观众，他们"隆重推出"这部篡改名著的电视剧的真正目的，决不是像曹禺在"后记"中所说的"它们记载和暴露了黑暗丑恶的旧社会，使今天的读者了解一些过去，从而更加热爱我们的新社会。"

曹禺先生在天之灵如果得知自己的作品遭此劫难，将作何感想?!

（本文与李英合作，曾在《电视研究》1997年第2期发表）

历史的再现　人格的升华

——赞电视连续剧《司马迁》

司马迁是我国古代伟大的史学家、文学家，他因仗义执言，为李陵辩护，触犯汉武帝，受到极惨酷和极不人道的宫刑处罚。在逆境中，他以坚强的毅力和意志，冒着随时有被杀头的危险，倾注心血，写成千古绝作《史记》（《太史公书》），流传后世，成为我国文化遗产的灿烂瑰宝，并为后世治史垂范。他的思想品德、精神情操一直受人崇敬。感谢电视工作者创作了《司马迁》这部思想性强、艺术性高的电视连续剧，使两千多年前的历史再现，人物复生。看《司马迁》电视剧（以下简称《司》剧），不仅是艺术享受，而且还能在商品经济的浪潮中受到品德情操的教育，起到净化灵魂的作用，对帮助我们观察现在的社会和人物，也有重要启发。

源于史实又不囿于史实

真正的历史剧，不同于《戏说乾隆》、《戏说慈禧》以及《火烧阿房宫》等一类不顾史实随意编写杜撰的娱乐片。历史剧应以史实为基础、为依据。这条原则在《司》剧中得到了充分体现。

《司》剧从司马迁风华正茂的青年时代开始直到他离开人间，时间跨度长达 30 多年。全剧以司马迁为撰写《史记》历尽苦难为主线，贯穿与他有关的重要历史事件和人物，如实地反映了司马迁的坎坷遭遇和崇高的品德情操；揭露了汉武帝晚年骄横专断的昏聩行为；鞭笞了杜周、李广利、江充一类奸佞之徒；赞扬了任安、丙吉、韩仲子、郭穰等忠臣义士。剧情跌宕起伏，情理交融，高潮迭起，震撼人心。尤其是主要剧情和人物都可以从《史记》、《汉书》、《资治通鉴》等正史中找到依据，使人感到真实可信。

司马迁遭祸的起因是为李陵辩护。李陵是武帝初年曾使匈奴丧胆并被誉为飞将军的李广之嫡孙。史书记载，他"善射骑，爱人，谦让下士，甚得名誉"。汉武帝称赞他有"李广之风"，"拜为都骑尉"。天汉二年（公元前 99 年），汉武帝命贰师将军李广利率骑兵三万，西征匈奴，又以李陵率步骑五千，分兵夹击匈奴。李陵孤军深入，与数万敌军遭遇，死战十余日，杀死敌兵近万人，己军伤亡也很惨重。李陵步卒仅剩数百人，矢尽粮绝，又无援兵，不得已投降匈奴。李陵兵败投降的噩耗传来，武帝不问原由，勃然大怒，别有用心者更是落井下石，罗列罪名攻击李陵。只有司马迁一人挺身而出，向武帝慷慨陈词，竭力为李陵辩护。他赞扬李陵为人"事亲孝，与士信"，经常想的是如何以身报效国家。他又进一步分析李陵兵败的原因是寡不敌众，又无援兵，他投降是不得已。他还大胆提出，李陵几次挫败敌人，杀敌近万，是有功之人，他的功应表彰于天下。不想这番陈词触怒了汉武帝，认为司马迁是诬陷李广利，"沮贰师，为李陵游说"。李广利是汉武帝宠妃李夫人的哥哥，是这次讨伐匈奴的主将。他没有与匈奴交战，又不发兵救援李陵，本来是有罪的。汉武帝竟徇私情，不辨是非，将司马迁收监，处以宫刑。不久，误报李陵为匈奴练兵（实际是早已投降匈奴的边官李绪），汉武帝便诛杀了李陵的母亲和妻子，司马迁的冤情更难以申辩。这些史实，都是《司》剧创作的重要依据。

司马迁受宫刑后，幽囚牢狱，生理上的变化，精神上的痛苦，使他几次想结束自己的生命；但又想到，"人固有一死，死有重于泰山，或轻于鸿毛"。父亲司马谈临终执手嘱托写史书的重任没有完成，怎能一死了之？他以历史上的周文王、孔子、屈原、左丘明、孙膑等人物为榜样，"西伯拘而演《周易》；仲尼厄而作《春秋》；屈原放逐，乃赋《离骚》；左丘失明，厥有《国语》；孙子膑脚，兵法修列……"他忍辱偷生，含辛茹苦，战战兢兢，又用八年时间，于公元前91年完成了五年前就已开始撰写的《史记》。

为表现司马迁这些年的痛苦、坎坷和坚强意志，《司》剧以《史记·太史公自序》、《汉书·司马迁传》及《报任安书》为主要依据，谱写了一幕幕感人肺腑的悲剧和壮歌。

文艺作品要尊重历史，但又不等于历史的翻版。在以史实为主要依据的基础上，为深化主题和人物思想性格可以虚构，增加内容，既源于史实又不囿于史实，《司》剧正是如此。在剧中，司马迁夫人上官清探监，司马迁面壁不见，上官回家后抑郁而死；司马迁一生清贫，无钱赎罪减刑，任安、娥娘等人千方百计筹款，娥娘甚至因此而被杜周所杀；郭穰为保护司马迁，背着"卖师求荣"的骂名投靠杜周；李陵的部将韩仲子因受李陵案牵连，在全国通缉声中冒死找到司马迁详细说明五千士卒英勇牺牲及李陵被迫投降真相，最后为保护司马迁而自杀等等，以及为刻画人物性格而增添的一些动人情节，都无史可查，是虚构的，但虚构得合情合理，与史实有机地融为一体，使人物性格更加丰满，故事情节更加曲折感人。

着力于人物感情和人格的刻画

《司》剧在人物塑造上着力于思想感情和人格的刻画。剧中的主要人物，个个有血有肉，有性格特点，栩栩如生。

汉武帝在历史上是个很有作为的君王，在位时间长达54年之久。《汉书》的作者班固对他的评价极高，说他"雄才大略"，"有三代之风（指夏商周)。"《司》剧可能是根据司马光对汉武帝有褒有贬的评价来塑造汉武帝，突出武帝对司马迁的心理矛盾和在思想感情上的交织碰撞。他赞赏司马迁的才华而又不能容忍他的正直犯上；他对司马迁处以宫刑后又赦他出狱，并委为中书令，虽不在三公九卿之列，但恩宠甚殊；他惊叹司马迁写《史记》的文采，但又担心流传下来对皇帝统治不利，因而下令付之一炬；最后他相信杜周谗言要将司马迁赐死。对杜周，汉武帝深知他长于揣摩己意，谄媚逢迎，以及嫉贤妒能，但又惑于他俯首贴耳唯上是从。武帝早已识破郭穰"卖师求荣"的目的是为了保护司马迁，犯了欺君之罪，但又敬重郭穰的品格，赏识他的才华，因而长期秘而不宣，甚至还想任命郭穰为少傅（太子的老师）。他骄横一世，到晚年却下了"罪己诏"，检讨自己穷兵黩武，加重百姓负担以及迷信神怪等错误。凡此种种，都生动地反映了汉武帝的真实感情，深化了这个人物的矛盾性格。

司马迁是剧中的主角。他10岁诵读古文，20岁遨游山川名胜，增长学识，开阔视野，足迹几乎遍及半个中国。28岁继父亲司马谈任史官，以才华出众受汉武帝赏识。《司》剧没有过多写他的才华，而是通过一个个引人入胜的故事，着力刻画他的人品节操和精神风貌，尤其是刚直不阿的精神。

司马迁与李陵并无深交，"素非相善也"，但能冒死为李陵辩护，致受宫刑。被赦出狱后，爱女书儿送他一枚铜钱，让他带在身上，提醒他接受过去直言招祸的教训，今后遇事要谨慎。他虽应允，但当遇事时仍不改初衷。这在对待昭平君一事上表现得最为突出。昭平君是汉武帝的外甥和女婿，一向倚势骄纵。他马踏青苗，侍卫劝阻，竟拔剑将侍卫刺死，按律应该处死。汉武帝却念骨肉之情犹豫不决，众大臣也揣摩帝意纷纷为昭平君求情。司马迁手握铜钱极力克制感情，违心地附和众人。汉武帝大喜，免了昭平君死罪。司马迁回家后坐立不安，良心深受谴责，当夜冒雨进宫面见武帝，久跪不起，请求武帝遵循先帝（汉高祖）"杀人者死"的约法处死昭平君。最后武帝不得不挥泪忍痛将昭平君赐死。这些剧情写了司马迁也和普通人一样有过顾虑和矛盾，但最终是正义和良心取胜，使司马迁性格更加饱满，故事也更加曲折动人。

郭穰是司马迁在出使西南时途中收养的孤儿，司马迁对他爱如己出，言传身教，加意培养成才；郭也视司马迁和上官清如亲生父母。他和书儿从小青梅竹马，成长后衷心相爱。司马迁被罪入狱后，郭穰为保护恩师，假意投靠杜周，并被荐为中谒者令，为武帝起草诏书和管理书房。他利用有利条件，把被武帝查抄来的司马迁所写的竹简史书抄录成布帛副本。他背着"卖师求荣"的骂名处处为人不齿。为筹措司马迁减罪的赎金，他送去积蓄起来的俸禄十万钱，被师母轰出家门。书儿被迫奉母命嫁与司马迁的另一学生杨敞后，他终身不娶。汉武帝为他赐婚小翠，他不敢违命，表面完婚，实则以兄妹相称，后又让小翠另嫁。他高高兴兴地到司马迁家宣读任命司马迁为中书令的诏书，并送回被抄走的书简，司马迁却对他冷若冰霜。武帝命他起草诏书，要司马迁"代朕先去侍奉先帝"。他违旨伏地不肯起草，声泪俱下要求替死。武帝当面揭穿郭穰"卖师求荣"真相，以欺君之罪将郭穰收监，同时又对大臣感慨说：朕不如司马迁，司马迁有郭穰要求替死，朕呢？如果有一天朕遭不幸，你们谁能替朕去死？司马迁得知郭穰舍身为己真相后，悔恨万分，赶到监狱看望，师生二人肝肠寸断，拥抱饮泣。郭告诉司马迁，他与书妹已将老师所写竹简史书抄了布帛副本秘藏起来，定会流传后世，即使泰山化为焦土，黄河变作水沟，老师的精神、文采永远不会泯灭。《司》剧中的这些情节处处催人泪下。郭穰其人，史书中并无专门记载，只在《汉书·丙吉传》和《资治通鉴·汉纪十四》中提及，且与司马迁无关。《司》剧的编导塑造了这个忍辱负重，忠于正义，忠于老师，忠于爱情的典型，增加了该剧的思想深度。

杜周也是剧中的重要人物。他是位列九卿的廷尉，掌握司法大权，为人阴险奸诈却不外露，以善于揣摩迎合武帝心意，唯上是从而得宠。史书记载，杜周执法不是按国家律令，而是窥测上意。《司》剧的编导掌握他的这一特点，活灵活现地塑造了这个反面人物。他妒恨司马迁，总想利用职权置司马迁于死地，但又窥知武帝爱才心意，便要两面派，一方面暗中陷害，而表面上还为司马迁说情。他将边报中早已投降匈奴并为匈奴练兵的李绪篡改为李陵，一字之差，使李陵妻母被诛，也加重了司马迁的罪名。汉法规定，可以钱赎罪减刑，50万钱就可免死。他把限司马迁三个月的筹钱期限改为三天，使司马迁妻女及友人一时无从筹措，从而达到陷害司马迁受宫刑的目的；而表面上却又虚情假意送10万钱到司马迁家帮其赎罪。任安死后，从尸身上搜出《报任安书》，杜周立即献给武帝并进谗言，以激怒武帝下诏将司马迁赐死。他到河伯庙找到司马迁宣诏时的一番谈话，发泄了他嫉恨司马迁的真情实感，也裸露了他肮脏丑恶的灵魂。他吹嘘自己为汉室出力，做了不少好事，司马迁不该把他列为"酷吏"。司马迁治史实事求是，"不隐恶，不溢美"；而他却说，在司马迁笔下，不知得罪了多少朝臣大员，全不给自己留条后路。他讥笑司马迁对圣上顶撞抗争是以卵击石，自招杀身之祸。这样，一个活生生的奸佞人物便跃然于屏幕上了。

布景服装道具不失时代特点

《司》剧在布景、服装和道具上肯定下了功夫。这个功夫不是下在追求豪华、铺张、奇特上，而是下在如何符合历史特点、剧情和人物性格上。司马迁所处的时代虽然经过"文景之治"，生产力有了很大发展，但到底是两千多年前的物质条件。因此，《司》剧的布景、服饰大体反映了那个时代的生产、生活水平。如宫殿布景并不富丽堂皇，而是一片古朴之风，一般官邸民宅相当简朴，身为太史公、中书令的司马迁的住宅更是简陋。至于服饰，就连受宠的李夫人等也不是绫罗绸缎，更不是珠光宝气，较多的是以鲜花为头饰，服装看起来也多是以丝麻作衣裙，就连汉武帝的龙袍也不奢华。这些都符合当时的生产力和工艺水平，增加了真实感。

近几年来我国一些以历史为题材的影视片，有一种不好的倾向。它们不是以主题故事的优美动人和人物的鲜明性格来吸引观众，而是企图以大规模的豪华甚至是奢侈的场面、服饰、布景，大量的与主题无关的歌舞等取悦于人。

美 玉 中 的 微 疵

《司》剧也有美中不足之处，主要是第一、二集给人以蛇足之感。根据史料，司马迁青年时代并没有文武夺魁之事，只是以文采著称；他并不轻视史官，因自周朝以来他家世为史官；他确实出使过昆明等少数民族小国，但根本没有什么公主倾慕要求婚配之事。增加这样一些剧情，有媚俗之嫌，也有伤主题。《史记·太史公自序》中记载：司马迁"年十岁则诵古文，二十而南游江淮，上会稽、探禹穴，窥九嶷，浮沅、湘，北涉汶、泗，讲业齐鲁之都，观孔子之遗风，乡射邹、峄，厄困鄱薛、彭城，过梁楚以归。"通过这些活动开阔视野，博采见闻，广泛收集历史素材，并且利用史官的身份得以阅读大量史料、典册。《司》剧如能根据这些材料在司马迁的青少年时代给予体现，相信在剧情上会更切合实际，更能说明司马迁之所以能完成《史记》这部伟大的著作，是基于他深厚的文化修养和博大情怀。

说实在话，在看第一、二集时，我们对流于武打和公主爱情的俗套深感失望，不想继续往下看。但从第三、四集以后，便急转直下，似乎改了一个格调，换了一个主题，如行云流水，飞龙走笔，扣人心弦。当然，第一、二集不足方面只是美玉中的微疵，不伤其整体光泽，《司》剧仍然是影视中的精品。

（此文与黎勤合作，发表于《电视研究》1998年第3期）

韩愈和他的《子产不毁乡校颂》

韩愈是一个具有重大影响的复杂的历史人物。历史上对他毁誉交加。现代批评他的人多从他的性三品说入手，说韩愈把人性分成上、中、下三品，把封建等级性的人格说成是与生俱来，不可改变的。他在《原道》一文中还说过："是故君者，出令者也；臣者，行君之令而致之民者也；民者，出粟米麻丝作器皿通货财以事其上者也。……民不出粟米麻丝作器皿通货财以事其上，则诛"。这些理论，上承董仲舒的性三品说和三纲说，下启两宋程朱理学的"天命之性"说的先河，这些所谓儒家的道统，都是为维护封建等级制度服务的。在这方面批评韩愈是有道理的。

赞扬韩愈的却从另外角度出发，说他在《师说》一文中曾说过："道之所存，师之所存也"，而"无贵无贱，无长无少"都可以为师，因为"闻道有先后，术业有专攻，如是而已。"也就是说，"人非生而知之者"，无贵无贱，都是可以闻道，可以为师的。这和他的性三品说又有一定的矛盾。人们还常常举出他反对藩镇割据，从裴度平淮西有功，这也是事实。当然，韩愈最显赫的成就是他提倡古文运动，他的文章"凌云健笔意纵横"，所谓"文起八代之衰"，在中国文化思想史上占有重要的位置。特别是他不怕触犯唐宪宗的逆鳞，谏迎佛骨，结果是，"一封朝奏九重天，夕贬潮州路八千"。敢冒死罪去批判宗教迷信的愚妄，其精神实在令人可敬可佩。

这些都是为人们比较熟知的了。这里着重谈一下韩愈写的过去不太受人注意的《子产不毁乡校颂》。通过这篇四言古诗，可以帮助我们从另外一个侧面更好地了解他的思想。

子产不毁乡校和周厉王监谤的故事，对我们都不陌生。但在这首诗里韩愈把它们联系起来，加以对照，就使人得到深刻的历史教训。

"郑人游于乡校，以论执政"。当时执政的是子产，当然有一些是批评甚至是怨恨、攻击子产的话。有人建议毁乡校，子产坚决反对。他说："夫人朝夕退而游焉，以议执政之善否。其所善者，吾则行之；其所恶者，吾则改之；是吾师也。若之何毁之？我闻忠善以损怨，不闻作威以防怨。岂不遽止？然犹防川，大决所犯，伤人必多，吾不克救也；不如小决使道（同导），不如吾闻而药之也。"

子产采取的这种态度，是完全正确的，用现在的观点分析，也符合唯物辩证法的认识论。孔子对子产的作法十分赞赏。《左传·襄公三十一年》记载："仲尼闻是语（指上述子产的话）也，曰：'以是观之，人谓子产不仁，吾不信也。'"为什么孔子对此作这样高的评价呢？因为这和孔子的中庸学说是一致的。所谓中庸，就是"执其两端，用其中于民。"（《礼记·中庸》）孔子曾说过；"君子之行也，度于礼，……事举其中。"（《左传·哀公十一年》）中庸学说承认事物存在着对立的两端，互相矛盾，又互相联结，应取长补短，以得其中，否则就会"过犹不及"（《论语·先进》）。要避免事物的任何一端超过了界限（用现代哲学的术语来说就是"度"），就要求使两端都能及时表现出来，使人们对两端都能及时了解，采取措施，否则就会酿成大祸。子产所说"大决所犯，伤人必多，吾不克救也！不如小决使道（同导），不如吾闻而药之也。"正是这个意思。

正确的认识方法导致了良好的结果。当子产执政头一年，有的人对他整顿田地疆界和沟洫等改革措施不理解，不满意，就怨恨他，叫喊"孰杀子产，吾其与之！"真可谓"众口嚣嚣"，仇视到了极点。但是子产既不因为这些人的不满而停止自己的改革，也不对不满的人采取压服（毁乡校）的办法，而是如韩愈所说的"善也吾行，不善吾避"。结果：子产执政三年，舆（众）人诵之曰："我有子弟，子产诲之！我有田畴，子产殖之。子产而死，谁其嗣之？"（《左传·襄公三十年》）郑人对子产的态度从仇恨变成爱戴，起了根本的变化。正因为如此，韩愈在诗中称颂"维是子产，执政之式（榜样）。"这样的颂词对子产是当之无愧的。

韩愈在诗中，也举了反面的事例。这就是《国语·周语》中著名的周厉王使卫巫监谤的故事。周厉王暴虐无道，国人批评他，他不但不改，反而派卫巫监谤，加以镇压。大臣召公劝说，"防民之口，甚于防川"，建议他多方设法听取各种意见，而后斟酌采行。但是，"（厉）王弗听，于是国人莫敢出言，三年乃流王于彘。"可能是由于吸取了周厉王失败的教训，子产才能悟出乡校不可毁的道理。（上述子产的一些话和召公的话是很相似的。）

经过这样的对比，韩愈在诗中说："成败之途，昭然可观。"他通过这两个历史故事，两种方法，两种结果，一成一败，说明管理国家应该采取什么方法。当然，他是从巩固封建统治的立场出发的，但从认识论的角度看，却有着普遍的意义。

韩愈最后为子产的善政"化只一国"大发感慨。"四海所以不理，有君无臣，谁其嗣之？我思古人。"他认为天下之所以不得治理，就是由于没有称职的良臣。在古代的封建社会，像子产这样的良臣是很难被重用的，纵使一时能上台掌权，也往往被保守势力攻击，一旦失势或死亡，也必将后继无人，其改革、善政也会遭到破坏，即所谓政以人举，也必以人亡是也。

历史的经验证明，健全的政治，不能只靠个别的圣君贤相，而要靠健全的政治法律制度，以保证人民群众可以议论执政，社会上各方面的不同意见也都能及时反映出来，以便经过比较，认识真理，否则就会如韩愈在诗中所说的"下塞上聋，邦其倾矣！"同时，制度还要保证思想品质好、有才干的人才能不断地被选拔出来，担任重要的、领导的职务，把那些不称职的甚或如周厉王一类的人物弄下台，到他们应到的地方去。韩愈所理想的"交畅旁达，施及无垠"的境界，在封建时代只能是梦想，只有到了人民当家作主的社会主义社会才有可能变成现实。

现将韩愈的《子产不毁乡校颂》抄录于下，括弧内的话是加的注。

"我思古人，伊郑之侨（侨，子产的名）。以礼相国，人未安其教。遊于乡之校，众口嚣嚣。或谓子产："毁乡校则止。"曰：'何患焉？可以成美，夫岂多言？亦各（言）其志。善也吾行，不善吾避。维善维否，我于此视（通过这些言论，我了解民意）。川不可防，言不可弭。下塞上聋，邦其倾矣！'既乡校不毁，而郑国以理。在周之兴，养老乞言（周朝兴盛的时候，曾奉养一些年老而有知识的人，请他们提意见，帮助把国家治理好。《诗经·大雅·竹苇》的序中有说明）；及其已衰，谤者使监（指周厉王派卫巫监视并镇压批评国政的人）。成败之迹，昭哉可观。维是子产，执政之式（榜样）。维其不遇，化止一国。诚率是道，相天下君，交通旁达，施及无垠。於虖（同呜呼）！四海所以不理，有君无臣，谁其嗣之？我思古人。"

（本文载《炎黄春秋》杂志 2000 年第 9 期）

少数民族地区调查

西双版纳考察[*]

1983 年春天，我有幸到云南省西双版纳傣族自治州参加一个会议。期间，我看到了许多材料；参观了云南省热带作物研究所、药用植物实验站、热带植物研究所等单位；还到曼景兰、曼迈、橄榄坝等地的五户傣族农民的竹楼上进行家访；并先后和各族干部、农民、教师、老知青、科技人员以及专家等五十多人分别座谈；在返回昆明的路上，又到思茅、元江等地调查，有一些收获。现将了解到的情况和问题提出来，以期引起有关方面的重视和讨论，对今后建设西双版纳可能有一点参考作用。

---

* 1983 年春，我应西南联大校友、时任云南省人大常委副主任的黄平同志的邀请，赴西双版纳自治州参加一个会议并进行考察。当时该州的州、县、局的同志许多都是黄平同志过去的战友和学生。他们为我的调查研究工作提供了很多方便。回北京后，写了一篇题为《西双版纳考察》的报告，在《未定稿》1983 年第 13 期发表，受到中央领导同志重视，批示中共云南省委要把这个考察报告作为云南重要问题研究，采取切实措施，解决报告中提出的森林覆盖面积大量减少等问题。其后，国务院又召集中央民委、教育部、林业部等有关单位负责同志讨论这个报告，研究落实措施（以上见中国社科院民族研究所出版的《民族研究动态》1985 年第 1 期曹成章同志的长篇报导），这个报告先后被《云南社会科学》、《人类学研究》和香港《明报月刊》转载。——作者注

概　况

西双版纳位于我国西南边疆，约当北纬 21°08′至 22°36′，东经 99°55′至 101°45′之间。与老挝、缅甸接壤，邻近泰国。全州面积约为 19700 平方公里。行政区域分为景洪（首府）、勐海、勐腊三个县。1982 年底，全州人口 646000 多人，其中傣族 22 万多人，哈尼、拉祜、布朗、基诺、瑶、佤、彝、回等十多个民族共 23 万多人，汉族 185000 多人。

解放前，傣族属封建领主社会，其他少数民族或属于封建领主和地主经济并存的社会，或处于氏族社会末期。在经济上，傣族居住在坝子（云贵高原中的局部平原地方名称，多见于盆地、河谷），主要经营稻田，农耕有一定水平。其他少数民族多居住山区、半山区，生产方式十分落后，靠刀耕火种和下坝子帮工度日。1950 年，我大军解放了西双版纳。1953 年成立自治州。1956 年通过和平协商方式，胜利地完成土地改革，推翻了封建所有制，各族农奴翻身作了主人，紧接着实现了农业合作化，走上了社会主义集体化的道路，在各方面都有很大的进步。十年动乱期间，自治州受到严重的损失。粉碎"四人帮"以后，特别是党的十一届三中全会以来，拨乱反正，党的路线、方针、政策深入人心，自治州的工作又重新蓬勃向前发展。各族人民的团结有所加强，农村的生产责任制普遍建立，其中约有 85% 的生产队采取了包交提留（即大包干）的形式。生产有了很大的增长，粮食产量 4.68 亿斤，比 1949 年的 1.3 亿斤增加了二倍半，其他如橡胶、茶、南药、甘蔗等也几倍、几十倍地增长，农民收入 1981 年比 1978 年增加了 43.2%，各族人民的生活都有很大的提高。总的来说，群众的心情是舒畅的、满意的。我们到农民竹楼家访，耳闻目睹，都说明这一点。

关于保护森林资源问题

西双版纳具有得天独厚的自然条件，因处于低山河谷地带，北有高原和哀牢山脉屏障着寒流，南受印度洋西南季风的影响，形成温暖、湿润的热带气候，没有台风，日照长，霜期短（有的地方全年无霜），常年平均温度 21℃ 左右，年降雨量 1300——2000 毫米。又由于地形多变，海拔高低不同，垂直高差较大。形成复杂的小气候，为不同生态型的多种多样的热带和亚热带植物提供适宜的生长条件。在茂密的原始森林里，蕴藏着极其丰富的植物资源，已查明有高等植物 7000 多种，可供利用的经济植物在 1000 种以上，其中有速生珍贵用材树：如种植十年即可长成十多米高、胸围一米多的团花树；有树干高达六七十米的稀有珍贵工业用材望天树；有材质最轻，比重只有 1：0.15，可作航空、室内隔音、隔热装置的轻木；有不收缩，不变形，像钢材一般坚硬，每斤售价一元八角的柚木。还有可供利用的药用植物五百多种：如抗癌的美登木，治高血压的罗芙木，治肾病的肾茶，止血特效的龙血树，治麻风病的大枫子，健胃的砂仁，可作麻醉药的曼陀罗，可制樟脑的樟树，可治疟疾的金鸡纳，等等。在国外种植檀香，需 30 多年才能采收，在西双版纳 7 年即可采收结香；在国外种植 10 多年才能采收的杨苏木，在西双版纳种植五六年即可采收到苏木精。另外，还有许多香料植物和工业用植物。如可提炼出每公斤一千多元的高效香料（定香剂）的依兰香；其胶粉用于石油油井压裂实验，可使石油油井产量成倍增长的瓜尔豆。至于其他食料作物、热带水果、花卉等，更是种类繁多，不胜枚举。值得着重指出的是，由于西双版纳不受台风的影响（这一点比海南岛优越），以及昆虫媒介较为丰富、昼夜温差大等原因，砂仁、罗芙木、胖大海、柯子、大枫子等药用植物，其自然结实率和有效成分的积累，均比广东的阳春（砂仁原产地）和海南岛等地高。故西双版纳被称为"植物王国王冠上的绿宝石"、"热带植物宝库"，是当之无愧的。像这样的宝库，在中国的大地上是十分难得的。

解放以来，我们对西双版纳的自然资源进行了大规模的调查、开发和利用，大面积种植橡胶、茶叶等等，取得了很大的成绩。但是毋庸讳言，西双版纳的森林资源，也遭到很大的破坏。长期的毁林开荒，进行掠夺式的经营，导致了水土流失和气候变化，使生物的自然生态系统日趋退化，开始失去平衡，直接威胁着自然优势的存亡。对这个问题，州、县的领导是注意到了的，提出了保护与开发并重的方针，要求抓紧搞好林业"三定"，切实管好300万亩自然保护区。管好现有的500多万亩森林；制定轮歇地的范围，大力造林，封山育林，等等。中央和省领导也三令五申，严格控制采伐，对滥砍滥伐者予以严惩。这些措施都是必要的，而且也收到一定的效果。但是，据我们此次来往于昆明和西双版纳之间，以及在自治州境内旅行，看到沿途拉运木材、薪柴的大卡车、拖拉机、小板车等，络绎不绝，特别严重的是许多山坡地被大片、大片地砍光、烧光，还留下了不少刚烧过的灰烬。我们曾经沿着澜沧江坐船到橄榄坝，据当地同志说，解放初期，沿江两岸山区有许多原始森林，古木参天，时见猿猴、麋鹿成群结队从山上下来喝水、嬉耍，如今都看不见了。两岸山坡上只余下一些灌木杂草，有的甚至已变成秃顶荒山了。问题仍然是严重的。

据估计，解放初期，西双版纳森林覆盖率为63％，近年只余 28％多了。① 也就是说，每年约减少 1％强（即相当于 200 多平方公里的森林面积），如果按这个速度减少下去，到本世纪末，我国的这块几乎是仅有的绿色宝地也可能变成一片片的秃山荒地，自然气候可能变化，自然优势也就不存在了。

就我们所见，毁林开荒的现象仍然存在，即使被当做自然保护区的地方也大片、大片地被蚕食，旱稻面积增加也说明这个问题。所谓旱稻，绝大部分是在山坡上毁林开荒种的。旱稻的面积在 1979 年为 34 万亩，到 1981 年发展到 54 万亩。增加了 20 万亩旱稻，这意味着有 100 多万以至 200 万亩森林被毁。因为这些地方采用刀耕火种的方法，即先将一块山坡地上的草和树砍倒，晒干后放火烧掉，作为肥料，然后点穴播种。一般第一年种旱稻，第二年种玉米。两三年后，地力用尽，又开第二块，一般开到第七块，个别开到第十、十一块，然后再回过头来种第一块。不种的地块被称为轮歇地，但上报面积只报当年播种的一块，所以播种面积一亩，实际上毁林将近十亩。问题的严重性还在于，毁林火种的范围往往不能控制。会变成大片烧山。据一些目击者回忆，有的地方烧林开始为一条条火龙，后来发展成为一大片火海，类似情况几乎年年都有发生，一次毁林几万亩甚至十几万亩。

据一份材料说，由于森林减少，水也减少了。1978、1979 年全州原有 20 多万亩双季稻，前年减为 10 万亩，去年只有 7 万亩了；位于勐腊县的植物研究所的水电站旱季时原可发电 250 千瓦，现在只能发 30 千瓦了。这个问题，不只是西双版纳一个地区的问题，也是云南全省的问题。云南全省的森林覆盖率，解放

---

① 据省林业局 1979 年资料。另据 1982 年省林学院抽样测算为 31.6％。虽然数字略有不同，但是一致认为，解放以后，森林面积已经大大减少。

初期为 50%，1979 年已降到 24.9%，自然灾害接踵而来。1949年前的近 500 年间，平均每 9.6 年发生一次旱灾，而 1950—1979 年仅 29 年间就出现 9 次大面积春旱和春夏连旱，干旱周期缩短为 3.3 年。由于森林过量砍伐，水源涵养力下降，全省人畜缺水面积比 50 年代增加近 5 倍，缺水人口达 420 万，缺水牲畜达 250 万头。怒江自治州因长期在陡坡上毁林开荒，于 1979 年10 月发生严重的泥石流灾害，使全州电讯、交通中断，死伤 200多人，冲毁房屋 2000 多间，电站 26 座，桥梁 41 座，农田 6 万多亩，水沟 2000 多条，大小牲畜死亡 2000 多头，损失粮食1800 多万斤。还有云南最大的以礼河电站水库，由于水库周围四个公社大量毁林开荒，引起严重水土流失，1970 年建成一级电站，1973 年测定淤积流沙 1.32 亿立方米，平均每年淤积 240万立方米，照此下去，不需 15 年时间，水库将完全报废。二级电站 1977 年测定淤积达 50.3%，最多再过 10 年也要报废。

这些材料说明，现在是必须采取紧急有效措施来制止破坏森林的时候了。

为了保护森林，许多同志认为当前应着重解决下面几个问题：（一）能源，即工业用能源和民用烧柴问题；（二）发展多种经营以改变山区、半山区刀耕火种、毁林种粮问题；（三）因发展橡胶带来的问题。下面分别说明。

（一）能源问题

据估计，西双版纳目前每年砍伐木材 200 多万立方米，其中建筑用的只有 5 万立方米。就是说，97% 以上被当做工业或民用的燃料烧掉了。1982 年，全州共有 160 多个厂矿企业，职工5980 人（比 1950 年增加了 17 倍）。这些企业的能源，很多是靠烧柴。如烤胶、榨糖等，每天都要烧掉大量木材。许多稀有的珍贵的木材都被投入熊熊的烈火中烧掉了。全州现有人口 64 万多。较 50 年代约增加一倍。增长部分主要是城镇的机关、商店、部队的人口以及农垦系统的大量移民（农垦系统现有职工及家属 115000 多人，几乎全是汉人）。除部分傣族居住的平坝地区有一些薪炭林（黑心树）外，其余约四五十万居民主要依靠采伐林木作燃料。这说明了，能源问题如果不解决，毁林就是不可避免的，而且随着人口的增多和工业的发展，毁林将会越来越严重。

出路何在呢？在于大力兴建水电站以及发掘、利用多种能源。

西双版纳有澜沧江，北起小橄榄坝，南出 62 号界碑，全长 158 公里。另有罗梭江、南腊河、南骨河、流沙河、南果河等 20 多条支流，自东、西两侧汇入澜沧江，再加上各地多有高山深谷、急流险滩，所以形成极为丰富的水力资源，为水电建设创造了有利条件。解放以来，人民政府在这方面做了很大努力，已建成大小水电站 83 座，装机容量 33099 千瓦，但只占全州已查明的水能资源（15 万千瓦）的 22%，还有很大潜力，还可以兴建很多水电站。如能进行技术改造，也可增加发电能力，如流沙河水电厂改造了一号水轮发电机轮转导叶，一年可多发电 32 万度，增加产值 2 万元。这些潜力如能充分利用，可解决许多工厂能源以及部分居民（首先是城镇居民和农场职工）用电力代替烧柴的问题（在思茅已经开始这样做了。在一些居民户中，设两个电表，一个用于照明电路系统，每度电 2 角；一个用于做饭烧水电路系统，每度电只收 2 分，以资鼓励）。对这项工作，国家当然要投资，要建一些较大型的水电站，同时也要发动群众搞一些中小型水电站，国家有关部门应给予贷款、物资、设备，并加以指导。

自治州现有大河沟煤矿，目前看来，煤炭资源不多，还要进一步勘探。在加强开发的同时，还要注意节流，今后工业的发展应以水电的发展为前提。在解决前，一些能源消耗很大的企业就不宜再发展，例如，榨糖工厂就属于这种，相应地，甘蔗的种植面积也不宜再扩大。以毁林为代价来搞这些地方工业是极大的浪费，是得不偿失的。

城镇和农村居民的用柴也是一大问题，应大力提倡种黑心树（这种树的树心是黑的，在德宏景颇族傣族自治州叫挨刀树）。这种树可以插栽成活，三几年后即可将树冠砍去作烧柴，以后每三年砍一次，越砍分枝越多。一株树可生长近百年，二三十年树龄时为最盛期。大约一家有十来株黑心树即足供一年烧柴用。黑心树还有一个好处，其根系十分发达，适于密植，不易倒伏，可作橡胶林保护林带。植物研究所近年从非洲乌干达引进一种薪炭树，生长更快，每年可以砍一次。这样的树，一家只要种上几株就够用了。傣族居住在坝区，高温多雨，极适合种植黑心树。但我们一路所见，这种树以老树为多，新栽的极少。村边、房前屋后、道路两旁，空地很多，大好的光、热、水的条件没有得到充分利用，十分可惜。应该大力发动群众广种薪炭林，不只是农村，包括城镇居民、机关、农场、部队都要种；不只是坝区，山区、半山区也都要大量种植适宜于本地条件的薪炭林。政府可一方面通过行政办法，规定任务，提供树苗，加强技术指导；还应采取经济办法，对种的多成活率高的农民和生产队给予奖励。当地群众普遍反映。现在生活好了，吃穿不愁了。最大困难是烧柴问题，农民上山打柴越来越远，城镇居民买柴越来越贵，因此，大力提倡多种薪炭林是会很得人心的，下决心干它十几年，问题就会大大缓和。

根据西双版纳的气候和自然条件，很适宜发展太阳能和沼气，应该积极创造条件，充分利用，因地制宜，大力推广。

　　我们归途中，路经西双版纳以北的元江县，了解到他们为解决能源问题，采取了一些措施：利用水力发电近1万千瓦，县投资几十万元建设线路，已有一些用户用电烧水做饭，目前尚有剩余电力卖给外县；县委、招待所等单位利用太阳能将水加热到50℃左右，再用电烧开，这种方法比烧柴省钱30％以上；鼓励用沼气，凡建设沼气池的，补助用费50％；县有建设沼气池的专业队伍。已推广沼气池近一千个，利用沼气可节省燃料一半；鼓励烧煤，每吨补助5元，对烧煤火灶的机关单位的炊事员每天补助0.3至0.5元。元江县千方百计解决能源问题，以保护森林资源，其方向是正确的。

　　农户烧柴、煮猪食、盖房等也要注意节约木材。目前傣族农民都住竹楼，其好处是可以防水、防潮、防蛇，夏天凉快等，但烧饭、烧水都在竹楼堂屋内，设一火塘，支起三角铁架做灶，一经点着之后，火种日夜不灭，而且火力不集中，很费柴禾，还容易引起火灾，因此有改革的必要。在座谈中，有的同志建议，可在竹楼外或堂屋外建节柴灶；煮猪食也要改用节柴灶或者推广混合饲料生喂，也可节省大量燃料。

　　近几年来，人民生活水平提高了，人口增加了，到处都在新建竹楼。这些名为竹楼，实则主要用木料。竹楼的结构，用几十根木柱子做支撑，纵横搭起结实的架子，离地七八尺处铺以楼板或竹篾，构成竹楼，其面积一般有六七十平米，中间用木板或竹篾隔开，里间住人，外间做饭、吃饭、待客，即所谓堂屋，顶上盖以茅草编织的草排（现多已改为瓦顶）。据估计，盖一竹楼，小的需木料二三十方，大的需三四十方，主要是几十根柱子，都要用好木料。建议今后生产一些洋灰柱子来代替，以减少木料消耗。生活的其他方面，也应广开代用门路，用水泥、塑料、钢材等来代替木料。

（二）关于发展多种经营，制止山区、半山区毁林种粮问题

1982 年，全州粮田面积约 138 万亩，除水稻田的 60 多万亩外，其余六七十万亩主要是在山区、半山区的坡地毁林种旱稻。这种耕作方法极其粗放，除了烧林的草木灰以外，不再施肥，又有鸟兽为害，产量很低，所谓"种一山坡，收一箩箩"。据一份材料说，1970 年、1980 年、1981 年这三年旱稻亩产分别为 184 斤、243 斤、260 斤（按：我们在座谈中有些同志说，旱稻亩产只有一百四五十斤，但上报的数字却大得多，而且其速度增加得这样快，有的同志估计其中有虚报的成分，以此来掩饰旱稻面积的迅速扩大，但实际面积有多大，又极难核实）。多年以来，山区、半山区少数民族，即主要依靠这种方法取得粮食和经济收入。因此，要让他们不毁林种粮，就要供应他们商品粮，并且鼓励他们改种经济作物。（全自治州除傣族、汉族外，居住山区、半山区的少数民族 24 万多人，其中一部分在坝区还种有水稻，估计依靠在山坡毁林种粮的人数不会超过 20 万。）要通过各种方法以及各种政策措施，使他们从切身利益感到，改种经济作物，开展多种经营，比毁林种粮收入大得多，从而逐步改变方向，把目前的自然、半自然经济改变为商品经济。

如前所述，西双版纳具有发展热带、亚热带经济作物的得天独厚的自然条件。如果充分利用这种优势，就可以在经济上取得显著的成就，下面以基诺公社发展砂仁增加大量收入为例说明。

砂仁是一种芬芳健胃中药，我国每年约需 400 万斤，但国内年产量只有 40 万斤，因此每年需花几千万美元外汇从东南亚各国进口（故称南药），但往往有价无货，非常紧缺。这种砂仁原产地是广东阳春，故又名阳春砂仁，但在阳春，砂仁自然结实率很低，亩产只有一二斤（前年阳春种 11 万亩。只收购了 11 万斤），而在西双版纳山区广大的沟谷林中种植，砂仁开花期在本地的雨季初期，加之有水沟流过，比较能满足砂仁花期对水分条件的要求。由于砂仁是雌雄异株，授粉比较困难，而西双版纳的授粉昆虫也较为丰富，其活动期与砂仁花期吻合，不必人工授粉，自然条件比广东阳春优越。所以结实率也比较高，如基诺公社，平均亩产约十斤。1981 年，全公社砂仁产值 21 万元，占全部现金收入的 22.1％，每人平均增加收入 24 元；1982 年，全公社砂仁产值 31.7 万多元，每人平均增加收入 36 元。过去的超支户变成了存款户。农民扎柯罗，收入超过千元，面对着一大堆钞票，数都数不过来了，笑得合不拢嘴。砂仁为喜荫作物，其适宜荫蔽度为 50％—80％，故适宜在林下种植，有利于保持水土，保持生态平衡。通过种植砂仁。当地居民不仅增加了收入，还加深了对森林的认识，因而加强了对森林的保护。初步实现了发展经济目标与保持生态平衡目标的统一。

西双版纳除了具有一般的高温多雨的自然条件外，还因地形多变，既有高山，又有河谷和坝子，垂直高差大，海拔从 500 多米到 2300 多米，形成较为复杂的小气候，因此，就可以根据不同情况种植各种作物。全州万亩以上的坝子有 23 个，应以粮食（水稻）为主，建成商品粮基地；海拔 800 米以下的荒坡地带可种橡胶；海拔 800 至 1000 米的山区、半山区水源林地带，重点应发展砂仁；海拔 1000 米以上的应以林业为主，多种茶叶。另外，还可以因地制宜地种植多种珍贵用材树（如团花树、轻木、柚木、桃花心木）、油料植物（如椰子、风吹楠等）、香料植物（如依兰香、安息香、胡椒等）、药用植物（如美登木、罗芙木、龙血树、金鸡纳、大枫子等）、饮料植物（可可、咖啡）等，还有多种热带的水果（芒果、龙眼、荔枝、菠萝等），以及各种奇花异草。还有它们的种籽、副产品也都可以综合利用。这些东西的实用价值和经济价值都很高，例如，有一种专作植被覆盖用的兰花毛蔓草，已经试种成功，据说，这种草全世界只有在菲律宾和西双版纳种植，才能结籽，每斤草籽价值36美元。又如一种在西双版纳独有的三尖杉，将其有效药用成分提炼成晶状体（可治血癌）每一克价值3000美元。又如最容易种植的泡桐树10年左右即可成材，出1立方多木材，约200多元。一株树一年创造财富20多元，泡桐籽还可以榨工业用油，也有收入。

在研究多种经营时，应特别强调一下畜牧业和养牛羊问题。我们在自治州旅行期间，没看见过一只羊，除犁田用的水牛外，菜牛也不多见。当地居民大都养猪，但猪消耗大量粮食（每头猪育肥到一百三四十斤的需耗粮四五百斤以上）。自治州畜牧业有很大发展，但还不能自给，过去每年需调入冻猪肉一千几百吨，光运费补贴和地区差价补贴就需百多万元。西双版纳自然条件好，山坡多，正好种牧草，发展养牛羊。如果把调猪肉的补贴的一部分拿来改造牧场和养牛，就可以逐步搞起来。这样，山坡地增加了植被，减少了水土流失，又可解决吃肉问题，增加农民收入。我听大理白族自治州的一个同志说，该州的洱源县，家家会养奶牛，养一头奶牛一年收入1000多元。发展畜牧业还可以增加有机肥料，促进农业生产，真是一举数得。还有一项就是发展养蜂，西双版纳花卉多，开花时间长，蜜源丰富，发展养蜂极为有利。有的农民，一户养五六十窠，每窠年产蜜80斤至100斤，每斤价8角至1元。一年收入四五千元。

总之，西双版纳可种可养的东西很多，发展经济的潜力很大，确是一块宝地，应该开展多种经营，充分利用，走这样的道路就可以使全州各族人民迅速富裕起来，比毁林种粮收入大得多。

元江县采取下列综合措施，收到一定效果，可供参考。

（1）大力发展多种经营，因地制宜，多种茶叶、水果、蔬菜、胡椒等。例如胡椒，据说每亩每年可收入二三千元。今年他们准备再扩大 200 亩。

（2）固定林权，划定自留山。每户十多亩到四五十亩不等。

（3）采用政策补贴的办法，凡退耕还林、固定耕地者，每亩补助 17 元到 30 元。

这些综合措施收到了初步效果，过去那些"远、陡、收薄"的"大字报田"（即在山坡上毁林种粮的地块，远望像贴在墙上的大字报）已有所减少，耕地已逐步固定，山坡上出现许多梯田（我们路过所见，确实如此）。如命利公社，已退耕还林两三千亩。农民也富裕起来了。全县交万斤粮以上的有一百多户，有的户存款过万元，有的户一次买 1000 元的国库券。

（三）关于发展橡胶业问题

从 1953 年开始试验，1956 年创办国营农场，60 年代起步，农垦系统广大科技人员和职工克服了重重困难，艰苦创业，到现在已种植橡胶为 59 万亩（并帮助民营橡胶 5 万多亩），其中已开割 19 万亩，年产干胶片 13000 吨，为国家作出了重大贡献，这是必须肯定的。但今后应如何发展？这是当前有很大争论的一个问题。

有一些同志认为：种橡胶要锄草，会破坏水土保持，破坏生态平衡，因此不宜再扩大面积，要适可而止。他们还认为，目前国际市场上，橡胶价格并不高。[①] 我们的橡胶如不够用，可进口

---

① 据《世界经济导报》报导，1983 年 3 月 7 日国际商品市物行情，每公斤新加坡天然橡胶价格为 207 新加坡分。另据《经济参考》2 月 8 日载，每元人民币折合新加坡币 0.9424 元。即每公斤天然橡胶约合人民币 1 元 9 角多。我们目前在西双版纳收购橡胶价格每公斤 5 元 5 角。

一些。只要世界上不打大仗，橡胶的价格也就不会猛涨，况且现在还有人工橡胶和塑料等代用品，应该适当发展这方面的工业，在西双版纳种橡胶的面积不宜再扩大了。

另外一些同志认为：橡胶林也是森林，也是植被，种橡胶不会造成水土流失。不会破坏生态平衡，何况还可以和砂仁、茶叶、可可、金鸡纳等间作，组成多层植物群落。他们认为橡胶面积可发展到200万亩，或者说要翻两番。

这两种意见都各有一定道理。需要中央和省、州的领导和科研机关派出专家考察团来进行综合调查研究，作出科学的决断。在座谈中，一些同志从另一个角度提出问题。他们认为：在西双版纳种橡胶有一定的有利条件，应继续利用，但今后只宜由当地少数民族适当种植，而且也只应限于在一些灌木林区和杂草荒坡的范围内，总的面积也不宜再大量扩大（自治州计划，民营橡胶面积到1995年发展到25万亩，这可能是恰当的）。他们认为，今后如果由农垦系统来猛烈发展橡胶是不适宜的。如果按照一些同志的意见，橡胶要发展到200万亩（即比现在增加100多万亩），并且主要由农垦系统来经营，这将意味着：（1）农垦系统的职工人数大量增加；（2）民族矛盾加剧。

先算一笔大账：目前农垦系统已开垦土地67万亩，其中种植橡胶约59万亩（其余为粮食、油料、饲料、茶叶等占地）。现有职工59000人（连家属115000人）。连其他行业职工在内以橡胶面积为标准综合计算，大体上每10亩橡胶需职工1人，如增加100多万亩，即需增加10多万人，连家属共需增加20多万人！[①] 而这些人口又需吃粮、吃菜、吃肉、烧柴、打家具，又要盖房子、盖学校、盖工厂（例如烤胶就要大量燃料），如此等等，

---

① 这不是精确数字，只是粗略地估算。

都需要大量毁林。我们还听说，前些年，有的外来干部滥伐珍贵树木打家具，不但自己打，还替亲友打，调动时，一个人的家具，几大卡车也拉不完。有些国营农场盲目扩大面积，滥砍乱伐，影响很不好。当地一些居民看见公家可以这样砍、外来干部可以这样伐，怕自己吃亏，你砍我也砍，于是也滥伐起来，结果是森林遭了殃。

目前，有的国营农场已经把橡胶林种到当地居民的村寨边，为争地、争肥、争水，为耕牛吃橡胶苗等问题经常引起纠纷，影响民族关系。为解决这个问题，中央领导同志曾指示，要退 2 万亩橡胶林给当地农民，但至今仍未落实。（现改为由农垦系统提供橡胶利润的百分之六给地方，帮助发展经济作物；为扶助当地农民发展橡胶又提供无利息贷款每亩 50 元。）农垦系统有些单位，如东风农场在帮助当地农民种橡胶方面做得比较好。但从总体说来，矛盾仍然存在。如农垦系统再大量扩大面积，大量增加职工人数，矛盾必然加剧。

根据以上情况，有的同志建议，今后如需继续扩大一些橡胶面积，也应主要由当地居民经营。国营农场可为他们培训技术骨干、提供资金、种苗和工具等。这样可帮助当地居民迅速富裕起来（据景洪县小曼生产队 1980 年调查，种胶工每年每人收入 2800 元，种粮工只有 280 元，相差 9 倍）。如此，民族团结也就会加强。另一方面对当地居民也要加强教育，要爱护森林，种橡胶也要量力而行，适可而止。

不再扩大橡胶林面积，农垦系统能否实现翻两番的计划呢？回答应是肯定的。目前 59 万亩橡胶中，已经开割的只有 19 万亩，还有 40 万亩将于今后数年内陆续开割，只此一项，就会增加两倍多的收入。如果加强科学管理，出胶率还可以提高。橡胶周身都是宝，种籽、糠醛等都可以综合利用，在目前橡胶林中，还可因地制宜地间作砂仁、茶叶等，开展多种经营，这些方面，潜力很大，其收入比单纯种橡胶会多得多。

关于发展粮食生产和多种经营的若干政策问题

为制止毁林开荒，山区、半山区居民应逐步做到以发展林业和经济作物为主，这就必须供应他们商品粮。

由于西双版纳与外界交通不便（一般货车由昆明到景洪需三四天，如遇雨季，时间就更长），一吨货物运费约一百几十元，从外界调进粮食成本很高，运输困难。而西双版纳坝区的光、热、水等自然条件又极好，因此西双版纳应该粮食自给，也完全可以实现粮食自给，其方法主要应是：把23个万亩以上的坝子建设成为以种水稻为主的商品粮基地，关键又在于提高粮食单产。1982年全州粮食平均亩产为330多斤。据1979年、1980年、1981年统计，自治州每年种植水稻约60多万亩，亩产分别为461斤、466斤、456斤，这个数字是比较低的。不妨和以水稻为主的南方各省比一比，1979年粮食亩产；上海1634斤、浙江1394斤、江苏1052斤、湖南1011斤、福建930斤、湖北856斤、江西833斤。西双版纳的自然条件比上述各省市都不差，为什么产量相差如此悬殊呢？如果西双版纳的60多万亩水稻亩产达到800斤，总产就可达到4.8亿多斤（比目前包括旱稻内在的4.6亿斤还稍多一点），只此一项，全州每人平均即占有粮食750斤，就可基本上实现粮食自给了。

水稻亩产800斤，有没有可能呢？实践已经作出了回答。1980年自治州的农业部门在勐海坝的曼贺等两个寨子组织了

1000 亩水稻综合技术试验示范，验收结果亩产 803 斤；1981 年综合试验区扩大到 4 万亩，共增产粮食 1 千多万斤；1982 年综合试验区推广到全州 3 个县共 83000 亩，每亩增产约 100 斤。有的队如曼景兰生产队，亩产就达到 900 斤。勐龙公社农科站傣族农民技术员波岩敦选育成功水稻良种"博造一号"，比对照田的"博矮绿"亩产增加 200 来斤，成熟期提前 15—20 天。这些材料说明，粮食大面积大幅度增产是可以实现的，亩产 800 斤，并非高不可攀。

我们对景洪县曼景兰生产队一户傣族农民的竹楼进行家庭访问，也证实了这一点。这一家共 4 口人，户主叫岩真蚌，主妇叫玉娇（有男女小孩各一，正在上中、小学）。1982 年分得责任田 7.8 亩，其中 2.7 亩种了早稻（糯米），亩产 690 斤；7.8 亩全都种上中、晚稻，亩产 800 斤。连复种在内，全年总产 8110 斤，亩产 1040 斤，目前有 4000 多斤稻谷放在竹楼下的仓库内（户主曾带我到稻仓，指给我看，说明情况属实）。这一户产量高的原因主要是：（1）实行了大包干，积极性高；（2）其中种了双季稻的 2.7 亩，亩产达到 1490 斤；（3）采用了优良品种；（4）施用了化肥，每亩七元（内由国家补助五元）。岩真蚌家的经验证明，种双季稻是增产的重要措施。但从全州情况看来，双季稻面积却在逐年减少。1953 年开始，在景洪公社的曼宰生产队试种双季稻成功，开始推广，到 1978 年、1979 年已达到 20 多万亩；但 1981 年下降到 10 万亩；1982 年只剩下 7 万亩了。从稻谷的产量来看，1979 年，亩产是 461 斤，总产是 27519 万斤；1981 年，亩产只有 456 斤，总产只有 27454 万斤，不但没有增加，而且都略有下降。其原因恐怕与价格有关。目前稻谷的议价粮是每斤 0.2 元，每亩平均收入 90 多元，而种橡胶，每亩收入二三百元。在生产队中，承包粮田的户比承包橡胶的户收入少得多。在竹楼家访时，玉娇就提出这个问题。农民目前对种水稻的积极性不高，这个趋势是值得注意的。我们应该从价格政策、生产条件（主要是水源）等方面研究分析，采取措施。使双季稻面积和水稻产量逐年回升。例如，即使粮食价格一时不能作大的变动，也可对专种稻田的户多供应化肥、农药，并给予政策补贴，还可以把交售商品粮和工业品（自行车、缝纫机等等）挂起钩来，商品粮卖得多的，多奖售工业品。

另一个问题是粪肥问题。傣族农民信佛教，认为粪便是脏的，用粪作肥料长出来的粮食供佛是对佛不敬，所以村寨内，人无厕所猪牛无圈，长期种"卫生田"。近年经过政府大力提倡，示范推广，加上适当的政策补贴，许多农户已开始使用化肥了。但土地长期缺乏有机肥，要持续增产是困难的。因此，如何在傣族农民中，改变人无厕所猪牛无圈的旧习惯，是关系到粮食增产的大事，今后应该认真研究解决。（据了解，德宏傣族农民比较注意用畜肥，故稻谷单产比西双版纳高一些。）西双版纳的自然条件很适宜于发展绿肥，如能大力推广，对粮食增产也有很大作用。

当然，要在坝区实现水稻大幅度增产，达到全自治州粮食自给，这是个很长的过程，在此过程中，山区、半山区的农民还要种一点旱稻，也要设法增产。但增产只能靠固定耕地，限制耕地，提高单产的办法，而不能靠扩大毁林面积，广种薄收的办法。如前所述，旱稻面积，在60年代为30万亩，1979年为34万亩，1981年猛增到54万亩，这意味着毁林面积大量增加，这并非如有些人所说的是一种优势，而是一件坏事，这种趋势应该设法制止。

现在需要研究的是：为什么1979年以来旱稻面积猛烈增加？这个问题应该联系价格政策、税收政策来考虑。

党的十一届三中全会以后，减免了山区、半山区农民交公、余粮的任务，这当然是好事。但这样一来，他们交售的粮食，国家一律按议价粮的价格予以收购。例如稻谷，按余粮价，每斤9分6厘；按议价粮价，每斤2角。据一个材料说，山区、半山区农民交玉米，每斤收购价高达1角8分，这等于是鼓励他们多毁林多种粮。为什么近几年旱稻面积猛增，这就可以理解了。旱稻被称为懒庄稼，比较省工，对他们来说，也比较习惯，要改变这种习惯，需要下大力量，首先要从政策入手。建议今后对山区半山区农民，不仅免去公、余粮任务，而且也不收他们的议价粮，交来也不收。他们种一点粮食只求自给就行了，例如人均不得超过一二亩，如果多开，还要重税处罚。还要引导他们发展经济作物，应规定他们交售经济作物的任务，此外，要适当提高收购价格。使他们感到，种粮不如种经济作物收入多。例如，目前对砂仁的收购价格就太低了，因而其发展速度就不够快。

1963年，自治州就从广东引进阳春砂仁试种成功，并逐步推广。但经过18年之后，即到了1981年，全州才种砂仁16491亩；收购6.46万斤（估计其中约有30%是野生砂仁）。与市场上的大量需求相比，这个速度和收购量，是不能算快的。为扶助砂仁的发展，自治州对种植砂仁者每亩给予无息贷款20元，但借款的不多。这主要是价格不合理，不能把农民的积极性充分调动起来。

一般来说，西双版纳种植砂仁的自然条件比较好，但各地也不尽相同，技术管理水平不一，因此，产量也很悬殊，较高的如基诺公社，平均亩产约10斤；自治州的3个县：勐海县9斤，景洪县4.6斤，而勐腊县只有0.73斤。全州平均只有3.8斤。砂仁目前收购价格为十一二元，即每亩平均只能收入40多元，低的如勐腊，不足10元。而旱稻，据上报材料，1981年平均亩产为 260 斤，以议价粮价格每斤 2 角计算，每亩收入为 52 元，而且，旱稻当年收获，砂仁则 3 年后才能摘果，这样，有的地方种砂仁的积极性就不会很高了。当然，如果加强技术管理，砂仁增产还有潜力。但如果价格低，开始就没有种植的积极性，进一步种好管好，也就谈不上。

砂仁现由省药材公司独家收购，一转手运到昆明后，每斤售价即达 20 多元，再转到外省市，价格就成倍增加。这种药材，在国内外市场都十分紧缺，长远的销路是没有问题的。既然如此，为什么不提高价格以鼓励生产者多多种植呢？在研究这个问题的时候，有的同志建议，应准许外省、市来自治州自由议价收购（或者在完成一定的收购任务后，准许自由议价上市），打破目前一家垄断的局面。有许多经济作物，也都可以考虑采取这种办法，这样定能促进生产的迅速发展。

据药用植物试验站试验，选好地形，保护好授粉昆虫及其生态环境，山区砂仁亩产量可达到 30 斤。在提高价格，积极性调动起来以后，加强技术管理就是关键问题。有的同志建议，州、县应举办技术训练班，为每个公社训练、配备若干个管经济作物的技术员，每个生产队配备 1 名辅导员。但现在州农业局只管粮食、畜牧，无训练经济作物技术人员的经费，又无编制，故技术指导力量十分薄弱。关于增加编制，有关部门又以为目前正在精简，不予考虑。但精简机构是为了提高效率，促进经济发展，必要的人员该增加的还要增加，一刀切的作法不符合发展多种经营的方针，是否妥当，也是值得商榷的。

人才缺乏和外流问题

西双版纳是祖国稀有的绿色宝库，要保护它，开发它，利用它，这就要依靠科学。50 年代以来，许多知识分子（包括科技人员，下同）在党的领导下，和西双版纳各族人民一起，披荆斩棘，艰苦创业，为祖国作出重大的贡献（例如，著名的植物学家蔡希陶教授创建云南热带植物研究所的功劳是众所周知的）。经过各方面的努力，现在已基本上摸清了西双版纳热带植物及许多资源的种类，通过引种驯化和实验，取得了大量科研成果，并逐步推广。同时培训了大批民族干部、教师、医生等等，进行了多方面的建设。今天西双版纳欣欣向荣的局面和广大知识分子的努力是分不开的。今后要建设西双版纳，需要更多的知识分子。但是，目前的情况是：已在西双版纳的许多知识分子不安心，千方百计想法离开；外面的知识分子不愿来，包括一些从自治州派去外面学习的知识分子也不愿回来。例如：热带作物研究所，"文化大革命"前，有 108 个科技人员，现只剩 60 多人，加上新分配来的 10 来人，目前共有 70 多人；药用植物实验站 1978 年以来，走了 8 个大学生，现只剩 6 个科研人员（其中助研以上只有 4 人）；热带植物研究所是世界知名的科研机关，已外流 40 多人，大多是科技骨干。去年上半年，按指标分配来 20 人，但只来了 7 人，另外 13 人坚决不来。以上是中央和省直属的几个主要科研机关，尚且如此，地方上就更差了。目前民营橡胶七八万亩，但技术人员极少，据说能够评得上工程师职称的只有 1 人。因为人才缺乏，所以大量科研项目无人承担，例如，药用植物实验站有 1000 多种植物需要研究，因人手少，因此，植物分类、化学分析等重要项目都没有人承担；大量已研究成功的项目也无人推广，没有转变为生产力，优越的自然条件不能得到充分利用。以橡胶为例，如果完全按目前已经掌握的科学方法种植管理，每亩应有 28 株至 30 株，定植后五六年即可开割，每株（杂交种）年产干胶片 9 公斤，每亩年产干胶片 200 多公斤，但民营橡胶每亩实有株数只十五六株，定植后七八年，甚至更长的时间才能开割，每株年产干胶片5公斤，每年亩产几十公斤，产量很低。由于知识分子缺乏，"抱着金碗讨饭吃"。医生少，教师缺（据橄榄坝勐罕中心小学反映，附近有六所小学已建好校舍，但缺乏教师），文化低，教育落后，缺医少药的情况，长期得不到应有的改变。

于光远同志提出要建立西双版纳学。对此，许多同志坚决拥护，但有的同志说，西双版纳学首先是人才学。没有人才，西双版纳学也就谈不上。

为什么人才外流呢？原因是多方面的：

（1）边疆环境艰苦，夏天长达八九个月，最高温度达到40℃多；（2）交通困难，比较闭塞。从昆明坐汽车到自治州首府景洪一般得三四天，从景洪再到勐腊或勐海又得再花一两天。因而和外间学术方面接触交流少，图书、资料少，对国内外科技学术进展了解得少，知识老化，提高得慢。相应地，职称和级别的评定比较低；（3）生活条件差，住房挤，物价贵（一元只能买四个鸭蛋）；除中央和省直属单位外，地方干部的边疆补贴从50年代末被取消没恢复。有的双职工家庭，每月工资差不多全吃光了；医药卫生条件差，据热带植物研究所的同志说，20多年来，除了给女同志查过一次肝功能外未作身体检查。因长期作野外考察工作，环境潮湿，患风湿关节炎的很多，因天气炎热，出汗多，体力消耗很大，而有病得不到及时治疗；（4）退休后无处接收。茶叶研究所所长金鸿祥同志，来边疆30多年，对科研工作作出重大贡献，现在年纪大了，要退休回老家上海，但上海不准落户口，因此，年轻人都有后顾之忧；（5）有的领导对知识分子仍不重视、不信任，有的知识分子在"文革"中被斗争、批判，伤了感情。

（还有一个比较普遍的突出的问题就是子女教育，在下面有关文化教育一节再叙述。）

以上说明，人才外流的原因是多方面的，需要采取综合措施。

首先应当在各级领导部门中继续批判"左"的思想倾向，信任并重视知识分子，下大力量改善他们的居住、生活条件。应当普遍恢复边疆补贴、夏天的降温费、野外考察补贴、奖金等也应适当增加，在人事制度方面也应进行改革。可以学习襄樊、四平、常州等地用招聘、借调、兼职、讲学、科技合作、巡回医疗等方法吸收外地知识分子，以促进本地经济文化的发展。对大专学生分配来边疆的，除作好思想工作外，可采取合同制，根据不同专业，规定不同年限，在期限内也可采取一些只适用于本州的措施，如提高工资级别、增加工龄补贴、实行部分浮动工资、给予科研成果奖、照顾家属户口，等等。总之，要使在边疆工作的同志比在内地的物质待遇优厚些，而且可以保留他们的城市户口，合同期满后或退休时可以回到原来的地方。[①] 另一方面，要增加科研经费，多多订购国内外各种有关的图书、资料、仪器、设备等。州、县应成立科技局、组织各种科技活动和内外学术交流，办好科研刊物，使科研成果能及时发表，等等。还要加速发展交通事业，促进交流，改变西双版纳目前的闭塞状态。总之，要创造一个环境，使科研人员感到，这里虽然比较艰苦，但工作是有意义、有吸引力、可以大有作为的，从而安心在这里，为建设边疆贡献力量。

---

① 据 4 月 30 日《人民日报》载：经国务院同意并批转了劳动人事部和国家民委的报告，为鼓励沿海内地科技人员支援边疆，国家对这些边远地区的科技人员实行特殊政策。上述问题已基本上得到解决，今后主要是贯彻落实的问题。

当然，这就需要增加经费开支。正如前面提到的为制止毁林开荒，发展多种经营所必需增加的政策补贴一样，都需要不少的钱。

钱从何来呢？钱应该是有的。

据了解，自治州本身的财政收入（1982 年）为 1500 多万元，另外上级对自治州每年补助 3000 多万元，这笔钱不算少。据一个材料说，过去没有很好的使用方针，把许多钱用在盖房子等基本建设工程上了。有些年，钱没能够花出去。有时上级发下来很晚，到年底又要收回去，不是没有用途，而是没有给下面花钱的时间。在谈到恢复职工的边疆补贴一事时，自治州一位负责财政工作的同志说，不是没有钱，问题是上级没有个明确规定。

上级补助的这笔钱应该怎么花？值得研究。于光远同志在 1982 年 4 月写给云南省社会科学院经济研究所的信中建议，在今后一个相当长的时间内，这笔钱主要应用在制止毁林开荒上面，具体地说，用在补助应该给予的各种政策补贴，用于科学普及和提高少数民族教育上面。我认为，这个建议是正确的。这种补贴，当然应包括对知识分子的补贴在内。因为只有使大量知识分子安心在边疆工作，西双版纳的科技普及和少数民族教育的提高，才有可靠的保证。

目前科技人才虽然少，但如果改变吃大锅饭的体制，少量的人才，也可发挥较大的作用。技术承包责任制就是一个好方法。一个公社或一个生产队可以和科技人员订立合同，推广某项先进的技术措施，在科技人员的指导下，如果达到增产的目标，就应按合同规定，给予科技人员奖励，这样，由点到面，示范推广，就可以很快普及科技知识，促进生产的全面增长。

发展文化教育和创建西双版纳大学的建议

要开发和建设西双版纳，一方面要吸收外来的知识分子。但从长远来看，应大量培养本地各族的知识分子，实行两条腿走路，这就要大力加强教育事业。

解放以来，自治州的教育工作有了很大发展，1950 年，全州只有小学 11 所，学生 392 人，教师 23 人，目前已有中级民族师范 1 所，中级卫生学校 1 所，农业中专 1 所，普通中学 24 所，在校学生 7926 人，教师 823 人。另有小学 870 所，学生 44833 人。教师 3144 人。各种学校培养出了一大批建设人才，在各条战线上为社会主义事业服务。西双版纳各族人民已经基本上结束了刻木、数豆、结绳记事的历史。但是，整个说来，教育事业仍然相当落后，不能适应形势发展的需要。

首先是入学率低，从数字看，小学入学率达 71%，但巩固率只有 60% 左右。据景洪县教育局负责同志说，全县学龄儿童 2 万左右，1981 年入学率为 61%；1982 年为 65%。景洪公社中心小学（负责附近 8 个寨子）的周老师说，本学区范围内约有 30% 多的学龄儿童未能入学。农村成年人文盲约占 50%，城镇成年人文盲约占 40%。其中二三十岁即"文化大革命"期间长大的青年，绝大多数是文盲，他们不懂汉文，甚至连傣文也不懂。

教育质量差，升学率低。景洪县教育局负责同志根据多年经验归纳：这个地区的学生，从小学至初中至高中至大学，每一阶段升学率约为 1/10。即 1000 小学生中，只有 100 人能升上初中，其中又只有 10 人能升上高中，最后只有 1 人能升上大学，我们到橄榄坝勐罕中心小学座谈发现升学率还有下降的趋势。这个学校过去每年考取景洪高中的有 20 人左右，1982 年下降到只有 6 人。有些学生在西双版纳读到初中二年级，转学到昆明。据昆明的老师反映，这些学生基础很差，得从初中一年级学起，还很难赶上。

由于教育落后，群众文化低，严重地阻碍了四化建设，例如，在使用化肥、农药、除草剂过程中，由于不按操作规程办事，中毒死亡 20 多人；猪有了病，认为是上天降灾，政府派兽医来。连义务打针都不让，造成猪死亡（我们访问曼景兰一家傣族农民，1982 年养两头猪，到 50 多斤，全死了）。害虫吃稻子，不上报，也不打农药，害虫把稻子吃光了，还杀鸡杀狗祭天虫；有的人家害了病，相信巫医，不请医生，而杀鸡、杀狗甚至杀牛祭神鬼，一家祭不好，邻居也要跟着杀，有时弄到全村的鸡、狗、牛都杀光，对生产力造成严重的破坏。有的爱尼族妇女生了六指婴儿或双胞胎，小孩就被弄死，母亲被当做琵琶鬼逐出村外，有的受折磨致死；傣族、布朗族送男孩去当小和尚的风气很盛。勐海县约有 2000 个男孩当小和尚，占该县在校的傣族学生 30%。我们那天到橄榄坝的曼廷寨，听说一天就有 9 个七八岁的孩子被送去当小和尚。许多傣族农民认为，当过和尚，本人及其父母死后就可以得到引渡，不入地狱受罪。

这些事例说明了，如果教育上不去，什么科学种田、破除迷信、改变不卫生的习惯、精神文明，等等，也就很难谈得上。

正是由于当地教育落后，文化低，许多同志（包括外来的知识分子、本地干部，也包括许多基层学校的老师）为自己的子女教育担心。他们说："我们这一辈子算定局了，但不能眼看着自己的孩子当文盲半文盲呀！"许多同志希望调离边疆，这是一个重大原因。热带植物研究所得到上级特别批准，将本所中级以上的知识分子和干部的子女送到昆明市三中念书（已送 80 多人）。

表面上解决点问题，但却增加了内部矛盾，这种方法也不能普遍推广。根本的办法应该是办好本地的教育。州、县两级都应办好几所高水平的中学和师范学校，大量培养本地各族的知识分子和教师，以便迅速把基层教育搞好，此外别无良法。为此，必须采取特殊政策，吸收外地的优秀师资来办学。希望教育部今后优先照顾边疆，把北京、上海等地师范院校的优秀毕业生分配到西双版纳来，自治州也要创造条件，使他们安心在边疆工作。

教育经费要增加，要改善基层教师的生活和居住条件，要解决校舍危房问题。还应当发动群众办学。近几年实行生产责任制以后，收入增加了，干部群众都愿意拿出钱来办学。如勐罕四大队的干部改变过去盖竹木结构房子的习惯，准备拿出 3 万元来给学校盖砖瓦结构的校舍。他们说，要盖就盖结实的，一劳永逸，以免再盖第二次。西双版纳的自然环境为勤工俭学提供了有利的条件。如基诺公社，40 多个寨子，每寨都有一所小学，适龄儿童入学率已达 80％以上，属于全州最先进的。他们每个学校都种上三几亩砂仁，通过劳动，学生掌握了种砂仁的技术，有利于普及推广，同时增加了学校的收入。有的学校给学生发书、纸、墨，有的还发给食品。有一个学校给每个学生发了一套制服，家长都很高兴，愿意送孩子来上学。西双版纳有很多热带亚热带特有的动植物，教师带学生采集制作标本，既可增加学生知识，又可增加学校收入。勐罕中心小学的龙坚老师带领学生收集了五十多种标本，其中包括水蛤蚧、穿山甲、豹蝶、凤蝶等，五色缤纷，很有价值。这种作法值得推广。

许多同志强烈要求建立西双版纳大学。西双版纳有十多个少数民族。他们各有不同的历史，直到解放前，还可以在一些少数民族中看到社会发展各个阶段残存的形态，如母系对偶婚家族、家族公社、家长奴隶制、奴隶占有制、封建前期的领主——农奴制等，一直到今天。他们的社会生活各方面如语言、文字、服饰、饮食、房舍、婚姻、文娱、丧葬、宗教等仍然各具特点。例如，傣族有自己的文字，自己的文学作品、历史文献、天文历法、生产经验、医药卫生乃至体育、武术和心理学等等，都值得收集、研究，作为我国宝贵的文化遗产的一个组成部分。西双版纳是研究民族学、民族语言学、人种学、历史学、民俗学、社会学、社会发展史等方面的宝库。西双版纳不只是"植物王国"同时还是动物王国。已查明的动物资源有 500 多种，其中珍禽异兽30 多种。如孔雀、原鸡、象、野牛、长臂猿、懒猴、双角犀、虎、豹、熊、香狸、飞龙、穿山甲、金丝猴、独角犀牛、白鹇鸟、长嘴犀鸟等等。许多动物是世界上稀有的，价值很高，例如，长臂猿就是供模拟人类进行医学、生物学实验的理想动物。

总之，无论从社会科学或自然科学方面看，西双版纳可以发掘、研究的东西很多。于光远同志倡议建立西双版纳学，非常必要。这种西双版纳学应该是动态的，即不断发展的。定期组织一些专家、学者来进行考察、研究某一科研项目。这固然是必要的，但应有一个基地，它既是进行长期科研的机构，又是培养人才的中心。以后随着知识分子政策的落实，交通条件的改善，拟议中的这个西双版纳大学将会成为中外学者都很感兴趣的纷至沓来的研究中心。这对于建设西双版纳将是十分必要、十分有利的。

关于民族区域自治问题

我国宪法第六节规定，民族自治地方的自治机关可以依照宪法和其他法律规定的权限行使自治权，根据本地方实际情况贯彻执行国家的法律政策；有管理地方财政的自治权；在国家计划指导下，可自主地安排和管理地方性的经济事业。国家在民族自治地方开发资源、建设企业的时候，应当照顾民族自治地方的利益。

党的十一届三中全会以来，中央对云南省的民族工作十分重视，采取了许多改革措施，在经济方面，对边境少数民族地区，减免了公粮和农业税；每年都拨大量款项帮助少数民族地区发展经济文化事业；在财政上，商业、贸易上都作了适当照顾，少数民族的经济、文化生活有了很大提高。另外，还兴办了许多民族学校，大量培养少数民族干部。有许多少数民族干部担任了领导工作。总的来说，目前云南的民族关系是好的，边境是平静的，边防是巩固的。但是有些问题还值得注意，有些事情和宪法第六节的有关规定还有一定距离。

以西双版纳为例，前面已提到，砂仁的收购价格是上级规定的，很不合理，又是独家经营，转手之间，获利倍蓰，自治州没有发言权。又比如，目前种橡胶的指标是从中央有关部门下达的，省也没有多大发言权，自治州就更谈不上。近年来，农垦部门大批来人，目前已达 10 多万，自治州只是负责解决这些移民的粮食、副食品、百货等供应问题。按规定，农垦系统将橡胶所得利润 6％交给自治州（州得 1％，县得 2％，公社得 3％）。有的同志认为少了一些，希望有所增加。

自治州在用人、财政方面的自治权也很有限。据了解，农垦系统曾经同意：农场招工人，本地人要占 50％，但认真执行这个规定的很少，有时因此造成械斗。前些时候，自治州要增加几百名警察，都要到昆明市去招。据说是为了安置待业青年。像前面提到过的发给边疆补贴，对外来知识分子给予特殊待遇，对制止毁林开荒给予政策补贴，等等，自治州政府本应有权决定，但实际上现在上级对财政控制得很死。交谈时，有些同志反映，过去州政府要买一辆自行车，也要报省政府批准。

在民族区域自治地方，如何实行自治权的问题，在云南省具有相当普遍意义。例如，保护森林资源，就远非西双版纳一个自治州的问题。解放初，云南省森林覆盖率达 50%，其中 75% 在少数民族地区。解放以来，由于大量砍伐，全省的森林覆盖率到 1979 年已下降到 24.9%。许多采伐队伍都是直属中央有关部门的，采伐指标也是由这些部门直接下达的。省也没有多大发言权。采伐后，木材大量外运，特别在滇西北一带，有的地方林木几乎已被全部伐光，如迪庆藏族自治州，与康藏高原相接，到处是原始森林，其中许多雪松，需要四五十年才能成材，但近年被大量砍伐外运。机械化水平越高，毁林速度越快，有的采伐队伍很不文明，不按规定办事，不是间伐，而是成片成片推光；有的只采不育，不给地方育林费。造成民族关系相当紧张。据丽江专区宁蒗彝族自治县的领导同志反映，上级林业部门把当地的森林砍光以后，就把林业局 600 多人的队伍交给县安置。这些同志许多都是外省人，又都到了退休年龄，县里要安置他们住房、发退休金、子女读书、就业等等，成为一个很大的负担。在中央有关部门带头砍伐下，地方的一些单位，也层层加码，扩大砍伐指标。当地居民怕吃了亏，也滥伐起来。这是许多地方森林遭到大量破坏的重要原因。有些同志认为，如果加强民族自治权，任何上级部门（包括中央、省级）要采伐林木都要征得本地自治政府同意，按中央有关规定的精神签订合同，严格按照合同办事，只能间伐，不能成片推光，采伐必须与育林相结合。否则，地方自治政府有权禁止。这样，才能作到保护与开发利用相结合，民族矛盾也可得到缓和。

大理白族自治州原来利用了洱海修了几个小水电站，为本地廉价供电，每度电收几分钱。后来中央投资建设四级水电站，取代了原来的小水电站，并纳入全国电网，每年折价给省电力局一些钱，但提高了大理州用电收费标准（每度电一二角），而且影响洱海水位下降，大理州很有意见，准备提出洱海资源管理条令，每立方水收费5分钱，目前这个问题尚未解决。

云南省矿藏资源十分丰富，有许多矿藏分布在少数民族地区。开发这些矿藏，如何照顾当地民族的利益（例如，利润如何分配，是否在本地招工等），也是一个大问题。目前有些地方这个问题解决不好，也引起一些纠纷。例如，墨江哈尼族自治县，有一个矿，中央某部门原来认为品位不高，就推给地方经营，但后来又发现品位高、油水很大，就又拿回来，并带来一大批干部、工人。地方捞不着什么好处，却要负责供应他们粮、油、副食和百货，形成一个大包袱。

为什么会造成这些矛盾呢？有的同志认为，主要是由于宪法中有关民族自治的规定未能完全落实。到底民族自治地方政府，在政治上、经济上、财政上、人事安排上，有哪些自治权；在民族自治地区开发资源、建设企业时，本地政府有多大发言权，上级应怎样照顾民族自治地方的利益，这些问题都不明确。希望有关这些方面的法律早日颁布，以便有所遵循。

关于发展地方交通，也是一个要求强烈的问题。从昆明到景洪，740多公里，公路标准很低，坡陡弯急，坐公共汽车，一般需时4天。而从昆明到下关，400公里，跨越横断山脉，只需一天。如果把公路的标准提高到和昆明——下关线相同，昆明到景洪，两天也就可以到达。现在昆明——思茅航线坐飞机一小时可达，从思茅到景洪尚需坐半天汽车，如能将航空线延长为昆明——思茅——景洪，就可以节约更多的时间，充分发挥交通的先行作用，降低运输成本，作到货畅其流，人便于行，文化信息也可及时传递，这对促进西双版纳的经济文化建设，发展旅游事业，加强民族团结，有着重大意义。

（原载《云南社会科学》1984 年第 1 期，中国人类学学会主编的

《人类学研究》和香港《明报》月刊）转载）

保护西双版纳森林资源
要把经济搞活

西双版纳地处我国西南边陲，是著名的富饶美丽的绿色宝地。在茂密的森林里，蕴藏着极其丰富的热带亚热带植物资源。解放初期，西双版纳的森林覆盖率为 63%，近年只余下 28% 左右了，即大约每年减少 1%。如果按这个速度减少下去，到本世纪末，我国的这块难得的绿色宝地就可能变成一片片的灌木杂草荒地，甚至只余下荒山秃岭，许多珍贵稀少的植物资源将会被消灭干净，自然优势也就不存在了。这个问题，虽早已引起各方面的重视，采取了一些措施，但由于能源和山区、半山区农民刀耕火种等问题没有解决，目前大面积毁林现象仍在继续。

首先是能源问题，这是由于人口的增加和地方工业的发展而引起和加剧的。1982 年底，西双版纳人口 64 万多，比 50 年代约增加一倍；全州共有 160 多个厂矿企业，职工近 6000 人，比 50 年代初期增加 17 倍。这几十万居民和工厂主要依靠砍伐木材作燃料，特别是烤（橡）胶、榨（蔗）糖等，每天都要烧掉大量木材。这说明，如果能源问题不解决，继续毁林就是不可避免的，而且随着人口的增加和工业的发展，毁林将会越来越严重。

能源问题有没有办法解决？有。从目前来看，西双版纳的煤炭资源不多，但水能资源相当丰富。西双版纳全年降雨量达1300毫米至2000毫米，有澜沧江及其20多条支流，又多高山深谷、急流险滩，为发展水电提供了非常有利的自然条件。解放以来，人民政府在这方面作了很大努力，已建成大小水电站83座，装机容量33099千瓦，但只占已查明的水能资源（15万千瓦）的22％（据调查，西双版纳水力发电的理论蕴藏量为437万千瓦），还有很大潜力，还可以建设很多水电站，以解决工厂能源和部分居民用电力来代替烧柴问题。国家应把发展水电和保护森林资源联系起来，作为投资重点，优先考虑。同时，应大力发动群众，兴建小水电站，国家在贷款、物资、设备和技术等方面给予支持，还可以引进外资和技术，帮助这里把水电搞起来，以当地的珍贵木材和砂仁、香料等等经济作物作为补偿。

解决能源的第二个有效办法是，在居民中大力提倡种薪炭林。西双版纳有一种黑心树，插种三几年后就可开始砍枝作薪木，此后越砍分枝越旺，一株树可生长六七十年，一户人家有10来株就足够1年烧柴用了。云南热带植物研究所近年从非洲乌干达引进一种薪炭树，生长更快，每年可砍1次。这样的树，一户人家只要种几株就够用了。西双版纳高温多雨，对发展薪炭林极为有利，但目前未得到充分利用，在村边、房前屋后和道路两旁，空地很多。应通过行政措施和经济手段，鼓励群众（包括坝子和山区，包括城镇和农村）广种薪炭林。下决心干它10年8年，燃料问题就会大大缓和，破坏森林的现象也就可以减少。

另外，根据西双版纳的自然条件，很适宜于发展太阳能和沼气。把建水电站、沼气池和利用太阳能几种方法结合起来，对解决能源问题和保护森林资源会起到良好的作用。

对森林造成较大破坏的另一原因是山区、半山区农民刀耕火种，毁林种粮。播种旱稻谷1亩，实际上毁林10多亩。据调查，

1959 年至 1979 年的 20 年间，共毁林开荒 300 万亩，1980 年 1 年，又毁林开荒 15 万亩。由于不再施肥，管理粗放，加上鸟兽为害，所以产量很低。有的村寨森林很多，自然条件十分优越，但从未取得分毫林业收入，却只会毁林种粮，农民生活依然十分贫困，真可谓"捧着金碗讨饭吃"了。问题的严重性还在于，刀耕火种的范围往往不能控制，有时会变成大片烧山，一次毁林以万亩计。

这说明，为了保护森林资源，必须改变当地农民刀耕火种的习惯。但是，祖祖辈辈以来，刀耕火种是他们取得粮食和经济收入的主要源泉。因此，要他们停止刀耕火种，就要供应（或部分供应）他们商品粮，并鼓励他们利用当地优势，因地制宜，发展林业、种植热带亚热带经济作物，开展多种经营。一方面要通过行政和经济手段，鼓励退耕还林，固定耕地，采用良种和"两化"（化肥、化学除草）上山等方法，提高旱地粮食单产，以逐步缩小刀耕火种的面积。（在坝区应重点发展粮食，建成商品粮基地。）同时要提高对经济作物的收购价格，多给奖售，特别要奖励粮食和日常生活必需的实物，使山区人民感到种经济作物比毁林种粮的收入高得多，而且吃粮也有保证，从而减少对刀耕火种的依赖，逐步改变经营方向，把半自然经济变成商品经济。

为了发展商品生产，必须发展交通运输，必须对供销体制进行改革，由官办变为民办，实行多渠道、少环节的开放性的流通体制。过去，对许多农副产品和经济作物的收购都是独家经营，而且收购价格不够合理。由于对木材压价，林区居民感到营林时间长，资金周转慢，获利少，因此宁愿毁林种粮（时间短，成本低，收益快），也不愿经营林业。又如砂仁（一种健胃中药），在西双版纳生长期短，收益快（产量比砂仁产地海南岛和广东阳春高好几倍），而且适应在林下种植，要求荫蔽度高，有利于森林保护，从 1963 年引进以来，虽有一定发展，但速度不够快，其原因之一就是过去独家收购，当地收购价与外省市销售价相差好几倍。建议打破独家经营的局面，允许外省、市、地区来当地自由议价收购；当地的集体或个人也可收购，并恢复"山间铃响马帮来"的局面，允许组织马帮或自备机动车辆外运出售，以沟通广大山区与城镇的经济交往。对茶叶等也可采用这种方法，把经济搞活。又如，香料资源丰富是西双版纳一大优势，但因缺乏资金和加工技术，许多配方搞不起来，不能形成优势产品，价格较低。如能和上海等地的先进技艺和加工设备结合起来，经济效益就可成倍增长（如灵猫香 1 公斤值 5 千元，如能引进先进技术，搞多次加工，可变为 3 万元）其他如药用植物、热带水果等等，也都应对外开放，联合经营，才能得到较好的发展。

当前，保护森林资源已是一个刻不容缓的严重问题。就林业论林业，放宽政策，采取措施，当然都是必要的。但由于这个问题非常复杂，牵连很广，还要根据各地不同情况，对症下药，综合治理。有许多方面要牵涉到整个生产结构和经济体制的改革，应进一步解放思想，敢想敢干，不但在本地区内要打破所有制的限制，国家集体个人一齐上，还要打破地区的界限，实行对外开放政策，迅速打破西双版纳封锁闭塞的局面，采取联合经营、补偿贸易等方式，吸引外面资金和技术力量（包括外国资金和港澳同胞投资），帮助西双版纳发展水电、交通和各种加工企业，疏理流通渠道，真正把经济全面搞活，这才能使森林资源得到保护，达到发展经济和保持生态平衡的统一。

（此文原载《经济日报》1984 年 7 月 26 日，获 1986 年第二届

全国林业好新闻二等奖）

大力发展木本水果是绿化荒山脱贫致富的捷径

——兼论西双版纳的粮食自给问题

  1983年，我曾到云南西双版纳傣族自治州进行社会经济调查，写了一篇《西双版纳考察》。该文着重陈述了自解放以来，西双版纳的工厂和人口迅速增加，而当地煤炭短缺，能源不足，以及山区仍流行传统的耕作方式——刀耕火种，导致大量砍伐森林，森林资源遭到严重破坏，森林覆盖率由解放初期的63%下降到1982年的28%。针对当地实际，该文提出实行多种经营、发展商品经济，逐渐取代刀耕火种，大力发展交通和水电，以电代柴和多种黑心树薪炭林，节约森林资源，以求作到保持生态平衡和发展经济的统一。

  此文受到中央领导重视，批示云南省委要把这个考察报告当做重要问题研究，提出治理方案；云南省委和西双版纳州委遵照中央的指示，经过研究，提出六点治理方案。1984年，国务院又召集有关的部委人员，讨论我的考察报告和治理西双版纳问题。

  1993年，我又来到西双版纳，进行追踪考察。笔者感到高兴的是，10年前提出的治理意见和方案，大多已经落实，并取得了丰硕的成果。与 10 年前相比，经济有了长足发展，人民生活有很大提高，全州面貌发生了大变化。1992 年粮食总产量32.14 万吨，增加了 36％；水电装机容量 5.8 万千瓦，增加了78％；在许多地方的工厂、家庭以电代柴，黑心树的种植也大面积增加，因而大大减少了对森林的砍伐，森林覆盖率提高到43.8％，增加了 15.8 个百分点。州境内公路通车里程 3473 公里，增加了 51％；修建了一个能起降波音 737 的二级机场。西双版纳还以其独特的少数民族风土文化和热带风光，吸引国内外游客。仅 1992 年，国内游客 120 万人，国外游客 1.36 万人，分别比头年增加了 61％和 100％。

然而，在这次再考察中，笔者深感遗憾的是，该地区的刀耕火种毁林种粮的问题仍未解决好。据统计，近年每年刀耕火种的面积 60 多万亩（其中种旱稻 35 万亩，虽比前几年减少，但比1979 年的 34 万亩还略有增加），外加 340 多万亩轮歇（丢荒休耕）地，合计 400 多万亩。

刀耕火种是一种极其原始落后的耕作方式，从砍树、烧山、播种到收获，每亩地约需 80—100 多个工，收获约一百二三十公斤稻谷，其中扣除约 10 公斤的稻种，每个工的劳动报酬约只有1 公斤多的稻谷，这是山区农民贫穷的根源。1992 年全州山区农民人均年收入只有 537 元，比州农民平均收入少 200 多元。在全州山区 20 多万农民中，还有 2 万多人没有解决温饱问题。

不仅如此，这种耕作方式还严重地破坏森林，破坏生态平衡。在烧山中，有时控制不住火，就会蔓延成森林火灾；"刀耕"把山坡上的植被全部砍光，每年雨季到来，造成水土流失。我去考察期间，接触到许多国内外游客。他们乘兴而来，为的是看西双版纳的热带森林，但在飞机上会俯视到一片片秃顶荒山；在乘车旅行中会看见山坡上一块块"大字报田"（指山坡上被砍光的土地远看像挂在墙上的大字报一样);每当烧山季节的夜间,人们常常看见火龙奔腾、火海苍茫的景观。对此,大家都觉得很痛心,很失望。

山区半山区 20 多万农民长期以来依靠刀耕火种获得粮食,因此,要使山区农民放弃刀耕火种,就要帮助他们解决粮食问题。一方面,应努力在山区建设水田和台田,固定耕地种粮食,以取代刀耕火种。另一方面,应通过示范说服的方法,因地制宜,开展多种经营,尤应大力发展木本水果,发展商品经济,让山区农民迅速脱贫致富;农户因经营林果业所减收的口粮,可购买商品粮弥补。

二

西双版纳有得天独厚的自然环境,资源丰富,可以经营的项目很多,应该从经济效益和生态效益出发,选择那些少投入,多产出,早产出,而且有利于绿化荒山的项目,而发展木本水果,如芒果、菠萝蜜、椰子、柚子、荔枝、龙眼、核桃、板栗等,正符合当地的实际。分析如下:

(一)少投入。所谓投入,即指创建基地和以后经常管理的资金与劳力的投入。创建 1 亩木本水果园,购买果木苗费约五六十元,加上整地、嫁接等劳力换算,总共也不过百元左右。而开发其他项目,其投入相对要多了,例如种茶叶,按当地大渡岗农场的标准,每亩要投入 550 元;景洪县最近筹建 6 万亩茶叶基地,也计划每亩投入 500 多元。在管理方面,木本水果一经定植成活后,就只需定期除草、施肥和防治病虫害。一般能存活几十年以至过百年,可谓一劳永逸。据州林业局徐为山工程师调查,景洪曼听寨有生长 200 多年的荔枝,大勐龙曼景弯有 300 多年的菠萝蜜，勐满曼洒寨有 300 多年的芒果，至今仍枝繁叶茂，硕果年年。而茶叶、橡胶除了定期除草、施肥、防治病虫害外，待到采割期，几乎要天天摘茶叶，天天割胶，投劳多且劳动繁重。橡胶定植成活后，一般 7—10 年才有胶可割，才能有收入，而割二十多年就老化，要更新（砍掉另种）。茶叶的更新期也比木本水果短，土地利用率比较低。

（二）早产出和多产出。以芒果为例，定植成活后，一般树龄三四年即可开始摘果。有一品种名"三年芒"即因此得名，七八年后进入产果盛期，株产四五十公斤，以每亩 30 株，每公斤 3 元计算，每亩摘果可超千斤，收入两三千元以上。1993 年 4 月，广东商人来州里订购 1000 吨芒果，每公斤 3 元，计划用汽车运输，昼夜兼程，五六昼夜可达广州，批发价为每公斤 12 元，零售价 18 元以上，扣除收购成本和运输杂项开支外，每公斤净赚六七元。西双版纳若能自己组织经销和运输，这就是一笔大收入。至于荔枝、龙眼等，价格就更高了。

少投入，早产出和多产出，是许多木本水果的共同特点，凡是抓得早，种得多的山区，都迅速增加了收入。据景洪县委书记朱卫平同志介绍，该县三达山山区过去是个著名的穷地方，多年靠救济，1986 年起进行开发，至今陆续种各种水果 14386 亩，橡胶 29261 亩，黑心树 3000 多亩。现在大部分橡胶尚未开割，主要靠水果和黑心树的收入。全山区 3425 人，1992 年人均收入 1305 元，比 1985 年增加两倍多，比全州山区农民平均收入 537 元高一倍多，其中三达山山区的曼戈龙行政村，人均年收入高达 1547 元。果农赵得彩领导 11 户农民，1986 年承包了三达山的 1000 亩荒山，种了 600 多亩橡胶，300 多亩芒果，现在橡胶还没有开割，主要靠水果，这 11 户农民，1992 年户均收入已超过 5000 元，预计再过几年，果树进入产果盛期，每户年均收入可达万元。坝区（即山谷盆地）发展庭院水果也能增加大量收入。据徐为山同志 1990 年调查，景洪县橄榄坝曼听寨 82 户，家家都有果木林，共有各种水果树 5548 棵，1989 年仅庭院水果一项收入即达 242400 元，户均 2956 元。广东是全国绿化最早最好的省份之一，他们一条重要的经验就是，凡是宜果的荒山荒坡，一律种果木，政府提供果木苗、技术等帮助。农民因此迅速增加了收入，从而大大提高了积极性，加快了绿化进度。

相形见绌，经营橡胶、茶叶、砂仁等企业或个人的经济效益就差得多了。据州农垦分局材料，现该局所属国营农场有 77 万亩国营橡胶，专业技术工人年均收入约为 2200—2400 元；而当地农民因种植、管理和割胶技术均不如农场的专业工人，其收入还不到工人的一半。当地大渡岗茶场是全国著名的先进企业（国家二级企业），茶场一般工人年均收入约 1700 元（如以每个工人负担 1.5 家庭人口计算，人均年收入约为 1100 多元）。勐海县，种植、采摘茶叶的农民年均收入只有 500—800 元。

该州有一个山区乡，各方面工作都比较先进，但经济收入却并不高。1992 年人均收入只有 600 多元，比 1990 年增加不到 1％，约只相当于三达山山区农民的一半。这个乡的农民是很勤劳能干的，收入不高的主要原因在于产业结构。该乡从 80 年代起，陆续种了橡胶 20067 亩，到 1992 年只有 536 亩（即 2.6％）开始割胶；种砂仁 15027 亩，现只有 9947 亩可采摘，1992 年总产量为 7.38 万公斤，平均亩产约 8 公斤。砂仁价格因受国际市场影响，每公斤在 8 元到 80 元之间大幅度波动，近年每公斤为二三十元不等，因此农民收入大受影响。

几十年以来，西双版纳农垦分局各农场数以万计的职工，披荆斩棘，艰苦奋斗，从 1955 年到 1991 年累计生产橡胶干胶 37.67 万吨，为国家作出重要贡献。30 多年来国家累计投资

6.32 亿元，到 1991 年回收投资 6.76 亿元，投资回收率为
107％。应该说，这个回收率不算高、不算快。原因是复杂的，
包括大跃进和"文革"期间，农场受到冲击，造成重大损失。但
近年来经营已步入正轨，生产搞得是好的，收入不高的主要原因
是由于国际橡胶市场动荡，合成橡胶大量上市，影响天然橡胶销
售不畅，价格波动下滑。1993 年 3 月，在州人代大会上，勐海
县的代表反映，该县打洛镇的农民种 2 万多亩橡胶，已交给县乡
镇供销公司价值 70 多万元的干胶，因销路不畅，仍打着白条没
兑现。

茶叶，亦因全国、全世界许多地区都能种植，总产量增加，
竞争激烈，利润不高。

如前文所言，西双版纳具有发展木本水果的得天独厚的自然
条件，且历史上也有种植木本水果的传统。[①] 仍以芒果为例，我
国适宜种芒果的地区并不多，其中海南岛、广东和福建等地易受
台风侵袭，广西和滇南比较干热，西双版纳则不受台风影响，而
且空气润湿，土层深厚，土壤肥沃，雨量充沛（年降雨量
1600—2000 毫米之间），全年温差小，昼夜温差大，光照充足，
很适宜芒果一类的热带水果生长。再以柚子为例，全国宜种的地
方也不多，最著名的是广西沙田柚，但西双版纳的柚子（当地叫
泡果）又比沙田柚水分更多，口感更好。西双版纳更有一个优越
条件，即地形多变，既有高山，又有河谷和坝子，垂直高差大，
海拔从 500 多米到 2800 多米，呈现出立体气候。可以根据不同
区间，因地制宜，种植不同水果。如海拔低、温度高的地区，宜

---

① 唐代《蛮书》就有此地种植椰子、荔枝、槟榔、菠萝蜜的记载；明代《滇
略》记载盛产"抹猛"（即芒果）等；清代《普洱府治》记载了龙眼、核桃等 44 种
水果。我国经济学家陈翰笙著《解放前西双版纳土地制度》，记载了曼占宰、曼栋、
曼鸾典、曼听四个村寨 93 户中，出售水果的收入占稻谷收入的 65.7％。

种芒果、椰子、荔枝、龙眼、菠萝蜜等热带半热带水果；而海拔较高、湿度较低的地区，则适宜种核桃、板栗等。木本水果，在进入产果盛期后，如管理得当，每亩可产果几百公斤以至上千公斤。我国幅员广阔，人口众多，随着经济的发展，人民生活水平的提高，需求水果量大，国内外都有广阔的市场，而且价格较高，不像橡胶、砂仁等容易受到国际市场的冲击。

（三）有利于绿化荒山。木本水果大都是多年生的阔叶高大乔木，其根系发达，树冠茂密，因此种植木本水果也就绿化了荒山，改善了生态环境。据科学家测定：一亩阔叶林 24 小时可消耗二氧化碳 66.6 公斤，可制氧 48.6 公斤；一年可吸附灰尘毒物 4.53 吨，夏季能升腾水分 166.6 吨，在炎热夏天，林阴地比空旷地温度低 5—10℃。三达山山区果农赵得彩承包了 300 多亩荒山，1986 年刚到荒山地时，经过艰难寻觅，才找到两眼泉水，用水很困难。开荒种植芒果后，现已一片葱绿，山间自动冒出 13 个泉眼，水量充足。这说明，木本水果有涵养水土的能力，起到绿化、保护生态环境的作用。

当然，种橡胶也是绿化，在山坡上一层层的梯田状的橡胶林带也起到保土的作用，但因橡胶树制造橡胶乳，需要吸收大量水分，所以橡胶林地的土壤都比较干燥，涵养水分能力较差。当地老农告诉我，过去西双版纳到处是两山夹小溪，即使枯水季节（约为每年 11 月至来年 4、5 月），仍然可以看到潺潺流水，现在则很少看到了。

综上分析，从经济效益和生态效益对比中，充分显示了广泛种植木本水果的优越性和可行性。但笔者觉得可惜的是，该州过去对发展木本水果注意不够。据州农业局统计，1991 年全州民营橡胶 55 万亩，茶叶 27 万亩，而芒果只有 8564 亩，柚子 1884 亩，其他木本水果零零星星，少到没有统计。今后，除应继续管好现有的橡胶、茶叶等等以外，应在产业结构上调整，大力发展木本水果，把其列为帮助山区农民脱贫致富，逐步放弃刀耕火种，绿化荒山的重要措施。同时，据州林业局调查，全州还有865万亩荒草地，当局应全面规划，着力发展不同品种的水果。

三

在全面规划时，要注意下列问题：

（1）因地制宜，建立适当规模化的商品水果基地，以利于统一管理，技术指导和方便运输。但又要防止过分大规模的单一化。比如，仅存的沟谷林对涵养水土起着重要作用，不能因种大片水果而把沟谷林砍掉；种防风林以种黑心树为主；连片的果木林也要注意高、中、矮不同品种的适当配合，组成天然的生物"屏障"，有利于害虫天敌的生长繁殖，从而有利于防止病虫害，

（2）同一种水果，也要注意早、中、晚熟品种的适当配合，以均匀供应市场，并避免成熟期过分集中，导致价格暴跌和劳力、运输紧张。

（3）长短结合，以短养长。即在广泛种植生长期较长，三几年以后才能见经济效益的木本水果的同时，还要因地制宜种一些"短、平、快"的水果，如香蕉、菠萝、西瓜等，这些水果体积大，分量重，不耐长途储运，但当年或第二年就可以有收益，每亩收入几百元以至千元不等，可以起到以短养长的作用。

（4）果粮间作。木本水果一般每亩定植三几十株，在苗期，株行距空间都比较大，为充分利用光照、土地，可以套种早稻和旱玉米；果树长大以后，仍可在果林间间种些花生、豆子等固氮作物养地。赵得彩领导下的11户农民就是靠果粮间作，在很大程度上解决了粮食和饲料的。

（5）建立各级科研机构。在州、县、乡（镇）的干部和农民中都不乏人才。如州林业局的徐为山同志，是水果专家，曾先后发表学术论文 50 多篇，有的在国际会议上宣读，受到好评，其中有的被省林学会评为优秀论文奖。又如果农赵德彩，是省级绿化工作者，经验丰富。他和其他果农自发组织了一个农民热带水果研究协会，收集了国内外 30 多个芒果品种种试验田，还订了一些有关林业、果业的书刊学习提高。西双版纳热带作物研究所和热带植物园有许多专家，科研成果十分丰富，这都是别的地方难于得到的有利条件，应该把他们组织起来，进行调查研究，制定统一的发展规划，并把他们多年的研究成果迅速推广，普遍训练农民技术员、对有贡献的科技人员给予重奖。

（6）保鲜和储运问题。椰子、核桃和栗子都是硬壳，耐长期储运；柚子有一层厚纤维，在常温下可保存二三个月；荔枝和龙眼除卖鲜果外，还可加工成干果，龙眼干（桂圆）是名贵的中补药，不仅耐储，而且价高；芒果也有 25—30 天的后熟期，七成熟时（体型已定）摘下，即使经过 20 多天的储运，送到消费者手中时正是九十成熟的，又香又甜的"水果之王"。

（7）运输问题，国家、集体和个人一齐上，分工合作。州、县负责将公路修到所有行政村和自然村。乡和村应发动群众再把（简易）公路修到主要的商品水果基地。在停止刀耕火种后，山区农民将能腾出大量劳动力，修路的劳力是有保证的。

（8）产品销售。应该广泛收集各地各种水果供需、价格行情的信息供果农参考；广开门路，除在州内各集市上销售外，还可组织州外的水果批发商来参加定期的水果订货会。州及各县也可直接（或通过云南驻外地的商行、办事机构）与外地的水果批发商挂钩；自己组织运输，减少中间环节，以增加收入。

（9）与旅游相结合。在水果成熟的季节组织诸如芒果节、荔枝节、龙眼节等，既是很有吸引力的旅游项目，又可推销产品，扩大影响。

（10）大力发展水果加工业。西双版纳是旅游胜地，每年吸引中外旅客100多万人，但目前在各旅游点、宾馆、餐厅和街头摊点销售的饮料、果茶，其绝大部分是外国进口或从广东、海南等地运来的，这种现象很不正常。西双版纳水果资源丰富，目前自己加工的饮料、果脯等，销路不畅，主要是因为质量问题，应该研究改进，引进外资和先进技术，提高质量，提高竞争力，作到价廉物美，不但可占领本地市场，而且打进国内外大市场，也是完全有希望的。如山东烟台盛产苹果，以前为销售发愁，最近引进外国生产线，就地加工生产苹果汁罐头、果茶，畅销国内外。

（11）州、县建立水果公司，统一负责水果生产基地的规划、生产、经营、运输、销售等事项。同时又要允许集体、个体和合营企业经营，允许不同所有制之间展开竞争。

西双版纳被称为"植物王国"，但是要把这个资源优势转化为经济优势，就要把"植物王国"具体化为"水果王国"。通过大力发展水果业，带动科研、运输、旅游、商业、加工、出口等行业的发展，既促进了整个地区经济的起飞，又绿化了荒山，实现生态平衡与发展经济的统一。

四

在研究发展木本水果以逐步取代刀耕火种时，有的同志顾虑会影响粮食自给，为此，要着重分析一下州情。

西双版纳地处边陲山区，交通不便，因此，粮食不能依靠调入，必须实现自给。这里指粮食自给是从州、县的视角而言，而不强求山区农村村村户户都必须粮食自给。州、县领导现在提倡、鼓励和资助山区每个农民都要建设一亩水田、二亩台田,以固定耕地种粮食,这是正确的,是解决粮食问题的重要措施。但是,建设水田要有水源或有小水库(池)蓄水的条件;建设台田则要有比较平缓的山坡(坡度不能超过 25 度);而有的山区根本没有这个自然条件,如果硬要该地的农民也一定实现粮食自给,那等于要他们继续走刀耕火种的老路。

我国现在实行社会主义市场经济。市场经济的优越性在于各个地区、各行各业可根据自己的特点,充分发挥自己的优势,实行专业分工,如坝区宜粮,则应以粮为主;山区宜林、宜果,则应以林、果为主;各自发挥自己的特长,取得最大的经济效益。各自产品通过市场交换,互相补充,各得其所。如果在不宜种粮的山区,也硬要农民种粮,以实现粮食自给,这就不是扬长避短,而是扬短避长,实际上是小农自给自足经济思想的反映,是"以粮为纲"思想的残余。一位山区果农对我说:"去年我摘了50 公斤芒果,拉到市场上去卖,每公斤 3.5 元,共得 175 元,买回 175 公斤大米,差不多够我吃一年的啦! 我又何必再辛辛苦苦去砍山烧山种粮食呢!"这位农民的实践,其意义深远,即进行产业结构调整后,有一部分山区农民将不再毁林种粮,专业(或主要)种水果,发展商品水果,以售果买粮,解决粮食问题。

那么,部分山区农民放弃农耕,是否会影响全州粮食自给或对果农供粮没有保障呢?据《西双版纳四十年》一书的资料,从1982 年起,全州就实现了粮食自给,到 1984 年就出现了卖粮难的问题,且年年大量外调商品粮,1982—1991 年的 10 年中,全州净外调贸易粮 5720 万公斤(据估计,通过其他渠道外运的粮食也不会少于此数)。同时,国家库存粮食也年年增加,1990 年为 7900 万公斤,1991 年增加到 9500 万公斤,一年净增 1600 万公斤。据估计，全州库存粮食 5000 万公斤就足够周转的了。另外，坝区的农民也几乎家家户户有余粮，据勐海县政府资料，该县坝区有几千卖粮大户都叫喊卖粮难。再从另一角度看，1992年全州粮食总产量为 32.14 万吨，其中山区农民毁林种粮收获旱谷 4.68 万吨，即约相当于全州粮食总产量的 1/7 强。上列数据展示，假定部分山区农民不再毁林种粮，因而旱谷减少 1/3，即减少 1600 万公斤，也大体只相当于国库一年所增加的库存粮数，不会影响大局。

提倡在山区发展水果业，并不是完全不种粮食，而只是不再毁林种粮。如前所述：①山区有条件建设水田、台田，固定耕地种粮食的，应大力支持和鼓励；②发展水果的同时，也发展果粮间作；③由于市场经济的确立，粮价放开，这将大大提高坝区粮农种粮的积极性；同时随着水利的发展，复种面积的增加，科学技术的大量采用，今后坝区的粮食单产、总产也将会大幅度提高。因此，即使将来山区农民不再毁林种粮，而从事商品水果生产了，全州整体的粮食自给仍然是有保障的。

（此文发表在《民族研究》1994 年第 3 期）

西双版纳在开放中的几个问题
及政策建议

我国云南省西双版纳傣族自治州地处北回归线以南，属北热带和南亚热带气候，自然条件优越，资源丰富；拥有独特的热带景观，森林茂密，林地面积 1566.7 万亩，其中自然保护区 300多万亩；有国家重点保护珍稀濒危的多种动植物；有许多国家级的重点文物；有傣族、哈尼族等众多的文化、习俗和各具特色的少数民族风情文化景观，是我国国家级风景名胜区，在国内外享有盛誉。

西双版纳东西南三面与老挝、缅甸接壤，距离泰国边境 200多公里，在我国西南部对外开放中，占有着重要的战略地位。近年，中共云南省委、省政府确定"中路突破，打开南门"的对外开放方针，西双版纳正处在云南的最南部，"中路突破"也就是指通过澜沧江下游地区（西双版纳地区）发展对中南半岛以至对东南亚各国的关系。但中南半岛也是美、日、西方各国激烈争夺的市场，他们还企图使这一地区变成对我渗透的前哨，正在积极地由南向北扩大其影响。为贯彻我国"立足亚太，搞好周边"的外交方针，加强我在国际斗争中的地位，和西方各国的渗透相抗衡，我应通过西双版纳加强对"中路"开放的力度，发展对周边邻国的贸易，重点为直接进入泰国，并进一步建立和加强与"东盟"的经济联系,形成包括我国云南省以至大西南在内的区域合作圈。

西双版纳的傣族与泰国的泰族具有历史上的血缘关系,语言、文化、风俗习惯相似,双方感情极为亲密友好,通过西双版纳发展对泰国进而对"东盟"的关系最为有利。

在中央、省和各有关方面的领导和支持下,解放以来,特别是粉碎"四人帮"以来,经过各族人民的共同努力,西双版纳的经济有了很大的发展,1992年全州国民生产总值达14.4亿元,比1953年增加29倍,交通、能源条件也大为改善,境内公路通车里程3473公里,并有四条经过老挝、缅甸通往泰国的公路,还建有能起降波音737的二级机场;能源方面,已建成大小水电站80余座,装机容量5.8万千瓦。旅游、边贸方面也正在发展,1992年接待海外游客1.36万人次,国内游客120万人次。分别比上年增加100%和61%。1992年边境贸易出口额1.15亿元,外贸创汇700多万美元,比上年增加78%。

但是,西双版纳是一个少数民族的边境山区,资金不足,在交通等方面,仍有许多问题;同时,当地的干部群众认为上级给西双版纳的开放政策,没有给够给足,开放的一些措施仍不配套。我在此次考察中,接触到许多干部群众,他们都反映说西双版纳"对外交通是通而不畅,对外开放是放而不活"。他们迫切希望中央、省领导给予更优惠的政策,更多的支持,为西双版纳创造更宽松的环境,使西双版纳能更好地发挥它的自然和区位优势,成为我国对中南半岛和东南亚开放的前哨。现将我在调查研究中发现的问题和他们的要求归纳如下:

一、早日批准西双版纳为国家旅游经济开发区,并给予比沿海经济特区更加优惠的政策,例如:

1. 外商(包括华侨、台港澳的同胞,下同)在开发区独资、合资或合作兴办各种企业(包括旅游等第三产业,下同),除超过1000

万美元的大型项目需立案报批外，一般可由西双版纳州政府审批，并相应扩大西双版纳州政府出让国有土地使用权的审批权。

2．外商投资企业，在其投资总额内可用生产资料或其他物资、机电设备等实物作为投资资本，免征其进口关税、产品税（或增值税）。

3．在开发区内建设项目，在"八五"和"九五"期间，免征投资方面的调节税；外商投资企业及内联企业所得税按减15％征收。

4．允许西双版纳州用货物交换方式以平衡边境贸易的大量顺差，允许进口部分汽车及其零配件，免征进口关税。近年来西双版纳与老挝、缅甸边境贸易发展顺利，但因对方经济落后，支付能力弱，拖欠我方货款较多，到1992年底，已积欠400多万元，对方要求我方放宽进口限制，他们可组织进口一些汽车和零配件等，以偿还所欠货款。他们曾提出，用150辆三菱4WG八座面包车和三菱R300型越野车换取我方白糖3000吨，平均每20吨白糖换一辆汽车，对双方都有利。这种偿还方式，如不能被批准，对方长期积欠我货款，边境贸易就很难继续发展。

5．根据存贷自用，多存多贷的原则，要求将西双版纳州内储蓄存款余额全部留给西双版纳作为对企业贷款使用。西双版纳州近年存款余额达9亿多元，但贷款仅7亿多元，还有1亿多的存差，地方不能使用，制约着西双版纳经济发展。

二、将西双版纳的首府景洪列为边境开放城市（或县改市），并享受相应的优惠政策。目前，处在东、西两翼的河口，瑞丽和畹町都已被批准为边境开放城市；景洪以北的思茅也已改县为市，但处在最南部，在"中路突破"的前哨的景洪却仍然只是县的建制，这产生很多不利影响：1．国内外客商对此不理解，并产生疑虑，怕在景洪和西双版纳投资不能享受在其他经济特区和开放城市的优惠政策待遇，影响其利润收入。许多客商看好西双版纳发展前景和潜力，乘兴而来，进行投资洽谈，但一了解到上述情况后就产生顾虑，因此达成协议的不多；2．西双版纳与周边国家的经贸安排与文化技术交流也大受影响。泰国北部大城市清迈曾主动提出要与景洪结为友好城市，但因景洪仍为县的建制而未果，泰方对此也很不理解；3．我国沿海地区，除西藏外，都至少与接壤的邻国有一个边境开放城市，而对与我国有677.8公里边境线的老挝则还没有，老挝对此有意见，认为我国对老挝不重视。鉴于以上情况，早日将景洪改为市实有必要，从景洪和西双版纳本身来看，近几年来，经济发展，城市建设，交通等方面也具备了边境开放城市的基础和条件，如早日改县建市，景洪将能更好地发挥它"中路突破"的前哨作用。

三、加速澜沧江——湄公河的整修工程并尽快将景洪批准为一类码头，建好码头港口。

澜沧江——湄公河是云南省通向老挝、缅甸、泰国、柬埔寨和越南的唯一水上通道，景洪港则是我国通向上述中南半岛各国的主要边境口岸，也是西双版纳州水、陆、空交通的枢纽。对澜沧江——湄公河河道整治已考察多次，最近一次中、老、泰、缅四国联合考察已于今年五月结束，结论认为，开发湄公河技术上是可行的，经济上是有利的。适度开发后，可全年通行300吨级船舶，年通过能力为300万吨以上，预计河道整治费约700多万美元（由各国分担）。景洪码头建设资金约需5000多万元，请中央、省政府给予积极支持，争取一次规划，分步实施，尽快投入，及早建成。

四、陆路交通方面，目前我国有四条公路分别通过老挝和缅甸进入泰国，但这些公路（尤其是国境以外部分）路面等级差，通过能力弱，晴通雨阻，过江还要轮船摆渡。昆明经过景洪到中缅边境打洛的昆洛公路是我国从内地通向缅甸的、也是从昆明通向景洪的主干公路，目前公路标准低，亟须早日改建，提高路面等级，一次解决。请交通部早日考虑安排上马。

关于境外航道整治与修公路的费用，建议采取多种方式解决，争取纳入我国对老、缅的经援贷款项目，或补偿贸易，或投标利用国际对老挝的援助款项等。

五、早日将现有的景洪机场扩建为口岸机场，直接与国内各大城市和东南亚各国通航。现有机场设计能力每年通过 30 万人次，要求扩建为通过 60 万人次。扩建资金约需 1264 万元，扩建场地已准备好，各种准备工作都已到位。国外航线建议先批准景洪飞清迈（空中距离仅 400 公里。清迈有火车、飞机和高速公路与曼谷联系，十分方便。泰国每年约有 500 万外国游客，泰方主动向我提出将旅游线延伸到西双版纳和昆明，为我国开展国际旅游事业提供了良好的机会。因此，只要航线开通，客源是有保证的）。另外，昆明至景洪 733 公里，如乘公共汽车得在崎岖曲折的山路上颠簸 1—3 天，外地客商视为畏途。乘飞机本可缓解，但班次太少，一周只有九个航班，外国、外地客商要来西双版纳要先到昆明，但又不知要等多少天才能买到飞机票，往往因此作罢。这种情况严重制约着西双版纳的经济和旅游事业的发展。现有机场设计能力为年通过 30 万人次，现只有 5 万多人次，仍有很大潜力。建议：1. 在扩建前，现在即可增加航班密度，增加国内各地首先是广州、深圳（包括香港）、上海、成都等经济发达，客源充足的大城市直飞景洪的航班，如云南航空公司有困难，建议请其他航空公司参与，打破一家包办又办不了的局面；2. 扩建机场，建议云南航空公司与新加坡（或其他外国）航空公司合资扩建或民航与西双版纳合资扩建。请国家计委与民航部门给予大力支持，如开辟国际航线还需请外交部与有关国家达成国际协议。

六、电讯联络方面,目前全州电话总容量 8000 门(其中景洪 6000 门)已将近饱和,景洪至昆明(可转拨国内各地和国际)的长途电话线只有 13 条,打长途电话非常困难,通而不畅,信息不灵。目前正在利用法国贷款建设景洪至昆明的 180 条数字程控微波电话线路,预计明年开通后,电讯联络紧张情况可大大缓和,现在问题需要国内配套资金 2000 多万元,请中央从扶助少数民族贫困山区和加强边防通讯联络等方面考虑,予以支持解决。

七、现在正筹备与泰国合资修建澜沧江下游的梯级水电站(南阿河口,景洪梯级),并向泰国卖电能。水电本是西双版纳的优势,但枯水期供电严重不足。因此,与泰国合资办电,既有利于双方经济发展,又可促进与泰国的经济技术合作,使我对外开放更加主动。目前泰方十分积极,主动与我方接触。请外交部与能源部大力支持,力促早日进行实质性谈判,由于老挝也存在向泰输电的可能,我应力促与泰合资办电一事早日实现。

以上几个问题解决后,将会大大改善西双版纳州的投资环境,对加强国内外的联系和合作,促进旅游和经济的发展起到重大作用。

八、云南省现在实行"中路突破,打开南门"的方针,西双版纳地处前哨,今后国内外联系日益频繁,建议适当下放权力,简化手续,以方便客商来往。例如,国内各地来西双版纳的,是否首先可取消"边境通行证",改采其他简便措施;中泰之间目前往来仍需护照签证,是否可授权西双版纳自治州政府与泰地方政权谈判简化手续事宜。

(本文曾在中国社科院编的、专供中央政治局委员以上领导同志参阅的《要报》1993 年第 38 期上发表)

草坝寨刀耕火种型经济剖析

——云南省景颇族一个村寨的经济情况调查

　　景颇族是我国少数民族之一，现约有 10 万人，主要居住在云南省德宏傣族景颇族自治州各县的山区以及怒江傈僳族自治州等地。解放以后，特别是粉碎"四人帮"和党的十一届三中全会以来，和各族人民一样，景颇族人民的生产也有了发展，生活有了改善，但仍然存在一些问题，主要是长期刀耕火种带来的一系列问题，需要研究解决。下面是对景颇族一个村寨——德宏傣族景颇族自治州盈江县卡场公社草坝寨的调查。

　　草坝寨位于国境前沿，与缅甸的爬腊相近，坐落在支当山区的河谷小坝尾部的缓坡上，海拔 1650 米左右，气候温和，年平均温度为 18—24℃，雨量充沛，年平均降雨量 1050 毫米左右，林地较多，对发展农林牧各业，开展各种经营，具有极为有利的条件。但是，由于过去长期采取刀耕火种毁林种粮的办法，又造成了对森林的大量破坏。实行包干到户的生产责任制，克服平均主义以后，生产有了好转，但种旱地的面积（也就是毁林种粮的面积）却有增加的趋势。目前教育仍不普及，文化落后，迷信相当普遍，这些都阻碍着社会的进一步发展。

一 实行生产责任制前后的一些基本情况

草坝寨有两个生产队，1982 年有 40 户，277 人，全村共有森林面积 12360 亩，人均 44 亩；有水田 203 亩，人均 0.7 亩。至于旱地，由于采用刀耕火种的形式，地块一两年换一次，所以面积不固定。据 1960—1981 年期间，有记录可查的 20 年统计（缺 1961 年和 1974 年，以下简称"20 年统计"），平均每年种旱地 266 亩。

1957 年，在军队工作组帮助下，这里开始建立了互助组，其后几经反复，到 1966 年，全村合并为一个社，当时有 28 户，以后一直是一个集体生产单位，到 1980 年又分为两个生产队。

长期以来，这个村寨的粮食产量一直很低。据 20 年统计，水稻平均亩产为 198.6 斤，旱地种的旱谷（不包括间、混、套种的作物产量）平均亩产为 184.6 斤（据统计，间、混、套种的作物的产值约为旱谷的 15％—20％），旱地种的苞谷（玉米）平均亩产为 88 斤。

单一粮食经营，是这里生产的一大特点。粮食生产占集体收入的绝大部分，据 20 年统计，其中粮食收入占总收入 100％的有 3 年；占 90％—99％的有 9 年。累计 20 年集体收入中粮食以外的收入共为 17119 元，每人年平均只有 4.97 元，农民的生活十分困难。

粮食分配在"文化大革命"前，一般每人年平均 500—600 斤（指原粮，包括种籽、饲料等在内，下同），其中 1962 年曾达到 763 斤，这是最高的年份。十年动乱开始，迅速下降。1966—1979 年的 14 年中，人均有粮不足 400 斤的有 7 年，其中 1976 年只有 242 斤。每年有 20％—40％的农民严重缺粮，依靠吃国家返销粮和救济。①

收入分配据 20 年统计，每人年平均总收入 36.2 元，最高的 1962 年曾达到 64.29 元，最低的 1976 年和 1977 年分别只有 28 元和 26 元。劳动日值据有记载的 11 年统计，平均为 0.30 元，最高的 1964 年曾达到 0.57 元，最低的 1976 年只有 0.19 元。

值得注意的是，从 60 年代末到 70 年代，各项指标都有下降的趋势。粮食平均亩产，在 60 年代初，一般都在 200 斤以上，但 1966 年下降到 151.4 斤，1976 年降至 124 斤。副业收入越来越少。全村集体副业收入 1972 年 427 元，到 1979 年只有 58 元，副业收入占总收入的比重也下降到 0.7%。社员劳动日值 1964 年最高，曾达到 0.57 元，其后逐年下降，到 1980 年，只有 0.21 元了。粮食分配 1962 年最高达到每人平均 763 斤，1976 年只有 242 斤。1979 年也只有 273 斤。这说明粉碎"四人帮"后，生产虽略有回升，但幅度不大。过去生产所以得不到发展，除了因为十年动乱造成的破坏之外，还由于受到"左"的思想的禁锢，使生产力受到束缚，确实到了非改不可的时候了。

党的十一届三中全会带来了转机。经过 1980 年过渡，到 1981 年开始实行包干到户生产责任制，生产有了明显的好转。各项指标都逐步上升了。

粮食总产量：1980 年为 105899 斤，1981 年为 144490 斤，1982 年上升到 161325 斤，比历史上最高的 1965 年增加 29.1%。人均占有粮食 1980 年为 362 斤，1981 年为 508 斤，1982 年增加

---

① 当然，比起解放前是好多了。据一些老人回忆，包括 94 岁的甫戛当所谈，历史上草坝寨生产的粮食都不够吃，常常要到附近的缅甸的江心坡一带或到百余里以外的傣族坝区的集市上购买或以大烟交换粮食，还要掺杂山果野菜一起吃。天天能吃上谷米饭的日子并不多。解放后的情况有了根本的改善，即使自己生产的粮食不足，但国家年年给予供应，"雨水荒天不要到处奔波找粮食了"。

到 592 斤。经济总收入和人均收入也都有相应的增加。

农民对中央现行政策是满意的，如五十多岁的腊八干说：自入社以来，粮食够吃的只有 1960 年和 1964 年，近两年粮食又够吃了，不消再吃国家的返销粮了，现在自己还有时间搞点家庭副业，补贴收入。

实行包干到户生产责任制，促进了生产的发展。这是因为：(1) 在收益分配上克服了平均主义。1966—1979 年，这里搞的是大寨式的自报公议的评工记分，但实际上"标兵"树不起来，所谓公议也只是有名无实，评的只是"大概工分"。1973 年以后，曾采用过定额计酬、定额包工的形式。但由于在旱地上刀耕火种的生产工序繁杂，各片山凹地势各异，远近有别，地面上所余植物躯干、树桩多少悬殊很大，很难以面积或以播种量来计算定额工分；在水田生产方面也曾实行过按定额标准计工，但与旱地生产的工分标准很难一致，往往同等劳动时间，同样辛苦，而所得工分却不一样，社员有很大意见。因此，定额包工也坚持不下去，最终实行的还是"男十分，女八分"的平均主义。1980年开始试行并于 1981 年选定了"保证国家的，留足集体的，剩下都是自己的"包干到户办法，对每一户、每一劳力都责任明确，利益直接，初步克服了平均主义，解放了生产力。(2) 农民对劳动生产有了自主经营权。实行包干到户以后出工再也不要队干部操心了，各人有自己的责任田，哪块地种什么，哪些活先做，哪些活后做自己都能灵活安排，所以效率高，质量好。(3) 搞家庭副业的时间多了，收入增加。采集菌类是家庭副业收入的重要项目，而这项工作的时间性很强。如上山采木耳，多在每年六七月份雨天进行，与种水田时间矛盾。过去在统一出工的情况下，常常是顾此失彼。家庭副业不断被批判为"资本主义尾巴"，大家也不敢搞。往往山里的木耳烂了都没人采摘，家庭副业收入几乎等于零。现在包干到户，两方面都顾得上了。近两年农民的经济收入大幅度增加，其中家庭副业特别是采集业收入占很大比重。1981 年全村总收入 17190 元，其中家庭副业收入 4270 元（每人平均 16 元），内采集业收入 961 元。1982 年全村总收入 26192 元，其中家庭副业收入 7393 元（每人平均 26.7 元），内采集业 5245 元。家庭副业的其他项目还有手工业（编织草席、筐箩），养殖业（养猪、牛、家禽）、狩猎，等等，也有发展。

由于收入增加，生活水平也提高了，1982 年用于生活方面的消费（吃蔬菜、烧柴未计入）为 26356.7 元，比上年的 24098 元增加了 9.37%；人均消费也由上年的 90.94 元上升为 95 元。

以上情况说明，在草坝寨实行包干到户的生产责任制形式是合适的，今后应坚持下去，继续发展。当然，也存在一些问题，如耕地搭配不合理，作价分给社员的大牲畜折价偏低，对五保户、困难户的照顾没有完全落实，对村干部的误工补贴也有待改进，等等。但这些只是枝节问题，将会随着责任制的不断完善而逐步解决。

同时，在好的形势面前也应看到，目前草坝寨的生产、生活水平还是比较低的。1982 年，德宏自治州全州农村人口人均总收入 177 元，盈江县 120 元，而草坝寨只有 95 元。草坝寨人均粮食 592 斤，低于 1965 年的 718 斤。据调查，在吃的方面，1981 年全村消耗油脂 446 元、肉 359 元，共 805 元，平均每人 3.3 元。1982 年平均每人 4.3 元。一般农民，除婚丧嫁娶、逢年过节或祭祀活动外，平常很少吃肉吃油。农民内部生活水平也很不平衡，1982 年全村 40 户，人均收入超过 200 元的有一户，超过 100 元的有 18 户。他们收入高的主要原因是劳力多。另一些收入低的主要是由于多子女或缺乏劳动力。生产工具短缺，最足以说明生产过程的原始和落后。1982 年全村共有 24 个犁头，长刀和斧头 151 把，平均每个劳力 1.3 把，此外没有任何农业机械，整个生产过程全靠手工劳动，不重视除草，不施化肥也不施粗肥。

二　刀耕火种型经济剖析

解放前，景颇族存在某种程度的原始公社残余，经济生活停留在刀耕火种、轮歇丢荒的原始状态，生产力水平低下。解放后，党和政府帮助景颇族人民飞跃了几个社会发展阶段，逐步地直接向社会主义过渡，生产有了一定提高。政府还连年拨出大量专款，派出工作队到边寨工作，人民的物质文化生活水平也有了提高。特别是党的十一届三中全会以后，实行了包干到户的生产责任制，调动了劳动积极性，生产大幅度增长。但同时我们还要看到，整个经济仍然建立在刀耕火种的基础上，粮食的增加主要靠扩大刀耕火种的面积取得，副业收入的增加则主要是靠采集火地上的枯树枝上的菌类取得的，这种增产增收是不会持续稳定的。而且扩大了刀耕火种的面积等于是扩大了毁林的面积，会带来严重的后果。因此不能满足于现状，必须进一步研究，采取有力的措施，帮助这里的人民逐步摆脱刀耕火种，充分利用自然的优势，以林业为主，多种经营，把自然经济逐步改造成为商品经济。把发展经济的目标与保持生态平衡的目标统一起来，这样才能使这里的社会走上稳定发展的康庄大道。

草坝寨的经济属于刀耕火种型的经济的根据：第一，刀耕火种是他们取得粮食和收入的主要来源。长期以来，这里基本上是单一粮食经营，而在粮田中，历来是重旱地（即刀耕火种的耕地）轻水田。据 20 年统计，旱地粮食产量平均占粮食总产的57%，其中有 11 年达到 60%—74%；第二，由于重旱地轻水田，所以在农忙时节旱地与水田争劳力时，总是牺牲水田，使水田犁地、插秧各个工序都违误农时，这是水田产量低的重要原因；第三，旱地除了提供粮食以外，还是提供蔬菜、豆类等等的来源，旱地中烧剩的枯木松枝上发的菌类又是他们采集业收入的重要来源。甚至他们的迷信活动，也大多是围绕着刀耕火种来进行的。

先看一下刀耕火种的程序和具体过程：先选取密布植被的林地，年前或当年正月，将林中的杂草、藤蔓、大树砍倒；三四月，引火把地里已经干枯的杂草树木烧掉，一周后检查，有的未烧尽，还要重烧第二次（烧过的地块被称为"火地"）。接着把砍倒未烧尽的木头搬到地边搭起栅栏，以防止牲畜野兽危害；再把零散的烧剩的树枝等集中成堆，以便把空地腾出来，进行点种。点种一般由妇女进行。她们肩背盛着种子的背篓，右手持长2寸宽1寸的小锄，依山势自下而上，挖小坑。每挖一个坑，左手即取出几粒种子掷入坑内，再用足扒土覆盖。这样，播种工序即告结束。下一步是在田间盖窝棚住人守卫旱地，防止鸟兽危害，除草（偶尔一两次），收割（用手把穗头从颈部扯断后，放入背篓内），然后将穗头放在竹编的"撒垫"上用双脚交替搓踩脱粒（也有的用镰刀割下穗头，用弯棍敲打脱粒的）。这几道工序，用一篓种籽播种四亩地的面积需85个工日，其中在窝棚内守护防鸟兽就要40个工日。平均每亩地需20多个工日，费工不少，活也很累，但产量很低。据20年统计，旱地种旱谷平均亩产184.6斤，[①] 苞谷亩产88斤，每个工日只能生产4.4—9.2斤粮食。如果烧地时节，遇到春雨连绵，树木杂草烧不净，就会形成

---

① 每篓谷种50斤，种四亩地，平均每亩用种12.5斤。种籽与产量的比率约为1:15。

"豹子皮"一样的花斑，播种质量就很难保证。另外，虽然围上栅栏，搭起窝棚守卫，也很难完全避免鸟兽的危害，所以产量低而没有保证。

旱地主要栽培的作物是旱谷或苞谷。由于食物构成习惯的需要，也由于抗御自然灾害不致形成绝收，因此，不论旱谷还是苞谷，都不单种，而要间、混套种上多种多样的不同作物，例如龙爪稷、粟、高粱、黄豆、饭豆、菜豆、绿豆、茄子、辣椒、南瓜、黄瓜、青菜、萝卜、白菜、芋头、向日葵、姜、葱、韭菜、茭头，以至薄荷，等等。由于多种作物种在同一地块上，它们的抗逆性不同，即使遇上风雨、低温等自然灾害，而这种不收那种收，不管多少，产量总算有点保证。景颇族农民许多人至今仍未养成专种蔬菜地的习惯，所以这种种植方法除了能提供粮食外，还能提供蔬菜和其他副食品。例如龙爪稷（红米）、粟米等就是景颇族人民所喜爱的、迎客不可少的酿酒的原料。所以旱地被称为"百宝地"，这也是景颇族十分重视旱地的原因。但这样的种植方法，在一块地上，各种作物都有，高秆的遮住低秆的，互相争光、争肥，又不好管理，会影响产量，这一点不利因素，却往往为当地居民忽视，用这种方法种植庄稼，要想获得高产稳产是不可能的。

草坝寨1982年共有水田184.5亩，亩产219.2斤。德宏自治州同年种80多万亩水稻单季亩产500多斤，比草坝寨高一倍多。草坝寨种植水稻的条件很好，有四条提供灌溉用水的沟，有178.5亩可以自流灌溉，水田都在村寨前后，土层深厚，自然肥力较好，可是，为什么产量这样低呢？第一，生产工具落后，至今仍然用的是木犁、木耙和锄头，包括耕地、栽插、谷物脱粒等所有工序，全部是手工劳动，没有任何机械。即使是锄头，全村也只有57把，平均两个劳力才一把。过去和现在都没有施基肥和追肥的习惯，没有用过化肥，也不薅秧，田间管理就是灌水、后期割田埂和防雀害。至今栽培的仍然是多年以来的本地低产品种麻雀谷和白谷（1970 年有关部门曾从内地引进"保山一号"、"白壳矮"等优种，但因相应的水、肥、管理措施跟不上，没显出增产效果，以后就不再种了）。第二，"重旱轻水"。在农忙时节，旱地与水田劳力发生矛盾时就牺牲水田，以致违误农时。另外，这里自然条件很好，扩大复种面积是增产的一项重要措施。草坝寨从 1966 年起也曾推广过复种，每季播种不到 50 亩。但由于播小春作物时间与旱地收秋有矛盾；同时种了也不好好管理，所以亩产只有十斤八斤。1980 年，干脆就不种了。

采集木耳、香蕈等是这里副业收入的主要来源。但属于原始的自然采集，完全靠自然恩赐，首要的条件是火地里的枯木要多，其次当菌类繁衍盛期的六七月要雨水不断，这样菌类才多。1982 年这两方面条件都具备，因此采集业收入高达 5245 元，而 1981 年条件较差，就只有 961 元，相差五倍多。这说明，采集业的收入很不可靠。

以上从旱地、水田、复种、采集业等各方面分析说明，草坝寨的生产活动无一不与刀耕火种有关，而且很大程度上受到刀耕火种的制约。这种原始、落后的经济可以称之为刀耕火种型的经济，这种经济不只是产量低而不稳，而且更严重的是破坏了森林资源，破坏了生态平衡。实行包干到户后，粮食总产量虽有增加，但很大程度是由于扩大了刀耕火种的面积而获得的。用群众的话说，这是"凭着力气砍山吃"。包产到户后积极性提高了，砍的面积也就多了，1981 年、1982 年旱地面积分别增加到 340 亩和 382 亩，比历年多得多，这也就意味着毁林面积扩大了。

刀耕火种以在地上所烧的草木灰作为肥料（钾肥）的唯一来源，种一两年后，肥力耗尽，又去砍第二块、第三块，……以至第十二块。然后再回过头来种第一块。所以播种一亩，实际毁林10多亩。据20年统计，本村为刀耕火种已毁林5289亩，约占本村森林面积12360亩的42％（另外有的地方，在烧山时往往不能控制，变成大片火海，动辄毁林以万亩计，这个损失就更大了）。据估计，每一亩林地，在十多年的时间内，至少可生长出五立方米的木材，价值400—500元。如果能有计划地种植各种用材树、油料植物、香料植物、药用植物以及水果等等，收入就更高了。油桐、核桃、茶叶、板栗等等也都很适宜在这里种植。但据20年统计，这个村寨从来没有在一万多亩的森林地中取得一分钱的林业收入，却只会把宝贵的林木砍倒，付之一炬，只利用其灰烬作肥料，这就不只是"捧着金碗讨饭吃"，而且是对自然资源的破坏了。

三　变刀耕火种型经济为以林为主的商品经济

周恩来总理1957年在青岛讲话中指出，历史遗留给我们的是对民族繁荣的很多不利的条件。逐步去掉这些不利条件，关键在于社会改革，而我们所说的改革，最根本的东西是经济改革。这是十分正确的。要使草坝寨富裕起来，要保护森林资源，必须改革目前这种刀耕火种型的经济，要逐步退耕还林，固定旱地，种好水田，提高单产，充分利用林业优势，以林为主，多种经营，全面发展。这是正确的方针。在推行这样的方针时首先要把经济搞活，同时要吸取历史上的教训，采取更有效的措施。

关于刀耕火种问题，目前还不可能杜绝，但应划定范围，逐步缩小。1982年落实农业三定政策时，已划定了水源林、防护林、风景林、用材林和经济林，不准砍伐。至于轮耕用的耕地，经干部、群众讨论，划定为七片共 1470 亩。规定各户今后的每年砍种的面积都要在这个范围内，由队统一安排，不得随意扩大，当然这只是第一步。下一步是认真贯彻，并且逐步做到固定耕地，提高单产。原来的"百宝地"不可能高产稳产，为了解决景颇族人民生活的多种需要，应该提倡留有专种蔬菜地和豆地等，以便分门别类进行管理。

停止火种以后，必须解决肥料问题。首先是化肥、化学除草，同时还要提倡积贮人畜粪肥，改变部分地方人无厕所猪牛无圈的状况，其他管理技术也要相应跟上。草坝寨的水田灌溉方便，土壤肥沃，气候适宜，自然条件十分良好，关键在于克服轻视水田的思想，做到不误农时，采用良种，增施肥料，科学管理，再适当种一部分早春作物，提高产量是不成问题的。

采集菌类应把自然采集改变为人工科学培植，不只产量高，而且不靠天吃饭，收入更有保证。林业和经济作物是这里的优势，应该大力发展。首先从政策上考虑，对退耕还林和种植经济作物的，应该给予政策性补贴；对交售经济作物的，除价格从优外，还应多奖售一些粮食，使他们感到，种经济作物不仅比毁林种粮收入高，而且吃粮也有保证，从而减少对旱地种粮的依赖，有助于克服重旱田轻水田的思想，集中力量把水田种好，实现良性循环。另外，还要提供良种、树苗、化肥、农药、贷款等帮助。技术指导要及时跟上，否则又会重蹈覆辙，半途而废。

近年来，农民对上述正确方针已有进一步的认识。1982 年已有 33 户人家栽种了油桐树 71.5 亩；曾经损毁集体油桐树的 6 户人家也认罚栽种成活 2457 株；还有的户，准备栽种可提供制造芳香油的原料的植物——野香橼（柠檬类）。

发展畜牧业在这里具有良好的条件，这方面也已开始得到重视。1982 年，全村除了七户五保户和困难户外，其余 33 户都养了水牛，存栏数由上年的 68 头增加到 79 头；黄牛数也由上年的 38 头增加到 76 头，翻了一番。

为了巩固和发展这一好势头，关键在于对一些重点户加以扶持帮助。无论是种水田，或固定种旱地的、种植经济作物或发展林业、养殖牲畜的，都要帮助他们按照科学的方法管理，以求较快地收到经济效益。这样就能起到示范作用，解除一些人的疑虑，由点到面，逐步推广。这些重点户一般应选择当地的知识青年，因为他们接受新鲜事物快。从长远来看，要发展当地的经济，就要发展当地的文化教育事业，进行智力开发。

为促进商品生产，活跃山区经济，应该允许集体、个人搞商业贩运，恢复"山间铃响马帮来"的局面。还必须大力发展山区交通。目前从草坝寨到公社所在地需徒步走 1—2 小时，到县城需走 12 小时。由于县城通往公社的公路是晴通雨阻，而这里下雨天又特别多，公社收购到的农副产品不能及时运走，不得不压缩收购量，这就影响了农民生产的积极性；另一方面，农民所需要的日用品又不能及时运来。为了解决这个问题，农民只能长途跋涉五个多小时到缅甸的芭蕉街去赶街子（赶集），随身带去家庭编织的草席等，出卖以后，买回煤油、酒、电池、动植物油脂、筒裙、衣料等。为了改变这种落后状况，必须发展地方交通。可以采取民办公助的方针，兴修公路和提高路面质量，要作到晴雨都能畅通无阻。在这方面群众是有积极性的。

（此文在《经济研究资料》1984 年第 7 期发表，

《民族研究》1985 年第 1 期转载）

学习、纪念闻一多老师

爱国主义——闻一多思想发展的主旋律

闻一多是现代中国著名的诗人，又是长期埋首书斋研究中国古典文学的著名学者。在他生命的最后几年，却成为一个勇猛的、坚定的民主斗士，面对国民党特务的手枪，宁死不屈，最后以身殉志。是什么力量促成他的这种变化呢？他思想发展的主旋律是什么呢？本文拟探讨这个问题。

"诗人主要的天赋是爱，爱他的祖国，爱他的人民。"闻一多的这句名言贯穿并支配着他一生的言行和一生的事业。他参加"五四"运动，他赴美学艺术，他写诗，他研究中国古典文学，他成为民主斗士并最后以身殉志，都是出于对祖国的爱；甚至可以说，有过一个时候，他的某些思想言行曾经在政治上误入歧途，其动机也是出于爱国。由于他是一个真诚的爱国者，所以能尊重事实，当一旦发现自己的某些思想言行在客观上不符合祖国人民的利益时，他就勇于解剖自己，公开承认错误，服从真理，这就使得他能随着时代不断进步。

一

闻一多生于1899年，1912年考入清华学校（清华大学前身）。1919年他积极参加了"五四"运动。在北洋军阀残酷镇压下许多学生被捕。接着是上海的"六三"运动，被捕的人越来越多。正在这风声越来越紧的时候，6月5日，他和160多位同学一起，从清华园进入北京城内演说宣传爱国。他们带着水壶、干粮和洗漱用具，作好随时被抓坐牢的准备。他这样做，并不是出于一时冲动，而是经过深思熟虑的理智行为。早在5月17日他给父母写信时就说明自己参加运动的原因："国家至此地步，神人交怨，有强权，无公理"，"卖国贼罪大恶极，横行无忌"，在此情况下"学生尚不出力，更待谁人？""今遇此事，犹不能牺牲，岂足以谈爱国？"① 这些铿锵语言，掷地作金玉声。当时只有21岁的闻一多，已树立了为国家不惜牺牲个人的崇高思想。

1922年，闻一多赴美学艺术。在此之前，他写过一篇长文《征求艺术专门的同业者的呼声》，文章说："改造社会既然需要科学，也需要艺术，二者缺一不可，"因此，"艺术确是改造社会底急务，""改造社会的根本办法"。他想用艺术来美化、净化人类的灵魂，振奋中华民族，他呼吁一切有艺术天才的人应该"拿全副精神，专攻艺术"。这说明，他赴美学艺术的动机，也是为了改造国家和社会。

闻一多后来弃画学文，写诗。这也和他的爱国思想有关。据熊佛西回忆说："记得1924年我们在美国求学的时候，你（闻一多）对于国事是那样的关切，你对于当时的军阀当道是那样的痛

---

① 《闻一多书信选集》，人民文学出版社1986年版，第15、16页。

恨，你当时所学的是绘画，你觉得专凭颜色和线条是不足表现你的思想和感情，——不能传达你对于祖国与人民火一般的热爱！于是你改学了文学，特别致力于诗的研究和诗的创作。"

这一改行，使他成为中国现代著名的爱国诗人。1923年出版了他的第一本诗集《红烛》共103首，1928年出版了第二本诗集《死水》共28首；此外还有一些集外诗共100多首，其中有很多是著名的爱国诗，如《忆菊》、《醒呀!》、《七子之歌》、《爱国之心》、《我是中国人》等，都充满着爱国的激情。

读这些诗，使人感到诗人的真挚感情。无论是高歌还是悲哭，都饱含着对祖国、对民族的热爱，读者要和诗人一起，为"咱们的中国"烧得发颤，发烫，烧得热血沸腾！

朱自清说："抗战以前，他（按：指闻一多）差不多是唯一有意大声歌咏爱国的诗人。"这个评论是符合实际的。

1925年6月1日，闻一多和几个朋友提前回到他朝思暮想的祖国，想好好地干一番事业。他们在上海登岸。但是上海刚发生了"五卅"惨案，英、日帝国主义开枪屠杀了中国的工人和学生，上海马路上血迹斑斑。这使他们灰心丧气。在以后几年的工作中，他又不断碰壁，政治环境恶劣；到处军阀混战，黑暗腐败，民不聊生。这些都使诗人十分痛苦和困惑。如果说，闻一多早期的诗多是以思乡寄托爱国情怀，歌颂祖国的山川、历史和文化，反对帝国主义的侵略，那么，回国以后，他的许多诗如《发现》、《心跳》等则是表现他的失望和痛苦。

朱自清分析，闻一多爱的是一个理想的完美的中国，也是一个理想的完整的中国，但事实上不免破烂，所以作者彷徨自问，怎样爱它呢？在这个时期，闻一多写的反映现实、表现民间疾苦的诗篇表明，诗人的思想已从个人步入社会，从理想和幻想中步入现实。

现实与理想存在着巨大的矛盾，而又找不到反抗现实的出路，这使诗人十分痛苦甚至绝望。1926年他写的《死水》一诗，反映了他的这种情绪："这是一沟绝望的死水，清风吹不起半点漪涟"，"这是一沟绝望的死水，这里断不是美的所在。"

多年以后，闻一多在写给友人臧克家、饶孟侃等人的信中，回顾那时自己的思想说："我只觉得自己是座没有爆发的火山，火烧得我痛，却没有能力炸开那禁锢我的地壳。""因为这样，向外发展的道路现走不通，我就不能不转向内走。"所谓"向内走"，就是回避现实，专心从事中国古典文学的教学与研究。在浩瀚的古籍中，他愈钻愈深愈广，使他得到了"大安慰"。这固然是由于他在当时的情况下不得不"向内走"，但也寄托着从弘扬中华文化入手以达到振兴中华的目的。闻一多对祖国文化有深沉的热爱，在写给友人的信中，他说："我国前途之危险不独政治、经济有被人征服之虑，且有文化被人征服之祸患，文化之征服甚于其他方面之征服千百倍之。杜渐防微之责，舍我辈谁堪任之！"① 因此可以说，他从事古典文学的研究也是出于爱国主义的一项实践。

1927年起，闻一多先后在南京第四中山大学（1928年改名为中央大学）、武汉大学、青岛大学任教授，1932年回到母校清华大学和西南联大任教，除早期教过一段西洋文学外，集中力量从事中国古典文学的教学与研究。他积累了数百万字手稿，撰写了大批有独到见解的论文和专著，成一家之言，有卓越的成就。

在为1948年出版的《闻一多全集》作序时，郭沫若称闻一多的研究成果"不仅是前无古人，恐怕还要后无来者的"。这表明闻一多辛勤耕耘的心血结晶，已为中华文化事业的繁荣作出了

---

① 《闻一多书信选集》，人民文学出版社1986年版，第191页。

辉煌的贡献。

二

在美国学习期间，闻一多和他的几个清华同学罗隆基、梁实秋等看到一些中国留美学生政治颓唐，不关心国事，他们感到要尽快建立一个组织，以唤起留学生的爱国热情，这就是大江学会。1924年，他们在芝加哥聚会讨论。据梁实秋在《谈闻一多》一书中说，他们共同的观点首先是反对帝国主义对中国的侵略，其次是反对封建军阀，但他们不主张阶级斗争而主张用和平的手段改造政权。（见该书第49页）对苏联政府当时的某些做法，他们在感情上无法接受，因而认为苏联是赤色帝国主义。回国以后，他从《醒狮周报》上看到北京国家主义各团体联合会的发起启事，便认为其中有"内除国贼，外抗强权"的宗旨与大江学会的国家主义颇相吻合，便找到发起人青年党的李璜，代表大江学会要求加入。对以后国家主义各团体的反苏反共活动，闻一多是表示同情的，但事情很快就发生了变化。

1926年3月18日，段祺瑞军阀政府开枪镇压为抗议日本侵略而请愿的游行群众，当场打死40多人，伤200多人。鲁迅说这是"民国以来最黑暗的一天"。这次游行是共产党组织领导的。惨案发生后，李璜等人极尽攻击诬蔑之能事，大肆反共。但闻一多则与之相反，为爱国同胞惨遭屠杀而义愤填膺，连续发表《唁词》、《天安门》、《文艺与爱国——纪念三月十八》等诗文，称赞"诸志士们三月十八日的死难不仅是爱国，而且是伟大的诗。我们若得着死难者的热情的一部分，便可以在文艺上大成功；若得着死难者的热情的全部，便可以追他们的踪迹，杀身成仁"。血的事实使闻一多看清了谁是真正的爱国者，从此以后，他就和国家主义的政客们分道扬镳。

1935年，北平爆发了"一二·九"运动，闻一多对同学们的爱国热情是同情和肯定的，他曾在自己家中掩护过被反动军警搜捕的爱国学生，但他对运动的重大意义不够了解。他不赞成罢课、游行等激烈行动，认为这样会遭到镇压，造成无谓牺牲。至于对西安事变，他和清华大学的其他教授一起，更是持反对态度。他们发表宣言斥责张杨兵谏为"叛变"，"假抗日之美名，召亡国之实祸，破坏统一"。在课堂上，闻一多也表示过类似的态度，他对学生说："这样做（指张杨兵谏）是害了中国，假使对首领有个好歹，那么就不必再想复兴，中国也要倒退到民国二十年前大混乱的局面。"① 这些说明了闻一多一方面要求抵抗外侮、要求复兴，但把希望放在蒋介石身上，把蒋当做国家统一的象征来维护，并相信政府是要抗日的，1946年，即10年之后，闻一多在《八年的回忆与感想》一文中说：抗战初期，"人们对蒋主席的崇拜与信任，几乎是没有限度的"，"仿佛大家都觉得上面有一个英明的领袖，下有五百万勇敢用命的士兵抗战，反正是没有问题的。"这也反映了闻一多在抗战前期和抗战初期的心态。

所以，抗战开始后，他随着清华大学南迁到长沙临时大学，继而又步行到昆明西南联大任教时，仍继续埋头于中国古典文学的教学与研究。

三

但是，残酷的事实教训了闻一多，使他从根本上改变了态度。

---

① 闻黎明：《闻一多传》，人民出版社1992年版，第154页。

到 1943 年，战争已打了五六个年头，而战局毫无起色，丢失国土越来越多，贪官污吏借抗战之名横征暴敛，投机奸商，大发国难财，挥金如土，而广大工农群众则承受了抗战的重担，饥寒交迫，公教人员在物价的高压下，生活十分困难，一些小公务员和小学教员因失业而全家自杀的消息时有所闻。据杨西孟教授统计，1937 年大学教授的月薪为 350 元，到 1943 年实际只有 8.3 元，不及原来四十分之一。以后物价涨得更厉害，教授们也是衣不遮体，食不果腹。张荫麟教授即因无钱治病而死亡。张奚若教授申诉说："始以积蓄补贴，继以典质接济"，"终至典质已尽，借贷无门。"

最令人痛心的是经常出现在西南联大（校本部）新校舍门前环城公路的"病兵"行列。这个悲惨的"行列"可以说是西南联大师生进步思想的催化剂。我们经常看到，他们一个个骨瘦如柴，面无人色，有的被捆绑着一串串由武装押送，跟不上队伍就被长官鞭打，拳打脚踢。有的伤病兵走不动就被推入壕堑中，尸填沟壑。闻一多的堂弟、侄子都曾在国民党部队中工作，他们说，这种情况十分普遍，原因是长官克扣军饷，吃空额，士兵死的愈多，可吃的空额就越多。

我记得有一天在讲唐诗的课堂上，讲完杜甫的"三吏"、"三别"后，闻老师给我们讲他亲身见闻：在昆明近郊，驻军用免费请看电影的手段，把老百姓骗进营房，然后关上大门抓壮丁，一次就抓走 20 多个；在他兼课的昆华中学内，曾住进一连军队，开拔时，有一个病兵没人管，走投无路，跳井自杀。讲完这些以后，他愤怒地问：为什么？为什么在杜甫一千多年以后还会发生比"石壕吏"那个时代更卑鄙更无耻的事情？

1943 年 3 月，蒋介石的《中国之命运》出版了。这本书赤裸裸地宣扬法西斯主义和封建专制主义，使闻一多结束了对蒋的幻想。在《八年的回忆与感想》一文中，他说，看了此书后"吓了一跳"，"我们的英明的领袖原来是这样想法的吗？'五四'给我的影响太深，《中国之命运》公然的向'五四'挑战，我是无论如何受不了的。"

1915 年 12 月，云南人民在蔡锷领导下，首先举行护国起义，埋葬了袁世凯帝制。29 年后，1944 年 12 月昆明人民集会纪念这个光荣的日子。当时的战局已经十分严重，日军为打通大陆交通线发动进攻，国民党军队一溃数千里，8 个月内丢失了豫湘粤桂黔等省 20 多万平方公里的国土，使 6000 多万同胞沦于日寇铁蹄之下。1944 年 10 月，广西的柳州、桂林相继沦陷；12 月 2 日，贵州省独山亦告失守，整个大西南已直接在日军俯视之下，人心震动，忧急万分。究其根源，在于国民党腐败，在于蒋介石专制独裁。在这个护国纪念大会上，大家发言联系护国纪念，纷纷表现对当前战局的忧虑，闻一多最后走上讲台，他画龙点睛地问："将近三十年了，居然国家还像三十年前一样，难道袁世凯没有死吗？"台下群众响亮地回答："是的，没有死！"并热烈鼓掌，闻一多指的没有死的袁世凯当然就是蒋介石，群众心领神会，一起高呼："打倒新的袁世凯！"这样，把大会推向高潮，激动的人群举行了盛大的游行。

这个闻一多和十年前西安事变时把蒋介石当做国家的偶像，统一的象征的闻一多，已经完全是两个人了。

四

在闻一多的书斋里，挂着屈原的名句："路漫漫其修远兮，吾将上下而求索。"这表明闻一多不再满足于自己的朴素的爱国热情，他还要探索救国救民的真理和具体的道路。中国共产党、民主同盟以及他周围的进步朋友、同事以至他的学生（其中有共产党员），都对他伸出了热情之手，互相支持，共同进步。

1943年，中共派华岗（化名林石父）到昆明，代表党组织和同情民主运动的云南省主席龙云建立直接联系，并帮助联大的教授和其他高级知识分子学习、了解时事形势和共产党的方针政策。不久，成立了西南文化研究会，参加的有曾昭抡、罗隆基、闻一多、吴晗等。研究会每两周聚会一次，学习《新华日报》和党的书刊，如毛泽东的《新民主主义论》等。不久，闻一多加入民主同盟，他更加如饥似渴地、孜孜不倦地阅读进步的书籍。他学习《资本论》、《共产党宣言》和《西行漫记》等。李公朴和张光年又分别给他介绍他们在解放区所见所闻，这些都使他大开眼界，看见了祖国的希望。他积极参加联大和昆明的进步社团组织的各种爱国民主活动，发表讲演，起草宣言，带领群众游行等，在起到重要作用的同时，他自己也得了"温暖"。他在课堂上为学生朗诵解放区诗人田间的诗，称田间和艾青是时代的鼓手。他检讨自己说："抗战六年来，我生活在历史里，在古书堆里，实在非常惭愧。但今天是鼓的时代，我现在才发现了田间，听到鼓的声音，我非常感动。我想请诸位不要有成见，成见是最要不得的东西。"所谓"成见"，他指的是自己过去参加过的新月派的唯美主义和为艺术而艺术的观点。他对联大新诗社的同学说：写诗的团体"应该不同于过去和现在那些自命不凡的人组织的团体，比如说，像从前的'新月派'，它虽名曰'新'，其实腐朽透了"。他要求学生们"不仅会写新的诗，更要做新的人"，要到人民群众中去理解人民的痛苦，喊出真正人民的呼声。[①]

无私的人是无畏的，既敢于面对凶残的敌人，也勇于解剖自

① 《闻一多纪念文集》，读书·生活·新知三联书店1980年版，第331、332页。

己,一旦发现错误,就当众承认,闻一多对鲁迅就采取这样的态度。在1944年10月召开的鲁迅逝世8周年纪念会上,闻一多说:从前"我们有一些自称'京派'的学者先生(按:指新月派诗人),看不起鲁迅,说他是'海派'。现在我向鲁迅忏悔:鲁迅对,我们错了!当鲁迅受苦受难的时候,我们都正在享福,当时我们如果都有鲁迅那样的硬骨头,哪怕只有一点,中国也不至于这样了。"对过去自己信仰过的国家主义,闻一多也进行自我批判:"过去我只晓得抽象地爱国,不知爱什么国,甚至过去我曾错误地认为国家主义就是爱国主义,现在我知道国家主义是反动的,爱国只能是爱新民主主义的国,现在为新民主主义而奋斗,将来为社会主义、共产主义而奋斗。"[①]闻一多写了一篇文章《人民的世纪——今天只有"人民至上"才是正确的口号》,在文章中他问道:"国家究竟是什么?""假如国家不能替人民谋一点利益,便失去了它的意义。"这里,他反对抽象地讲"国家"。过去他也爱国,可是腐朽的国家怎样爱呢?北洋军阀统治下的国家怎样爱呢?经过抗战,他明白了一个道理:要用阶级和阶级分析来看待国家。"老实说,国家有时候是特权阶级用以巩固并扩大他们的特权的机构。""只有土地和主权都属于人民时,才讲得上国家。"

1943年,闻一多开始觉悟的时候,他还带有某种士大夫式的从上而下的悲天悯人的同情心,后来,他逐渐认识到,国家只有与人民利益一致时,才有它的价值,他喊出"人民至上"的口号。"什么叫做人民呢?"回答是:"和人民在一起——就是说自己本身是人民一分子,在他们之内,而不在他们之上,要爱人民。""怎么爱呢?""从心里就爱起,和苦难的人在一起。""要向

① 《闻一多纪念文集》,读书·生活·新知三联书店1980年版,第201页。

人民学习"，"这是很痛苦的，因为我们出身大都是剥削别人的，但一定要改造自己的思想"。①

1945年8月，日本投降。10月，蒋介石用阴谋的手段把龙云搞掉，接着就镇压要求民主反对内战的爱国学生，12月1日，屠杀了西南联合大学学生潘琰等4人，这就是震惊中外的"一二·一"惨案。

目睹青年学生为爱国而惨遭屠杀，血染校园，闻一多悲愤已极，他痛斥反动派"最野蛮最凶残的恐怖统治!" 12月1日是"最黑暗的一天!"他宣誓"一定要为死者复仇，要追捕凶手，追到天涯海角!"这钢铁般的誓言使反动派胆战心惊，也使他们对闻一多更加仇恨，欲杀之而后快。为悼念死者，闻一多奋笔写下了"民不畏死，奈何以死惧之'十个大字，作为对四烈士的挽词。这也是他爱国意志的坚定表白。

"一二·一"运动胜利结束后。1946年5月4日，西南联大完成任务，组成联大的北大、清华、南开三校师生分批北返复校。反动派认为，昆明的民主力量大大削弱，因此十分猖狂，昆明街头贴满反动标语，并散布谣言，诬蔑闻一多和他的战友李公朴等是苏联间谍，要暗杀他们，要花40万元买闻一多的头。闻一多等经常收到特务的恐吓信，他们家周围，特务密布，一片恐怖气氛。

本来闻一多是可以早些离开的，许多同学离昆前，都来找闻老师跟大家的车队一起走，以便照顾和保护他。五六月间，美国加州大学聘请他去讲学，对这些，他都婉拒了。他说，这里还有工作，要留下继续战斗。

7月11日上午联大最后一批车队离昆，当晚李公朴就被暗

---

① 闻黎明：《闻一多传》，人民出版社1992年版，第382页。

杀，内线又传来消息，下一个暗杀目标就是闻一多。闻师母和朋友们都恳求他躲一躲，但他镇定如常说："李先生为民主可以殉身，我们不出来，何以慰死者？""假如因为反动派的一枪，我们就畏缩不前，放下民主工作，以后谁还愿意参加民主运动，谁还信赖为民主工作的人呢？"

基于这种坚定的信念，他冒着生命的危险，参加了7月15日举行的李公朴先生的"殉难经过报告会"，并即席作了著名的"最后一次讲演"。在讲演中，他痛斥了特务的无耻，表示了对民主事业的必定胜利的信心，大义凛然地说："我们不怕死，我们有牺牲的精神，我们随时像李公朴先生一样，前脚跨出大门，后脚就不准备再跨进大门！"当天下午，他就被丧心病狂的特务暗杀了，举国悲痛和震惊。毛泽东说："闻一多拍案而起，横眉怒对国民党的手枪，宁可倒下去，不愿屈服"，"表现了我们民族的英雄气概。"这个评语准确地概括了闻一多坚定的爱国的一生。

事实说明，闻一多的爱国思想是一贯的，爱国主义是他思想发展的主旋律，越到后来，他的信念就越加明确，越加坚定。他以自己的生命和鲜血写成了一首悲壮的爱国诗篇。他的伟大人格和爱国精神永远是后人学习的榜样。

（本文发表于《清华大学学报》1996年第4期，后为

《闻一多研究集刊》收入）

闻一多的爱国心和他的爱国诗

"诗人的主要天赋是爱，爱他的祖国，爱他的人民。"闻一多的这句名言贯穿并支配他的一生。

"诗言志"，闻一多的这颗爱国心表现在他写的大量的爱国诗上面。他的爱国心和爱国诗交融在一起，最后他用自己的生命写成一首悲壮的震撼人心的伟大的诗。

1912年，14岁的闻一多考入清华学堂（清华大学前身）。随着年龄与学识的增长，他的爱国主义意识也日益增强。幼时读书每次读到岳飞、文天祥一类民族英雄的事迹时，他都深受启发教育。进入清华后，在学习各种现代科学知识的同时，他还废寝忘食地学习中华文化宝藏，越读这些书越感到祖国之伟大、可爱。1919年爆发了伟大的"五四"运动，以北京学生为首的全国人民抗议列强把战败的德国过去霸占我国山东省的政治经济权益，转交给日本。"五四"当天，清华因在城外，清华学生未能参加游行，闻一多当夜满怀激情书写岳飞的《满江红》，贴在饭堂里，激励大家投入斗争。他被推举为清华学生代表团的成员，并且积极勤奋工作，不久，北洋军阀政府在北京、上海等地大量逮捕参加运动的工人和学生。正在这危险的关头，于6月5日，闻一多和160多位清华同学一起，从清华园进入城内宣传爱国。他们带着水壶、干粮和洗漱用具，作好随时被抓坐牢的准备。他这样做，并不是出于一时的义愤，而是经过深思熟虑的理智行为，早在5月17日他给父母写信时就说明自己参加运动的原因："国家至此地步，神人交怨，有强权，无公理，""卖国贼罪大恶极，横行无忌。"在此情况下，"学生尚不出力，更待谁人？""今遇此事，犹不能牺牲，岂足以谈爱国？"

1922年，他于清华毕业。按规定，可以公费赴美留学5年。在美国，物质设备、教学条件都很好，他也结识了不少善良、正直的美国朋友，但就整体来说，他并不喜欢美国，特别是对美国人的种族歧视，他目睹身受感触最深。在1922年8月给父母的信中，他写道："呜呼！我堂堂华胄，有五千年之政教、礼俗、文学、美术，除不娴制造机械以为杀人掠财之用，我有何者落后于彼哉？而竟为彼所蔑视、蹂躏，是可忍孰不可忍！""士大夫久居是邦而犹不知发奋为雄者，真木石也，"这充分表现出他的强烈的民族自豪感和对美国种族歧视的极端憎恶。

闻一多赴美留学，原来是抱着艺术救国的目的，学的是美术，但是，据当时和他共同留美的熊佛西回忆说："我们在美国求学的时候，你（闻一多）对于国事是那样关切，你对于当时的军阀当道是那样的痛恨，你当时所学的是绘画，你觉得专凭颜色和线条不足表现你的思想和感情——不能传达你对祖国与人民火一般的热爱！于是你改学了文学，特别致力于诗的研究和创作。"这一转变，使闻一多成为中国现代著名的爱国诗人。

他到美国不久，就写了《孤雁》诗，标题下引用杜甫的名句"天涯涕泪一身遥"，点明了主题："不幸的失群的孤客！/谁教你抛弃了旧侣，/拆散了阵宇。/流落到这水国底绝塞，/拼着寸磔的愁肠，/泣诉那无边的酸楚？/……流落的孤雁啊！/到底飞往那里去呢？/那太平洋底彼岸，/可知道究竟有些什么？/啊！那里是苍鹰底领土——那鸷悍的霸王啊！/他的锐利的指爪，/已筑起财力底窝巢。/那里只有钢筋铁骨的机械，/喝醉了弱者底鲜血，/吐出些罪恶的黑烟，/……归来吧，/流落的孤禽！/与其尽在这水国底绝塞，/泣诉那无边的苦楚，/不如展翅回身归去吧！……"从诗句中可以看出诗人已体会到当时金元帝国吃人的本质，也可以看到诗人对回归祖国的渴望。

闻一多的另一名篇是《洗衣歌》。他在序中说："美国华侨十之八九以洗衣为生，……国人旅外之受人轻视，言之心痛，爰假洗衣匠口吻以鸣不平。"歌中的诗句充满着对同胞的同情和怜爱："我洗得净悲哀的湿手帕，/我洗得白罪恶的黑汗衣，/贪心的油腻和欲火的灰，……/你们家里一切的脏东西，/交给我洗。/交给我洗，……/你说洗衣的买卖太下贱，/肯下贱的只有唐人不成！……/流一身血汗洗别人的汗？/你们肯干？/你们肯干？/……年去年来一滴思乡的泪，/半夜三更一盏洗衣的灯……/下贱不下贱你们不要管，……"美国人鄙视华人，华人洗的是美国人的罪恶和肮脏……

在呼唤中国"熟睡的神狮"猛醒的《醒呀!》一诗的跋中，诗人写道："这些是历年旅外因受尽帝国主义的闲气而发出来的不平的呼声"，发表出来"是希望他们可以在同胞中激起一些敌忾，把激昂的民气变得更加激昂。"

另一首著名的爱国诗篇《七子之歌》把当时被列强霸占去的澳门、香港、台湾、威海卫、广州湾、九龙、旅大等地比作被迫离开母亲的七个儿子，哭诉所受帝国主义强盗蹂躏的痛苦，要求回到祖国母亲的怀抱。诗人在序中写道："吾国自尼布楚条约迄旅大之出让，先后丧失之土地，失养于祖国，受虐于异类，臆其悲哀之情，……为作歌各一章，以抒其孤苦之亡告眷怀祖国之哀忧，亦以励国人之奋兴云尔。"

《七子之歌》共七章，第一章就是《澳门》，如下："你可知'妈港'不是我的真名姓？……/我离开你的襁褓太久了，母亲！/但是他们掳去的是我的肉体，/你依然保管着我内心的灵魂，/三百多年来梦寐不忘的生母啊！/请叫儿的乳名，/叫我一声'澳门'！/母亲！我要回来，母亲！"

《七子之歌》情真意切，感人至深，1925年7月4日在《现代评论》上发表以后，引起强烈的反响。读者吴嚷读后十分激动，来信说："读《出师表》不感动者，不忠；读《陈情表》不下泪者，不孝；古人言之屡矣。余读《七子之歌》，信口悲鸣一阕复一阕，不知清泪之盈眶，读《出师》、《陈情》时，固未有如是之感动也。"《长虹月刊》第二期发表了署名文章评论说："新诗的内容大概不外：一、吻香的恋情诗；二、形而上的哲理诗；三、手枪炸弹的革命诗。……新诗坛以往的成绩，有几多值得我们一读，读起来足以挑动读者内心的情感？有几多值得我们赞好，是读者心中所想而潜隐未能发的呼声？自然我不敢且不能抹杀有几位我所佩服的诗人与他们可诵的作品，然而在这最深刺激的一个月里，我读了几首既不是恋情的、亦不是哲理的、亦不是革命的爱国诗之后，我相信诗坛的生命更新了……闻一多君这三首诗（按：指《醒呀！》、《七子之歌》和《洗衣歌》）表现了中华民族争自由求独立的迫切呼号的精神，但是也只有在帝国主义高压之下的中国，才能产生这样的作品。至于诗人呢，他是得天独厚，能首先感着痛苦，首先热起情绪，首先擒得诗意，……把它们高唱出来。"这段话可以说是理解闻一多爱国诗的最好注脚。

朱自清在评述中国的新诗史时说："抗战以前，闻一多差不多是唯一有意大声歌咏爱国的诗人，"看了上面的几首诗和有关的序和跋，使我们深深感到朱自清的评论是符合事实的。

　　在美国，闻一多屡遭种族歧视的凌辱，他多次给亲友写信说："一个有思想之中国青年留居美国之滋味，非笔墨所能形容"，"彼之贱视国人者一言难尽"，令人"痛哭流涕"，又说："美利坚非我久留之地"，"蛰居异域，何殊谪戍？能早归国，实为上策。"因此，他提前两年，即1925年就回国了，但是当他和余上沅、赵太侔等人于6月1日抵达上海的时候，一登岸所见却是五卅惨案；是日、英帝国主义屠杀中国人民的惨景，使他们十分沮丧。回国后闻一多继续写诗，写爱国诗。但是诗的内容和风格已经和过去大不相同了，过去许多诗篇都是出于对家乡的怀念，对祖国的热爱，歌颂祖国的山川、历史和文化，反对帝国主义的侵略。如在1922年写的《忆菊》一诗中，他以菊花为象征，唱出了对有五千年历史与文化的祖国的赞歌："我要赞美我祖国底花！/我要赞美我如花的祖国！"1925年写的《爱国的心》表达了浓厚的爱国情绪："这心脏底海棠叶形，/是中华版图底缩本；/谁能偷去伊的版图？/谁能偷去我的心？"

　　但当他回国以后，目睹五卅惨案后上海马路上中国工人学生被日英帝国主义屠杀的斑斑血迹；蒋介石发动"四·一二"政变，大批志士仁人被杀；到处军阀混战，黑暗腐败，民不聊生。这些都使诗人十分痛苦和困惑，他的诗风为之一变，在《发现》一诗中，他说："我来了，我喊一声，迸着血泪，"却发现，"这不是我的中华，不对，不对！""那不是我的心爱！"诗人捶胸问青天：自己心爱的中华在哪里？"总问不出消息，"最后诗人"哭着叫你，/呕出一颗心来——，在我心里！"

　　《心跳》则更进一步，把祖国和人民联系起来，诗人的心同受苦难煎熬的人民的心一起跳动，诗人先写了书桌、古书的纸香、一杯酒、一本诗、浑圆的和平，好像一切都很惬意，很闲适宁静，然后突然把笔锋一转写"战争的喧嚣"、"四邻的呻吟"、

"寡妇孤儿抖颤的身影"、"战壕里的痉挛","各种惨剧在生活的磨子下,""听! 又是一阵炮声, /死神在咆哮。/静夜! 你如何能禁止我的心跳?"

最了解闻一多的朱自清分析说: 闻一多"爱的是一个理想的完整的中国, 也是一个理想的完美的中国", 但当他回国以后, 所目睹的中国"事实上不免破烂, 所以作者彷徨自问, 怎样爱它呢?"在这个时期, 闻一多写了不少反映现实, 表现民间疾苦的诗篇, 这说明, 诗人的思想已从个人步入社会, 从理想和幻想中步入现实。

现实与理想存在着巨大的矛盾, 而又找不到反抗现实的出路, 这使诗人十分痛苦甚至绝望。1926 年他写的《死水》一诗反映了这种情绪: "这是一沟绝望的死水, /清风吹不起半点漪涟, /……这是一沟绝望的死水, 这里断不是美的所在, /不如让给丑恶来开垦, /看他造出个什么世界。"

话虽如此, 但闻一多对祖国和人民始终未能忘情。1926 年 3 月 18 日, 段祺瑞军阀政府开枪镇压为抗议日本侵略而请愿游行的群众, 当场打死 40 多人, 伤 200 多人。鲁迅说这是"民国以来最黑暗的一天"。闻一多对此义愤填膺, 连续发表诗文, 表示他的哀愤, 在《唁词》一诗中, 他写道: "(这一阵哀痛可磔碎了你们的心!) /但是哀痛的波动却没有完, /他要在四万万颗心上永远翻腾。/哀恸要永远咬住四万万颗心, /要么这哀痛便是忏悔, 便是惕警。/还要把馨香缭绕, 俎豆来供奉! /哀痛是我们的启示, 我们的光明。"他用诗的语言来表达了全国人民要把悲痛化为力量的决心。在《文艺与爱国——纪念三月十八日》一文中, 他称赞"诸志士们三月十八日的死难不仅是爱国, 而且是伟大的诗。我们若得着死难者的热情的一部分, 便可以在文艺上大成功; 若得着死难者的热情的全部, 便可以追他们的踪迹, 杀身成仁了。"看来，当时的闻一多已有为国捐躯，杀身成仁的思想准备了。

回国以后，闻一多先后在国立艺专、南京国立第四中山大学（中央大学的前身）、武汉大学、青岛大学等校任教，1932年回到母校清华大学任中文系教授，从1931年发表长诗《奇迹》以后，闻一多就从诗坛上隐退，着力于对中国文学的教学与研究。在早期写给友人的信中，他就曾说："我国前途的危险，不独政治、经济有被人征服之虑，且有文化被人征服的祸患，文化之征服甚于其他方面之征服千百倍之。杜渐防微之责，舍我辈其谁堪任之。"正是基于这种爱国的责任感，所以当他回国后历经坎坷，饱尝辛酸，感到政治环境恶劣，无法"炸开那禁锢我的地壳，放射出光和热来"的时候，就被逼"转向内走"。即专心从事中国古典文学的教学与研究工作。从周易、诗经、庄子、楚辞、汉魏六朝诗、唐诗，而进一步研究甲骨文、钟鼎文，以及音韵学、民俗学、神话学等等。他撰写了大批有独到见解的论文和专著，积累了数百万字文稿，成一家之言。在为1948年出版的《闻一多全集》作序时，郭沫若说：闻一多"那眼光的犀利，考察的赅博，立说的新颖而翔实，不仅是前无古人，恐怕还要后无来者的。"闻一多的研究成果获得如此崇高的评价，表明他辛勤耕耘的心血结晶，已为中华文化事业的繁荣作出了辉煌的贡献。

1932年闻一多回清华后，住房宽敞，环境优雅，而且待遇优厚，教学与研究都大有收获，成绩斐然。但好景不长，1937年7月，日寇全面侵华，清华和北大、南开三所大学奉命南迁，共同组成长沙临时大学（临大）。不久，战火继续蔓延，临大又迁往昆明，改名西南联合大学（联大），闻一多随校南迁，他一方面继续学术研究，一方面从事抗日宣传工作（主要在戏剧方面），由于物价高涨，他一家八口，生活十分困难，但他都安之若素。他在给友人的信中表示：自己觉得"这样度着困难的日子于良心甚安。"他认为前方将士浴血抗战，后方人民吃苦是应该的，人民"暂时忍受此痛苦，不久即可重见天日。"

抗战初期，他曾把胜利的希望寄托在蒋介石政府身上。但是蒋介石执行消极抗日，积极反共的政策，造成国民党军队节节溃败，大片国土沦陷，千万同胞被日寇蹂躏；在大后方，贪官污吏横征暴敛，大发国难财，广大工农群众饥寒交迫，这些都使闻一多心急如焚，他在讲课时，常常结合现实批判各种黑暗腐败现象。他曾对费孝通和华罗庚说过："我们过去钻故纸堆，放任丑恶去开垦，结果放纵反动派把国家弄成这样腐败、反动、落后，所以我们不能不管了，决不能让国民党为所欲为了。"大约从1943年起，他走出书斋，写文章，发表讲演，大声疾呼："这些年我们亲眼看到国家糟到这步田地，人民生活得这样困苦，我们再不出来说话，还要等到什么时候？"

在闻一多的书斋里，挂着屈原的名句："路漫漫其修远兮，吾将上下而求索，"他不再满足于自己的朴素的爱国热情，他还要探索救国救民的真理和具体的道路。中国共产党、民主同盟以及他周围的进步朋友、同事以至他的学生，都对他伸出了热情之手。他于1944年加入了民主同盟，如饥似渴地学习《新华日报》和各种进步书刊，并且积极参加西南联大的和昆明的各种进步社团组织的爱国民主活动，在起到重要作用的同时，他自己也得到温暖和提高。

什么是爱国？什么是国家？闻一多通过学习和细致的观察和思考，终于对这个问题逐步获得比较正确的科学的理解，并对过去自己信仰过的国家主义进行自我批判。1945年他曾对自己的学生说过："过去我只知道抽象地爱国，不知爱什么国，甚至曾错误地认为国家主义就是爱国主义，现在我知道国家主义是反动的，爱国只能爱新民主主义的国，现在为新民主主义而奋斗，将来为共产主义而奋斗，"他在《人民的世纪——今天只有"人民至上"才是正确的口号》一文中说："老实说，国家有的时候是特权阶级用以巩固和扩大他们的特权机构"，"假如国家不能为人民谋一点利益，便失去了它的意义。"他还说："和人民在一起——就是说自己本身是人民一分子，在他们之内，而不在他们之上，要爱人民。""要向人民学习"，"这是很痛苦的，因为我们出身大都是剥削别人的，但一定要改造自己的思想，"这表明，闻一多的爱国思想已经升华到一个新的高度。

1945 年 8 月，日本投降，抗战胜利，举国欢腾。而国民党政府却在美国支持下准备发动内战，受到全国人民反对。号称"民主堡垒"的西南联大师生走在反内战的前列，11 月 25 日晚举行反内战时事讲演会，被国民党派军队包围，并鸣枪威胁，联大和昆明各校的三万学生罢课抗议，并上街宣传反内战，被国民党军队殴打。12 月 1 日，国民党派武装特务数百人攻打西南联大等校，当场杀死潘琰、于再等四人，打伤数十人，这就是震惊中外的"一二·一"惨案。联大教授会决定停课一周以示抗议，教授会又严正指出当时云南军政负责人李宗黄、关麟征和邱清泉等是造成惨案的主使人，应予严惩。这些都是对学生运动的极大支持。《新华日报》指出：这是过去历次学生运动中从来没有过的，是使"一二·一"运动取得胜利的重要保证。闻一多和吴晗、张奚若等在团结教授和鼓舞群众的工作中起到了别人难以起的作用。

闻一多以如椽的大笔写下"民不畏死奈何以死惧之"十个大字，作为对潘琰、于再等四烈士的挽词，也表达了自己以身殉志的决心。

在教授们的支持下，昆明 3 万多学生的罢课斗争获得广泛的社会同情，全国各地以至世界各国的民主人士都表示热烈的支持。国民党反动派被迫将杀人元凶李宗黄等调离。1946年3月17日，为四烈士举行了盛大的出殡仪式，3万多人的出殡队伍（当时昆明只有30万人口）举着"党国所赐"和"你们死了还有我们"的大标语牌缓步前行，在长达8小时的出殡中，闻一多、吴晗等教授始终走在队伍前列。"一二·一"运动胜利结束，由北大、清华、南开三校联合组成的西南联大也于5月4日宣告结束，三校师生分批北上平津复校。反动派以为昆明市民主力量削弱，准备对爱国民主人士下毒手，到处贴大字报散布谣言说闻一多和他的战友吴晗、李公朴等是拿苏联津贴的特务，并悬赏40万元买闻一多的头，往他们家里寄有子弹头的恐吓信，他们家周围布满特务，气氛非常恐怖。当时地下党、联大学生和亲友们都劝闻一多及早离开，美国加州大学以可以带家眷的优厚条件请他赴美讲学，都被他婉拒了，理由是：我不能离开苦难的祖国人民，昆明还有许多工作要我做。7月11日，联大最后一批学生离昆，反动派迫不及待，当天晚上就刺杀了李公朴。闻一多悲愤欲绝，内部传来可靠的消息，说黑名单下一个就是闻一多，亲友又劝他离开躲一下，他说："李先生为民主可以殉身，我们不出来何以慰死者？"他不顾个人安危，公开出面为李公朴主持丧事，7月15日，在"李公朴先生殉难报告会"上，李夫人张曼筠女士泣不成声，特务喧哗叫器，肆意捣乱，闻一多拍案而起，发表气壮山河的最后讲演，怒斥反动派的暴行，并说："你们杀死一个李公朴，会有千百万个李公朴站起来！……我们随时像李先生一样，前脚跨出大门，后脚就不准备再跨进大门！"当天下午，闻一多就被特务枪杀，将一腔热血，洒在他无比热爱的祖国大地上。

李、闻被暗杀后，在全国激起巨大的抗议烈潮，使反动派更加孤立。朱自清在追悼闻一多的会上朗诵一首诗："你是一团火，照亮了魔鬼；烧毁了自己！遗烬里爆出了新中国！"朱自清的预言实现了！闻一多死后三年多的时间，反动派就被人民赶出了中国大陆，新中国诞生了。

毛泽东写道："闻一多拍案而起，横眉怒对国民党的手枪，宁可倒下去，不愿屈服……表现了我们民族的英雄气概。"在阅读史书中，毛泽东批注说："岳飞、文天祥、曾静、戴名世、瞿秋白、方志敏、邓演达、杨虎城、闻一多诸辈，以身殉志，不亦伟乎！"对如此崇高的评价，闻一多是当之无愧的。

（本文发表于《当代思潮》2000 年第 2 期）

闻一多的婚姻和爱情

憧憬浪漫爱情，却接受了包办婚姻

被称为"热情如火"的诗人闻一多，不但写了许多激昂的爱国诗，也写过不少充满柔情蜜意的爱情诗。例如在原名《爱底风波》后改名《风波》一诗中，诗人描写"烧的这样狂"的爱情使人惊喜，又因怕把她失去而"放声大哭"；又如，在《幻中的邂逅》一诗中，把爱情描写成为"仿佛一簇白云，濛濛漠漠，拥着一只素鬓朱冠的仙鹤"，"在月光里浸着"的"娉婷的模样"，把诗人扰得"辗转空床，通夜无睡"。在《贡臣》一诗中，诗人把爱情比喻为"我的王"，甘愿作她的"贡臣"，为她贡献一切。诗人"悄悄地等着你的爱潮膨胀"，但是，"老等，等不到你的潮头！"

在散文中，闻一多对女性、对爱情的歌颂就更加直率和坦露。1921 年 5 月，闻一多在《评本学年周刊里的新诗》一文中写道："女性是诗人的理想，诗人眼里宇宙间最高洁最醇美的东西便是女性"，"若是没有女人，一大半的诗——一大半最宝贵的诗，不会产生了。"他还说："严格说来，只有男女间恋爱的情感，是最热烈的情感，所以是最高最真的情感。"这些都说明青年闻一多对女人和爱情充满着浪漫的渴望和憧憬。

但是，现实生活却强迫闻一多接受父母之命，和一个没有恋爱情感的女子结婚!

1921 年底，一封封催他回家结婚的信从家乡湖北浠水县寄到清华园，使闻一多陷入极端的苦恼之中。

原来，将近十年以前，即 1912 年，14 岁的闻一多考上清华学校（清华大学前身）时，父母为他订了婚。对象名高孝贞，1903 年出生在一个官宦家庭，和闻家还是远房姨表亲。闻一多考取清华后，高孝贞的父亲认为这孩子有出息，便主动提出要将女儿嫁给他。亲上加亲，又是门当户对，闻一多的父母欣然同意，便订下了娃娃亲。当时闻一多埋头学习，并积极从事校内的各种文学艺术活动，对此事并无多大考虑。现在快毕业了，问题来了：清华是留美预备学校，学生毕业后可以公费留学美国 5年! 父母怕他出国留学，就拴不住了；即便回来，也是二十七八岁了，太大了，而且要让高家的小姐在闺中等四五年，也不好交代。因此多次来信，催闻一多回去结婚。闻一多据理力争，无济于事，这对闻一多是个极大的打击。他在题为《十一年一月二日作》的诗中充分表现出这种痛苦的心情："……你那被爱蜜饯了的肥心，人们讲，/本是为了滋养那些嬉笑的花儿的，如今却长满了愁苦底荆棘——/他的根已将你的心越捆越紧，越缠越密。/……生活对你偏是那样地凶残；/你看! 又是一个新年——好可怕的新年! /张着牙戟齿锯的大嘴招呼你上前; /你退既不能，进又白白地往死嘴里钻!"诗人甚至想到了死："那也对啊! ……死! 你要来就快来，/快来断送了这无边的痛苦! ……"

"十一年"指的是民国十一年，即 1922 年。这年 1 月 2 日，可能是他被迫回家结婚的日子。他以这一天为题写诗，大概是让自己牢牢记住这痛苦的一天吧！

闻一多回故乡浠水结婚时，提出不祭祖，不行跪拜礼，不闹洞房等条件。父母可能约略知道他心里的委屈，所以同意。结婚那一天，一早起来他又钻进书房看书，家里人硬是生拉硬拽才给他理了发，洗了澡，换了衣服，但一转眼他又不见了。当外面鼓乐齐鸣，鞭炮震天，迎新的花轿已抬着新娘回来时，却到处找不到新郎，原来他又钻到书房看书了。大家七手八脚，连推带拉，才把他拥到前厅举行了婚礼。闻一多的这种态度，也可以说是对父母包办婚姻一种无可奈何的消极抵抗。

蜜月期间，他对新娘子很冷淡，倒是热心于诗的研究，最后完成了一篇洋洋两万余字的论文《律诗的研究》。他对婚姻的不满也并未因结婚而消减。从老家回清华以后，他于 1922 年 5 月 7 日写信给弟弟家骊，痛说自己的不幸："大家庭之外，我现在又将有了一个小家庭。我一想起，我便为之切齿发指！我不肯结婚，逼迫我结婚，不肯养子，逼迫我养子……宋诗人林和靖以梅为妻，以鹤为子，我将以诗为妻，以画为子……家庭是一把铁链，捆着我的手，捆着我的脚，捆着我的喉咙，还捆着我的脑筋；我不把他摆脱了，撞碎了，我将永远没有自由，永远没有生命！……我知道环境已迫得我发狂了；我这一生完了。我只作一个颠颠倒倒的疯诗人罢了！世界还有什么留恋的？活一天算一天罢了！……"

应该指出，闻一多虽然对婚姻极端不满，但仍然对妻子采取关心和负责的态度。蜜月过后，高孝贞按习俗回娘家，闻一多于回校途经武昌时，专门写信给父母，要求让她早日回来读书。信中说："我此次归娶，纯以恐为两大人增忧。我自揣此举，诚为一大牺牲。然为我大人牺牲，是我应当并且心愿的。如今我所敢求于两大人者，只此让我妇早归求学一事耳！大人爱子心切，当不致藐视此请也。……如两大人必固执俗见，我敢冒不孝之名，谓两大人为麻木不仁也。"

闻一多一向很尊重父母，讲话很注意分寸、礼节，但这封信言辞相当激烈、尖锐，足见他对高孝贞读书问题十分重视。在他的恳求下，父母后来送高孝贞进入武昌女子职业学校。1922年夏闻一多赴美后，继续关心妻子的学习情况，写家信时经常询问和叮嘱，而且从精神上鼓励妻子要有志气，努力成为一个有学问有本事的人。在一封家信中，他举美国著名女诗人海德夫人的重大成就为例，说明"女人并不是不能造大学问、大本事，我们美术学院的教员多半是女人。女人并不弱似男人。外国女人是这样，中国女人何尝不是这样呢？"

红豆相思与烛灭笔枯

1922年12月21日起，闻一多在美国以五天的时间写成了包括42首诗的组诗《红豆》，其中充满着缠绵悱恻的对妻子的深情思念。如第9首："爱人啊！／将我作经线，／你作纬线，／命运织就了我们的婚姻之锦；／但是一帧回文锦哦！／横看是相思，／直看是相思，／顺看是相思，／倒看是相思，／斜看正看都是相思，／怎样看也看不出团圞二字。"又如第12首："我们有一天／相见接吻时，／若是我没小心，／掉出一滴苦泪，／渍痛了你的粉颊，／你可不要惊讶！／那里有多少年底／生了锈的热情的成分啊！"当然，他也没有忘记指出："我们弱者是鱼肉；／……供在礼教底龛前。"（第25首）"他们削破了我的皮肉，／冒着险将伊的枝儿，／强蛮地插在我的茎上。"（第30首）

但是，刚过一个月，1923 年 1 月 21 日，闻一多在读了郭沫若的《未央》后，写信给好友梁实秋说："不消说得你是比我幸福的，便连沫若，他有安娜夫人，也比我幸福些。……哦！我真不愿再讲到女人了啊！实秋啊！我只好痛哭！……实秋！情的生活已经完了，不用提了。以后我只想在智的方面求补足。我说我以后在艺术中消磨我的生活。……现在的一多已经烛灭笔枯不堪设想了。"

这封信和以前写给弟弟家驷的信的情调一样，都是表达对家庭强迫婚姻的极端不满以及自己的悲哀。这怎样同就在上个月写的《红豆》组诗所表达的对妻子的刻骨相思，在同一个人身上协调起来呢？

应该说，《红豆》组诗所表达的感情也是真挚的。也许是远居异域的孤寂引起的思念？也许是承认已婚的事实，理智战胜了感情？也许两者都有？但有一点是明确的：闻一多认识到自己和妻子都是被强迫的"嫁接"，都是被"供在礼教底龛前"的"鱼肉"，所以对妻子就产生更多的共鸣和同情，从而引起更多的思念。

人本来就是复杂而矛盾的。内心世界十分丰富、感情十分敏锐的闻一多更是如此。他身上存在的许许多多矛盾，反映了东西方文化的矛盾，东方传统伦理观和现代爱情观的矛盾。他在这许多矛盾中，在自己灵魂的深处，苦苦地搏斗。

闻一多来到美国这个被称为"自由恋爱的王国"以后，接触女性机会多了，是否浪漫起来了呢？他在上述致梁实秋的信中说："到美国来还没有同一个中国女人直接讲过话，而且我真不敢同她们讲话"。至于美国姑娘们，他说："我看见她们时，不过同看见一幅画一般。"

没有浪漫过，但感情却起过一些波澜。闻一多到美国学的是美术。1924 年 9 月，他转学到纽约艺术学院，但这时他对戏剧却发生了浓厚的兴趣，热衷于参加中国留学生的戏剧活动。他同熊佛西、余上沅等一批新朋友排演英文古装剧《杨贵妃》，后来又曾专程赴波士顿协助梁实秋、谢冰心、顾毓琇等好友排演《琵琶记》。

1924 年 10 月，闻一多在给梁实秋的信的最后抄了一首他创作的英文诗，还在附言中写道："人非草木，孰能无情！"诗中有这样几节（引自许芥昱中译文）：

> 欢悦的眼睛，激动的心；
> 相遇已成过去，到了分手的时候，
> 温婉的微笑将变成苦笑，
> 不如在爱刚抽芽时就掐死苗头。
>
> 命运是一把无规律的梭子，
> 趁悲伤还未成章，改变还未晚，
> 让我们永为素丝的经纬线；
> 永远皎洁，不受俗爱的污染。
>
> 分手吧，我们的相逢已成过去，
> 任心灵忍受多大的饥渴和懊悔。
> 你友情的微笑对我已属梦想的非分，
> 更不敢祈求你展示一点爱的春晖。

梁实秋后来在《谈闻一多》中谈到这首诗时说："本事已不可考，想来是在演戏中有什么邂逅，他为人热情如火，但在男女私情方面总是战战兢兢的，在萌芽时就毅然掐死它，所以这首诗里有那么多的凄怆。"

1925 年夏，闻一多提前两年回国，先后在国立艺专、国立政治大学、第四中山大学、武汉大学等任教。1930 年 8 月，应青岛大学校长、好友杨振声的邀请，闻一多和梁实秋一起去青岛大学任教。梁任外文系主任，闻任中文系主任兼文学院院长。中文系有位女讲师方令孺，教《昭明文选》，又好写诗，常向闻一多请教。闻一多对她印象很好。

　　当时他们在青岛过得很潇洒。首先由杨振声提议，每周末聚饮，参加者有闻一多、梁实秋、赵太侔等七位男士。后闻一多提议方令孺加入，凑成酒中八仙之数。据梁实秋在《谈闻一多》中回忆，他们酒兴甚浓，"三日一小宴，五日一大宴……三十斤一坛的花雕搬到席前，罄之而后已，薄暮入席，深夜始散。……有一次胡适之先生路过青岛，看到我们豁拳豪饮，吓得把刻有'戒酒'二字的戒指戴上，请求免战。"

　　1931 年 1 月，上海《诗刊》发表了闻一多的长诗《奇迹》，徐志摩看了非常兴奋，说闻一多是"三年不鸣，一鸣惊人"。他写信给梁实秋说，此诗是他帮闻一多挤出来的。原来，自从 1928 年《死水》诗集出版之后，闻一多很久没有写诗，好像悄然从诗坛隐退。徐志摩很着急，常去信催。现在《奇迹》出来了，他便以为是自己的"神通之效"。

　　梁实秋后来在《谈闻一多》中说："志摩误会了，以为这首诗是他挤出来的……实际是一多在这个时候在感情上吹起了一点涟漪，情形并不太严重，因为在情感刚刚生出一个蓓蕾的时候就把它掐死了，但是在内心里当然是有一番折腾，写出诗来仍然是那样的回肠荡气。"有人推测，这"一点涟漪"，大概是指闻一多与方令孺之间的关系。

　　所谓"诗无达诂"。《奇迹》一诗，采用了象征主义的手法，因而诗中的"奇迹"究竟指什么：是真理还是理想？是美还是爱？曾引起过种种的揣测和联想。这是一首有 48 行的长诗。作者描述自己一直在"等着，不管等到多少轮回以后——"终于，"奇迹"出现了！"我听见阊阖的户枢謇然一响，传来一甩衣裙的綷縩，那便是奇迹——半启的金扉中，一个戴着圆光的你！"这是否就是梁实秋所说的感情上的涟漪呢？读者可以作出自己的判断。

闻一多和方令孺的来往，引起了一些流言，闻一多也觉察到了。1932 年春，他把妻子和孩子接来青岛，流言不辟自灭。

安逸和战乱的考验

1925 年闻一多回国到北平国立艺专任教后，1926 年 1 月即把妻子和女儿立瑛接来北平，从此开始过上了小家庭生活。高孝贞当上了小家庭主妇，虽然比较累，心情却舒畅多了。

高孝贞是独生女，她的父亲思想开明，不让女儿缠小脚，让她和男孩一块玩和读书，因此她习惯于自由，活泼开放。嫁到闻家后，受到大家庭的诸多礼教约束，不太适应。现在来到北平，有了自己的小家庭，自己做主，心中自然高兴，对丈夫的照顾也热情主动。家务之余和丈夫一起读读唐诗，逗逗女儿，生活自有一番乐趣。夫妻恩爱亲密，进入了婚后恋爱的佳境。1926 年 7 月，因时局变化，人事纠纷等关系，闻一多离开艺专，携家眷离开北平回到浠水。此后他在上海、南京、武汉、青岛等地任教，和妻子时聚时分，一直到 1932 年 8 月回到清华，才过上了安定的日子。在此前后，长女立瑛夭折，又生下了三个儿子（立鹤、立雕、立鹏）和两个女儿（闻名、闻𬭚）。闻一多当时的薪水不菲，住房宽敞，环境幽美，他决心好好教书和研究学问。每周六晚上常带上全家去礼堂看电影，春秋假日全家去逛颐和园，或游北海、故宫和动物园，家庭中充满了幸福温馨的气氛。

但是，这样的日子只过了五年。

1937 年 7 月，卢沟桥事变，日寇发动大规模侵华战争。闻一多的家庭，像千百万中国人的家庭一样，也被迫颠沛流离。

这年 6 月间，北平辅仁大学聘请闻家骊任教，他即回武昌接家眷来平，高孝贞携两个大儿子随家骊回湖北探望久别的母亲。闻一多则带着三个小儿女留在北平。7 月 7 日卢沟桥炮声一响，把他们一家分隔两地，高孝贞很着急，一封接一封的加急电报，催丈夫不惜一切，即刻带孩子们回武汉。闻一多在北平也焦急万分：走还是不走？要走，平汉路已不通，只能辗转走别的路线，兵慌马乱，路途艰难，令人害怕；如果不走，一旦北平沦于日寇之手，后果不堪设想。在举棋不定，心乱如麻的时候，他拿起笔来，于 7 月 15、16、17 日接连给妻子写信，倾吐在危难时刻对妻子的思念和挚爱："这时他们都出去了，我一个人在屋里，静极了，我在想你，我亲爱的妻。我不晓得我是这样无用的人，你一去了，我就如同落了魂一样。我什么也不能做。前回我骂一个学生为恋爱问题读书不努力，今天才知道我自己也一样。这几天忧国忧家，然而心里最不快的，是你不在我身边。亲爱的，我不怕死，只要我俩死在一起。"

信发出后不久，闻一多便毅然带着三个孩子和保姆赵妈，经津浦路匆匆回到武昌。

此时，清华和北大、南开都迁至长沙，共同组成长沙临时大学（临大）。闻一多接到清华校长梅贻琦的信后，决定推迟按规定应享受的一年休假，到长沙任教。临大开学仅两个多月，战局急剧恶化，三校又奉命远迁昆明，组成西南联合大学（西南联大）。闻一多利用寒假从长沙返回浠水老家安排有关事宜。途经武昌时，老友顾毓琇来访。顾时任教育部次长，**邀请闻参加正在组建的战时教育问题研究委员会工作**。闻一多认为这是做官，不符合自己的兴趣，断然谢绝了。回到浠水说起这件事，高孝贞非常生气。她希望丈夫能接受这项工作，可以在汉口留下来，和她一起照顾家庭。她担心万一日本鬼子打来，要逃难，她一个人带着五个孩子怎么办？所以她反复恳求丈夫留下来，但闻一多横下一条心，就是不答应。她越想越生气，闷着头流眼泪，饭也不吃，话也不说，甚至闻一多启程回长沙那天夜里，都不起床与丈夫告别。丈夫走后，一个月也不给他写信。

妻子气成这样，闻一多心中也很难过。途经武汉时，他匆匆写了封便函，请妻子原谅。后来又多次写信回来，叮嘱妻子和孩子们各种注意事项。但是高孝贞就是不回信，自己不写，也不叫孩子写。这可是对闻一多最严厉最残酷的惩罚。他本是个感情十分丰富的人，如今战乱时期，不知家中会发生什么情况，心里更是牵挂着急。他又是信，又是明信片，责备孝贞和孩子们不写信来："何以此次狠心至此！"1938 年 2 月 15 日，他又写了封长信向妻子解释，说："这里清华北大南开三个学校的教职员，不下数百人，谁不抛开妻子跟着学校跑？你或者怪了我没有就汉口的事，但是我一生不愿做官，也实在不是做官的人，你不应该勉强一个人做他不愿做也不能做的事。我不知道这封信写给你，有用没有。如果你真是不能回心转意，我又有什么办法？儿女们又小，他们不懂，我有苦向谁说去？"最后说，自己就要随学校到昆明，"如果你马上就发信到昆明，那样我一到昆明，就可以看到你的信。不然，你就当我已经死了，以后也永远不必写信来。"

高孝贞本来是心疼丈夫的，以前只是怄气。现在丈夫来信，把道理讲清楚了，而且把话说到"当我已经死了"的程度，她心软了，马上写信。自己写，也让孩子们写，寄到昆明。闻一多和联大师生二百多人，1938 年 2 月 20 日离开长沙，经湘黔滇三省，行程 3342 里，其中步行 2600 多里，于 4 月 28 日抵达昆明。

当天闻一多就看到妻子和孩子的信，欢喜得不得了，马上回信报告步行的经过，还说："我的身体实在不坏，经过了这次锻炼以后，自然更好了。现在是满面红光，能吃能睡，走起路来，健步如飞。"写这些，为的是让妻子放心。

因校舍不够，西南联大文法学院暂驻滇南蒙自。5月4日，闻一多到蒙自，又接到妻子的四封信。5月5日立即回信，说："到此，果有你们的信四封之多，三千余里之辛苦，得此犒赏，于愿足矣！你说以后每星期写一信来，更使我喜出望外。希望你不失信，如果你每星期真有一封信来，我发誓也每星期回你一封。"至此，夫妻关系中一段不愉快的小插曲结束，和好如初。虽然一在滇南蒙自，一在鄂东浠水，远隔万水千山，但两颗心贴得更紧了。

日军占领上海、南京后，继续西犯，进攻武汉，气势汹汹。浠水在武汉之东200多里，是进攻武汉必经之路。孝贞和孩子们怎么办？闻一多非常着急。逃还是不逃？不逃，日军野蛮残暴，后果不堪设想。如果逃，怎样走？千山万水，艰难险阻，带着五个孩子的孝贞身体孱弱，又怎能担此重担？忧心如焚的闻一多，一封一封信去询问和商量。逃难的多条路线、多种方案都考虑过了，不是有困难，就是有危险。可怜的闻一多万般无奈，只有寄希望于苍天了。在6月13日给妻子的信中说："我一生未做亏心事，并且说起来还算得一个厚道人，天会保佑你们！"

真好像天保佑似的，机会终于来了。联大外语系聘请闻家驷前往昆明任教，这样孝贞和孩子们就可和叔叔一家一路同行了。他们途经武汉，7月中旬到达长沙，下旬坐汽车前往贵阳。闻一多得知后，7月28日赶紧写了一封信，寄到贵阳朋友处请代转给高孝贞，信中说："……这些时一想到你们，就心惊肉跳，现在总算离开了危险地带，我心里稍安一点。但一想到你们在路上受苦，我就心痛。想来想去，真对不住你，向来没有同你出过远门，这回又给我逃脱了，如何叫你不恨我？过去的事无法挽救，从今以后，我一定要专心侍奉你，做你的奴仆。只要你不气我，我什么事都愿替你做，好不好？"

这封信是闻一多给妻子的最后一封信。情真意切，不是情书，胜似情书，字里行间渗透着闻一多对妻子的一颗赤诚的心。

同年 8 月，闻一多到贵阳接家属，顺便在贵州中学教师暑期训练班讲学。9 月初全家一同回到昆明。西南联大的文法学院也从蒙自搬回来了，闻一多开了《尔雅》、《楚辞》等课程。

艰难岁月，相濡以沫

经历了半年多的紧张、焦虑、恐惧之后，闻一多一家总算团圆了，但还远远没有安定下来。

主要是为了躲避日机空袭，闻一多在云南八年，先后搬家八次。作为主妇的高孝贞，带着一大群孩子，担惊受怕，辛苦操劳，是可想而知的。但是，对家庭生活最经常最巨大的威胁还是物价不断飞涨。

据经济学家杨西孟统计，1937 年教授的月薪如为 350 元，到 1943 年，月薪加各种津贴合计，只相当于 1937 年的 8 元多。因此，联大教授当时都贫病交迫，破衣蔽体，食难饱腹。闻一多要养活一家八口，他的月薪十天八天就花完了，经常在半断炊的威胁中度日。饭碗里半月不见一点荤腥，粮食不够，只好吃豆腐渣和白菜帮儿。豆腐被称为白肉，偶尔吃上一点，就算改善生活。在司家营住时，村外有一条小河，高孝贞常带着孩子下河捞点小鱼小虾。后来她还开了点荒地，种上蔬菜。1940 年冬天，书籍衣物典卖已尽，闻一多无奈，脱下自己仅有的狐皮大衣，拿到寄卖行寄卖，结果自己冻得发了高烧。高孝贞又心疼又着急，流着眼泪让大儿子连夜从郊外赶进城，把大衣赎了回来。

越是艰难的岁月越见真情，闻一多夫妻的感情更加坚牢了。住在郊外的几年，闻一多一般每周进城到学校上课两天，头天上午走，第二天下午回来。附近虽有马车，但为节省，他都是步行。每逢丈夫回来那天，高孝贞早早就把家务安排好，饭菜准备好，然后带着孩子们到村边等候。闻一多一出现，孩子们就飞快投入父亲的怀抱，你抢书包，我抓手杖，好不高兴。闻一多一边回答孩子们的提问，一边给妻子讲路上所见和城中新闻。晚上，或教孩子们背唐诗，或讲屈原的故事，其乐融融。

闻一多没有什么特殊的嗜好，就是喜欢喝茶、抽烟。随着物价暴涨，闻一多决心戒烟，高孝贞知道后，坚决不答应。她对丈夫说："你一天那么辛苦劳累，别的没有什么可享受的，就是喝口茶、抽根烟这点嗜好。为什么那么苛苦自己，我不同意，再困难也要把你的烟茶钱省出来。"这席话像一股暖流，闻一多听了，心里热乎乎的。

此后，茶虽没有戒，但降低了档次；烟则不仅降低档次，而且改变了品种和形式。闻一多过去抽的是纸烟，为了节省开支，曾试抽用烟叶卷成的卷烟和旱烟，但都因烟性太烈，抽起来呛嗓子，咳嗽。高孝贞看着心疼，便在农村集市上购买了一些嫩烟叶，喷上酒和糖水，切成烟丝，再滴几滴香油，耐心地在温火上略加干炒，制成一种色美味香的烟丝。闻一多把它装在烟斗里，试抽几口非常满意，赞不绝口，常常美滋滋地向朋友介绍："这是内人亲手为我炮制的，味道相当不错啊！"

既是恩爱夫妻，又是亲密同志

"诗人主要的天赋是爱，爱他的祖国，爱他的人民。"这是闻一多的名言。

抗战期间，闻一多从一个著名的诗人、学者，逐步发展成为爱国民主运动奔走呼号的民主斗士，并于1944年参加了中国民主同盟。他有许多为了共同的目标团结在一起的战友、同志。大家都尊敬他，爱戴他，他也从同志们身上得到温暖和爱。他把这种同志爱看得比对妻子、家庭的爱更崇高。他曾经对自己的学生康儿说："对我的家庭，我很满意，你是知道的，"他指着跟前的小女儿闻翾继续说，"我爱他们，但这种爱不能使我满足；我要求的是另一种爱，如今我找到了它，那就是同志爱。啊！同志爱是人间最崇高、最真挚、最深刻的爱，用什么语言能表达出它的真实的内容呢？"他想了一想之后，用英文重复了一句"崇高的爱"！随后又感慨地说："这样的说法也只能近似而已。"他还说："当我年轻的时候，整日在苦闷彷徨中，找不到适当出路，读《离骚》，唱《满江红》，也解决不了我的具体问题。在今天……"他沉吟了一会儿又说："你看到我这两年变化很大吗？是的，我愉快，健康，不知疲倦，是组织的力量支持着我，生活在组织中，有一种同志爱……"

在闻一多的熏陶、感染之下，高孝贞也从一个他生活上的至亲伴侣，逐渐成为他的同志，他的事业的最坚定的支持者。

为了解决生活上的困难，在朋友们的推动下，闻一多从1944年上半年起，重操铁笔，挂牌治印。1945年10月，蒋介石发动昆明事变，把原云南省主席龙云搞下台，派来自己的爪牙李宗黄。12月1日，李和关麟征、邱清泉等指使几百个特务、打手进攻西南联大等校，殴打、杀害要求民主、反对内战的爱国学生，当场杀死潘琰等四人，打伤数十人。正是这个刽子手李宗黄，附庸风雅，慕闻一多之名，托人送来一方石料，并附上丰厚的润资，请闻一多为他治印，闻一多断然拒绝。高孝贞也说："饿死也不要这几个臭钱！"夫妻都表现出崇高的气节。

闻一多越来越受到广大群众，特别是青年学生的拥护和爱戴，因而，闻家每天从早到晚都有客人，川流不息。有的请他去讲演或写文章，有的向他请教，有的来和他商量斗争的部署。对所有这些客人，高孝贞都热情接待，特别是对青年同学，就像对自己的子女一样。有几位从沦陷区逃难来昆明求学的女同学（如康倪），一时失去了家庭的温暖，就把闻家当成自己的家。有的人为了躲避反动派的追捕（如赵沨），有的人一时无家可归（如庄任秋、彭兰、张世英），也都住进闻家。虽然住房狭窄，生活困难，但高孝贞总是十分亲切、热情地接待他们，使他们非常感动。这对闻一多进一步做好团结群众的工作极有帮助。

由于闻一多的才学和声望，他在当时昆明的爱国民主运动中起着重大的作用。许多会议和活动由他发起，许多重要文件由他执笔或审定。那时昆明没有公共汽车，私人没有电话，通知开会或为文件征集签名，都要靠跑腿。有时闻一多跑不过来，高孝贞就来分担，挨家挨户跑遍了同志们的家。

1946年3月17日，三万多昆明学生为潘琰等四烈士举行了盛大的出殡仪式。不久西南联大也宣布于5月4日结束，三校师生分批北上复校。反动派以为民主力量削弱，可以放手对爱国民主人士进行屠杀镇压了。从五六月份起他们到处张贴大字报和标语，攻击爱国民主人士，还篡改他们的名字，什么"闻一多夫"、"吴晗诺夫"、"罗隆斯基"等等，诬蔑他们是拿苏联津贴的特务，给他们寄来带子弹头的恐吓信，并在他们家附近布满特务，还扬言要花 40 万元买闻一多的头……总之，气氛十分恐怖。中共地下组织和朋友都劝闻一多早走；学生们请他一道走，以便大家掩护他；美国加州大学还曾以优厚的条件请他去讲学，但是他都婉拒了。理由是：我不能离开苦难的人民，昆明还有许多工作等着我做。在作出这些重大决定前，闻一多都和妻子认真商量过。高孝贞深明大义，表示坚决支持。

就在这最恐怖最紧张的时刻，闻一多对暂住闻家的学生彭兰、张世英夫妇说："一个人要善于培植感情，无论是夫妇、兄弟、朋友、子女，经过曲折的人生培养出来的感情，才是永远回味无穷的。"他夸赞另一位学生季镇淮不弃糟糠之妻，说："只有对感情忠实的人，才能尝到感情的滋味。他未来的家庭一定比较幸福。"说这话时是 1946 年 7 月 5 日，即他殉难的前 10 天。虽然是说他学生的，但显然也是自己对婚姻和爱情的亲身体会。

7 月 11 日，西南联大最后一批北上师生的车队离开昆明。当天晚上，反动派就迫不及待地暗杀了著名的爱国民主人士、闻一多的战友李公朴。有人深夜将噩耗告诉闻一多。他焦急万分，不顾自己正在发高烧，便要起身去医院。高孝贞担心天黑有危险，极力劝阻。他一夜未眠，晨五时赶到医院时，李公朴已身亡。闻一多抚尸痛哭，一面大声说："公朴没有死！公朴没有死！这仇一定要报的！"

这时从内线传来可靠的消息：黑名单里的第二名就是闻一多！但闻一多以视死如归的英雄气概坚持斗争。高孝贞担心到了极点，含着眼泪劝丈夫不要再往外跑了。当她听到丈夫"事已至此，我不出则诸事停顿，何以对死者"的回答时，又觉得丈夫讲得很有道理，再也说不出一句劝阻的话来，只求丈夫多加小心。

7 月 15 日上午，在云南大学至公堂举行的李公朴殉难经过报告会上，李夫人张曼筠泣不成声，特务们大声叫嚣，吹口哨捣乱。闻一多拍案而起，发表了气壮山河的"最后的讲演"，痛斥特务罪行，并表明自己"前脚跨出大门，后脚就不准备再回来"的决心，和"一个人倒下去，千万人站起来"的信心。下午，闻一多就在自己家的大门外被特务暗杀。高孝贞奔出大门，扑向丈夫，身上沾满了丈夫的鲜血。她一时想死，但霎时间又醒过来："不，我要活下去，我要活下去！孩子们需要我，一多的仇一定要报！"

高孝贞继承了丈夫的遗志。1947年她带着孩子们几经周折回到北平，在组织和朋友们的帮助下，住进什刹海附近的白米斜街。她利用这个比较隐蔽的环境，使自己的家成为中共的一个秘密联络点。闻一多的侄子闻黎智当时担任中共平津地区青年工作委员会书记，他和妻子魏克就以这里为基地，开展革命工作。高孝贞多方掩护和配合。这里还成为蒋管区进步青年前往解放区的一个中转站。掌握这个关系的是吴晗。吴晗常介绍青年住在这里，一批又一批，有的一住就是十多天。高孝贞对他们都像家人一样，热茶热饭，问寒问暖，直到护送人来接走。

1948年3月，高孝贞（改名高真）带着孩子奔向解放区，被选为华北人民代表。新中国成立后，她先后担任河北省及全国政协委员，1983年11月病逝，享年81岁。骨灰于1996年11月移入同在八宝山革命公墓的闻一多墓中。

（本文曾在《百年潮》1999年第3期发表、《作家文摘》1999年4月13日和台湾的《历史月刊》2000年4期转载）

闻一多和戏剧

一

解放前，在中国的北方，有两所大学，两位大师，在中国戏剧运动史上起过重要的作用。两所大学是南开和清华，两位大师就是曹禺和闻一多。

南开有悠久的戏剧传统，五四以来，就有"新剧团"等戏剧团体和演出过许多优秀的戏剧。有过周恩来、曹禺、徐兴让和黄宗江等优秀的演员。特别是有一位名导演张彭春，创作和演出过《华娥传》、《新少年》、《恩怨缘》、《一元钱》、《仇大娘》、《一念差》、《反哺泪》、《新村正》和根据莫里哀的《悭吝人》改编的《财狂》等剧目，对推动新文化运动和反帝反封建运动起过重要作用。曹禺的中学是在南开读的，大学则进入清华，他的成名杰作《雷雨》就是1933年在清华读书时发表的，曹禺的成就是众所周知的。本文着重谈闻一多。

二

1912年，14岁的闻一多考入清华学堂（清华大学前身），在努力学习各种科学知识的同时，他积极投入戏剧活动中。1913年，他和同学们自编自演独幕剧《革命军》，以武昌起义为题材，闻一多饰革命党人。以后就一发不可收拾，几乎连年演出。1913年演《打城隍》，1915年演《两仆计》，1915年演《兰言》。1916年2月，为创办贫民小学筹款，清华学生演出洪深编的《卖梨人》和《贫民惨剧》，后者描写贫富不均，贫民受压迫的惨状，筹得的款项建成成府小学（以后，闻一多还经常到该校为贫苦小学生上课）。同年秋，清华学生成立了游艺社（后改名新剧社，闻任副社长）；10月演出《蓬莱会》，1916年12月闻一多参与编写和演出的四幕剧《紫荆魂》被评为优胜。1917年为中国运动员赴日本参加远东运动会募捐款，闻一多参加演出《都在我》，被评为"化装精工，表演细致，极淋漓曲折之妙"（《清华周刊》第102期）。演出《可以风》时人评述说："剧中情节新奇，而演者又素以艺术著，摹情写景，大有可观。"（《清华周刊》第121期）。1918年12月演出《鸳鸯仇》、《黑狗洞》；1919年，演出以秋瑾革命经历为主题的《巾帼剑》以及《是可忍》、《我先死》、《得其所哉》等四剧。据当时人描述："清华为爱国运动募集款项，曾由闻一多与高班罗发组同学共编一部五幕新话剧，当演到悲伤最高潮处，声泪俱下，博得台下观众不少同情之泪。于是（演主角的）梅僧与一多之名遍传遐迩。"（台湾《传记文学》第39卷第1期）

从以上可以看出，当年清华园内的戏剧活动非常蓬勃，或者为贫困学生建校筹款（有如我们今天的"希望小学"），或为爱国运动募捐，或为联欢、比赛。演出的内容都比较健康，以武昌起义、秋瑾女侠、贫富不均等为题材，闻一多无不积极参与。他或任编导，或任演员，或任舞台设计，或作组织工作，有时兼任数职，正如他在日记中所说："数月来奔走剧务，昼夜不分，餐寝无暇，卒底于成。"（《仪老日记》）演出的成功和闻一多的努力是分不开的。

三

1922年夏，闻一多从清华毕业，赴美学绘画，但他对戏剧仍未忘情。1924年9月在美认识了余上沅、赵太侔和熊佛西，他们三人都是来美专攻戏剧艺术的，他们兴趣相投，一见如故。闻一多还和熊佛西合编过一个独幕剧。这年中秋节后，他们曾排演洪深编的《牛郎织女》，接着又筹备演出余上沅编的《杨贵妃》。闻一多等负责译成英文。至于化装布景当然也是闻一多分内的事，他"戏兴很高"，"忙得头昏脑乱"，化装布景的图案画出来了，还要动手制造，三十多件古装也要组织人工缝制。一个姓杨的负责 Costume plates 的人架子很大，说是他画的画，一笔也不能改，闻一多生气了，干脆不要他，自己一个人包起来，这样当然他就更忙了。1924年12月，五幕英文古装剧《杨贵妃》在纽约公演，大获成功，成绩超过预料。于是他们几个人受到鼓舞，决定回国开展"国剧运动"。经反复讨论、修改，他们写成了计划书；准备回国后办《傀儡》杂志，建立北京艺术剧院，办演员训练学校、戏剧图书馆、博物馆，募集艺术赞助金，邀请外国的戏剧大师，等等，总之，一切都考虑到了。1925年1月，他们发起成立了中华戏剧改进社，参加的还有林徽音、梁思成、梁实秋、熊佛西等人。接着，由闻、赵、余等三人商量后，由余执笔，于1925年1月写信给当时在北京大学任教的胡适，要求在北京大学开设"戏剧传习所"，等待条件成熟时，建立北京艺术剧院，同时还请胡适参加他们的中华戏剧改进会。（《胡适档案》）

由于闻一多他们在纽约公演《杨贵妃》的成功，1925年3月，在波士顿的梁实秋、顾毓琇等便想从《琵琶记》中选出一段编成话剧演出。谢冰心、曾昭抡等都担任角色。他们请闻一多负责布景和服装，闻一多当时在纽约正忙着筹备孙中山先生的追悼会，用炭笔画孙中山遗像，一时无法脱身，他回信说："布景也许用不着我亲自来波士顿，只要把剧本同舞台底尺寸寄来，我便可以画出一套图案，说明用什么材料，怎样的制造……"又写道："一定要我来，我是乐于从命的。"后来，余、赵和闻等三人还是赶到波士顿，帮助他们制作布景，还把《杨贵妃》一剧中用过的一些服装带了去，梁实秋说："这些服装大部分是缝制之后由闻一多用水彩画不透明颜料画上图案，在灯光照射下华丽无比。"（梁实秋《秋室杂忆》）顾毓琇在《怀故友闻一多先生》一文中回忆说："一多同太侔特别从纽约赶来帮忙，布景、服装、化装，都由一多负责，我穿的一件龙袍，便是由一多用油画画出来的，在灯光下照起来十分漂亮，一个大屏风，有碧海、有红日、有白鹤，亦是一多的大笔。"（《文艺复兴》第3卷）在剧中担任角色的谢冰心等的化装，也由闻一多负责。

四

按照清华规定，公费留学为5年，而闻一多于1922年夏赴美，1925年5月14日就提前两年回国了，其原因有二：1. 因在美备受种族歧视，感到"美利坚非我久留之地"，"蛰居异域，何殊谪戍？能早日归国，实为上策"。(《致梁实秋信》) 2. 为了早日回国从事振兴国剧的事业。在1925年1月他们写给胡适的信中就曾提到，"闻、余、赵三人将来回国为戏剧艺术尽力，近来约定，决于今年夏天一同回国。"他们抱着满腔热情，于6月1日抵达上海，但一登岸所见却是五卅惨案，日、英帝国主义屠杀中国人民的惨景。余上沅在《一个半破的梦》一文中说："我同太侔、一多刚刚跨入国门，便碰上五卅惨案。6月1日那天，我们亲眼看见地上的碧血，一个个哭丧着脸，失去了生气，倒在床上，在纽约的雄心，此刻已经受过一番挫折。"

在上海，他们受到洪深、欧阳予倩的热情款待，洪深劝他们留在上海共事，但闻一多认为北京人文荟萃，可以作为国剧运动的中心，所以婉拒了。

在故乡湖北浠水小住以后，闻一多于1925年6月来到北京。他们三人对开展戏剧运动还存在梦想。他们曾和时任《晨报》副刊编辑的孙伏园一起商订了一个《北京艺术剧院计划大纲》。他们想筹建一个学习、研究、演出结合，学校与剧院结合的新型正规的艺术团体，培养人才，为将来办剧院打个基础。

但大纲只是计划，资金是个大问题。求助政府是无望的，于是他们把眼光投向包括徐志摩、胡适等名人在内的新月社。钱没有筹到，但因徐志摩的推荐，他们三人都被聘为北京艺术学院的筹委委员，该校原本只有图案、国画、外国画三系，经闻一多等多方奔走，教育部批准增设剧曲（戏剧）和音乐二系，并开始招收女生（田汉夫人安娥就是当时少数的几个女生之一）。洪深说："这是我国视为卑鄙不堪的戏剧，与国家教育机关发生关系的第一期，所以在中国戏剧事业发展史上具有极为重大的意义。"（《中国新文学大系》）该校于1925年11月2日开学，闻一多任教务长，兼油画系主任，还教美术史。

由于他们的努力，戏剧系一度办得很有生气，但因军阀混战，政局动荡，人事纠纷，谣言诼起，闻一多感到心力交瘁，无法对付，于是辞去教务长一职；至于课程，则因已经开学，为不耽误学生，只能勉强支持到这一学年的结束。至此，他的国剧运动的幻想，就彻底破灭了。

1926 年 7 月，闻一多离京。以后的几年，他先后在国立政治大学、第四中山大学、武汉大学和青岛大学任教，历尽坎坷，1932 年 8 月，受聘回母校清华任中文系教授。

闻一多是著名的诗人。1923 年和 1928 年他先后出版了《红烛》、《死水》两本诗集，奠定了他在中国新诗坛中的崇高地位。他写了许多优秀的爱国诗，朱自清评论悦："抗战以前，他差不多是唯一有意大声歌咏爱国的诗人。"但 1932 年回清华以后，他新诗不写了，戏剧活动也很少参加了，多年专心从事中国古典文学的教学与研究工作，并获得卓越的成绩。郭沫若在开明版《闻一多全集·序言》中指出，"闻一多对于《周易》、《诗经》、《庄子》、《楚辞》这四种古籍，实实在在下了惊人的很大的功夫，……他那眼光的犀利，考察的赅搏，立说的新颖而翔实，不仅是前无古人，恐怕还要后无来者的。"对这些评价，闻一多是当之无愧的。

五

1937 年 7 月，卢沟桥事变，日寇全面侵华，清华、北大、南开南迁，联合组成长沙临时大学（临大），后因日寇继续进犯，临大奉命迁昆明，改名西南联合大学（联大）。抗战初期，闻一多原希望能参加一些战时宣传教育的活动，但政府没有组织，所以他只好继续埋头于古典文学的教学研究工作。1938 年 9 月，日寇轰炸昆明，闻一多受伤，但是，血没有吓倒闻一多，反而更加激起他的爱国热情，这种热情在参加话剧《祖国》、《原野》等剧的演出中得到充分的表现。

《祖国》是联大外文系教授陈铨根据外国剧本改编的多幕话剧。它描写在日寇占领下某城一教授，不顾个人安危与旧日宿怨，和学生、工人一起抗击敌人，最后为国壮烈牺牲。这是个鼓舞民气的话剧，闻一多等带着抗战必胜的热忱投入紧张的工作。1939 年 2 月 18 日《祖国》在昆明演出，激起敌忾同仇，如潮的观众齐呼："打倒日本帝国主义！"《云南日报》评述说："诗人闻一多设计的布景也取得很好的效果。""特别配以灯光，用黄色表现第一幕中的忠勇，用蓝色表现第四幕的悲惨，把感情突出了。"

《祖国》在昆明最大的剧场新滇大舞台连演 8 天，盛况空前，重庆、上海等地也都登载了《祖国》演出的消息的剧照。

《原野》是曹禺继《雷雨》、《日出》之后的力作，曾在上海演出，但当时没有什么反响，1939 年 8 月在昆明的演出却获得了极大的成功。

7 月初，闻一多以老师和朋友的身份，与著名演员凤子、吴铁翼（国立艺专校长）三人联名写信给在重庆的曹禺，请他来昆亲自导演《原野》。闻一多和工艺美术学院教授雷圭元分任舞台设计和服装设计。闻一多为此倾注了大量心血，对每件道具、布景都反复推敲。他认为焦大妈堂屋里的桌子必须给人 massiveness（意即沉甸甸的）的感觉，以暗示封建压力的沉重。曹禺很重视这个建议，以后该剧多场演出均照此处理。闻一多起草过许多舞台平面图，有的还制成模型，征求大家意见，经过多次修改才正式制作。在三转弯的岑公祠内，他撩起长袍，蹲在地上熬胶水，把大张布铺起来绘布景，每绘一张布景，就要花一两天工夫。有的观众几十年以后回忆起来还有深刻的印象："仇虎在森林中的那一幕，闻一多用了许多黑色的长条的木板在台的后半，一排排大小错综地排列起来，叫人提了小红灯笼，穿来穿去，在台下看起来就显得这片森林多么幽黑深远。"（《自由文丛》之二，第16页）他对服装设计也很关心，常和雷圭元琢磨，为了表现出人物的性格，他要求仇虎的衣服是黑缎红里的短袍，金子的则应是大袖口镶黑红边的粉红色姐妹装，这样的服装符合人物的性格，效果十分强烈。为了寻找合适的面料，闻一多几乎跑遍了昆明的估衣铺。曹禺曾说过："闻先生的美术设计增强了《原野》的悲剧气氛，是对《原野》主题的最好诠释。"

闻一多亲自为《原野》写的"说明书"说："《原野》蕴藏莽莽浑厚的诗情，原始人爱欲仇恨与生命中有一种单纯真挚的如泰山之洪流撼不动的力量，这种力量，对于当今萎靡的中国人恐怕是最重要的吧!"这是闻一多对《原野》的精髓的把握，他以诗人兼画家的气质，通过舞台布景和服装设计，通过颜色和道具，把这个主题思想表现出来了。

1939年8月16日起，《原野》连演9天，虽然连日大雨，但仍天天满座。《全民总动员》（该剧又名《黑字二十八》，老舍、宋之的等集体创作）接着演五天（在昆明演出时，也由闻一多制作布景）。应各界要求，又再演《原野》五天，两剧共演31场，好评如潮，全城轰动。朱自清说："这两个戏的演出的确是昆明一件大事，怕也是中国话剧界的一件大事。"

闻一多的诗人、画家和舞台设计师的才能得到充分的发挥和完整的结合。闻一多为舞台美术、服装设计作为与戏剧密不可分而又具有相对独立性的一门艺术奠定了基础。中国北方戏剧两大学府——南开和清华，两位大师——曹禺和闻一多，在此次《原野》的演出中，得到圆满的结合。

1940年9月，为募集清寒学生救济金，联大戏剧研究社演出根据鲁迅小说改编的五幕话剧《阿Q正传》，闻一多虽然因为忙，没有直接参与，但还是很关心，对该剧的舞台设计模型，热心地提出了修改意见，在看了该剧第一次化妆排练之后指出："《阿Q正传》写的是农村生活，吴妈等都是农村妇女，你们为什么在脸上擦那么多的胭脂？"意见十分中肯，使导演和演员们都体会到，即使是化装，也要和剧情、环境、人物的身份相吻合。

六

从长沙临大到昆明西南联大的最初几年，正是抗战初期国共两党合作尚好的时期，联大师生抗战情绪高昂，和昆明各界人士合作，多种形式的抗日救亡运动蓬勃开展，上述《祖国》、《原野》、《全民总动员》和《阿Q正传》等剧的演出正是蓬勃的救亡运动的一部分。但是，1941年1月，发生了皖南事变，对全国也对联大产生了重大的影响，联大校园内笼罩着白色恐怖的阴影。中共云南省工委有计划地将联大大部分党员和少数较为暴露的进步同学撤出昆明。蓬勃的救亡运动暂时中断，校园内外一片在压抑下的沉寂。

1943年，联大中文系师生准备演出吴祖光的《风雪夜归人》，闻一多知道后很高兴，认为上演这个剧可以打破长期的死一般的沉寂。他认真看了剧本后又说："这个戏写得有新意，表面上看像是写一般姨太太恋戏子的风流韵事，但不能这样去演。这不但庸俗，而且曲解了作者的原意。要努力表现出善良的人性和对美好的追求，要演成一出充满诗情画意的悲剧，演员对剧中的人物要寄予极大的同情，才能演好。"同学们都按照闻老师的意见来表现自己的角色，因此演出十分成功，闻一多看了也很满意。

七

　　闻一多继续埋头研究自己的学问，但是环境和形势无法使他安下心来：物价飞涨，政治腐败，人民生活困苦不堪，国民党消极抗日，积极反共的政策导致抗日战场已节节溃败，大片国土，数以千万计的同胞相继沦于敌手，重庆、昆明都在敌人俯视之下。闻一多忧心如焚。他有意识地引导学生要把学习和政治现实联系起来，要像屈原那样，"哀民生之多艰"，"虽九死其尤未悔。"要像杜甫那样关怀和同情苦难中的人民："安得广厦千万间，大庇天下寒士俱欢颜，风雨不动安如山！呜呼！何时眼前突兀见此屋，吾庐独破受冻死亦足！"他像屈原那样，"上下以求索"，为了求索真理，他如饥似渴地阅读马列主义和进步书刊，使他朴素的爱国爱人民的感情升华到一个新的高度，认识到"人民至上"才是唯一正确的口号。他积极参加联大的和昆明的各种集会游行，发表讲演，写文章，和吴晗、张奚若等许多进步教授一起，为民主奔走呼号。从1944年起，联大的爱国民主运动逐渐高涨。各种壁报和社团风起云涌，其中，新诗社、阳光美术社和剧艺社都要请他当导师。诗、画和戏剧都是他最热爱的，所以他欣然允诺，并且热心指导。

八

　　1945年8月，日本投降，举国欢腾，而国民党反动派却在美帝支持下准备发动内战，受到全国人民反对。11月25日，西南联大等四所大学在联大举行有六千多人参加的反内战时事晚会，请费孝通等四位教授讲演，反动派派特务来捣乱会场，又在周围开枪放炮威胁。翌日，联大和昆明三万多学生罢课抗议，并派出上千人的宣传队伍上街宣传反内战。12月1日，反动派指使几百名武装特务进攻联大等校，当场杀害潘琰等4人，伤20多人，这就是著名的"一二·一"惨案。

联大剧艺社，根据斗争的需要，迅速演出了王松声创作的街头剧《凯旋》，在各阶层中引起强烈的共鸣。《凯旋》的创作，是王松声从老师闻一多那里得到的启发。在此之前，1945年5月，为纪念五四，联大举行了3000多人参加的营火晚会。在晚会众多节目中，有一个舞蹈节目《五里亭》（梁伦编导）。这个节目是控诉国民党抓壮丁的罪行的，只有三个人物：保长、壮丁和壮丁的妻子，音乐采取了当地民歌《五里亭》的曲调，委婉凄凉，把保长的凶狠，壮丁的凄苦和妻子的哀怨表现得淋漓尽致，深深地感动了观众。闻一多曾耳闻目睹农村抓壮丁的悲剧，对反动派这一罪恶行径深恶痛绝。看了这个节目后，他非常激动，说它集中反映了当时人民大众的疾苦，发挥了文艺的战斗作用，但他感到这个晚会最后缺少了像《放下你的鞭子》那样的以反对内战为主题的街头剧，如果有，它发挥的战斗鼓舞作用就更强了。

老师的这些话启发了王松声，因此，他在11月25日时事晚会后就开始构思执笔。在"一二·一"四烈士牺牲的一个小时内，满怀悲情，噙着眼泪写完了广场剧《凯旋》。剧艺社的同学边抄写，边排练，几天后，先在四烈士的灵堂前的大草坪上演出，其后在各地演出，都获得强烈的效果。《凯旋》描写在抗战胜利后，一家三代人被迫在内战中自相残杀的悲剧，演出后反应强烈，许多观众泣不成声。

过两天后，王松声和许师谦同学去闻一多家，商量完有关教授支援学生的工作以后，闻一多主动地兴奋地谈起对《凯旋》的看法。他说："这个戏把民族矛盾和阶级矛盾如此集中地结合在一个农民家庭里，很有一点希腊悲剧的味道。尤其是剧中那段朗诵词写得好，把观众的悲愤情绪集中起来，落到反对内战的主题思想上了。"他还指出剧中的一些缺点，建议剧艺社在实践中不断的听取群众的意见，加工修改。他还鼓励同学们多写多演，发挥戏剧在爱国民主运动中的战斗作用。剧艺社的同学们没有辜负老师的厚望，《凯旋》经过反复修改，在后来的演出中效果越来越好。同时，剧艺社在"一二·一"运动中又创作出一批具有战斗性的剧目，如《匪警》、《告地状》、《潘琰传》等，尖锐地揭露和批判了反动派发动内战、摧残民主的罪行；歌颂了人民不屈不挠的献身精神，收到很好的效果。这些戏不但在当时发挥了作用，而且在以后复员到北京、天津，都经常上演，成为宣传教育群众的有力武器。《凯旋》剧本收入《一二·一运动史料选编》和《南开话剧运动史料》中。

九

1946年3月17日，昆明学生3万多人为四烈士举行了隆重的出殡仪式（当时的昆明只有30万人口），"一二·一"运动胜利结束，联大也宣布于5月4日结束，三校师生陆续北返，在复员前后，联大学生自治会主办了一次"圭山彝族音乐舞蹈会"，轰动了整个昆明。这次活动也是在闻一多指导下进行的。

事情得从头说起，1945年暑假，联大、云大和一些中学同学王松声、侯澄、陈彰远、杨邦祺、杜精南、陈端芬等在昆明中山中学学生毕恒光（路南圭山彝族青年）的协助下，以"暑期服务队"的名义，到路南圭山彝族同胞的十几个村子工作了两个多月。白天与群众一起劳动，普及卫生知识，教识字；同时收集和改编他们的歌舞。每到晚上，在麦场上看到男女青年们在一起"跳月"，听他们唱情歌。王松声他们感到，这些音乐舞蹈具有鲜明的民族独创性，真切地反映了彝族人民的生活和感情，是艺苑中的珍宝，如果能搬到昆明演出，对增进民族文化交流，一定很有意义。和毕恒光一谈，他也早有这个想法，他还想通过这次演出，为彝族穷苦学生募集一点奖学金。

1946年春，王松声带毕恒光去拜访闻一多老师，说明来意后，闻一多热烈赞同，并建议要把准备工作尽可能作得充分些，其后闻一多又分别征求了昆明文化界人士的意见，并得到热烈赞助，联大学生自治会积极支持。王松声、陈彰远等同学还从学校发的复员北返的菲薄经费中抽出一部分，借给彝族兄弟作为来昆明演出所需的路费。按照闻一多的建议，王松声、梁伦（舞蹈家）和毕恒光等又回到路南弥勒各村去挑选和组织节目。4月中旬，集中在路南排练，由梁伦指导，整理提练，使内容更加精彩，并把说明词等写好。5月17日，演出队伍来到昆明，进一步排练，闻一多、费孝通等担任编导顾问。提出许多宝贵意见，新中国剧社，联大剧艺社都给予他们全面的帮助。24日在国民党云南省党部礼堂公演，昆明又一次轰动。座券提前销售一空，团体订票接连不断，影响日益扩大，只演了两天，国民党省党部就借口什么"圭山彝人的演出受共产党利用"而禁止，大家都很着急，怎么办？有困难就找闻一多！闻出了一条绝妙的主意：去找张冲！"他是彝人，定会给你们帮忙的。"张冲是滇军元老，台儿庄大战的名将，因思想进步，被蒋介石解除了兵权，在昆明闲居。听了王松声、毕恒光等叙述后，他十分气愤，拿起手杖就去找国民党省党部的宁书记长，质问说："演得好好的，为什么不让演了？"宁回答："这里面有共产党操纵！"张说："你说因有共产党操纵不让演，那他们回到圭山就会说：共产党帮助我们演，国民党禁止我们演，使本党失去民心，这个责任你负得起吗?"张冲以老国民党员身份，为维护本党利益而发的质问，使这位书记长瞠目结舌，无法辩驳，只好答应继续演出。但他又提出三个条件：一、撤换负责朗诵、报幕的共党嫌疑分子温功智；二、不准在场内卖《学生报》、《民主周刊》等赤化宣传品；三、由他出面对彝族演员作一次训话。演出恢复了，只是温功智换成了聂远华，朗诵的内容却丝毫不变；进步报刊改为在门外卖。

第二天，那位书记长来给彝族演员训话，一面不得不假惺惺地表示对演出的支持，另一面却大骂共产党，并要毕恒光翻译给彝族演员听。该书记长并不懂彝语，毕恒光在"翻译"时却将国民党当局如何阻挠，禁止演出的真相如实地揭露出来，对这位省党部书记长的反动言论，却只字不翻译。这样"训话"的效果适得其反。经历了这场斗争，彝族同胞的演出更加努力了，效果也越来越好，观众越来越多，以至于不得不从每晚只演出一场，改为日夜各演一场。一直到 6 月中旬才结束。

这次活动取得的成功是多方面的，不但在艺术上，而且在政治上加强了各族青年的团结和友谊，也使昆明和全国文艺工作者看到了少数民族中蕴藏着极为丰富的艺术瑰宝，值得更多的有志者去研究、发掘、整理。经过这次锻炼，彝族同胞的政治觉悟有很大的提高，为 1948 年毕恒光在彝族地区组织武装斗争奠定了群众基础。如前所述，在这次活动的每一个要害关头，都是闻一多起到关键作用，化险为夷。没有他的支持和指导，也许这次活动就搞不起来，也许，中途夭折。

十

和他的爱国思想一样，闻一多对戏剧的认识也有一个发展升华过程。

1926年6月，他在《戏剧的歧途》一文中指出，戏剧"除了改造社会，也还有一个更纯洁的——艺术的价值。"在这里，他虽然承认戏剧的改造社会的功能，但是，戏剧的艺术价值则是更纯洁的，这种认识可以说是他提前回国倡导国剧的动机。

抗战初期，1939年2月，他发表了《宣传与艺术》一文，指出当时抗战宣传的各种缺点，希望政府从各方面延揽人才，多拨些钱，"用来购置一点新式设备（如制版、印刷设备、舞台的灯光设备，等等）"，还说，这是抗战建国的精神建设，和物质建设一样重要。这种认识，说明他当时对抗战的热情。这在他积极参加《祖国》、《全民总动员》、《原野》等戏剧活动中得到充分的表现。

1944年7月，他在一篇文章中，批评某些艺术家逃避现实。他希望艺术家们到前线去，"收拾点电网边和战壕里的'烟云'回来，或者在任何后方，把那'行尸'的行列速写下来，给我们认识认识点现实也好。"这里的"行尸"是指当时被国民党反动派抓的壮丁，饿的皮黄骨瘦，像"行尸"一样。目睹经常出现的悲惨的被捆绑的"行尸行列"，是促使闻一多思想进步的重要因素。在这里，闻一多希望艺术家们重视现实，艺术要为现实服务。

1945年5月2日，在联大新诗社主持的，有二千多人参加的晚会中，他指出："文学必然有功利性，诗必然是政治的工具，人类无法脱离团体的社会生活，也就离不开政治，而政治乃是诗的灵魂。"在叙述了辛亥革命和北伐之后，他指出："如今，不必讳言，我们的革命尚未成功，而且去成功还很远，这一次革命对象是整个阶级。因为它早已根深蒂固，有更大的势力。担任这一次革命的工作者，应当有广大的农民，非做到农民也参加了革命的地步，革命无法完成。我们要唤醒农民，农民是不识字的，语体文已不适用，因此我们需要通俗的秧歌剧、街头剧、接近土地的音乐，为任何人所了解的朗诵诗。"（《联大通讯》第2期）这个时期的闻一多，已经把文学艺术看做是宣传群众教育群众，进行革命的战斗工具。而戏剧中的秧歌剧、街头剧和音乐、朗诵诗等因为通俗易懂，更易为农民群众所接受，所以最受闻一多重视。1946年6月在《昆明的文艺青年与民主运动》一文中，他指出："文艺工作者是真正为人民服务了的一群，他们一面曾将文艺种子散播在民间，一面又曾将人民的艺术介绍给都市层。通过文艺的桥梁，这里的诗歌音乐和戏剧工作者已经开始把农村和都市联系起来了。"文艺工作者应"继续为人民服务和向人民学习，不要忘记西南的人民，尤其是那些少数民族，是今天受苦受难最深的中国农民。"看了圭山彝族演出以后的闻一多是站在这样的高度来看待包括戏剧在内的文学艺术的。

十一

圭山彝族歌舞演出结束，毕恒光来向闻先生表示感谢，闻一多说："你们这个民族有丰富的财富，这次你们干的很好，我还向你们学了不少新东西哩！"他这句话，不是客套，而是真心话，因为通过这次演出他受到了启发，他看到那些表现勇敢与战斗的舞蹈，为欢迎凯旋归来的战士的跳鼓，魄力雄伟，气氛热烈。那些表现战士的训练，跳叉，跳鼓，健美有力，唤起人们保卫家园的信心和力量，表现了人民不可侮辱的尊严。那些朴素的自然的近乎原始的乐歌和舞蹈，给闻一多很大的启发，使他联系起多少年来研究屈原作品的心得，突然焕发出一种新的理解。他要把屈原的《九歌》搬上舞台，再现当时楚民族的生活和战斗的情景。

于是他着手写《九歌——古剧翻新》，后改名为《九歌古歌舞剧悬解》。

这部歌剧共十一章，首尾是迎神曲和送神曲，中间的九章（即九歌）是两千多年前楚王祭神时表演的歌舞，他的这个想法已在脑子里酝酿很久，只是在看了圭山彝族演出后受到了启发，写成这个剧本。

闻一多对彝族乐舞节目中最感兴趣的是"萨尼跳鼓"（四个男子各背一鼓，一边击鼓，一边舞蹈，赤背赤足，风格粗犷有力）。闻一多在剧本中"国殇"那一章的提示中写道："国人为庆祝胜利而哀悼国殇，手拿着武器和钲鼓绕着战死者的尸体举行'萨尼跳鼓'式的舞蹈。"为了留有余地，所以他后来把他的脚本改名叫"悬解"，他希望能有一次试验演出，以引起更多的人注意，参加研究。

他的脚本的前三章在1946年6月初出版的《诗与散文》刊物上发表过。后面的，到6月中旬，陆续脱稿，共25页。他叫他的孩子们复写成几份，请音乐家赵沨，舞蹈家梁伦和联大剧艺社的萧获，郭良夫和王松声等五人一起来家座谈。他先介绍了自己的创作意图，导演构思，舞台美术设计，演出形式等等。并请这五个人分别负责为该剧设计音乐、编导舞蹈、舞台艺术、排练演出和写演出脚本，等等。他还想请民盟主持演出事宜。他还说："大家都说我对《楚辞》有些研究，我一生研究《楚辞》的成果都凝结在这里了。"可见他对这个剧本的重视程度。

十二

但这时已是1946年6月中下旬，昆明已笼罩在恐怖气氛之中，在昆明演出已不可能了。随着联大师生大批离昆，反动派以为民主力量已经大大削弱，急欲对民主人士进行镇压。他们散布谣言，把闻一多叫做"闻一多夫"，把他和他的战友李公朴等都说成是苏联的间谍，声言要花 40 万元买闻一多的头，给他们家寄去带子弹头的恐吓信，他们住处周围布满特务，总之，气氛非常恐怖。这时，中共地下组织，进步同学都劝闻一多早日离开昆明，和学生一块走，学生可以保护他，美国加州大学也以优厚的条件请他赴美讲学。但是都被闻一多婉拒了，理由是：我不能离开苦难的中国人民，昆明还有很多工作需要我做。

7 月 11 日，联大最后一批师生离昆，反动派就迫不及待，当天晚上就暗杀了李公朴，特务还扬言，黑名单下一个就是闻一多。7 月 15 日，在"李公朴殉难经过报告会"上，特务们继续捣乱，闻一多不顾个人安危，拍案而起，发表了著名的、气壮山河的"最后的讲演"。怒斥反动派的罪行，并表明"前脚跨出大门，后脚就不准备再跨回来"的决心，和"一个人倒下去，千百万人会站起来"的必胜信心。当天下午，他就被特务杀害。这样，闻一多以自己的鲜血和生命，在中国革命的伟大戏剧舞台上，演出了视死如归，以身殉志的极其悲壮的一幕！

"闻一多被暗杀了！"这个消息震撼了中国，震撼了世界，使反动派更加失去人心，更加孤立，在以后不到三年半的时间，就被赶出中国大陆。

十三

在北返的旅途中，在成都，王松声听到闻先生被刺消息，悲痛欲绝，忽然想起，打开行李一看，闻先生的《九歌古歌舞剧悬解》的亲笔手稿居然在里面。解放后，几经辗转，终于在 1989年 12 月 23 日，由王松声将此手稿捐献给中国现代文学馆（馆长杨犁也是联大剧艺社同学），作为最珍贵的资料保存。该剧的全文已被收入开明版和湖北版的《闻一多全集》中，可供后人继续研究，这是大幸。但是，当年受命的五个弟子，解放以后虽曾多方努力，但始终未能将此剧搬上舞台。如今这几个当年的青年人，历经多年周折后，都已年过八旬，再也无力挑起这副重担了。

但愿后来人，那些有志于研究屈原，研究闻一多的人，能实现闻一多这个遗愿，把《九歌古歌舞剧悬解》搬上舞台。这对于帮助观众认识我们的历史和我们的文化，理解闻一多与戏剧的渊源，将有深刻的意义。

（本文与王松声合作，发表于武汉出版社 1999 年出版的
《回忆纪念闻一多》一书中）

闻一多眼中的美国

　　中国现代著名诗人、学者，积极投身爱国民主运动，抨击国民党政府的黑暗腐败，被毛泽东称颂为"宁可倒下去，不愿屈服"，"表现了我们民族的英雄气概"的闻一多教授，早年受过美国化很深的学校教育，后又留学美国。难能可贵的是，他对美国有比较正确、比较全面的认识。他的美国观，至今仍然对我们有着积极的意义。

　　1912年冬，14岁的闻一多，考入清华学堂（清华大学前身）。清华是用美国返还的部分庚子赔款办起来的留美预备学校。毕业后，学生可以公费留美5年。教员中很多美国人，课程多是按美国标准设置的，教材也多是英文课本，甚至课外活动如演剧、讲演、辩论会等也多用英语。这是一所美国化程度很深的学校。在清华，闻一多认真学好规定课程，同时继续学习中国文学和历史，并思考中国问题。在这里他学到了广博的知识，为以后的教学和研究打下了坚实的基础。

　　1920年，有一家私营企业，经常在清华礼堂放映一些美国的黄色电影，闻一多和他的同窗好友潘光旦等就在《清华周刊》上发表文章，号召同学们进行抵制，终于迫使该商人停演这类片子。1922 年，闻一多在即将毕业之际，发表了《美国化的清华》一文，一方面表达了他对母校的深厚感情，但同时又指出，许多清华学生，在选择专业时，只是从将来"吃饭"，"出洋"回来当经理、当买办出发，缺乏伟大的抱负，没有人生理想；只重视英文，不重视中文；好摆阔气，好出风头，办事不彻底，等等，他认为，这都是受美国化不良方面的影响造成的。他说，这种美国化的结果是："物质主义……平庸、肤浅、虚荣、浮躁、奢华。"他对美国化的教育的认识是一贯的。24 年之后，即 1946 年 4 月在昆明一次集会中，他对青年人说：从美国的教育中，可以学到科学知识和技术，但是，"它教我们只顾自己，脱离人民，不顾国家民族，这就是所谓的个人主义吧！"他希望青年们改变这种状况，走爱人民的道路，这样，学到的知识才能对社会有用。这时的闻一多，对这个问题的看法比以前更加深刻了。

1922 年 7 月，他在清华毕业后到美国留学，先后在芝加哥美术学院、科罗拉多大学艺术系、纽约艺术学院等院校学美术，他看到了美国高度的物质文明，看到了美国的广阔和活力。他赞叹美术馆的壮丽辉煌、美术珍品收藏的丰富和美国艺术家高水平的艺术作品和审美能力。他还看到美国有不少优秀影片，并不像过去在清华看到的都是些海淫海盗的片子。他还认识了许多正直善良的、热心助人的、喜爱中华文化的美国朋友，并和其中的一些人结成终生的深厚的友谊。但整体来说，他不喜欢美国，特别是美国的种族歧视使他深恶痛绝。到美国后不久，他就给父母写信说："美国只知白种人也，有颜色之人（彼称黄、黑、红种人为杂色人），蛮夷也，狗彘也。呜呼！我堂堂华胄，有五千年之政教、礼法、文学、美术，除不娴制造机械以为杀人掠财之用，我有何者落后于彼哉？而竟为彼所藐视蹂躏，是可忍孰不可忍！

士大夫久居此邦而犹不发奋为雄者真木石也。"

　　接着，闻一多就多次亲身体会到种族歧视的滋味：他在校获得最优秀名誉奖，按规定应送欧洲艺术之都巴黎、罗马深造，但因他是中国人而被取消；他的好友梁实秋驾车与另一由美国白人驾驶的汽车相撞，警察不问情由，只因梁是中国人，就把梁抓起来，并罚款170美元；毕业典礼时，没有一个美国人愿意和中国人排成一列去领毕业证；清华校友陈长桐到理发店理发，因为他是中国人，老板不给他理……这许多事情都使他感到极端的屈辱和痛苦。他往往宁可呆在家里，留长头发吃冷面包，也不愿外出受辱。他多次给亲友写信说："一个有思想之中国青年留居美国之滋味，非笔墨所能形容"，"彼之贱视国人者一言难尽"，令人"痛哭流涕"，又说："美利加非我久留之地"，"蛰居异域，何殊谪戍？能早归国，实为上策。"

　　因此，他提前两年，即1925年6月就回国了。在20年代他写了许多爱国诗，其中有的是针对美国的。如《孤雁》一诗，篇首引了杜甫的一句诗："天涯涕泪一身遥"，点明主题。他把自己离开祖国到美国来比作是一只离群的孤雁，来到这"苍鹰底领土"、"腥臊的屠场"。在这里，"鸷悍的霸王""建筑起财力的窝巢"，"钢筋铁骨的机械，喝醉了弱者底鲜血"。这些描绘美国社会形象的诗句，说明诗人对帝国主义的罪恶已有较清醒的认识。

　　他还写了一首《洗衣歌》，序中说："国人旅外之受人轻视，言之心痛。假洗衣匠口吻作曲以鸣不平。"这首诗以悲愤的心情描写华人在美国的屈辱生活，表现出诗人对种族歧视的愤慨和对一些美国人的罪恶和贪心的斥责："我洗得净悲哀的湿手帕，我洗得白罪恶的黑汗衣，贪心的油腻和欲火的灰，""你说洗衣的买卖太下贱，肯下贱的只有唐人不成！"（本文作者按：唐人即华人）"流一身血汗洗别人的汗？你们肯干？你们肯干？"

另一著名诗人朱自清写道："抗战以前，他（按：指闻一多）差不多是唯一有意大声歌颂爱国的诗人。"这是符合实际的。

回国以后，闻一多历尽坎坷。1932年回到清华从事中国古典文学的教学和研究。抗战期间，清华与北大、南开三所大学在昆明共同组成西南联大，他随清华到西南联大任教。目睹国民党军队在日寇进攻面前节节溃退，政治上贪污腐败，物价高涨，民不聊生，从1943年起，他走出书斋，从诗人、学者转变成为一个为民主而斗争的猛士，在中共地下组织和民主同盟战友们的帮助下，他的思想获得飞跃进步。

抗战胜利后，蒋介石集团在美国支持下发动内战，遭到全国人民反对。闻一多走在反内战运动的前列。在1945年8月15日的时事晚会上，闻一多和吴晗等作了讲演，闻一多说："美国反动派在制造我们的内战"，"谁在帮助我们内战，我们就反对谁！不管他们有什么原子弹，我们还是要反对！你美国人敢用原子弹杀中国人民，我们不怕！"对美国在二战中打败德、意、日法西斯所作出的重大贡献，闻一多是赞赏和感谢的；但是战后美国出钱出枪并把国民党军队大批运到东北华北打内战，闻一多则是坚决反对的。闻一多的爱憎分明，在同一次讲演中，他说："凡是人民都应该站在一起"，"中国人民和美国人民是不分的，但是人民和压迫人民的人是要分的"。经过学习，思想提高了的闻一多已经从过去单纯的对种族歧视的憎恶发展到懂得把反动派和人民分别对待了。

他的这些言论，美国政府是注意到了的。美国驻昆明的兰登敦总领事在给美国驻华大使的第85号快报中写道："闻一多和吴晗批评了美国支持重庆，控诉了美国强化压迫人民的军队。"尽管知道他们所支持的国民党军队是压迫人民的，但美国政府继续一意孤行。

1946年1月13日，马歇尔来华代表美国总统"调停"中国内战。闻一多和费孝通、潘光旦、吴晗等四人联名给马歇尔写信，希望国际友人"为了世界和平，不但要劝阻国共交锋，而且能有效的在政治上和经济上给予建设民主的助力"。具体措施包括改组政府，取消特务组织等等。这封信当然没有收到什么效果。美国名义上是调停，实际上是加紧武装国民党军队，并继续大量把他们运到内战的前线。于是，闻一多与19位著名教授联名于1946年5月2日，再发表《致马歇尔将军书》。如果说，1月13日的那封信还比较委婉，第二封信则是直截了当地对美国进行了批评。信中尖锐指出："国民党用以进攻和屠杀中国人民的一切武器装备和运输工具，都是贵国以援华的名义所供给它的。"信中要求美国马上停止这种行为。

诉诸上层的这些信，当然不会有什么效果。闻一多寄希望于美国人民。在1946年6月29日（即他被暗杀前16天），在民主同盟举行的记者招待会上，闻一多说："我们可以发动美国人民控诉美国政府的运动。从美国内部来看，两个政党间的进步分子及下层平民正将有自由工人联合的组织，这个组织的发展将大有影响于美国未来的政治。"闻一多希望通过美国大多数人民和进步力量，利用美国舆论和议会民主制度，能改变美国政府的错误政策。但他更把希望寄托在中国人民自己身上。在同一次讲演中，他又说："我们对外力的作用，不必估计过高。只有坚信自己的意志，把希望寄托在人民身上"，"人民的意志才是真正的力量"。

抗战胜利以后，原由清华、北大、南开三校组成的西南联大决定于1946年5月4日结束，师生分批北上复校。曾经胜利地进行"一二·一"运动，给国民党反动统治以沉重打击，因而获得"民主堡垒"光荣称号的西南联大的师生陆续减少。反动派以为时机到来，加紧活动。从1946年五六月起，昆明街头大量张贴反动标语，并散布流言诬蔑爱国民主人士，把闻一多叫"闻一多夫"（即说他是苏联特务），多次寄匿名恐吓信，派特务监视，还扬言要用40万元买闻一多的头，气氛十分恐怖。联大的进步同学、地下党员、亲友们都劝他早点离开。正在这时，美国加州大学以以可以带家眷的优厚条件聘请他去讲学，他都婉词谢绝了。理由是：民主运动需要我，中国需要我。

7月11日，联大最后一批师生集体离昆，反动派急不可待，当天晚上就暗杀了闻一多的战友、爱国民主人士李公朴。闻一多悲愤欲绝，他明明知道，黑名单上第二个就轮到他，但他还是于7月15日上午毅然出席了"李公朴殉难经过报告会"，并在会上发表了气壮山河的最后的演讲，痛斥反动派，并大声宣称："我们不怕死，我们有牺牲的精神，我们随时像李先生一样，前脚跨出大门，后脚就不准备跨进大门！"表现了爱国知识分子的崇高情操，"表现了我们民族的英雄气概"。

下午，闻一多就被特务用美制手枪杀害。

李公朴、闻一多遇难后，中外震惊，悲愤莫名，全国人民掀起强烈的抗议高潮，使国民党陷于更大的孤立，加速了它的灭亡。周恩来在悼词中写道："我谨以最虔诚的信念向殉道者默誓：心不死，志不绝，和平可期，民主可望，杀人者终必覆亡。"闻一多的挚友、著名的诗人朱自清在《挽一多先生》的诗中写道："你是一团火，照见了魔鬼，烧毁了自己，遗烬里爆出个新中国！"正如他所预言，闻一多被暗杀后三年多，国民党反动派和它的后台老板美国反动势力就被赶出了中国大陆，新中国诞生了。

（原载《炎黄春秋》1996年第2期，后为《闻一多研究专刊》转载）

作者主要著述目录

著　作

《社会化大生产和小企业》
在《中国社会科学》1983年第2
期发表，《人民日报》1983年9月
2日、《新华文摘》1983年第6期
和中央广播电视大学出版社的《工
业经济管理参考资料》转载。

《群众创造了加快发展养猪事
业的经验》　此文与傅冬合作，在
《人民日报》1978年11月29日发
表。

《真理是由争论确立的》　在
《光明日报》1981年12月19日哲
学版发表。

《不惟上，不惟书，要惟实
——学习陈云同志文稿选编的一点
体会》　在《解放军报》1981年9

月3日发表。

《为什么日本军国主义阴魂不
散》　在《工人日报》1995年9
月22日发表，《新华文摘》1995
年第10期转载，此文获1996年优
秀国际新闻三等奖。

《德国日本二战史观比较》
在《21世纪》1998年第2期发表，
香港《大公报》转载。

《试论〈诗经〉和孔子思想中
的"民主"因素》　在《中国史研
究》1981年第4期发表。

《长城·玉关·天马——丝路古
迹三考》　在《中国史研究》1984
年第4期发表，香港《大公报》分
6次连载，澳大利亚华文学术刊物

《汉声》杂志 1992 年第 3 期转载。

《评〈红楼梦〉后四十回》
在《杭州大学学报》1979 年第 3 期发表，收入 1981 年黑龙江人民出版社出版的《红楼梦新论》一书中。

《西双版纳考察》 在《云南社会科学》1984 年第 1 期发表，《人类学研究》和香港的《明报》月刊转载。

《保护西双版纳森林资源要把经济搞活》 在《经济日报》1984 年 7 月 26 日发表，此文获 1986 年第二届全国林业好新闻二等奖。

《草坝寨刀耕火种型经济剖析》 发表在《经济研究资料》1984

年第 7 期，《民族研究》1985 年第 1 期转载。

《闻一多的婚姻和爱情》 在《百年潮》1999 年第 3 期发表，《作家文摘》1999 年 4 月 13 日和台湾的《历史月刊》2000 年第 4 期转载。

《中国古代爱情诗词——悠悠爱河》 旅游教育出版社 1994 年出版，编注者陈新，李凌、黎勤（署名万木春、世英 勤文）。

以《话说香港》为总题 1976 年起，到香港回归前，在《工人日报》先后发表 42 篇全面地介绍香港的历史、地理、政治、经济、社会和文化各方面的系列文章。

翻　　译

《成长中的一代》 从俄文译出，中国青年出版社 1956 年出版。

《捷克斯洛伐克青年》 从俄文译出，中国青年出版社 1957 年出版。

《大学英语基本词语》 陈明

洲编写，李凌审校，科普出版社 1989 年出版。

《美国进出口贸易指南》 万木春（陈新）主编，李凌为特约编审。中国社会科学出版社 1994 年出版，《经济日报》在 1995 年分期连载。

编　　辑

《INFORMATION CHINA》

（《中国概况》） 英文版有关中国

概况的百科全书，英国培格曼出版公司 1988 年出版，主编汝信，副主编丁伟志、李凌（常务）。

《简明中国百科全书》 前书的中文版，1989 年中国社会科学出版社出版，此书曾获中国社会科学院优秀科研成果奖。

作者年表

1925 年 5 月　出生于广州。

1938 年秋　在广州市一中读书。同年 10 月，日寇进犯广州，回老家三水逃难。

1938 年冬　日寇进犯三水，继续逃难到香港伯父处，在英文书院读书。

1940 年夏　因不愿接受英国殖民主义教育，背家出走，赴昆明。

1940 年秋　考入同济大学附设高中，学德文。

1942 年秋　考入由北大、清华、南开联合组成的西南联合大学，初读外文系，后转历史系，在校外参加工人读书会和李公朴主持的读书会，在校内参加编辑《现实》和《潮汐》壁报，并积极参加中共地下组织领导的爱国民主运动。

1944 年夏、冬　两次参加对滇军进行抗日与反内战宣传的宣传队。

1945 年春　赴滇南建水县临安中学教书，同年 4 月底回联大复学。

1945 年 6 月　参加中国共产党，任昆明学联宣传部长。

1945 年秋　任中共联大第二支部（亦即民主青年同盟第二支部）书记。

1945 年冬　积极参加"一二·一"运动，负责宣传工作。

1946 年 5 月 4 日　联大结束，北大、清华、南开三校复员北返，李凌转入北大史学系学习，并继续任中共北大、清华（南系）第二支部书记。按当时组织原则，党员转地不转党，要独立作战。

1946 年冬 积极参加抗议美军暴行（抗暴）运动的发动和组织领导工作。

1947 年 3 月 赴解放区，在太行区武安师范教书。

1947 年秋 调平山县中共中央青委，汇报白区工作后，参加土改。

1948 年秋 赴济南、开封、洛阳等新解放的城市调查社会、经济和青年思想状况。

1949 年春 随大军进入北平，参加中央青委主持的新民主主义青年团、全国学联和全国青联代表大会的工作，团中央成立后，在研究室工作。

1949 年 12 月 调往哈尔滨航校任政治教员兼宣传科、文化科副科长。

1955 年 调军委空军政治部，任《人民空军》杂志编辑，负责政治组。

1957 年夏 在空军被错划为右派分子。

1958 年春 被押赴黑龙江虎林县 850 农场云山畜牧场第 3 生产队监督劳动。

1959 年冬 摘去右派帽子，任农场党校、机械化学校政治教员。

1962 年秋 调北京市通县麦庄公社、次渠公社任秘书。

1978 年夏 调中国社会科学院写作组，负责编辑《未定稿》。

1982 年夏 调中国社会科学出版社任副总编辑。

1985 年 5 月 主持与英国培格曼出版公司合作出版的英文版中国百科全书《INFORM-ATION CHINA》（《中国概况》）的编辑和翻译工作，任副主编（常务）。

1987 年 主持中文版《简明中国百科全书》的编辑工作。

1989 年 正式离休。